哈佛中国史
HISTORY OF IMPERIAL CHINA

[加] 卜正民 - 主编

01

THE EARLY CHINESE EMPIRES
Qin and Han

早期中华帝国
秦与汉

【美】陆威仪 - 著 | 王兴亮 - 译

中信出版集团·CHINACITICPRESS·北京

图书在版编目（CIP）数据

早期中华帝国：秦与汉 /（美）陆威仪著；王兴亮译. -- 北京：中信出版社，2016.10
（哈佛中国史）
书名原文：The Early Chinese Empires: Qin and Han
ISBN 978-7-5086-6484-2

Ⅰ.①早… Ⅱ.①陆…②王… Ⅲ.①中国历史—秦汉时代 Ⅳ.①K232

中国版本图书馆 CIP 数据核字（2016）第 167381 号

THE EARLY CHINESE EMPIRES: Qin and Han
by Mark Edward Lewis
Copyright © 2007 by the President and Fellows of Harvard College
Published by arrangement with Harvard University Press
Simplified Chinese translation copyright © 2016 by Shanghai Sanhui Culture and Press Ltd.
Published by China CITIC Press
ALL RIGHTS RESERVED
本书仅限中国大陆地区发行销售

早期中华帝国：秦与汉

著　　者：[美] 陆威仪
译　　者：王兴亮
策划推广：中信出版社（China CITIC Press）
出版发行：中信出版集团股份有限公司
　　　　　（北京市朝阳区惠新东街甲 4 号 富盛大厦 2 座　邮编　100029）
　　　　　（CITIC Publishing Group）
承　印　者：山东临沂新华印刷物流集团有限责任公司

开　　本：960mm×1300mm　1/32　　印　张：11.5　　字　数：326 千字
版　　次：2016 年 10 月第 1 版　　印　次：2016 年 10 月第 1 次印刷
广告经营许可证：京朝工商广字第 8087 号
书　　号：ISBN 978-7-5086-6484-2
定　　价：68.00 元

版权所有·侵权必究
凡购本社图书，如有缺页、倒页、脱页，由发行公司负责退换。
服务热线：400-600-8099
投稿邮箱：author@citicpub.com

目录 | Contents

推荐序 - 葛兆光……1

中文版总序 - 卜正民……15

导　言……2

第1章 | 帝国版图

早期中华帝国的区域……6

区域和风俗……12

秦和统一进程中的地理局限（前897—前202年）……17

对地方势力的压制（前202—前87年）……21

地主所有制和地方主义的复兴（前87—88年）……22

与世隔绝的东汉（25—168年）……25

军阀和国家的解体（169—220年）……28

第2章 | 一个备战中的国家

独裁者的出现……36

秦的家国和"天下"……39

《商君书》和秦国的困境……46

第3章 | 矛盾重重的帝国

秦始皇的集权……52

秦的继承者和敌人：汉……61

秦的败亡及其后世之谜……71

第 4 章 | 帝国的城市

诸侯列国及其早期帝国的城市……77

帝国都城的创设发明……90

第 5 章 | 农村社会

铁器、灌溉以及规模经济……106

村庄和乡野……112

豪强大族……118

第 6 章 | 外部世界

游牧民族和匈奴……132

边防军队……141

西　域……143

羌和乌桓……149

周边定居民族和对异域的崇拜……153

第 7 章 | 宗　族

宗族和家庭中的性别……158

性别和权力的空间结构……165

早期帝国生活中的儿童……168

成年女性和成年男子……172

老人和先祖……176

第 8 章 | 宗　教

联结点……181

国家信仰……188

对死者的祭奠……192
地方信仰……204
有组织的宗教运动……206

第9章 | 文　学

"道"的竞争派别……210
经与传……212
百科全书式的作品……214
史学著述……217
诗　赋……221
儒家著作……225

第10章 | 法　律

法律和宗教信仰……230
法律和行政管理……235
法律和语言……240
法律和刑罚……245
法律和调查……248
法律和劳役……251

结　语……257
致　谢……269

年代及说明……272
注　释……274
参考文献……297
索　引……314

推荐序

葛兆光

卜正民（Timothy Brook）教授主编的"哈佛帝制中国史书系"（History of Imperial China, Harvard University Press, 2009—2013）共6卷，由陆威仪（Mark Edward Lewis，负责《秦汉》《南北朝》《唐朝》三卷）、库恩（Dieter Kuhn，负责《宋朝》卷）、卜正民（Timothy Brook，负责《元明》卷）、罗威廉（William T. Rowe，负责《清朝》卷）等四位学者分别撰写，现在译成中文在国内出版，这是一个应该关注的事情。我们知道，习惯于专题研究的欧美学者，对撰写上下通贯、包罗万象的通史，向来抱持谨慎态度，特别是近半个世纪以来，欧美中国学界撰写系统的中国通史并不多，除了卷帙浩繁而且内容专深、至今也没有全部完成的多卷本"剑桥中国史"系列和伊沛霞（Patricia Buckley Ebrey）为入门者撰写的较为简单的单卷本《剑桥插图中国史》之外，在我有限的视野内，还没有一部通贯上下而又分量适中的中国通史。这套上起秦汉，下至清代的6卷本通史系列出版，或许可以呈现近年来欧美学者较为全面的中国历史认识。

承蒙卜正民教授和严搏非先生的信任，让我为这套书的中译本写一篇序。我很乐意在这里谈一下我的读后感，严格地说，这并不能叫作"序"，只是一些感想，特别是一个在中国的中国史研究者的感想。

一

我曾说过，20世纪以来现代中国历史学的变化，大致可以概括为四点：一是时间缩短（把神话传说从历史中驱逐出去）；二是空间放大（超越传统中国疆域并涉及周边）；三是史料增多（不仅仅是新发现，也包括历史观念变化后更多史料进入历史视野）；四是问题复杂（分析历史的问题意识、评价立场、观察角度的多元化)。这四点当然说的只是清末民初以来20世纪中国的历史学,现在虽然已经是21世纪,而且这套"帝制中国史"也并不是中国史学界而是欧美学术界的作品,不过,无论这四点变化是否属于"现代性的历史学"(据说"现代性历史学"在如今这个"后现代"的阶段已经过时),或者只属于"中国的历史学"(中国现代学术始终与世界现代学术有所不同),但在我看来,它表现出来的历史研究与通史叙事之变化,仍在这一现代历史学延长线上,这套著作呈现的历史新意,恰好也可以分别归入这四个方面。

先看"时间缩短"。作为"帝制中国"的历史,这套书是从秦汉开始,而不是像中国学者的中国史那样,总是从上古(甚至从石器时代,即毛泽东所说"只几个石头磨过,小儿时节")写起。这一"截断众流"的写法,是否暗示了"秦汉奠定'中国'"这一历史观念?我不敢断言,因为这一问题相当复杂。但是,这里可以简单一提的是,由于对"中国"/"帝制中国"的历史这样开始叙述,不仅避免了有关何为"最初的中国"这样的争论(这些争论现在还很热闹),也表达了秦汉时代奠定"中国"/"帝制中国"的观念。陆威仪在《秦汉》这一卷中说,"(前帝国时代,人们)要么以'秦人''齐人''楚人'为人所知,要么以其他诸侯国国名命名,或者以某个特定地域命名,比如'关内人'",但是,秦的统一,则"把这些不同的人群在政治上联结起来"。我同意这一看法,虽然殷周时代可能已经有"中国"意识,但只有到秦汉建立统一帝国,先推行"一法度、衡石丈尺,车同轨,书同文字",后在思想上"独尊儒术",在制度上"霸王道杂之",一个初步同一的"中国"才真正形成。陆威仪指出,秦汉历史的关键之一,就是"帝国内部的去军事化(demilitarization)和对国家边境的边缘族群所开展的军事活动"。如果说,由于秦汉在制度(在文字、货币、行政、法律、度量衡以及交通上整齐划一)、文化(通过政治力量,建立共同的生活习俗与文明规则,由帝国统一去除地方化,建立共同的神圣信仰,通过历史书写确立帝国边界,形成共同历史记忆)、社会(在政治上有共同国家观念,在社会上形成声气相通的群体,在思想上有共同伦理的士大夫阶层)三方面的推进,使得"中国"/"帝制中国"

成为一个具有内在同质性的国家,那么,包括秦之"销锋镝",即《史记》所说的"收天下兵,聚之咸阳",铸十二金人;汉之削藩平七国之乱,中央派遣官员巡行天下,使军队统一由中央管理;加上对四夷用兵以凸显"内部统一,四夷环绕",都对形成统一帝国起了巨大作用。正如他所言,"把天下想象为由游牧民族和中国二者所构成,标志着一个巨大的进步",换句话说,就是通过内部的同质化,通过外部的"他者"塑造"我者"意识,形成国族的自我认同,于是有了明晰的"中国"。

近二三十年来,中国学界有一种不断发掘历史、把"我们的中国"向上追溯的潮流,从官方推动的"夏商周断代工程""文明探源工程",到近年由于考古发掘而重新认识"最初的中国",这里面当然有相当复杂的动机和背景,不过,越追越早的历史也碰到一个理论与方法的瓶颈,这就是原本"满天星斗"的邦国,什么时候才可以算内在同一的"中国"?在什么样的历史形态下,那片广袤区域才有了一个"中国"共识?这套"帝制中国史"用了"帝制"这个概念,把这个问题放在括号中搁置下来暂缓判断,无疑是聪明的方案。当然,帝制中国是一个"帝国",既然作为"帝国",秦汉疆域内仍然有着多种民族与不同文化,不过重要的是,在这个"帝国"之内,那个叫作"中国"的政治—文化共同体也在逐渐形成,并且日益成为"帝国"的核心。陆威仪在讨论秦汉时代的历史意义时,就指出在这个帝国控制下,"中国",也就是帝国的核心区域,由于制度、文化、社会的整合,不仅在内部"去军事化",而且在政治—文化—生活上逐渐"同质化"。这一点对我们来说相当有意义,对于此后的历史叙述也相当重要,因为这可以说明历史中的"中国"的形成、移动和变化,当然也是在扩大。因此,我们看到《南北朝》卷相当突出"中国地理的重新定义",所谓"重新定义",就包括长江流域以及南方山区(即属于古人所说"溪洞濮蛮"的地区)的开发,它拓展了"中国"的疆域和文化,而《唐朝》卷则再一次强调"中国地理的再定义",指出中国政治文化中心的转移和南北经济文化重心的变化,在这一过程中,"中国"的形成与扩张才逐渐显现出来。

这一思路几乎贯穿各卷,像卜正民撰写的《元明》这一卷的第二章

《幅员》,就非常精彩地从蒙元的大一统,说到它的整合与控制;从明朝的版图缩小,说到明朝对西南的"内部殖民主义";从交通邮递系统对国家的意义,说到元明的南北变化;从元明行政区划,说到人口与移民。就是这样,把族群、疆域、南北、经济一一呈现出来,在有关"空间""移动""网络"的描述中,历史上的"中国"就不至于是"扁的"或"平的"。而罗威廉撰写的《清朝》一卷,更是在第三章《盛清》中专列《帝国扩张》一节,浓墨重彩地叙述了大清帝国的疆域扩张,正如他所说,当这个帝国"在蒙古、女真、西藏、内亚穆斯林与其他非汉民族,整合成一个新形态、超越性的政治体上,取得惊人的成功。渐渐地,中国士人开始接受此重新定义的中国,并认同其为自己的祖国"。传统"中国"在帝制时代的这些变化,换句话说是"中国地理的定义与再定义",应当就是这套历史书的一个主轴。

这当然也带来了"空间放大"。在现代有关中国的历史学变化中,"空间放大"即历史研究超越汉族中国或中央王朝的疆域,是一个很明显的特征。但是,这不仅是"中国"/"帝制中国"的空间在扩大,而是说,理解这个变化的"中国"就不得不了解"周边",把历史中国放在亚洲背景之中,这或许是中国历史研究的一个应有的趋势。19世纪末以来,随着道光、咸丰两朝有关西北史地之学的兴起,以及欧洲和日本学者对于"四裔之学"的重视,到了20世纪,中国"周边"的历史地理逐渐被纳入中国史研究的视野,满、蒙、回、藏、朝鲜、苗以及各种边缘区域、民族与文化的文献、语言、历史、田野研究,使得有关"中国"的历史研究发生了深刻变化。当然,21世纪更引人注目的变化,则是"全球史"的流行。中国学界常常引用梁启超所谓"中国之中国""亚洲之中国""世界之中国"这种自我认识三阶段的说法,来证明我们也一样接受全球史,但在真正书写中国史的时候,却常常"中国"是"中国","世界"是"世界",就像我们的历史系总是有"世界史"和"中国史"两个专业一样,甚至我们的各种中国史也对"边缘的"和"域外的"历史关注很少。这套书的撰写者都来自欧美,当然身在全球史潮流之中,主编卜正民教授本人就是全球史的身体力行者,他的《维梅尔的帽子》(*Vermeer's*

Hat)、《塞尔登的中国地图》(Mr. Selden's Map of China)等著作,在某种意义上都是全球史的杰作。因此,这一套书虽然说是"中国"的历史,却特别注意到"周边"。卜正民自己撰写的《元明》一卷,就特意设立一章讨论南海,通过《顺风相送》《塞尔登地图》《东西洋考》等新旧文献,"讲述了一个完全不同的明朝在世界中的故事",正如《塞尔登地图》不再以大明为中心,而以南海为中心一样,一个15、16世纪海洋贸易圈,把中国、日本、菲律宾、印度,甚至欧洲联系到一起,呈现了一个全球史中的大明帝国。尽管卜正民认为明朝仍然只是一个"国家经济体",但是,他也看到了越来越影响世界的"南海世界经济体"在那个时代的意义。

同样,把全球史视角引入晚期帝制中国研究的"新清史",也刺激了这一清朝历史书写的转向,在《清朝》这一卷中,罗威廉列举出近年清史研究的三个转向,除了"社会史转向"之外,"内亚转向"和"欧亚转向"占了两个,而这两个转向,都使得中国/大清历史不得不突破以汉族中国为中心的写法,扩大历史书写的空间视野。正如罗威廉引用孔飞力(Philip A. Kuhn)的话所说的,"一旦我们更适切地以清朝的观点来理解清史时,历史学家或能在新清史中'重新把西方带回来'",在这种全球史视野中,欧美学者"不再将中国描写成(帝国主义的)受害者或一个特例,而是(把清帝国看成)众多在大致上相同时期之欧亚大陆兴起的数个近代早期帝国之一",并且特别注意的是"并非帝国间的差异,而是其帝国野心的共同特征:在广大范围内施行集权管理的能力、精心经营的多元族群共存与超越国族边界,以及同样重要的、侵略性的空间扩张"。他们不仅把清帝国放在与同时代的欧亚帝国(如英、法、俄、奥斯曼)对照之中,也把清帝国越来越扩大的"四裔"安放在历史书写的显要位置,这样才能理解他在《结语》中说的,"大清帝国在性质上与之前各代相继的汉人或异族王朝有所不同。作为标准的近代早期欧亚大陆形态之多民族帝国,其在扩展'中国'的地理范围,将如蒙古、女真、西藏、内亚穆斯林与其他非汉民族,整合成一种新形态、超越性的政治体上,取得惊人的成功。"

表面上看,"史料增多"这一点,在这一套书中似乎并不明显,但阅读中我们也常常有意外惊喜。毫无疑问，中国学者可以先接触新近的考古发掘、简帛文书、各种档案，这一点欧美学者并没有优势。但问题是，新发现需要新解释，缺乏新的观察角度、叙述方式和论述立场，新材料带来的有时候只是"增量"而不是"质变"，并不能使历史"旧貌换新颜"。西方学者虽然不一定能够看到最多或最新的资料，但他们善于解释这些新史料，并且有机地用于历史叙述。比如，陆威仪撰写《秦汉》卷，就能够使用各种简帛资料（包山楚简、睡虎地秦简、马王堆帛书、居延汉简），其中《法律》一章，基本上依赖睡虎地、张家山等出土文献，而库恩所写的《宋朝》卷讨论辽金的佛教，也能够引入诸如房山云居寺、蓟县独乐寺观音阁、应县木塔等考古与建筑资料；特别是，往往眼光不同，选择的史料就不同，卜正民撰写的《元明》一卷，不仅用了《天中记》这样过去通史一般很少用的边缘史料来作为贯穿整个明史叙述的骨架，而且用了严嵩籍没时的财产簿、《吴氏分家簿》《余廷枢等立分单阄书》《孙时立阄书》《休宁程虚宇立分书》以及耶稣会士被没收的物品记录等，讨论明代各种不同阶层、不同身份的人的家当，让读者更直观地感受到，明代各种阶层与各色人等的一般经济状况；同样，他还用《塞尔登地图》等新发现和《顺风相送》《东西洋考》等旧史料，来讨论南海以及贸易往来；更特别设立《物华》一章来实践物质文化史，讨论文物、家具、书籍、瓷器、书画，讨论当时文人的艺术品位、文化修养与艺术商品和市场问题，因此，过去一般通史写作中不太使用的《长物志》《格古要论》《味水轩日记》之类的边缘史料（当然，如果研究艺术、物质、文化的著作，会常常使用它们）就成为重要史料。这里显示出他对于史料有着别具一格的判断、理解和阐释。

  当然，作为西方学者，他们常常能够以西方历史作为背景，时时引入欧洲资料与中文文献互相参照，这就更加扩大了史料边界。

二

  欧美学者写中国通史，当然与中国学者不同；21 世纪写中国通史，当然也与20世纪不同。以往，中国的中国通史，基本上会以政治史为主要脉络，因此，政治、经济、军事等关系到古代王朝更迭的大事件，在历史叙述中总是占了很大的篇幅，其他领域大体上只是依附在这个主轴上。尽管从梁启超《新史学》和《中国史绪论》开始，中国通史写作就一直试图改变这种历史叙述的方式，但总体变化似乎并不大。

在写这篇序文的时候，我正准备和日本、韩国的几位学者讨论国别史与东亚史之间的叙事差异，因此，恰好在翻阅以前中国学者编纂的一些通史著作。从晚清、民国流行的夏曾佑、缪凤林、钱穆，到1949年以后成为主流的郭沫若、范文澜、翦伯赞、白寿彝，也包括各种通行的中国历史教科书。我注意到，中国学者撰写的各种通史，大体都是一根主线（政治与事件）、若干支流（社会经济、对外关系、思想文化），历史主线与各种支流在书中所占的比重大体固定。但在这套书中，我们则看到当下国际历史学界风起云涌的环境气候、性别医疗、社会生活、物质文化、宗教信仰等各种角度，越来越多进入了历史。虽然这套书还不能说已经是"复线"的中国史，但它也多少改变了以往"单线"的书写方式。例如，在几乎每一卷中，都专门设有一章讨论社会史意义上有关宗族、亲属、性别、日常礼仪的内容（如《秦汉》卷第7章《宗族》、《南北朝》卷第7章《重新定义亲属关系》、《唐朝》卷第7章《宗族关系》、《宋朝》卷第7章《人生礼仪》与第12章《公共领域中的私人生活》、《元明》卷的第6章《家族》、《清朝》卷的第4章《社会》），其中，像《秦汉》卷第7章《宗族》中借用韩献博（Bret Hinsch）、司马安（Anne Behnke Kinney）的研究，对于秦汉女性与儿童的叙述，不仅展示了秦汉女性在宗族组织和社会生活中的状况，而且讨论了女性在政治权力角逐中的作用，不仅讨论了秦汉帝国儿童的生命、寿夭、健康，还通过儿童讨论了"孝道"与"政治"，这是过去各种通史著作很少有的；《宋朝》卷第12章《公共领域中的私人生活》则体现了当下社会生活与物质文化研究的趋向，其中运用考古、图像与边缘文献讲述有关卫生、装扮、保健与福利的情况，比过去通史提供了更加立体和生动的宋代生活场景，使历史不再是严肃、刻板的单一向度。在这里，物质文化史的影响痕迹也相当明显，前述《元明》卷对于"物华"，即文物、书籍、家具、瓷器、书画以及欣赏品位与商品市场的描述，都是过去中国的中国通史著作中不太常见的。特别是环境史，众所周知，气候是中国历史上的一个重要因素，尽管20世纪70年代以前竺可桢就陆续写出了杰出的论文《中国历史上气候之变迁》(1925)、《中国历史时代之气候变迁》(1933)、《中国近五千年来气候变迁的初步研究》(1972)，但除了寒冷气候对于北方游牧民族迁移和南侵的影响外，我们的通史著作并不那么注意环境与气候在政治史上的意义，卜正民所写的《元明》一卷，却用"小冰河时代"这一因素，贯串了整个13世纪至16世纪的中国历史。尽管这套通史中所谓"小冰河期"与竺可桢的说法有些差异，元明部分关于"小冰河时代"(13世纪到15世纪)与宋代部分对于"小冰河时代"(10世纪末到12世纪)界定也有些冲突，有的证据(如用明代绘画中的《雪景图》证明气候变化)也多少有些疑问，但是，把这一点真正有效地运用到历史研究中，并作为政治变化的重大因素，确实是令人大开眼界，也使得历史本身和观察历史都变得复杂化了。

说到"复杂"，对中国读者来说，最为重要的当然就是"问题复杂"。所谓"问题复杂"，说到底是一个观察历史的立场、角度和方法的变动与多元。20世纪以来，研究中国历史的现代史学比起传统史学来，不仅增加了"古今""东西""中外"等分析框架，也用进化的观念代替循环的观念，以平民的历史代替帝王的历史，打破原来的经史子集知识分类，使其转化为现代的文史哲学科，在文献之外增加了考古发掘与田野调查，对历史资料进行客观的审视和严格的批判。但到了21世纪，本质与建构、想象与叙述、后殖民与后现代，以及帝国与国家、国别与区域、物质与文化、疾病与性别等，五花八门的新观念、新角度、新方法，使得"中国"与"历史"不得不被拿出来重新认识，因此，这一套帝制中国史书系中涉及的很多新说，也呈现了晚近理论和方法的变化，这或许能给我们有益的启迪。

我一直强调学术史要"别同异"。对于海外中国学研究，我们特别要注意它自身隐含的政治、学术和思想背景，千万别把他们研究"中国史"和我们研究"中国史"都用一个尺码评判或剪裁。有人误读我的说法，以为我是把海外中国学看成"异己之学"，将海外学者"视为另类"，其实不然，恰恰是因为他们与我们所研究的"中国"不同，所以，我才认为特别要重视这个"异"。透过海外中国学家对"中国/历史"的叙述，我们不仅能看到"异域之眼"中的"中国史"，而且能看到塑造"中国史"背后的理论变化，也看到重写"中国史"背后的世界史/全球史背景。其实，当他们用流行于西方的历史观念和叙述方法来重新撰写中国史的时候，另一个"世界中的中国史"就产生了。

如果他们和我们一样，那么，我们还能从他们那里学到什么？他山之石才可以攻错，有所差异才互相砥砺。总是说"和而不同"的中国学者，往往只有"和"而缺少"不同"，或者只有"不同"却没有"和"。所谓"和"应当是"理解"，即理解这种历史观念的"不同"。中国读者可以从这些看似差异的叙述中，了解欧美中国历史研究的一般状况，也可以知道某些颇为异样的思路之来龙去脉。比如《宋朝》卷中，在提及欧美有关宋代科举与社会流动的研究时，作者列举了贾志扬（John W. Chaffee）、李弘祺、柯睿格（E. A. Kracke）、郝若贝（Robert Hartwell）的研究；在有关宋代日常生活仪礼的研究中，则介绍了华琛（James L. Watson）、伊沛霞、裴志昂（Christian DePee）、柏清韵（Bettine Birge）、埃琛巴赫（Ebner von Eschenbach）的成果。而对于明代政治，卜正民更指出，当年牟复礼（Frederick W. Mote）曾经认为，明代是宋朝皇帝与蒙古大汗两种传统的结合，蒙古野蛮化把帝制中大部分对皇权的限制都摧毁了，这就形成明代所谓的"专制统治"（despotism），而范德（Edward Farmer）则更有"独裁统治"（autocracy）的说法，把明代这一政治特点从制度设计层面提出来；接着贺凯（Charles O. Hucker）又以胡惟庸案为个案，讨论了明代初期皇权压倒相权的过程，以及"靖难之役"使得皇权进一步加强的作用。这样，我们大体上知道美国的中国学界对于"专制"这一问题的讨论经过，也知道了有关明代"专制"研究，美国与中国学者的差异在哪里。

读者不妨稍微注意他们观察中国历史时的聚焦点。前三卷中有个做法很好，撰写者常常会将他关注的议题开列出来，使我们一目了然。例如对秦汉，他关注（1）在帝国秩序之下逐渐式微但并未被完全抹除的地域文化；（2）以皇帝个人为中心的政治结构之强化；（3）建立在表意文字基础之上的文化教育，以及由国家操控的、巩固帝国存在的文学经典；（4）帝国内部的去军事化（demilitarization）和对帝国边缘族群所开展的军事活动；（5）农村地区富裕的豪强大族的兴旺。对南北朝，作者说明这一时期的历史重心应当是：中国地理的重新定义，它的内在结构及其与外部世界的关系，新的社会精英，世袭制的军事人口和新的军事组织，影响后世的宗教使中国不再严格按社会与政治来划分人群，等等。对唐代，他关注唐宋政治与文化的转型、中国地理格局的再变化、商人与外部世界、城市中的商业与贸易引起的文化与文学变化，而在卜正民所撰写的《元明》一卷中，虽然并不像前几卷那样明说要点，但他一方面说，"我们只需举出元明史上的两大主题——独裁制和商品化（commercialization），在宋代尚不见其踪影，而到了元明时期，它们在质和量上已发生了飞跃性的变化"，因此，他"没有把它（1368年元明易代）当作中国历史上的一个转捩点，而是连接两段历史的纽带。使明王朝崛起的叛乱，确实终止了蒙古人长达一个世纪的统治，但也使蒙古人的遗产得以历数百年而传承不绝。元明两代共同塑造了中国的专制政体，将中国社会解体，重新以家族为中心聚合起来；并且，为更好地积聚商业财富而重建了中国人的价值观"；另一方面他别辟蹊径，不仅把社会结构（《家族》）、自然环境（《经济与生态》）、宗教信仰（《信仰》）、物质文化（《物华》）以及外部世界（《南海》）各列一章，而且特别指出"这两个朝代所在的时期恰好是研究世界其他地方的气象史专家所说的小冰河期（the Little Ice Age）"，因此他特别详细地叙述了自然灾害——饥荒、洪水、干旱、飓风、蝗虫、流行病。从这里，读者或许可以看到他对于元明两代历史的新认识。同样，对于清代历史来说，我们也可以注意，为什么罗威廉在《治理》这一章中那么重视"理藩院""内务府"和"军机处"这三个他所谓的"创新"？因为这三个"创新"，其实就是"管理""保护"和"控制"，它指向清王朝政治统治最重要的三个方面：一是对汉族中国本部十八省之外的管理（大清帝国的多民族与大疆域）；二是对皇帝个人及其有关家族的保护（异族统治者的利益和权力保证）；三是满洲统治者对核心权力包括军事权力和行政权力的高度控制。

这或许是理解清朝作为一个"帝国"的关键。

三

这套"帝制中国史书系"，值得击节赞赏的地方很多。比如，我们常常以为欧美学者总是习惯追随新理论，但在书中我们可以看到，他们对新理论在历史研究中的限度，也有相当清楚的认识。举一个例子，我很赞成《清朝》卷中罗威廉的一个批评，他说，一种所谓"后殖民主义"观点指责20世纪初中国的政治精英，说他们总是认为中国应当走欧洲式的民族国家道路，因而这一思想便成为中国民族主义力量的部分原因。罗威廉冷静地指出，这一说法"貌似合理且引人入胜，但必须记得，晚清的中国精英们没有这样奢侈的后见之明。对于越来越多的人来说，为了能在即将到来的战争中存活，把他们的政体重建成强大的西式民族国家，确为当务之急"，这才是同情理解历史的态度。再举一个例子，在讨论中国史的时候，这些来自西方的学者总能不时引入世界或亚洲背景，使中国史超越现代中国的"国境"，与世界史的大事彼此融合、相互对照，因此对一些历史事件与历史人物，不免多了一些深切理解和判断，与那些盲目相信"中国崛起"可以"统治世界"，因而对中国历史做出迎合时势的新解释的学者不同。如卜正民关于哥伦布与郑和航海的比较，就批评一些趋新学者把郑和当作探险家，并且比作哥伦布的说法。他指出，哥伦布的目的不是外交或探险而是经济利益，而郑和的目的是外交，即"不是一个为了在海上发现新世界的职业探险家，而是一个皇室仆人为了达成一个僭位称帝者的迫切心愿——获得外交承认"，因而这两个同样是航海的世界性事件，引出的历史结果大不相同。当然，我们也可以从中学到欧美学者在历史中说故事的本事，自从劳伦斯·斯通（Lawrence Stone）的《叙事的复兴》（*The Revival of Narrative: Reflections on a*

New Old History）以来，西方学者对历史如何叙事，重新有了更大的兴趣，而卜正民正是这一方面的高手，在《元明》卷中，他仿佛讲故事一样的方式对元明两代历史的叙述，会让我们想一想，中国通史著作非得写得一本正经地教条而枯燥吗？

毫无疑问，这套书也有一些我不能完全赞同的地方。作为一个中国历史研究者，阅读之后也有我的疑惑。首先，从文献资料上说，我要指出的是这套书有的部分虽然开掘了若干边缘文献，但有时不免过于轻忽主流历史文献（比如二十四史、通鉴、十通等等）的引证，甚至有一些常见的正史文献要从今人（如唐长孺）的著作中转引，这是中国学者难以理解的，而从学术论著之参考上说，对于近年中国学界的论述仍然较为忽略，以中古史为例，虽然陈寅恪、郭沫若、唐长孺、王仲荦、韩国磐等人的著作时有引述，但是，显然对近年以来中国学者的新研究了解相当不足，即以北朝之"子贵母死"一事为例，作者没有提及田余庆精彩的研究就是一例。其次，我也要说，如果以较严格的水准来衡量，书中有些论述也有不完整、不深入或者还有疑问的地方，比如，《南北朝》卷对中古时期的佛教与道教论述，似乎略有问题，至于《唐朝》卷说"在隋唐时代，佛教最终分成了四个宗派"（天台、华严、禅和净土），这更是不太可靠；《宋朝》卷虽然注意到宋真宗时代是一个重要的"历史转折点"，但遗憾的是，这里并没有深入分析为什么这是一个"历史转折点"，其实，可能更应当指出从"安史之乱"到"澶渊之盟"两个半世纪之间出现的胡汉、南北、儒佛、君臣四大关系的新变化；再比如，对于宋代儒学从反官僚体制到融入意识形态主流的曲折变化及其政治背景，似乎简略或者简单了一些，让人感到对于理学的叙述深度不足，而在《元明》卷对蒙元叙述过少，与当下蒙元史作为世界史的热潮相左，这一做法令人疑惑，而在有关王阳明与"大礼议"关系的论述中，作者似乎认为，由于王阳明支持嘉靖尊生父而使得王阳明之学得以兴盛，这一论述根据也许并不充分，结论也稍显简单，因为事实上，嘉靖皇帝并未因为王阳明和他的弟子们在"大礼议"中的立场，而改变禁止"王学"的政策；至于《清朝》这一卷中，罗威廉对于费正清朝贡体系的批评似乎也不能说服我,尤其是他用来批评费正清之说而举出的例子,即大清帝国和朝鲜、越南在"引渡与边界"方面"基于对等主权国家的模式",这一说法恐怕缺乏历史证据。当然,这些并不重要,任何一套通史著作,都会留下这样那样的问题,这也是通史著作被不断重写的意义所在,历史不可能终结于某一次写作。正如前面我所说的,这6卷帝制中国史新书,即使仅仅在思路的启迪上,就已经很有价值了。

四

"帝制时代"在1911年结束,这套6卷本从秦汉开始的"帝制中国史"也在清朝结束之后画上句号,但掩卷而思,似乎这又不是一个句号,而是省略号。为什么?请看罗威廉在最后一卷《结语》中提出了"帝制中国"留下的三个问题:

第一个问题是国家。他说,"大清帝国在性质上与之前各代相继的汉人或异族王朝有所不同。作为标准的近代早期欧亚大陆形态之多民族帝国,其在扩展'中国'的地理范围,将如蒙古、女真、西藏、内亚穆斯林与其他非汉民族,整合成一种新形态、超越性的政治体上,取得惊人的成功。"但是,此后从"帝制中国"转型来的"现代中国",也面临清朝遗留的种种问题,他追问道,现代中国将如何维持这个多民族国家,如何解决蒙古人、满人、藏人、穆斯林的分离主义趋向?

第二个问题是政府。他说,清王朝是一个省钱的小政府,很多政府工作"转包"给了当地精英(士绅、乡村领袖、地方武力领导以及商业上的中介者)、团体(宗族、村庄、行会)。但是,当清政府19世纪面临国际侵略和内部问题时,"在这种竞争环境下借政治以求生存,一个更大、更强、介入更深的国家机器似乎就成为必要"。这也许是一个历史学家的"后见之明",抑或是为庞大的现代中国政府上溯源头,那么,这个更大、更强、介入更深的"政府"将给现代中国带来什么后果?

第三个问题是"公"领域。罗威廉说,19世纪中叶以来,以公众利益为名开办并给予正当性的各种事务(如慈善、防卫、基建、商业行会)

突然发展，开始在地方蔓延，虽然这可以视为"国家扩张的伪装方式"，但这种情况的出现，一方面使得国、共两党得以利用，另一方面使中央政府需要对这些领域重申控制的必要。那么，这是真正意义上（如哈贝马斯所说）的"公共领域"吗？它在清朝之后的中国发展状况如何？它在当代中国又将是个怎样的命运？

走出帝制之后的中国，似乎仍然残留着帝制时代的问题，而这些问题都值得继续深思。若干年前，孔飞力（Philip A. Kuhn）曾经在《现代中国的起源》（Origins of the Modern Chinese State）一书中试图解答这些问题，但是，我以为这个问题的最终解答，还需要很长的时间和更多的努力。

近些年来，东洋学者撰写的中国史，较新的如讲谈社之"中国史"系列，较旧的如宫崎市定之《中国史》等，都已经翻译出版，并且引起中国读书界的热烈反应。我听说，引起热议的原因，主要是它们不同于中国久已习惯的历史观念、叙述方式和评价立场，这让看惯或读厌了中国历史教科书的读者感到了惊奇和兴味。那么，现在西洋学者撰写的这一套哈佛版"帝制中国史"书系呢？人们常引苏东坡诗"横看成岭侧成峰，远近高低各不同"来比喻在不同角度，往往观察各有所得，如果说，日本学者对中国史是"横看成岭"，那么，西洋学者编纂的这套哈佛版"帝制中国历史"书系，是否也会"侧看成峰"，并且引发中国读者新的思考和议论呢？

2016 年 7 月 18 日初稿于上海
2016 年 8 月 14 日修订于芝加哥

中文版总序

卜正民

20世纪90年代初我到北京参加一次会议时,幸运地发现清史研究专家朱维铮教授也出席了同一会议。在朱老师这一代人中,他可谓极富才学,或许性情也最火暴。对我而言,他还是一位慷慨的良师益友,在我需要之时往往不吝提出明智的建议。我想通过回忆自己与朱老师在北京月坛公园的一次谈话来为中国读者介绍这一套书。当时我俩正散着步,我突然向他袒露心声,说自己曾数度迷茫——90年代初的我正处于迷茫之中——既然我不是中国人,那当一名中国历史学家到底有什么意义。我虽然能够像朱老师那样阅读第一手文献,但还是极度渴求拥有他那般理解中文文献的本能。到底怎样我才能像理解自己的母文化那般,更真切地理解中国呢?

朱老师做了这样一个比喻来回答我的问题:"你想象中国是一个仅有一扇窗户的房间。我坐在房间里面,屋里的一切都在我的目光之中,而你在房间外头,只能透过窗户看见屋里的景象。我可以告诉你屋内的每一个细节,但无法告诉你房间所处的位置。这一点只有你才能告诉我。这就是为什么中国历史研究需要外国学者。"

朱老师或许对中国同事们的研究局限多有责备,但对那些愿意付出真正的努力来了解中国的外国人,则往往慷慨相助。他相信,我们的确能够带来些什么,而且我们拥有一种中国人无法依靠自身开辟出的观察视角,因为我们对中国的观察受世界其他地方的政治、社会、文化生活经验影响,而这些经验是中国人所没有的。听他说着,我不禁想起了明朝时的一句俗语:中国人用两只眼睛观察世界,欧洲人只用一只眼,其他地方的人则都是瞎子。我相信,朱老师是觉得他这一代的中国学者只睁开了一只眼,而外国历史学者正好为他们提供了第二只眼睛。

作为一个二十来岁才开始研究中国的学者，我自然是站在房间外面来观察中国的。然而重要的是，我二十来岁的光阴正好是在20世纪70年代——这意味着我大致上与中国所谓的"文革一代"同辈。彼时正是西方史学经历大转折的时期，历史不再是伟人和强权间相互影响所取得的成就，而转变为普通人在其所处社会的约束与机遇中经历的生活。对于一个在此时拥抱中国明代社会和经济史的外国人来说，这无疑是一个讽刺，因为彼时我最想求教的历史学者并非来自西方，而是一个中国人——傅衣凌。傅衣凌对与我同辈的中国历史学者产生了巨大的影响，他展示给了我们具体的研究路径，让我们知道如何用明代史料写出各个阶层民众经历的历史，而不是统治家族支配的历史。70年代末，我有幸在北京见过傅老师一面，至今我仍后悔没能向他学习更多，像我从朱老师那里学到的一样。

当哈佛大学出版社邀请我主编一套中国帝国时期的历史时，我找到了与我同辈的三位历史学者，他们多多少少形塑了我在社会关系和物质文化方面的兴趣。我们并非用同一种语调或同一种国家视角（三人中一位是德国人，两位是美国人，我是加拿大人）来论述问题，但我们差不多是同一代人，踩在同一片知识的土地上。我并未做多少导引，主要是请他们引用自己和其他人近期研究的一些成果，这样他们的描述才能够与时俱进，跟上现在的知识脚步。我可不想我们只是在重复老套的故事。另外，我请他们仔细考虑在他们所写的那个时代生活到底意味着什么，并从这个角度来进行写作。我希望他们抱着生命经验之复杂的想法，而不是退回到"历史事件之所以发生就是因为它该发生"那一套统一的、早已建构出的历史叙述中。他们应该从自己所写时代的内部而非外部来呈现那些岁月，但同时，他们的写作也需要囊括该时期内中国所征服的地区，这就要求他们不仅从内部来观察，还要具备全局眼光，使影响该地区历史进程的非汉人形象更加具体。这套书仍保留的一个传统是按照朝代来划分中国历史。之所以这么做，部分是因为朝代变更往往意味着正式统治者的改变，由此人民的生活组织方式也改变了；更重要的是因为朝代的确提供了时间定位，方便人们明白自己在历史的何处徜徉。所以，读者会在这一套书中见证朝代兴衰，但也能更多地了解某个时代的经济、社会、文化，以及人民的日常生活，而不是像在故事书中那样只看到皇帝和大将军们的传奇故事。

我所写的元明卷与其他几卷有一个显著不同，这种不同是在整个系列的编纂后期才逐渐显露出来的，所以该特征在其他几卷中并没有出现。正如我提到的，我发现自己越来越喜欢从环境的角度来看待历史，这么做最开始是为了满足我对自身的要求——我认为我们应该好好利用环境研究领域的最新成果，而这些成果正不断涌现。然而，我逐渐得出了这样的结论：在元明四个世纪的历史中，对民众生活经历和政治时运产生影响的最重要因素正是气候变化。气候虽不能回答历史提出的所有问题，但我发现要回答元明时期的许多历史问题就不得不把两个最基本的物质生活条件——整个世界的寒冷和干燥程度——考虑进来。元明卷并非完全在论述中国自中世纪暖期到小冰河时代的环境历史，但它的确是在将气候变化影响纳入考虑的框架内对历史进行阐释的。

现在，我邀请你们走进这个中国历史的房间，而四位学者正站在外头观察它。我希望你会同意，我们的确看到了一些你会错过但值得留心的东西。我还希望我们发现的一些具有挑战性的问题，能够激励中国读者用自身的内部观察视角来检视中国的过去与未来。

2016 年 6 月 2 日

（田奥 译）

早期中华帝国：秦与汉

导　言

在西方的想象中，中国历史始终与"帝国"这个概念紧密相连。但实际上，中国历史走过了逾1000年之久，仍然没有出现丝毫和此前存在的任何"帝国"相类似的特征。几个世纪以来，六个不同的诸侯国为了争夺军事优势而相互攻战，直到公元前221年，秦国最终击败了它最后的对手，使六国归为一统。然而，军事征伐只是帝国历史的一个小篇章。中国历史具有持久和顽强的特质，在历经数个阶段的分裂之后，它一次又一次重塑自身，最终形成了中华文化的雏形，即最早的两个朝代：秦和汉。当然，政治和军事制度都被重新制定，文化、宗教仪式、血缘结构、村社生活以及城市景观也都进行了调整。

总体来说，秦和汉两个帝国构成了中华文明的"古典"时代，如同古希腊和古罗马之于西方。和"古希腊—古罗马"地中海时代类似，这个时代的中国文化和其他时代明显不同。但是，如果不先抓住中国这个最早的统一时期，了解其完成统一的具体过程，我们就无法理解本书所要讲的内容。在以后的章节中，本书将就这个古典时代的5个主要特征进行深入探讨，它们是：（1）在帝国秩序之下式微、但并未被完全抹除的地域文化之分野;(2)以皇帝个人为中心的政治结构之强化;(3)建立在表意文字基础之上的文化教育,以及由国家操控的、巩固帝国存在的文学经典;(4)帝国内部的去军事化(demilitarization),和对国家边境的边缘族群所开展的军事活动;(5)农村地区富裕的豪强大族的兴旺——他们维持社会秩序,并在村落和权力中心之间建立起联系。

中华帝国最为突出的特征——的确,和其他所有帝国一样——是其辽阔的疆土及多元的族群。尽管今天所有的中国居民都可以追溯为"中国人",这个词汇对于前帝国时期却是不恰当的。那个时期的人,要么以"秦人""齐人""楚人"为人所知,要么以其他诸侯国国名命名,或者以某个特定地域命名,比如"关内人"。公元前3世纪,秦的征伐把这些不同的人群在政治上联结起来,但是,各地独特的地域文化和"人性"仍然留存了下来。这些地域文化的多样性非但没有妨碍人民生活,相反其意义对于帝国而言是至关重要的。帝国正设法通过把这些帝国中心流行的优越文化和有限的、特殊的地域文化之间的等级差别合法化,来使帝国本身合法化。这些基本的不同表现在政治服务、宗教信仰、文学以及中国生活的其他很多方面。

中国古典时代的第二项基本革新是发明了皇帝这个角色。皇帝不仅是至高无上的统治者、首席大法官、最高祭司,还是政治统治的真正体现。整个国家都以他为核心向外辐射:国家的每个公职人员都是他的仆人,并且在他的命令下履行职守。国家就意味着皇帝及其身边的庸从;同样,没有皇帝,国家也就不可能存在。的确,这种高度集权的特性在尊显皇帝身份的诸多禁奢规定中表现得淋漓尽致,比如,发明了只供皇帝穿戴的纺织纹饰,铺设了专供皇帝行走的御道。但是,它还通过一种新的城市化的形式——帝国都城——表达出来,在皇帝生来就注定成为祭司和献祭者的新的崇拜仪式里表达出来，还在新的宇宙秩序中表达出来——在这个秩序中，他成为天地之间唯一的纽带。在这个集权化的政治体系里，任何在生活中最接近皇帝的人都能行使莫大的权力，无论这种权力是为了行善还是作恶。

伴随秦的征服而来的第三个重要变化，是统一的表意文字的广泛使用。秦国规范了此前相互之间无法用语言沟通的人群的书写方式，这个革新把帝国内所有的地区联结为一体，并建立起一个国家认可的文化典籍体系。在此后的阶段，即便是没成为现代中国一部分的地区——韩国、日本以及越南，都通过使用一种共同的文字而分享了一些重要的文化元素。反之，这种国家经典，不但使皇帝成为帝国价值体系的倡导者与捍卫者，还使他成为践行这些价值的人所仿效的楷模，以及为人们所共享的教育和文化生活的基础。最后，共同的文化体系把所有从事帝国事务以及渴望为帝国服务的人都连接起来。在后来的若干个世纪里，通过传统戏曲、大众文学以及启蒙读本等方式，文化开始渗透到社会低层。

在秦征服之后的世纪里，农民和城市人口逐步非军事化，而帝国的兵役也渐渐由社会的边缘人群来代理，这个趋势扭转了早期诸国为了竞争而把兵役扩展到整个农民阶层的潮流。公元前31年，全民兵役制被正式废除，直到1911年中国最后一个帝国瓦解之后才重新出现。对全体农民的兵役总动员消失了，之后兵役完全由非汉人族群承担，他们都特别擅长在前线作战。或出于民族特有的信念，或出于其他暴力的因素，他们被从内陆调遣到帝国边陲的各个隘口。这种帝国内部的去军事化有效地防止了地方武装发展到挑战帝国权威的可能，但同时也导致一种时常出现的情形，即外来民族征服及其对中国的统治。

最后，"帝国"在早期中国的发展，依靠的是整个帝国新出现的一个社会精英阶层——豪强大族，他们是地主阶级、商人集团和政府官员的集合体。这些豪强大族利用他们主要投资在土地上的财富，以及他们动员大量亲戚和附庸的能力，主宰了整个地方社会。在古典时代，法律和习俗使祖传的土地被分配给儿子们，从而逐渐削减了家族的土地财富。即便是大地产（虽然按照西方的标准，这个阶段还没有地产算得上大）也在短短几代人的转移分配中变成了大量的小地产。为了能增加自己的财富，豪强大族不得不致力于在农业之外寻找增加收入的来源。在这些家庭中，商业和借贷成为主要的职业，但最大的财富来源，当然是在朝廷内谋得一官半职。

久而久之，地方豪强大族开始在经济上依靠为国家服务，以保持他们的地位优势。若要获得为帝国服务的机会，就必须接受正式的教育，因此家族的子子孙孙都开始勤习帝国的文学、文化。这些豪强大族既拥有地方权力，又效忠于帝国，从而成为地方社会和朝廷之间最主要的联系。他们把皇帝的意志强加给整个帝国，范围之广是那种人手不足的官僚机构从来不可能达到的。后期，随着帝国人口数量的增长，以及国家行政人员和人口数量比率的下降，这些散居在整个帝国的豪强大族对国家而言更为重要了，同时他们向帝国索取的回馈也更大了。

若干个世纪过去了，随着中华帝国的逐渐衰弱和败落，古典时期出现的国家社会的5个特性经历了持续的变化。皇帝的特性和功能以及他的宗教性本质，在政治的压力之下也都在发生演变。文化典籍的内容，它与文字文化的其他因素之间的联系，人们传播并利用它来录取朝廷官员的方式，都随着政治背景的转换而变化着。无论何时，当外族入侵中国并建立新的朝代，他们都会对国家军事组织进行调整，并且重新审视军队与朝廷之间的关系。同时，这些豪强大族一次又一次在各个地区改变着他们增加财富和施加地方影响的方式，以及他们介入国家事务的渠道。但是，不管是哪种形式，以上这5个特性在中华帝国两千年历史中发挥着作用，影响着一个国家和社会的理念。这种国家与社会的理念至今仍在塑造着中华文化，影响着当代世界。

第 1 章

帝国版图

地理学是一门人文学科，它不只是研究地表形态、河道或土壤类型，还研究人类塑造地理环境和被其所塑造的方式，以及它们在空间中相互影响的方式。从新石器时代开始，世界各地的人们就已向土地索取生存必需品。但中华文明尤以其与土地的关系紧密而闻名于世，由此形成了很多中华文明的基本特征；同时，自旧石器时代起，成百上千代农民在这片土地上辛勤耕耘，使地貌也发生了变化。以这种方式掌控自然，必然要通过控制自然资源和剥夺他人生计来主宰他人。控制土地和水源，对秦、汉的帝国结构与其历史进程，都是最为基本的。[1]

早期中华帝国的区域

和所有中国历史时期一样，早期帝国的地理状况是这个国家不同区域的一种传说。秦朝所创造的国家不是我们从地图上所熟知的当代中国（地图1）。有现今中国三分之一面积大的西部地区（今天的新疆和西藏），对秦帝国和早期汉帝国而言都是陌生的化外之地。当代的内蒙古和东北三省也都处于帝国的边缘地区，现今西南地区的云南、贵州也是这样的情况。尽管现今华南地区（福建、广东和广西）有帝国驻军，但它们仍处在中华文化圈之外。早期帝国阶段的中国，以及它后来很长时间的历史中，都由黄河和长江流域的灌溉盆地所构成。这个区域包含了所有足够平坦而又湿润、适合发展农业的土地，因而也就划定了中国腹地的历史界线。

这个地区有几个特殊的地理特征。首先是多山，因此在美洲农作物引入之前，多数的土地不适宜耕种；这种缺陷导致了人口的高度集中，在铁路和飞机出现之前，大部分人处于相互隔绝的状态。有限的可耕种土地再被分割成一些核心区——冲积平原、江河沿岸地区，以及内陆盆地——它们被峻峭的山脉或者高原阻隔，把中国的内陆腹地分割成不同区域。[2]

在罗马帝国，把谷物或者葡萄酒从地中海的一端用船走水路运到另一端，要比用马车通过陆路把它们运送到只是百里之外的地方便宜很多。没有水路连接的地区加入不了地中海地区经济体系。中国也是同样的情况。在19世纪铁路铺设之前，用牲口驮运谷物到60公里之外的地方，所花的费用比生产谷物本身的费用还要高。除了如香料、丝绸或珠宝之类以很小的数量就能产生很高利润的奢侈品之外，通过陆路运输大宗货物的成本是极其高昂的。华北地区缺乏天然港口，使得沿着海岸线来往运输的贸易不景气。因此，几乎所有大宗贸易都依靠内陆水路。但即便如此，这种运输方式也有局限性。黄河和长江这两条主要河流均自西向东流，没有任何可供航运的水道连接它们。在北方和南方之间，没有天然交通枢纽。

河水侵蚀着西部高地的岩石和泥土，把它们带到平原地区沉积为淤泥。黄河的湍流穿过高山之间的峡谷，裹挟了大量泥沙。对于世界上大多数河流来说，5%的泥沙含量通常被认为是高的，但众所周知，黄河水的泥沙含量高达46%，它的一个支流泥沙含量甚至高达

早期中华帝国的水系

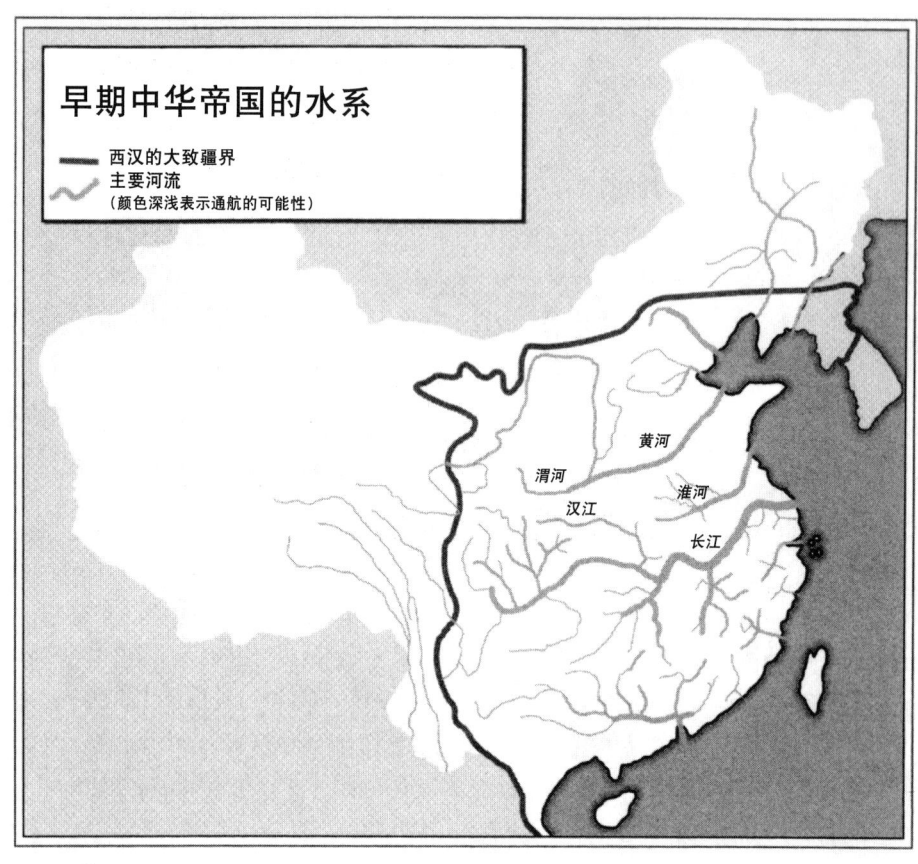

― 西汉的大致疆界
～ 主要河流
（颜色深浅表示通航的可能性）

渭河　黄河
汉江　淮河
　　　长江

地图1

63%。如此高的泥沙含量使河水非常混浊，黄河也由此得名。黄河在其下游最后800公里的河段，不再有大的支流汇入，因此河水逐渐变得缓和，泥沙也沉积下来。

由于河床逐渐升高，黄河在历史上数次决堤。因此，黄河大堤被一再加高以防止水灾。在一些地方，黄河水位开始漫过周边的乡村。如今，黄河水位在一个约1760公里长的河道上比平原高出10米。堤坝不能控制泥沙淤积，洪水更加肆虐。在中华帝国的历史上，黄河溃堤多达1500次以上，冲毁农田，淹死民众，黄河也由此被称为"中国之患"。

在秦和汉帝国的统治下，黄河成为中华文明的核心，大约90%的人口聚居在黄河流域。（地图2）它被山岭分割成西北地区（即现在的甘肃和陕西北部）、中心黄土高原地区（即现在的陕西、山西和河南西部），以及冲积平原地区（即现在的河南、河北南部，山东、安徽北部，以及江苏北部）。长江灌溉盆地在这个时期仍属于边缘地区，它也被自然分割成三个区域：高山环绕的岷江盆地（即现在的四川）、长江中游（湖北、湖南和江西），以及长江下游地区（浙江、安徽南部和江苏）。

在黄河流域，中部高原的风积黄土使用简单木制农具即可耕地。由于黄土很疏松，这些易碎、多孔隙的土壤在年降雨量仅仅250—500毫米的地区，为一些如粟米、小麦等标准农作物的种植提供了充足的水分（虽然这些地区在秦朝统一的时代可能会比现在稍微湿润一些）。由于气候干旱，土壤不会被降雨冲刷侵蚀，而是能持续肥沃和保持其碱性。黄土堆积成山，横亘在高原上，有利于防止洪水漫延。

相反，在东部的大平原，黄河水中的泥沙在这里沉积下来。尽管这种土壤比黄土更加肥沃，这种沉积性泥土也更易造成洪水泛滥和盐碱化。降雨主要集中在雨季，大约70%的降雨都在8月，春季和初夏的降雨量很少。在农作物最需要水分的生长旺季，尽管有来自西部山脉的融化雪水，黄河却降到很低的水位，因此用河水浇灌是不可能的。农民只能把希望寄托于那些富有之家的水井，或者由一小群农民挖掘的水井。除此之外，巨大的堤坝工程是由帝国负责维护的。正如我们所见，这种由帝国出资的大规模防洪系统，和小规模、家庭拥有的灌溉系统的结合，塑造了中国华北的政治经济结构。

与黄河盆地不断前移的黄土丘和平坦的冲积平原形成鲜明对比，长江以南地区被高山峻岭和崎岖的山丘主宰。只有河流谷地、三角洲和沼泽地，才有农业生存的可能性。南方面临的环境威胁，不是旱情

西汉帝国（公元2年）

1. 长安	11. 玄菟	21. 临淄	31. 南阳	41. 蜀郡（成都）
2. 玉门关	12. 乐浪	22. 泰山	32. 颍川	42. 巴郡
3. 敦煌	13. 临屯	23. 定陶	33. 汝南	43. 南郡（江陵）
4. 酒泉	14. 陇西	24. 陈留	34. 九江	44. 武陵
5. 张掖	15. 天水	25. 河内	35. 广陵	45. 零陵
6. 武威	16. 安定	26. 河南（洛阳）	36. 会稽	46. 贵阳
7. 朔方	17. 北地	27. 函谷关	37. 彭城	47. 南海
8. 五原	18. 上郡	28. 河东	38. 丹阳	48. 苍梧
9. 上谷	19. 西河	29. 武关	39. 豫章（南昌）	49. 交趾
10. 辽东	20. 邯郸	30. 汉中	40. 广汉	50. 九真郡

地图2

或者水灾，而是过分的潮湿使得一些低地过于松软而无法耕种，却为疾病提供了温床。在汉朝到唐朝长达一千多年的文学作品里，南方被描述为一个沼泽遍野、荆棘丛生、瘟疫多发、毒物充斥、野兽横行的地区，更是黥面文身的部落民的领地。即使是已在周朝纳入到"中国"的南方地区，在文化上仍被视为"化外之区"，直到战国和秦帝国时期，它还属于未教化的地区。南方是流放地，一些因罪被贬此地的官员终生未能返回。

这些主要的地区划分，为我们提供了公元前5世纪战国时代的地理背景。函谷关以西的黄土高原（尤其是渭河流域）构成了秦国的核心区域，它后来扩大到将四川地区的岷江盆地包括在内。在黄河流域的另一端，冲积平原为齐国所据有。在这两个强国之间，即中部黄土高原和西部冲积平原地区，由"三家分晋"之后形成的韩、魏和赵三国所据有。在南方，长江中游是楚国的核心区域，而长江下游则由吴国和越国所占据，两国在经过短暂的辉煌之后，被楚国兼并。[3]（地图3）所以，中国这些不同地区的划分以及这些地区的不同特征，虽然建立在不同地貌的基础之上，但最后都以国家和清晰易辨的人群特征的形式，转化为一种文化。

中国汉代第一位伟大的史学家司马迁（公元前145—约前86）认为，大一统时期的秦汉帝国延续了这些不同地区的划分，每个区域都以一个大城市为中心。[4]最为重要的是围绕着秦国都城咸阳的区域（后来则是围绕汉代长安城的区域）。这个区域以渭河为中心，西北与甘肃河西走廊和中亚相连接，南部与四川接壤，向东与黄河流域的中部平原相连。第二大区域，以过去齐国都城临淄为中心，是黄河的冲积平原（即现在的山东省）。四川地区以成都为中心，为崇山峻岭间的岷江所包围。在司马迁的记载中，他把长江中下游地区分成分别以江陵、吴和寿春为中心的三个区域，但是它们相对而言都不够发达，从经济学角度上理解为"独立的区域"更妥当。也有人提到岭南

秦国征服诸国的进程

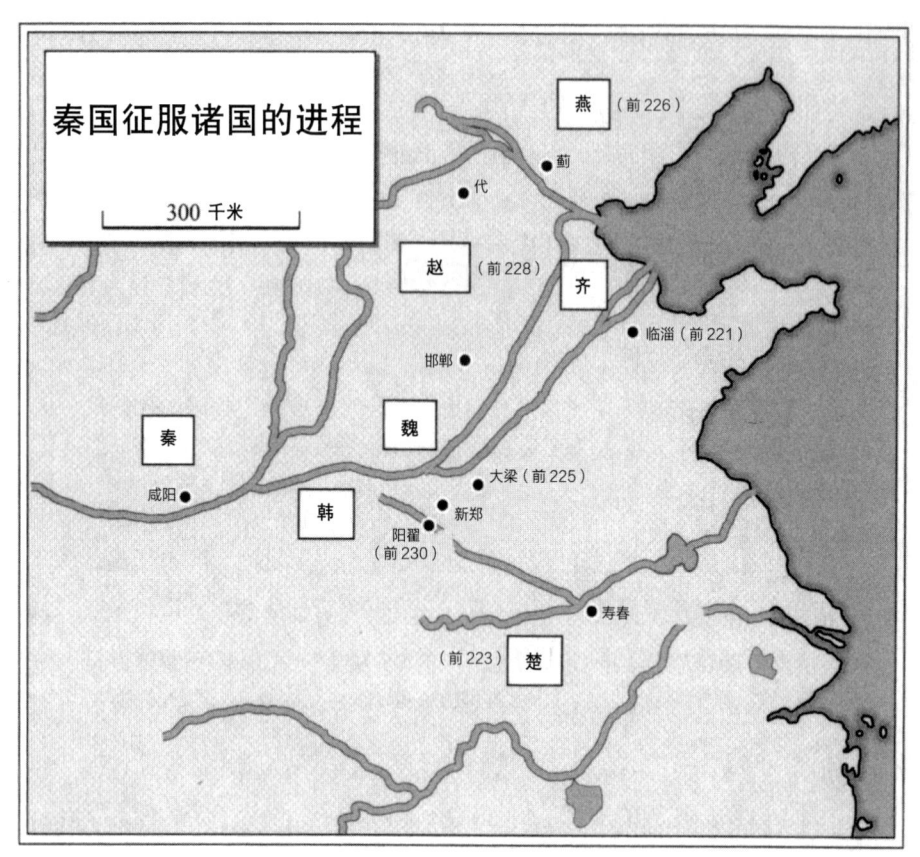

300 千米

燕（前226）
蓟
代
赵（前228）
齐
邯郸
临淄（前221）
秦
魏
咸阳
大梁（前225）
韩
阳翟（前230）
新郑
寿春
（前223）楚

地图3

这个相当于今天中国广东省和越南北部地区的区域。但是除了重要的港口番禺（即现在的广州市）和连螺（即现在的越南都城河内）之外，这里仍然丛林密布，并与帝国政府仅有极为松散的联系。

区域和风俗

周朝是中国历史上持续时间最长的朝代，起始于大约公元前1140年，终于公元前236年。[5] 它是由一个拥有共同文化的贵族阶层所统治的朝代。对于这个贵族阶层的成员来说，区域的差异是社会低级阶层的标志。同样，正在攻克各国的秦国，也把不同区域及其不同的文化视为统一大业的绊脚石。然而，从周朝和秦国所持的负面言论背后，我们仍可以弄清那些能够揭示战国时代的分裂割据的区域文化的轨迹。

纵观整个混乱的时代，对统一的渴望和地方割据的现实一直处在紧张的关系中。没有比《尚书·禹贡》这本书更能证明这一点了，该书大概成书于战国时代中期（公元前4世纪）。它把当时可知的世界划分为九个州，每个州都有不同的人群和物产，并且对它们进行了颇为详细的介绍。该书的首要主题是这九个州是如何通过大禹的足迹成为一个国家的，并且每个州向都城朝贡特产。由此，被高山大川割裂，由不同特产、风俗代表的不同区域，都被呈现在一个最高的统治者面前，他走遍了整个国家，并接纳大量形形色色的贡物。[6]

在战国时代的后期，对不同区域的论述呈现了几种形式。兵书用不同区域的文化来讨论评估各个国家的优势和劣势。其他的论述均以《禹贡》为范例，把地方特产作为地方文化特点的表示。同时，不同区域的治国传统通过它们的行政实践把本区域及其风俗和其他区域划分开来，并和帝国倡导的大规模变法形成强烈的对比。到了汉代，这种传统发展成为一种标准的修辞语汇，用以谴责秦律只是地方传统的产物，就像是地方特产的水果或者工艺品一样。

军事论文中有关地方风俗的最集中的反映是战国时期的军事论文集《吴子》一书中的"料敌篇"。魏国的武侯询问，该如何对付包围魏国的六个敌对国家。吴起从各个国家的一系列固定的论题：它们的民风或特性、土地或领地、政府策略、军事行动，以及如何打败这些军队，做了讨论并回答。吴起就地形、特性以及各个区域的政府进行了详细论述：

> 秦性强，其地险，其政严，其赏罚信，其人不让，皆有斗心，故散而自战。击此之道，必先示之以利而引去之，士贪于得而离其将，乘乖猎散，设伏投机，其将可取。
>
> 楚性弱，其地广，其政骚，其民疲，故整而不久。击此之道，袭乱其屯，先夺其气，轻进速退，弊而劳之，勿与战争，其军可败。[7]

以上这段话阐述了秦国恶劣的自然地形造就了该地人民不屈不挠的性格，这反而招致了政府的严苛，表现为极端的奖赏与惩罚。相反，楚国的地形比较广袤开阔，多河流，表现为柔弱的特性和政府的混乱无序，造成人民的懒怠。这样的人民组成的军队是不能持久团结的。吴起用同样的方式分析了其他几个国家。

这种军事思想在公元前3世纪的儒家著作《荀子》中也有反映，它只分析了当时军事强国的齐国、魏国和秦国。和《吴子》一样，这篇文章着重分析了为何秦国恶劣的地形造就了粗犷、坚韧的人民，只有强有力的奖惩才可以控制他们。另外，它详细阐述了秦国地形上的狭隘空间和隔离状态，这些特点成为汉朝对秦朝进行批判时最令人瞩目的方面："秦人，其生民也狭厄，其使民也酷烈，劫之以势，隐之以厄，忸之以庆赏，鳅之以刑罚。"[8]

荀子进一步争论说，尽管商周时代早期的军队规模很小，使用的武器也很原始，但战国时期的军队无法和商、西周时代睿智的圣贤相比。这是因为地方军队是在地方风俗的影响下作战，而这种地方风俗和一个理想化的、建立在仪式和至高道德基础之上、所向披靡的权威是不相匹配的。这个权威是超越地方风俗的，因为它来源于古典传统的文本和仪式。在很多方面，荀子追随着吴子的思想。不过他认为，圣人的道德力量而非军事领袖的策略技巧才能克服在有限制的区域风俗影响下的士兵行为。

从自然环境中寻找特征的来源，也出现在用于解释中国人及其毗邻的北方人、南方人的区别的文献里。在这些记载里，北方是极端的"阴"（阴凉、黑暗和寒冷），而南方是极端的"阳"（耀眼、曝晒和灼热）。生活在这两种不同环境中的人民，因而具有了不同的体形和文化。公元前1世纪的一个相关文献把南方视为疾疫和死亡的地带，并且把这种瘴气的威力扩大影响到人的天性和举止：

> 太阳火气，常为毒螫，气热也。太阳之地，人民促急，促急之人，口舌为毒。故楚、越之人，促急捷疾，与人谈言，口唾射人，则人唇胎肿而为创。南郡极热之地，其人祝树树枯，唾鸟鸟坠。

文中所提到的南方的火气和居民急促的性格，以及对某些人具有"咒语"能力的信念，也同样出现在秦国的法律文书中。[9]

如此繁多的区域特性，只能通过向一个统一的政权纳贡的方式来超越，这就是《禹贡》和《荀子》两书的主题。《荀子》对不同区域的地方特产做出区分之后提出，所有的地方特产都必须集中于中央政权，或者集中献给某一位统治者：

> 北海则有走马吠犬焉，然而中国得而畜使之。南海则有羽翮、齿革、曾青、丹干焉，然而中国得而财之。东海则有紫紶、鱼盐焉，然而中国得而衣食之。西海则有皮革、文旄焉，然而中国得而用之。[10]

这种地理上的框架延续到了汉朝。最清晰的表述来自司马迁的《史记》，这是中国第一部伟大的纪传体历史著作，成书于公元前90年左右。在一篇论述杰出商人和工匠的章节里，司马迁提到，汉朝统一了各国，开通了各地之间的贸易和交通，把以前的执政机构和地方豪强大族都迁到了都城。之后，他把汉帝国按战国时代的各国分成若干区域，然后详细论述了这些区域的位置、特产，以及当地人民的性情特点和行为：

> 而邹、鲁滨洙、泗，犹有周公遗风，俗好儒，备于礼，故其民龊龊。颇有桑麻之业，无林泽之饶。地小人众，俭啬，畏罪远邪。及其衰，好贾趋利，甚于周人。[11]

司马迁进一步引申说，统一的政体涵盖并统治着这些以不同物产和风俗为代表的区域。但他介绍了几个非常显著的革新。

首先，地方风俗和人民性格成为司马迁叙述的中心。虽然他也提到物产及其交换，但他关心的焦点却是人所特有的情感和言行举止。其次，他认同以前战国时代的区域划分。在这里，统一的汉帝国扮演着《荀子》中所指的中央政权和最贤明的统治者，这些以前独立的地区，现在都被吸纳到帝国之内。因此，地方风俗就意味着该时期政治和文化的巨大冲突——这种认同如此强烈，以至于西汉早期著名学者贾谊（前200—前168）把当时抗秦联盟诸国称之为"异俗"；当司马迁把楚国划分为三个不同区域时，称它们为"三俗"。[12]

支持统一的人通常视地方"风俗"为知识缺陷或者缺少文化的标志。从哲学角度上讲，风俗意味着传统智慧存在着错误，这与秦朝和汉朝所标榜的文化传统是相违背的。从政治角度上讲，有风俗习惯的生物是低等级、有服从性的。区域性的风俗都是局部的、有限制的，与此相反，圣人的智慧是建立在经典文献之上的普遍真理。

> 工匠之子，莫不继事。而都国之民，安习其服。居楚而楚，居越而越，居夏而夏，是非天性也，积靡使然也。故人知谨注错，慎习俗，大积靡，则为君子矣。[13]

处于这种地理界限中，平民都被这种风俗的力量束缚，只知从其出生的土地继承职业。平民比读书人等级低，农民比官员等级低，而只有圣贤的统治者才真正掌握着至高的智慧。

局限于这种直接的物质环境之中，平民和农民沉迷于周围的物质世界。君子能够"役物"，与此相反，小人只能"役于物"。正如秦完成统一之前的秦国丞相吕不韦主持编著的杂家著作《吕氏春秋》一书所总结的："今日君民而欲服海外，节物甚高而细利弗赖。耳目遗俗而可与定世。"这个高贵的声明使秦国对其他诸侯国的征伐合法化。根据秦皇刻石的内容，征伐也导致了"颂秦德"和"宣省习俗"。[14]

于是，秦汉时代的学者改编当时哲学家们批判风俗的理论，把它组织成一种帝国的空间理论。这种理论无视诸侯国政府，认为其是缺乏区域文化的产物。混战时代还令人满意的政府，现在变成有局限性的、无知的、贪婪的政府。帝国的文人在此构建出一个新的评判标准，它建立在圣人智慧的经典之上，否定了地形地貌的作用，超越了区域的局限。

尽管秦汉帝国因此声称自己超越了地理和风俗，但这段时间的历史仍然被定义为地方势力间转换的均衡，以及帝国政府和其统治区域之间关系的变动。本章接下来的内容将勾画出这种转换和变动，对此做更深入详细的探讨。[15]

秦和统一进程中的地理局限（前897—前202年）

中华文明的核心区域——黄河流域——被分为函谷关以东（关东）、函谷关以西（关中）和潼关以南地区。秦国控制着关中平原和在战国中期占领的四川盆地。因而，秦国于公元前221年征服其他诸侯国完成统一，标志着关中地区对关东平原和长江流域的胜利。中华帝国最初一个半世纪的历史就是在此基础上形成。秦国统辖的关中地区，由黄土高原、山脉和两河流域组成的漫长边境线，在与北方、西方以及后来的东方强敌作战中，培育出了强烈的尚武传统。这种传统直到汉代还被人们认可，当时有一句很流行的谚语："关中出将，关东出相。"

的确，关东地区以其管理艺术和文学艺术的教育而著名。所有主要的哲学传统都发源于东方，这个区域始终是典籍的传播中心，也是帝国的人口聚集中心。到西汉末年，这里有六个郡的人口都超过了150万人，但是紧靠京畿的三个郡却只有100万人口。在十多个最大的城市中，除了古老的都城和成都之外，其他全都在东部。这个地区是帝国最为肥沃的农耕区，也是手工艺品的中心产区。当时十个工官中有八个在这个地域，即是明证。

虽然没有关中或者关东地区那么重要，长江流域也拥有着丰富多彩的历史和早期楚国传承下来的文化。在西周后期和战国时代，楚国虽已成为中华文化圈的一部分，但它有着独具特色的艺术、文学和宗教信仰传统。能表明楚国属于另一种文化的是一个谏言者对项羽的评论，作为楚军领袖的西楚霸王项羽，其统率的军队将最终推翻秦朝时，谏言者说，"人言楚人沐猴而冠耳"。还有一些故事和"太阳之地，人民促急"的教义有关联，一般认为楚国的民众在稍稍激怒下就极易诉诸暴力。无论这些文化的基础是什么，汉帝国传承自楚文化，许多西汉王朝的审美品味，比如宫廷服饰、音乐和诗歌都来源于这种南方文化。[16]

秦最早建立于公元前897年，起初只是周朝一个小的属地，为周王室饲养马匹。在之后的两个世纪里，秦的版图不断发展壮大，一直到黄河上。因为秦远在西陲，在它的西边和南边不存在有组织的敌人，而且它还享有天然的屏障。西汉初期的贾谊注意到这个优越的地理优势："秦地被山带河以为固，四塞之国也。"[17]

秦国的势力深入到中央区域是在公元前672年。但是直到公元前4世纪，在征服了周边的游牧民族，确保了自己在西部的地位之后，它才开始在战国诸雄争霸的过程中崭露头角。在此后的一个半世纪里，秦击败了它所有的对手。新帝国把全国分为36个郡，它们又被分为更小的单位，下设上千个县和道。通过这种方式，秦在整个中华帝国实现了对所有新征服地区的直接统治。[18]

秦国所向披靡的军队和政权建立归功于商鞅对农业的变法。商鞅是公元前4世纪中叶秦国的政治家。从公元前350年开始，秦国政府从法律上承认了个体农民对土地的私有权，土地从此可以自由买卖。同时，由于秦国东部地区人口过度密集，政府鼓励这里的家族向人口稀疏的秦国西部地区定居。作为获得土地所有权的代价，农民要承担向帝国纳税和服役的义务，尤其是服兵役。处于渭河流域的秦国腹地修筑了驰道和灌溉渠，形成了统一的土地划分，用来奖赏给有功之人，或者吸引百姓效忠政府。这种农村土地结构的改变，以及人民和土地关系的改革，为秦国的崛起打下了基础。

伴随着土地所有制改革的是国家被分为若干个区域，由皇帝任命的行政长官进行管理。因此，朝廷的权威在乡村地区增强了，而世袭封地所有者的影响下降了。由政府统治地方行政区域的模式是商鞅从晋国引进的，但是秦国把这个制度落实得比他的竞争对手们更为彻底。

尽管取得了以上成功，在公元前3世纪晚期，部分世袭采邑仍被秦国分封。官员们向秦始皇抱怨说，他没有分封足够的采邑，也没有像周王那样，分封自己的儿子和那些功勋卓著的官员。大臣李斯反驳了这种评论。李斯指出，那些接受分封的周代后人最后都掉转头来反对他们的君主，或者互相攻伐，最终使国家解体。新的帝国内将不再有分封王国，而是都将由皇帝任命的官员直接管辖。

同时，秦国重新划分了土地，开辟了新的土地以供耕种。它征服了现在四川地区的蜀人和巴人，修建了至今发挥重要作用的灌溉网，成都平原由此成为"天府之国"。水工郑国从公元前246年开始修建运河——郑国渠，使陕西中部地区的碱性土地得到渭河水的灌溉。虽然这条人工运河只有约32公里长，按照后代的标准，它不能算是伟大的工程，但它的确为秦国的财力做出了极大的贡献。"于是关中为沃野，无凶年，秦以富强，卒并诸侯。"这段文字就单一的因素进行了夸大，但它认为，这条运河提高了水利控制能力，对秦的崛起起到了重要的作用，这一点是无可争论的。[19]

由秦强加而来的行政管理的统一，掩盖了这样一个事实：秦仍然是一个统治着其他地区的国家，在秦和它新近征服的对手之间，存在着明显的差异。公元前206年，秦帝国在"楚"的起义下突然倒坍，距它征服最后一个诸侯国仅仅15年，由此引发了一场辩论：一个统一的帝国是否真有超越诸侯国的可能性？秦帝国的崩溃引起了地区间重新进行权力分配的呼吁。早在公元前207年，秦的最后一位皇帝（子婴）就采纳了这个提议，他宣布自己为诸王之一，而不再是一位皇帝，以此来保全他那仅剩的、正在塌陷的权威。然而他的王祚是短促的。一年后，起义军攻入咸阳，他迅即被叛军将领项羽杀死。

然而，项羽推崇的是东周时期的景象，恢复分封制。他自立为西楚霸王，把中华帝国其他地区分为18个小的诸侯国，松散地纳入他自己的权威之下。这些诸侯国被分封给他手下的将军，以及他想要安抚的军事对手。后者中就有刘邦，他成为"汉王"，统辖三秦之一的汉中盆地。众所周知，刘邦是汉朝开国帝王，他打败了项羽，建立了汉朝。

和项羽相反，刘邦（即后来的汉高祖，前202—前195年当政）尽管对忠心于他的地方势力做了政治上的妥协，并给予曾经与他并肩作战的盟友以回报，但他建立的汉帝国却继承了秦朝的大部分制度。他起初暂定都于洛阳，但认识到秦国地理位置的优越性之后，他立刻把都城迁到渭河南岸新修的长安城，河对面就是前朝都城咸阳。虽然在帝国的西部保留了经过简化的秦朝制度，刘邦把人口更多的东部地区和南方长江流域地区划分为10个诸侯国，分封给追随他的杰出功臣，并且制定法律把帝国东部地区分封出去，但在6年之内，高祖就谋划取缔了9个异姓诸侯王，以他自己的兄弟或儿子取而代之，从而强化了这样的信条："非刘氏而王者，天下共击之！"

然而，关中地区和帝国其他地区在行政管理上的差异仍然存在。这一点可以从一系列的规定上体现出来：禁止马匹出关外流，以减少东部诸侯国对中央的军事威胁；任何为诸侯国服务的人员，不得再为朝廷服务；需持帝国签署的出关文书方能通关。[20] 总之，汉代早期的政治结构，在改进秦制之上，保留了关中地区对帝国其他地区的控制。

对地方势力的压制（前202—前87年）

分封同姓王依然招致了李斯曾经警告过的社会危机，好几个诸侯国一度准备从帝国脱离出来，有些甚至还威胁要与北方边境的游牧民族结盟。为了解决这些危机，汉朝第三代皇帝文帝（前179—前157年当政）和第四代皇帝景帝（前156—前141年当政）通过四个途径来削弱诸侯国势力。

首先，当诸侯王去世，他的封地分开来给其子孙，或者分给其他王室成员。于是，齐国在40年的时间里被分成六个小的诸侯国。其次，如果诸侯王死后无后，其领地收归中央直接管辖。再次，某些诸侯王的部分土地被朝廷以涉及某种罪名而削夺。最后，中央朝廷把涉及叛乱造反的诸侯国封地进行了瓜分，不论罪名是真实的还是捏造的。比如，淮南王被指控谋叛（基于他以前的一个手下在严刑拷打之下所做的供认）时，被处以流刑，他在半路上自杀，他的封地也被朝廷没收。这种有计划的削藩导致了公元前154年以吴王刘濞为首的"七国之乱"。镇压叛乱掀起了一股没收和瓜分诸侯王封地的浪潮，终结了诸侯国对中央政权的威胁。

汉武帝（前140—前87年当政）统治期间，帝国内部处于皇帝牢固的控制之下，因此把注意力投向了帝国外部。从公元前134年到公元前119年，汉武帝主要致力于征讨匈奴。匈奴是控制着汉帝国北部和西北部地区的游牧民族。为了寻找同盟，汉武帝派张骞于公元前138年出使西域，寻找和匈奴处于敌对状态的游牧民族大月氏。张骞在半途被匈奴俘获，扣留十多年，但他也因此熟悉了中亚东部诸城邦（即今天新疆地区）的情况，当时这些地方居住着以中转贸易和灌溉农业为生的印欧民族。在此后的几十年里，这些城邦的经济、政治和文化生活与汉帝国开始联系密切。

在同一个时代，由于汉代军事力量步步深入到南部、西南部、朝鲜，以及中亚的东部，汉帝国的版图空前扩大，拥有84个郡和18个诸侯国。帝国北部大多数地区免受游牧民族的劫掠之苦，帝国向中亚东部地区的扩张，使得该地区新的农作物，比如苜蓿、石榴、葡萄，被引入汉帝国；此外，汉朝还引进了异域风格的音乐、化妆品等。为了庆祝自己的文治武功，汉武帝改革了大量的崇拜仪式。众所周知，汉代中国的泰山封禅仪式达到了宗教仪式的顶峰。在这些仪式里，皇帝强调了他对世界的主权，宣布他对最高神的胜利，并且像中国第一位皇帝秦始皇那样，追求以最高的奖赏方式——长生不老，来保有自己在世间的胜利。的确，对领土的索求和对长生不老的渴望是紧密联系在一起的，因为长生不老的人存在于地球的边缘或山脉的最高处，只有世界的帝王才能把这些地方纳入版图。

地主所有制和地方主义的复兴（前87—88年）

在汉帝国投入财力物力进行军事扩张的同时，对帝国统治构成真正威胁的是地主势力的逐步膨胀。在汉武帝统治期间，朝廷官员们从致力于在政府中谋得一官半职以获得暂时的财富转化为对土地长期的占有。大土地拥有者和贫困农民之间不断扩大的差距引起了社会文人的关注。董仲舒（约前179—前104）是一位失败的官员，但却是儒家学派的领袖人物。他谴责了秦朝对土地私有制的引进，认为这使得有钱人能够乘人之危，兼并那些处于困境的农民的财产，结果是"富者田连阡陌，贫者无立锥之地"。[21] 为了抵制这种土地兼并，他提议恢复传说中的"井田制"，这种制度把土地分成面积相同的方块，公元前4世纪《孟子》一书对此进行过描述。

但是，与董仲舒的主张相反，土地的地主所有制不是根植于秦，而是根植于汉代的农业政策。汉武帝的穷兵黩武加重了农民身上的赋税，榨干了农民仅有的财物，而这种负担因现钱抽取人头税（口赋）而加剧。当遇到丰收，谷价下跌，农民只能卖出更多的谷物来获得现钱；当农业歉收，谷价高昂，农民却没有更多的粮食来出售。农民被逼无奈只好靠借贷来偿还他们的义务，从而陷入沉重的债务，最终不得不卖掉他们唯一剩下的家财——土地。

汉代国家政策中第二个破坏性的方面与用以支持军事的财政有关。汉武帝下令征收财产税（算缗），责令缴税者自报财产，陈报不实者，没收财产，如有告发者，将被没收财产的一半奖给告发者（告缗）。由于商人财产税是土地税的两倍，所以想保护自己财产的商人都购买地产。政府官员们也想购买土地和农田，把自己任职期间所获的横财转化成持久的财富。这样，大量被政府压榨的农民不得不把他们的土地卖给同样受政府财税欺压的商人和政府官员，由此导致了社会不平等的加剧。

技术的进步也加剧了土地的集中。有足够资金的农民可以购买铁的工具和用牛拉的犁，比起那些依靠木制农具、肩挑手提累断腰的贫困农民来说，他们能够耕种更多的土地。后来出现了把牛拉犁和播种器结合的播种机器"耧车"，一个人单独就能够操作，这进一步拉大了富人和穷人之间生产力的差距。即使在黄河流域修建砖砌的灌溉井也需要一定的资金。这些有本钱采用最先进技术的农民比那些没钱的农民能够耕种更多的土地，获得更高的产量，使得土地和财富集中到越来越少的人手里。

土地控制权的转移终结了一种惯例：地方豪强大族往往都被迁到帝国都城附近居住，尤其是皇陵附近的城镇。秦始皇和汉高祖为了削弱地方势力都这样做过。在西汉，这样的迁徙至少有 6 次。在公元前 20 年，一位朝臣劝说皇帝开展第 7 次强制的移民政策："天下民不徙诸陵三十余岁矣，关东富人益众，多规良田，役使贫民，可徙初陵，以强京师，衰弱诸侯，又使中家以下得均贫富。"[22]

尽管皇帝批准了这个提议，它却无法顺利执行，因为豪强大族的权力已经和朝廷平分秋色。这个挫败使皇帝了解到，他已经不能再命令他的下属远离自家祖籍，前去替皇帝管理皇陵了，这是地方和朝廷之间权力平衡的一个重要标志。几乎在同时，国内各郡都借口要节俭和忠于家族的孝行，打压皇家祠庙：强迫官员或者地方富绅向别人的祖先祭献违背了儒家最主要的孝道原则。

朝廷政治核心衰退的另一个标志是外戚对宫廷中枢的控制力越来越大。如果一位皇帝年少崩殂，皇太后（皇帝的母亲，她仅仅通过婚姻位列皇族）不但可以决定新皇帝的人选，而且掌握着摄政王的人选，甚至还包括太傅的人选。后两者通常是太后的亲戚。王政君是汉成帝（前 32—前 7 年在位）之母，当时成帝和连续两个继任小皇帝汉哀帝（前 6—前 1 年在位）和汉平帝（前 1—5 年在位）先后夭亡，并且无后，她就任命她的兄弟和侄儿在朝中担任了要职。她一次次为其侄儿王莽加官晋爵，王莽两次担任摄政王，并最终篡位为帝。公元 9 年，王莽宣称汉的气数已尽，"接受"了西汉末代小皇帝的退位。

然而，王莽建立的新朝只维系了 17 年。王莽终身出入宫廷，痴迷于对《周礼》一书中的中央经济统制论调，以及其他一些儒家经典；他狂热地致力于恢复被早期的诸多学者所提及的、想象中的周代制度——所有土地由国家没收，再统一分配，同时废除奴隶和佃农。改革遇到了强烈的抵制，仅仅三年之后，他就放弃了这个改革。无论如何，由于改革招致了豪强大族的敌视和反对，一旦有农民起义向王莽的权威发起挑战时，帝国东部平原的豪强家族势力加入叛乱，推翻了新朝，皇族刘氏远亲中的一个后人，成为这个"复兴的"汉朝的皇帝，并在长安之东建立了新的都城，史称"东汉"。

与世隔绝的东汉（25—168年）

复兴的东汉王朝在很多方面和它的前朝——西汉极少有共同之处。尽管这个事实被东汉早期的统治掩盖，汉的复兴仍然表明，地方豪强大族战胜了中央朝廷，国家权力中心继而从都城向地方转移。一些基本制度，比如征兵制，以及此前为限制土地所有权过分集中而做的所有努力都被废除。光武帝（25—57年在位），是西汉高祖的九世孙，西汉皇室中血缘和他最近的是其三世祖汉景帝。他贬黜了所有的藩王，以亲信取而代之。西汉时出现的诸多大家族中，在东汉仍能保持其显赫地位的已经不到10个。

当汉高祖建立西汉后，他的18个主要亲随都获得了帝国最高的官衔，但是，一旦他们死去，其家族就迅速地衰落了。与此相反，光武帝出身地主家庭，助其崛起的也是一些地主，当这些人去世，他们的家族仍然能在其领地保有权势，而且经常能在朝廷里谋得职位。因为他们拥有长期经营的势力范围以及相当可观的财富。因此，东汉的历史是一部以地方权力为基础的血缘和集团史，例如现今河南的南阳阴氏家族，或者渭河流域的马氏家族。

或许意义更为深远的是都城从关中地区迁向函谷关以东的黄河冲积平原。这两个地区是战国时代和秦朝历史的主要发源地，在汉帝国早期和汉律中，它们的对立始终是极为关键的。都城从长安迁往洛阳，表明从一个利用战略位置和军事力量来统治的地区，转向一个以文化和经济生产为最高主导的地区。这不但意味着在西汉时期兼并土地的地主和积累财富的商人们在攫取显赫的政治地位，而且否定了秦统治区的武力传统，认可文化和艺术教育的重要性。

都城的变更，是"儒家精神的胜利"的地缘基础——这句话经常被人用来描绘汉代中国知识分子的发展。东汉历史和文学的主要著作，都在阐述新都城以及与它相关的典礼的变革有着无比的优越性，与此相比，旧都城仅仅是秦王朝的延续而已。与此相似的是，在公元1世纪后期，史学家班固的著作把西汉和秦朝的暴政联系起来的同时，也赞美了东汉在文化和礼仪上的胜利。

然而，西汉的秩序并没有被全盘抛弃，因为"新朝"要把统治的合法性追溯到皇族刘氏的血统。这一点表现在一场该选谁为开国之君（光武帝）的先祖的辩论中。在光武帝统治早期，他在洛阳建立了太庙，来崇祀那些从未当过皇帝也未曾被分封为藩王的祖先。这件事招致了极其激烈的抗议，认为它破坏了皇室血脉的纯正性，于是，光武帝把太庙迁到了他在洛阳以南的老家——南阳。在洛阳，他祭祀第七代皇帝宣帝（前74—前49年在位）和第八代皇帝元帝（公元前49—前33年在位），视他们为自己的生身父亲和祖父。家族血统就这样被虚构出来，把一个复兴的王朝和西汉王朝的最后一个统治者紧密地联系起来。

在东汉最早的三个皇帝统治期间，中国的疆域发生了一些变化。由于光武帝放弃了早期对北边的进攻战略，匈奴开始实施劫掠偷袭，这引发了一次向南方的大迁徙，最终使大片土地荒芜，人口锐减。东汉王朝的统治者开始把一些游牧民族安置在国境之内被弃置的土地之上，并且利用他们提供骑兵来抗击匈奴。这个政策虽然在军事上颇有成效，却加剧了朝南方迁徙的移民压力。公元2年到公元140年，西北地区在籍人口数下降了70%，同时，南方人口急剧上升，有些地方的人口增长率高达100%。尽管出现了人口迁移，长江流域及其南部仍是一个边远地区，在籍人口仍然集中在少数城市中心。

当东汉王朝走向末期，学者们早已在追忆最早的三位皇帝，视那个时代的统治为黄金时代。从汉和帝（89—106年在位）统治开始，朝廷越来越被孤立，它与帝国的边远地区及其内部都切断了关系。在边远地区，匈奴在公元1世纪80年代末被彻底摧毁，取而代之的是其早期的对手——鲜卑，构成对东汉的新威胁。这些部落的人靠打击匈奴得到大量的报酬，但对匈奴的完胜也使得他们没有了朝廷的补贴。鲜卑后来开始通过武力从汉人中劫掠钱财。在西部边疆，羌族部落定居在边地以内，提供劳力，弥补了此地人民迁出的人口空缺。汉族地主和官员残忍的手段引发了公元110年的大起义。东汉朝廷这时已经不再关注边远的未开化的西部，决定放弃四个郡以减少损失。那些不愿迁徙的边民眼睁睁地看着他们的家园、农舍被地方政府焚毁。由此，当大量心怀不满的边民加入羌人一同反汉时，就毫不令人感到意外了。

东汉朝廷的部分势力一时心血来潮，掀起了局部的征讨以及短暂的军屯重建，但均时间不长。到公元168年，鄂尔多斯和长安附近地区失守。公元137年，南方也发生叛乱，但朝廷没有派遣已不听指挥的军队去镇压，而是派政府官员去行贿地方领袖，许诺他们加官晋爵。这种方法沿用了几年，但到了公元140年，南方再次发生叛乱，杀死了郡县官员，捣毁了皇陵。

至此，朝廷不但失去了对边地人民的控制，也丧失了对边境军队的控制。在西汉和东汉第一个世纪的统治时期，朝廷总是指派将军持续镇守边地。在第二个世纪的前几十年里，前线的军官仍然驻守边疆。他们的军队由罪犯、游牧部落和通过收税取代农民服役的职业军人组成——他们和汉帝国没有牵连。相反，他们直接和军官建立了牢固的私人联系，这些军官支付薪水雇佣他们，而且代表了他们和帝国唯一的联系。在东汉的最后几十年里，朝廷已经无法有效控制驻扎在边区的游牧部落，对帝国军队则更束手无策。

帝国内部的情况也不妙。朝廷由于财政困难，缺少能力，丧失了对各郡的控制。从公元 2 世纪初开始，由于政府的财力下降，朝廷命令地方官设法治理水灾和其他灾情，但都没能提供解决的方式。公元 143 年，官员的俸禄降低了，朝廷开始向诸侯国和贵族借钱。地方巡视官（刺史）逐渐成为整个管辖区的半独立的统治者，由着他们自己的意愿和政治动机来募集军队。

对中央政府而言，由宦官组成的秘书机构"内廷"权力日益增大，它逐渐切断了中央政府和地方的联系。官僚机构被与地方权势之家关系密切的人把持，他们成了朝廷和地方社会主要的联系，朝廷也因此失去了威信。公元 169 年发生了一次大的党锢，大量政府官员被终身罢黜，引发了一次不成功的摧毁宦官势力的尝试，自此官僚和内廷的分裂更大。大地主出身的学者崔寔（死于公元 170 年）引用了一句流行的俚语，概括了朝廷丧失地方权威的现状："州郡记，如霹雳；得诏书，但挂壁。"[23]

面对帝国政府的软弱无能和秩序紊乱，地方的反应是抱成一团以图自保。被地方权势之家把持的地区，地主们召集手下的佃农和周边的自由农民，组建起了私人武装。在一些更加贫穷落后、没有地主的地区，整个村庄在年长者的带领下迁到山上，修建围绕村寨的坞堡。这种移民激发了大诗人陶渊明的灵感，以此为基础创作的故事（公元 4 世纪），描写了一个隐居、平等的乌托邦——"桃花源"。

军阀和国家的解体（169—220 年）

最终，在某些地方的农民和地方知识分子开始形成宗教团体，组织武装团体，并拟定了千年太平的信条。其中最大的一个组织是由张角发起的，他向信徒宣传：疾病是由罪恶引起的，只有信教才能治愈。他坚信汉祚已尽，而他注定要建立一个新的朝代，即所谓"黄天当立"。他把自己的追随者按照军事单位组织起来，并给以头衔。

朝廷在宫禁卫队中发现了张角的信徒，但更令人咋舌的是，公元184年传来新消息说，有16个郡发生了起义，势头横扫地方军队，攻城略地，俘虏了诸侯王。叛乱者头戴黄巾，表示向新的上帝效忠，因此称"黄巾军"。不过，朝廷在地方豪强大族私人武装的帮助下，仅仅用了一年时间，就平定了黄巾军。此外，受到黄巾军的激发而举兵起义的其他叛军也迅速出现，最著名的是四川地区的五斗米教，它建立的道教宗派存在了几十年。公元188年，汉帝国的大部分地区被地方自治的长官和地方实力派瓜分，它们实际上已经变得没什么区别了。

公元189年，西北前线的一位将领董卓率军驻扎到离帝国都城洛阳110多公里的地方。杀掉宦官的官僚们邀请他进入都城，董卓于是借机控制了都城，绑架了小皇帝。他感到远离自己的根据地并不安全，于是一把火把洛阳夷为平地，把小皇帝胁持到长安。公元192年，董卓在西北地区被杀，帝国解体为八个地区，小皇帝就被一个又一个军阀胁迫，"挟天子以令诸侯"。公元197年，一个地区的领袖袁术称帝，但被他的手下抛弃，两年后在失意中死去。他失败的原因是汉代皇帝虽然大势已去，但仍代表了正在塌陷的权威，而这个权威是那些军阀们垂涎三尺却又得不到的。当其中一个野心家变得最为强大时，东汉的末代小皇帝仍旧是政治棋局上关键的一枚棋子。

大军阀曹操在他的一首诗里描绘了这种令人绝望的情形：

铠甲生虮虱，万姓以死亡。
白骨露于野，千里无鸡鸣。
生民百遗一，念之断人肠。[24]

曹操最后挟持了皇帝，"挟天子以令诸侯"20多年。虽然曹操自己未敢称帝，却实际上篡夺了皇帝的权力。公元216年，曹操宣布自己为魏王，而这个头衔只有汉代皇族才能袭用。但是，曹操没能像秦始皇或汉高祖一样直接管理这片土地和生活在这片土地上的人们。大片土地被地主控制，他不得不满足于在那些因战乱和水灾而荒无人烟的地方建立军事基地进行屯田。这些土地被分配给在曹军中服役、缴纳赋税的灾民，或是王室土地上彻底变成佃农的人。自此，政府开始依靠世袭军人所控制的国有土地，强调它是最大的地主和最大私人武装的权威。

曹操征服了黄河流域，随之统一了中国北部。然而，赤壁之战成为他的一场灾难，在这场战争中他被年轻的军阀孙权打败，结束了其在长江流域建立权威的意图。公元220年，当东汉的末代皇帝终于把皇位"禅让"给曹操的儿子曹丕时，全国只剩下了三个军阀：北方的曹丕、长江下游的孙权和四川地区的刘备。他们三人各自称帝，即魏国、吴国和蜀国，从而开启了中国历史上三国鼎立的时代。在这之后的三个世纪里，以往早期帝国时期作为一体而统治的中国，被分割为北方和南方两个地区，也就是黄河流域和长江流域。

第 2 章

一个备战中的国家

　　秦国对其邻国的征伐以及帝国的统一，都建立在商鞅变法的基础之上。商鞅由魏入秦，成为秦国的重臣。从公元前 359 年开始，他在秦国的军事和民生方面进行了彻底的、激进的改革。这些改革措施最早肇始于齐国和晋国及其继承者。周朝同姓诸侯之间的战争带来的是王权的衰落和公元前 770 年周平王的迁都洛阳。这给齐国和晋国增加了压力，促使他们扩充了军队规模。这些诸侯国把周代贵族及其后人承担的军事义务逐渐扩大到了整个都城的人民，而后又延伸到部分特定的农村人口。商鞅的变法沿袭并加强了这些做法，秦的农民若在军队服役，则会奖励土地，这些土地可以为他们个人家庭所拥有和使用，并以此为基础向国家上缴赋税。但是，惩罚措施和激励措施同样严厉。

　　1975 年，在湖北云梦睡虎地发现的数量多达上千的秦代竹简为研究战国晚期的秦国提供了大量宝贵资料。但这些资料并没有改变我们对商鞅变法概况的了解，如同公元前 1 世纪早期司马迁的《史记》一书中所描述的那样：

令民为什伍，而相牧司连坐。不告奸者腰斩，告奸者与斩敌首同赏，匿奸者与降敌同罚。民有二男以上不分异者，倍其赋。有军功者，各以率受上爵（二十等爵制）；为私斗者，各以轻重被刑大小。戮力本业，耕织致粟帛多者复其身。事末利及怠而贫者，举以为收孥。宗室非有军功论，不得为属籍。……为田开阡陌封疆，而赋税平。平斗桶，权衡丈尺。[1]

包括以上这些在内的改革措施极大地改变了秦国的军事和其他很多方面的状况。

第一，它们使扩大军队规模成为可能。从公元前第 6 个世纪中期开始，军队就逐渐主要由步兵构成。在公元前 6 世纪和公元前 5 世纪，长江下游地区的吴国和越国在他们向北扩张的过程中，把对步兵的倚重带到黄河流域。在引进步兵和商鞅变法的这两个世纪里，大量由农民组成的步兵部队在公元前 4 世纪增加了骑兵军队，取代了贵族驾驭的战车部队。

和贵族的车骑相比，步卒必须具备的军事技能更少，装备也更便宜。另外，把服役对象扩大到了农村，军队也就有了新的人力补充来源，国家和贵族就能够迅速组织步兵，挫败敌军老旧的战车部队。

最后，技术革新——弩的发明，鳞状的盔甲（由一排排的皮革片缝制而成，有时会涂漆）的发展，铸剑术的提高和传播（也是从吴国和越国引进的），以及铁兵器的更广泛使用——使得步兵成为一支真正不可战胜的武装。在群雄争霸的时代，发展壮大了步兵、配备了新式武器的诸侯国，能够迅速吞并没能在这方面进行变革的对手。

公元前 7 世纪，一支普通军队通常不超过 1 万名士兵，即使到了公元前 6 世纪晚期，一支规模扩充的军队也不会超过 5 万名士兵。然而到了战国时期，一支军队的士兵人数可能有 10 万之众，最庞大的军队则多达 60 万人。尽管大多数上战场的军队大概只有 1 万名士兵，军队人数的扩充仍然是相当大的。因此，任何希望存续的诸侯国都有必要在更大的范围内征召士兵。但只有当诸侯国设法把兵役制扩大到更下层的民众和更广泛的乡村地区时，这一点才能实现。

商鞅变法所带来的第二个变化是城邦——这个战国之前具有统治地位的政治机构，后来在强大的敌人面前变得过时了。战败的城邦被征服者纳入版图，又重新把土地分配给它自己的人民，以此换取他们承担兵役和缴纳赋税。以前仅靠征伐获得土地，现在通过开垦森林或者兴修水利的方式也能获得可耕种的土地。随着城邦的消逝，建立在旧的城市基础上的贵族们失去了其在城邦政治秩序中的核心地位，与他们在军队失去地位一样。取贵族而代之的，是唯一的专制统治者。他的幕僚统计农户，发动他们为国家服务，并且收取赋税，来支持统治者的军事抱负。[2]

第三，商鞅的政策为国民建立了一套以兵役为基础的统一的管理制度。他的五人为伍的做法，促使法律能在他们自己的组织范围内得以实施，也保证了他们在战场上的良好表现。通过加强系统化的等级制度在全民中的影响，这种与军事相关的社会等级观念加强了。其他的诸侯国也尽力在做，但没有国家能做得和秦国一样成体系。任何能够在战争上杀死敌人或者因指挥有方而取得胜利、获得军功的人，都能拜官受爵，在20个等级中获得相应的爵位。依靠所获的爵位，人们可以获得一定数量的土地、宅院和奴隶作为奖励。如果以后违反了国家法律，爵位还可以用来赎罪，或者为犯罪的亲属减轻罪名。

爵位不能够世袭，但如果一个人在战场上英勇战死，那么他的后人可以获得他应得的爵位。这种军功等爵制度几乎是秦国社会荣耀和名誉的唯一衡量标准。所有的社会等级都直接反映了他们的战场表现，即便是宗室贵族，也需凭借军功来保有其社会精英的地位。

在商鞅的改革下，秦把以往称为"县"的军事区域变成了地方政府的基础。"县"这个字最早是指城市城墙外四周的区域，由农民和隶属贵族的奴隶居住。然而，到了春秋末期，这些"县"变成了在农民中征募士兵的主要来源地，宗室贵族和诸侯国开始意识到它的战略重要性。最后，整个秦国被分成"县"和"郡"（最初"郡"隶属于"县"），由此，普遍兵役制就变成了国家整个管理机制的根本。

商鞅的最后一个主要变革是建立了一个道路网，在农田四周围出矩形的网格，并把农村分割为一块块相同面积的土地（图1）。根据有关历史记载，这种网格覆盖了整个秦帝国。其证据来源于一个当代的研究，它利用大规模的地形图去检验中国的土地分布。证据显示，大部分北方地区，尤其是秦国和晋国地区，道路构成了一个从北向南、从东向西的极为惊人的直线分布。如果没有国家的干预和介入，不可能表现出如此大规模的规整性。

把农村规整为统一的街区与秦国的军事和国家控制系统是有机地连为一体的。商鞅认为，农业是所有财富的根本，理想的国家是由详细的法律条文指导下的小规模农民组成的。每家都分到够单个成年家庭成员耕种的土地。通过这样的土地分配方式，国家能够使土地得到最大面积的开发耕种，也能最大限度地获得为国家服兵役和纳税的成年男子。由于那些得到二十等爵制中高爵位的人能够获得额外的土地和奴隶，这种系统化的土地分配方式就为奖励的标准化提供了一个基本的单位。在商鞅看来，像商人或手工业者这些不从事农业的人，都是危险的寄生虫，他们要分开登记在册。国家有时候要求他们在国家工程中提供劳役，或者在边防要塞中服兵役。

通过这些方式，商鞅变法摧毁了周朝形成的城市与乡村的社会和制度障碍。他把整个农村分成了矩形的方格，全国人口以军事单位划分，国家管理以军事地区划分，由此，他把全国人口的个人财产与军功或者农耕联系在一起。这种对军事和秩序的认同，以及发动整个社会致力于军事征服，是战国时代的显著特征，也是中国历史上第一个帝国建立的基础。商鞅变法彻底终结了周朝的礼制社会，也终结了半独立城邦中的血缘家族，这些家族依靠手中的武装和宗教崇拜力量，从所控制的农村抽取生存物资。

农民村落作为一种财政组织的单位,伴随贵族宗室一同消失了。所有的武装力量,以及服役和贡赋,现在都集中在地方政府的控制之下,唯一能体现服役或纳税关系或血缘纽带的是独立的家族。虽然此前政治组织和血缘结构已经融为一体了,现在它们被分割开,构成一种国家秩序,由唯一权威的诸侯王及单个家庭所构成的宗族维持,而这些家庭各自受家长制宗法统治。[3]

在商鞅新法的重新调整之下,秦国——以往历史记叙中只关注于中心地域的边缘政权——戏剧性地进入了政治舞台。公元前340年,商鞅亲自统率军队击败了黄河流域中心地区的魏国。秦国赢得战争后,扩大疆域,攻破了函谷关,最后迫使魏国成为秦国的下属"同盟"。

公元前316年,秦国结束了早在130年前就开始的对西南巴蜀

图1 印在灌溉渠方砖上的丰收场景,农田四周栽满了桑树

第2章 一个备战中的国家

地区的征伐，即今天的四川盆地地区，把法律、土地分配方式、兵役制度强加给这些非华夏地区。公元前314年，它打败了最后一个敌对的戎族部落，彻底解除了西边的威胁。公元前312年，秦军又攻克了长江中游楚国的丹阳，保有了汉中地区。该地区是连接秦国腹地和巴、蜀的唯一屏障。随着魏国的消亡，秦国进入到中心平原地区。这些胜利使得秦国不再有受攻击之虞。这个四周被高山环绕的统一国家，现在控制了整个关中地区。

秦在南方的扩张使它获得了一个新的致富之源，这令它逐渐在诸国中占据上风。公元前310年，秦国在蜀地的成都修建了一个新的都城，该城以秦国都城咸阳为模版而建。在此基础上，秦国把四川盆地建成为一个重要的农业中心，它以著名的灌溉工程"都江堰"而闻名。都江堰分流了岷江的水势，分流的水又导向新的水道，然后通向这一系统的灌溉渠中。（地图4）这个水利系统至今仍发挥着作用，它把岷江盆地变成了秦国军队的谷仓。[4]

独裁者的出现

尽管商鞅变法把以旧贵族统治为基础的城邦变成了以农民为基础的战斗型国家，但是他没有设法保障个人统治者的地位。公元前338年，商鞅本人被新的统治者处以车裂酷刑。因为商鞅的法律对统治集团同样有效，新的统治者还是太子时，其太傅因为触犯刑律受到惩处，太子对此怀恨在心，一继位就予以报复。公元前307年，一连串的斗争使秦国处于受封宫廷大臣的联合执政之下，这些大臣都是新封地的受益者，新授予他们的不是对城镇或者城市的政治权威，而是对一个特定地域收取税赋的权力。[5]

秦的国力因以上挫折而变弱了，它于公元前295年被诸侯联军击败。短暂的恢复之后，它受到赵国骑兵的一次打击，损失惨重。当

秦汉时期关中地区的运河系统

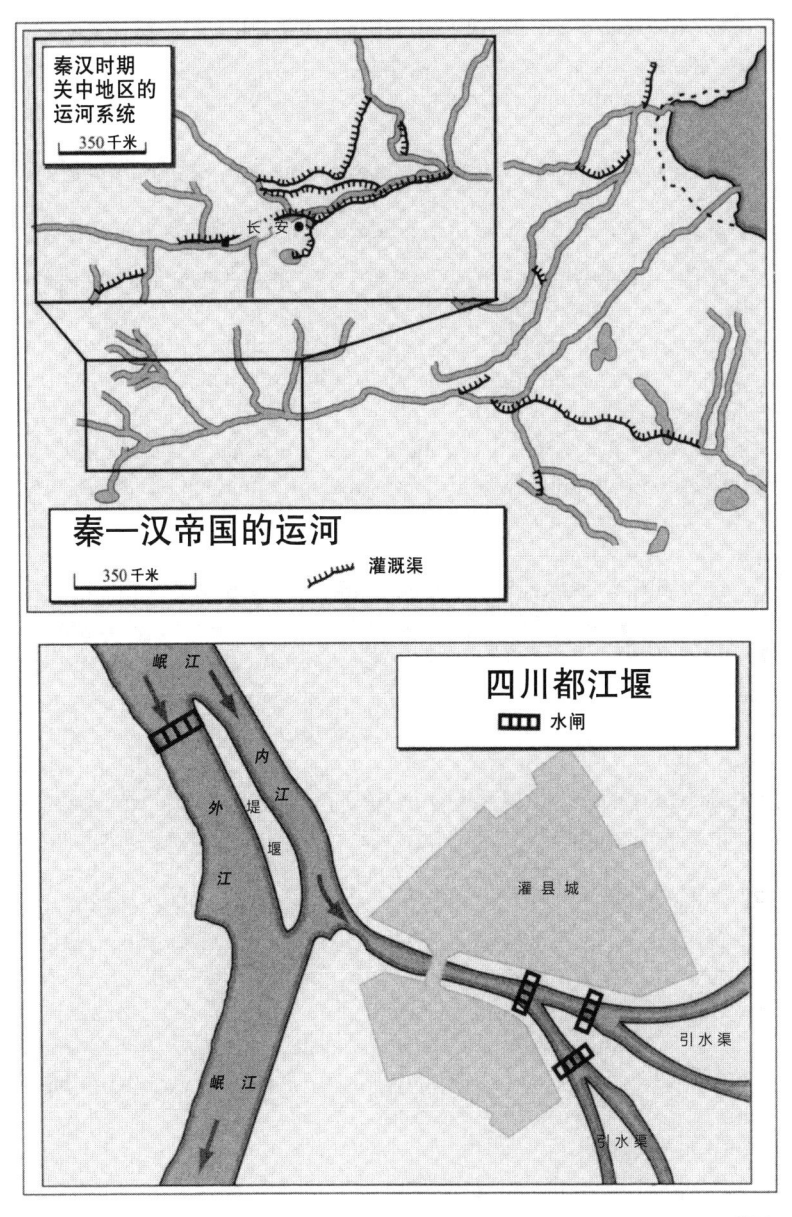

350千米

长安

秦—汉帝国的运河

350千米 〰〰 灌溉渠

四川都江堰

▪▪▪▪ 水闸

岷江

外江 内江 堤堰

灌县城

岷江

引水渠

引水渠

地图4

秦国的一部分军队对赵国进行一场毫无胜算的反攻时，其他的军队则被派往山东半岛的齐国，穰侯魏冉在这里扩大了定陶周围的领土范围，进而成为他的封地。

新政策的引进加强了统治者的地位，因而秦的历史在这里出现了一个重大的转折。说客范雎游历到了秦国，他在说服昭王时指出了魏冉的错误，并且提出"远交近攻"（"远"指齐国，即魏冉进攻的地区；"近"原指韩国，后指赵国）的战略。秦昭王接受了这些意见，任命范雎为相。范雎此后劝说秦王亲政，把目标指向公元前307年开始就专制擅权的太后和魏冉。公元前266年，秦昭王夺去太后的权力，并且将魏冉和他的同伙驱逐出了朝廷。此后，范雎被任命为国相。

这个事件意义重大，因为范雎是第一位提倡秦国进行扩张的政治家。他放弃了秦国以前的旧传统，比如为了适应暂时的需要与人结盟、毁约，或者夺取边缘的土地（比如东部的定陶）。他认为扩张的方式是远交近攻——结交远的国家，攻击近的邻国。对他而言，这是使秦国由诸侯国扩张成为一个大一统国家的唯一途径。为了强力推行统一政策，他坚持对占领的土地"得寸则王之寸，得尺则王之尺"。

这不仅是对被封为"穰侯"的魏冉的批评，也是对皇亲和高官广泛实施的分封制度的批判。这些受封者把持内阁，搜刮大量财富，私自招募军队，从而严重威胁到最高统治者的权威。范雎禁止了这些做法，把权力收归统治者个人之手，强大秦国，打击敌人。

统治者的权力随着禁军的引进得以加强。这支军队由职业军人组成，他们都享有很多的法律特权，只服从统治者本人的调遣。这类军队最早出现在吴王（前510—前496年在位）阖闾统治时期，他拥有500人的常规卫队，以及人数达3000、以坚忍闻名的士卒。

先秦哲学名著《荀子》一书描述了魏工的精英卫队，他们接受严格训练，身穿铠甲，携带强弩，箭囊装有50支箭，背扛长戟，头戴头盔，斜插宝剑，带着三天的口粮，能在一天内行军百里之远。那些满足条件并加入卫队的人，能够为他的家族免除劳役和赋税。[6]秦国的商鞅也组建了类似的军队，他们为著名的秦始皇兵马俑兵阵中所陈列出的士兵形象提供了较早的原型。因为皇帝生前的个人卫队捍卫他成为不可战胜的独裁者，所以在皇帝死后，把陶制的卫兵模型放入他的墓中，继续捍卫皇帝身故之后的世界。

范雎最终追求的不只是掠夺敌国的土地，而且要消灭敌国的人民。他的目标不仅是国土扩张，而且要彻底摧毁敌军，确保敌国再无恢复和反击的可能。这个新政策的结果是公元前3世纪的几次战役都以前所未闻的大屠杀而告终。据当时的历史记录，最大的一次杀戮发生在公元前260年秦赵两军的长平之战。赵国战败，40万降卒被秦军坑杀。虽然秦国自己也在这场战争中损失严重，且迅即被韩魏联军击败，从而将秦国征伐统一、建立帝国的目标延缓了几十年。但是，赵国被击败之后，秦国再无与之匹敌的对手了，剩下的就是公元前230年到公元前221年间秦灭六国。[7]

简言之，秦国崛起后获得对诸国的支配地位，并且能最终成功地缔造一个统一的帝国，依靠的是两个方面的发展。第一，在商鞅的领导下，秦国的改革具有很强的系统性，这很能体现战国时期的特征。这些改革把国家所有成年男子统计在册，发动他们服兵役，缴纳赋税。虽然所有诸侯国都在备战，但只有秦把这种模式扩大到整个社会的层面，使整个国家管理的各个方面都致力于发动和支持国家的武力征服。第二，通过范雎的改革，秦国成功地把权力集中到了统治者个人手里，这在诸国中是独一无二的。在其他各国的分封官员和皇室宗族忙于分裂政府权威时，秦国却把权力集于统治者一人之手。

秦的家国和"天下"

秦国重构的一个重要结果是一种独特的国民性的出现。作为相隔一方的土地和人民，秦在不断地定义自己，同时也被其他国家定义。在周代早期，秦国只是诸多国家中的一个，它通过一种共有的精英文化，如礼器、音乐、诗文，把自己和其他国家连接起来。秦国根除了贵族势力，把社会下层纳入到军事和徭役中来，这意味着地方传统变成了秦国的一种决定性的国民性。[8]

秦国的民族文化有其独特性，最明显的证据就是迅速出现的一些新的论述，把秦国和非华夏的蛮族相关联，把蛮族文化和秦国的政治改革相关联。战国中期以前，一些历史文献，比如《左传》《国语》《论语》《墨子》和《孟子》很少提及秦国，即使提及，也很少涉及秦国文化不同的方面。考古材料也显示秦国贵族和中原地区的国家拥有共同的文化。在他们的绘画和青铜编钟上，秦国仍然坚持着周朝古老的样式，即便其他国家已经引进了更受欢迎的修改过的绘画和编钟样式。[9] 显然，秦国并不认为自己属于和蛮族有关的外来文化，这与公元前300年以后，尤其是汉代对秦国描述的不同。

到了战国晚期，不少历史文献开始提到秦国，认为相对于中原诸国，它是一种来自异域和更加落后的文化——它来源于和蛮族的混合，并吸收了蛮族的传统。《春秋公羊传》是一本大致成书于公元前320年到公元前233年的儒家著作，是第一本强调"夷""夏"之大防的著作，它明确地把秦归为"夷"："秦伯卒。何以不名？秦者夷也。"[10]

战国末期的文献记录认为秦国具有蛮族的风俗，这或许是它原初生活的状态，或许是通过吸收的方式得来的。《战国策》一书收集了战国时代历史人物的言论，书中说："秦与戎、翟同俗，有虎狼之心，贪戾好利而无信，不识礼义德行。"同样在《战国策》中，有一位说客[11]认为秦是"虎狼之国"，它贪婪地想"吞天下"，他还进一步认为，"秦，天下之仇雠也"，由此秦不仅仅被认为是蛮族，而且站在文明和人性的对立面。[12]

到了汉朝，以上这些关于秦国野蛮风俗的评论，和秦国独特的地理环境结合在一起，形成了一个总的模式，以解释商鞅所推行的残酷的强制法律、秦始皇的残暴和秦朝灭亡的根源。汉代早期的哲学概要、汇编性的著作《淮南子》一书记载：

> 秦国之俗，贪狼强力，寡义而趋利。可威以刑，而不可化以善；可劝以赏，而不可厉以名。被险而带河，四塞以为固，地利形便，畜积殷富。孝公欲以虎狼之势而吞诸侯，故商鞅之法生焉。[13]

汉代史学家司马迁在他的著作《史记》中，对战国各诸侯国的大事年表进行比较时，对秦国做出了和《淮南子》相似的评论："今秦杂戎翟之俗，先暴戾，后仁义，位在藩臣而胪于郊祀，君子惧焉。"在此，秦国残酷的法律和好战的国民性都被归因于秦国所处边远的地理位置，以及所居住的人民都非华夏民族。[14]

司马迁回应了《淮南子》一书，借商鞅之口做了以下评论："商君曰：'始秦戎翟之教，父子无别，同室而居。今我更制其教，而为其男女之别，大筑冀阙，营如鲁卫矣。'"[15]关于秦风野蛮的主旨是一样的，但商鞅这里的政策意图去改变他们。评论中提到，秦国仿照东方的鲁国或魏国来修筑宫殿和都城，表明其落后的文化状态，力图模仿文化更先进之国。

汉朝批判秦朝是野蛮文化的产物，秦法则是一种蛮族特有的地方惯例，这种批判在汉文帝时期第一个伟大的政论家贾谊那里达到了最高点。他最为著名的论述是《过秦论》，把秦的地理、风俗和统治者互相联系起来，终至秦朝的崩溃。该论文这样开头："秦地被山带河以为固，四塞之国也。"秦国优秀的战略位置是它安全的保障，同时也是它孤立的根源。

这种隔绝的印象在贾谊对秦国皇帝的描述中再次出现："秦王足己而不问，遂过而不变。二世受之，因而不改，暴虐以重祸。子婴孤立无亲,危弱无辅。"[16] 在论述秦朝统治者的孤僻之后,贾谊解释说,"秦俗"对批评的忌讳很多,所以当统治者犯错时,没有官员敢提出批评。周朝实行"封邦建国",这些邦国即使在周朝丧失权威时,仍然允许它的存在。和周朝恰恰相反,秦朝则完全依赖它的"繁法严刑",因此在最后丧失了全部支持者。秦朝隔绝的地形特征塑造了其风俗,而这种风俗继而造成了统治者的孤僻,使他们极端地依赖刑罚。这种外来的风俗和周朝的做法形成鲜明对比,后者造就了中华的文明。

贾谊其他的一些著作把风俗、法律和秦朝的命运之间的联系表达得更明确。在他的论文集《新书·时变篇》中,用以下这种方式解释了秦国民俗的衰落:

> 商君违礼义,弃伦理,并心于进取,行之二岁,秦俗日败。秦人有子,家富子壮则出分,家贫子壮则出赘。假父耰锄杖彗耳,虑有德色矣;母取瓢碗箕帚,虑立谇语。抱哺其子,与公并踞。妇姑不相说,则反唇而睨。其慈子嗜利,而轻简父母也,念罪非有伦理也,其不同禽兽勲焉耳。[17]

上文中,商鞅变法使家庭瓦解成单个的核心家庭,导致血缘关系的松散。秦人贪婪和野蛮的本性在早期文献中被描绘为天生的,但在贾谊这里归因于文化,尤其是商鞅变法的影响。贾谊哀叹道,他所在的汉朝继承了这些腐败的秦国风俗。[18]

这类思想的一个版本出现在《春秋谷梁传》,这是一本大概成书于汉代的书,与《春秋公羊传》紧密相关。这本书认为秦的野蛮风俗是在有记载的历史期间形成的,但没把这种野蛮和商鞅变法联系在一起。相反,它认为这是公元前 627 年秦穆公发起的一场毫无理由的运动所引起的。但是,它也融合了贾谊的思想,认为秦朝的失败表明这个社会合理的家庭关系解体了,尤其是对子女的教育,以及男女之别。[19]

有关秦国野蛮、落后和异类的文化评述，可以简单看成是在秦国成为最强大的国家后出现的一场反秦辩论。然而，传统文献中零散的材料以及最新发现的考古材料证明，在那段时期秦国确实呈现出这种和中原文化明显不同，甚至敌对的国家形象。因而，《战国策》中指责秦国为"天下"之敌的内容，也出现在战国末期的哲学著作《韩非子》的开篇中，不过，它是用韩非子和秦王（后来的秦始皇）之间的对话来体现的。很明显，作者感到秦国不但接受，甚至还可能对这种敌对关系感到骄傲。[20]

有个广为人知的例子可以证明秦国自身的这种"异类"意识，那就是李斯对秦国音乐的描述。李斯是一个从其他诸侯国来秦的政治家，后来成为秦的国相，他反对当时秦国关于"逐客令"的提议，首次提出秦国需汲取外来的音乐："夫击瓮叩缶，弹筝搏髀，而歌呼呜呜快耳者，真秦之声也；《郑》《卫》《桑间》《昭》《虞》《武》《象》者，异国之乐也。今弃击瓮叩缶而就《郑》《卫》，退弹筝而取《昭》《虞》。"由于这里引用的评论是上呈给秦廷的劝谏中的一部分，提及的"异国之乐"明显不是侮辱，如同在更早时代的逸事中所描绘的那样。李斯和秦国大臣都接受了一个错误的观点，认为中原国家的音乐都是新近引进的，这个事实说明秦国开始为自己和其他诸国的文化差异感到骄傲。"真秦之声"粗鄙的本质还可能意味着相对于流行的、地方的习俗，它为自己感到骄傲，这和宫廷雅乐恰恰相反。[21]

秦国文化和其他诸侯国文化之间存在的明显差异在秦的几种文献中都有表现，其中有官方文献，也有在墓葬中发现的私人文献。在湖北睡虎地遗址里的一位地方官员的墓葬中发现的一份文献表明，该官员在新近被秦征服的原楚国地区服务：

> 古者，民各有乡俗，其所利及好恶不同，或不便于民，害于邦。是以圣王作为法度，以矫端民心，去其邪僻，除其恶俗。……今法律令已具矣，而吏民莫用，乡俗淫佚之民不止，

是即废主之明法也。[22]

"圣王"制定的"明法"和野蛮国度的愚昧习俗之间强烈的对比，说明秦国中央政府在把它的意愿强加给地方豪强大族和被征服地区时遇到了很大的困难。[23] 该文表明了秦人和楚人（楚国诚然不是中原国家）之间存在着文化鸿沟。

另外的证据来自于一个戍卒的书信，出土于同一时期、同一遗址的另一个墓葬。其中一封来信的作者抱怨说，这个新近征服地区的人民都不愿服从占领者。他提醒收信人，不要到这些"新地"去，因为那里的居民都是恶棍。这种相互敌对的气氛在文学作品中也有表现，比如有一句预言："楚虽三户，亡秦必楚。"在很多军事占领区都能遇到这种情绪，但毫无疑问，它们都加深了双方这种对彼此属于不同乃至敌对文化的认知。[24]

如同云梦发现的材料所显示的那样，秦国和中原国家存在的这种分裂被写进了秦律。[25] 于是，在战国末期，有关秦国文化与其他周朝分封国以及南方的楚国都不相同的这种观念，不仅在传统上被秦和秦以外的国家接受，而且在秦政府的管理操作过程中成为一个正式的原则。

这种发展很符合我们当今关于中国前帝国历史时期的模式。在周朝，一个极大的疆域，包括黄河流域的大部分地区、长江中下游地区，以及某种程度上相当于现今四川的地区，都被周朝的精英文化联为一体。在战国时期，贵族继承制逐步消失，从而根除了精英文化的拥护者和化身。同时，秦国国民主要通过全民兵役制融入国家，这意味着地方特征已经变得具有决定性，特别是在为国家服务的人中。由于秦国引进了最为全面的新制度，它最有可能获得最高程度的区域一体化和自我意识。

这种模式中一个重要因素是该时期社会流动性的增长。随着世袭职位的消失，一些低等级贵族，甚或普通国人都能够通过在军队或政府中服役的方式，获得更高等级的社会地位，同时也带来了他们对音乐、饮食、文艺、信仰以及生活其他方面的本土观念。这种新的社会流动被墓葬中发现的文献证实，在《日书》中尤为显著。睡虎地和放马滩的文献例子揭示了一位秦国新生儿的生活面临着广泛的可能性，他可能成为奴仆或妾、地方亡命徒、官员、国相或贵族。墓葬出土的补充证据是公元前4世纪秦国葬仪的一个变化，它引进或再引进了地下墓穴的葬式（这本来是若干个世纪以前的一个地方习俗），而且采用了屈肢葬，而不是周朝的仰身直肢葬。这意味着区域性的习惯融入到了精英文化之中。[26]

无论是实行全民兵役制，还是全面视"非秦"人民为敌人，都加速了"我们—他们"这一观念在秦国的发展。它的表现形式非常直观，是在秦国修筑边境长城期间社会普遍流行的做法。根据《日书》记载，离开秦国时同样需要进行一个驱鬼的告别仪式，这和中原人离开自己故乡时的仪式非常相似。[27]

诸国之间日益增长的分歧在统一前的几十年里达到了顶点。战国晚期的政论著作《商君书》中的"徕民"一章大概成文于公元前250年，该文强调只有秦国本国人才能被征募进入军队，而新移民应当从事农业生产。稍晚时期，秦相提议驱逐从外国来秦的官员和谋士，认为他们都是出生地所在诸侯国派来的间谍。丞相李斯斥责并击败了这种排外政策，但当秦始皇召见韩非时，李斯却持与以前相反的观点："韩非，韩之诸公子也。"他说，"今王欲并诸侯，非终为韩不为秦，此人之情也。今王不用，久留而归之，此自遣患也，不如以过法诛之。"李斯的观点建立在一个假设之上，即忠于自己的国家是人之常情，这最终导致了韩非之死。[28]

尽管证据稀少，但它挑战了当今中国一些学者所持的一种观点：随着战国诸国之间贸易的增长和文化的交流，全国的统一是自然而然、不可避免的结果。相反，整个战国时期，民族主义或地方主义的情感似乎在飞速增长，到了战国末期变得更加强烈。这种倾向随着知识分子的流动而得到缓和，他们在各个诸侯国之间奔波，求学、求职或寻找庇护，因此形成了更加开阔的"天下"观。[29]事实上，秦国宫廷内的"排外"情感在某种程度上可能出于对某些自外国来秦的"客卿"的一种反应，因为这些客卿排挤朝廷其他宗派，而且地位日益重要。

在这一时期，秦国自视为异域的清晰的自我定义，也随着不断变化的边界而变得模糊不清。即使是国境线上的长城也不得不重修，以适应不断变化着的边界。[30]但是，总的来说，我认为战国晚期大一统的趋势相对于诸侯国之间尖锐的分歧更为显著，对抗统一趋势的只限于一小部分知识分子精英。

《商君书》和秦国的困境

我们早已认为商鞅是秦国改革的创造者，他领导秦国雄霸天下，成为一个几近神秘的人物，在后人眼里，他是独特的、有蛮夷之嫌的秦文化的来源和标志，一本有关政治学思想和方法的著作——《商君书》也由他的名字命名。这本书大体上在商鞅死后汇编而成，部分成文晚的篇章已经到了汉代。然而，此书得名并非武断，因为它的主要篇章反映了商鞅改革制度的一些理论化、系统性的原则以及战国晚期秦国的制度。有些章节体现了秦国实际的政策或者法律，但书中更重要的是那些详加阐释的、一个理想中的诸侯国应持的基本原则。[31]

最有决定性的原则是由农村人口组建的军队的特性，它使得整个秦国全民备战："凡人主之所以劝民者，官爵也；国之所以兴者，农战也。"[32]这种思想贯穿全书，它始终在探讨如何鼓励人民致力于农业和战争——这样做就会被授予奖赏，相反则会受到惩处。

> 民之所欲万，而利之所出一。民非一则无以致欲，故作一。作一则力抟，力抟则强；强而用，重强。故能生力，能杀力，曰："攻敌之国"，必强。塞私道以穷其志，启一门以致其欲，使民必先其所恶，然后致其所欲，故力多。[33]

当农业是人民唯一的财富来源[34]，而战争是唯一出路的时候，人民将冒死（他们当然厌恶死亡）为国家服务。通过把全体人民的力量投诸财富和战争，国家能够产生出战争所需的精力和人力。有能力的君主能够使他的人民"为上忘生而战"，使他们"乐战"，以至于"民之见战也，如饿狼之见肉"[35]。其他所有的人类价值观或者活动都对国家秩序构成威胁。

这些威胁被称作"虱"和"恶"："六虱"（"曰岁，曰食，曰美，曰好，曰志，曰行"）；"十二虱"（"曰礼乐，曰诗书，曰修善，曰孝弟，曰诚信，曰贞廉，曰仁义，曰非兵，曰羞战。"）[36] 多数的罪恶都出自早期的哲学典籍，这些观点尤其为儒家学者所研习。《商君书》反复提到的一个观点是，授予学者官职或者给予保护的做法，引导人民远离了"耕战"的原则。

虽然《商君书》有时被描述为一种集权专制统治的著作，但是官僚主义本身是被怀疑和批判的对象——它是逃避耕、战的另一种方式而已。书的第二章列举了享受着"厚禄""游居"的"邪官"。相比那些因学问而授官，或者靠贩运粮食得利，或者为有钱人生产奢侈品的人，他们对国家构成的威胁更为严重。一个严重的官僚主义威胁着君主，因为它把君主和民情隔绝开来。"故治国之制，民不得避罪，如目不能以所见遁心。今乱国不然，恃多官众吏。吏虽众，事同体一也。夫事同体一者，相监不可。"[37]

睡虎地秦简同样表现出这种对官僚的怀疑态度，与战国晚期的政论文集《韩非子》所描述的一样。国家不能依靠这些官员，因为他们通过欺骗君主并逃避耕、战之责，来加强自己的地位。《商君书》倡议按照商鞅所提出的"五人为伍"的方式来互相监督。如果人们能够互相监督和告发，就可以取消官僚，国家就能缩减为君主及其人民：

> 用善，则民亲其亲；任奸，则民亲其制。合而复之者，善也；别而规之者，奸也。章善则过匿，任奸则罪诛。过匿则民胜法，罪诛则法胜民。民胜法，国乱；法胜民，兵强。故曰：以良民治，必乱至削；以奸民治，必治至强。[38]

在一个治理得井井有条的国家里，民众都是君主的耳目，也是他做出判决的工具。商人、学者以及官员充其量是一种必须存在的罪恶，被减小到最小的数量，以保持对其强有力的监控。

然而，如果判决由民众来掌控，那么君主本人在国家管理中行使不了权力。事实上，除了坚持君主必须确保他的国家致力于耕、战以及抵御各类寄生虫外，根本没有谈到君主自身的统治技巧或者品性。这和《韩非子》以及大多数区域文化产生的政治哲学类著作形成了极大的反差。安排给君主的唯一角色是，他本人就是法律的来源。

这便是《商君书》第一章的主题，商鞅在书中劝说过秦国国君，这个正在变化的国家需要新的法令和制度："夫常人安于故习，学者溺于所闻。此两者所以居官守法，非所与论于法之外也。三代不同礼而王，五霸不同法而霸，故知者作法，而愚者制焉；贤者更礼，而不肖者拘焉。"[39] 统治者只扮演法律制定者的角色，法律下发到百姓，由他们通过互相监视的方式来落实。

但这导致了一种矛盾的观点。一方面，一套完整的法律文本被存放在君主官殿中的一个受秘密保护的"禁室"，任何未经许可踏入"禁室"者或试图篡改法律文书的人，都将毫无异议地被处死；另一方面，统治者的任务是向担负特殊职责的官员宣布法律，而他们必须回答其他官员或者普通百姓对法律提出的疑问。如果不能胜任答疑解惑之责，也将招致处罚。"故天下之吏民，无不知法者。吏明知民知法令也，故吏不敢以非法遇民，民不敢犯法以干法官也。吏遇民不循法，则问法官，法官即以法之罪告之，民即以法官之言正告之吏。吏知其如此，故吏不敢以非法遇民，民又不敢犯法。如此，则天下之吏民，虽有贤良辩慧，不敢开一言以枉法。"这类对官员以及民众咨询法律条文的强调，在秦国的法律档案中反映出来，其中一个特殊的部分，就包括了这类答问。[40]

于是，《商君书》中所提到的法令被统治者藏在宫廷里，同时也颁布给国家的每一个民众遵守。这两个方面都避免了对法令文本哪怕是只言片语的改动和歪曲。这加强了统治者本身就是法令的观念，因为两者都是以这种自我管辖的形式同时被藏在宫廷，也同时展现在全国人民面前。

或许《商君书》中最令人震惊、最有意义的思想直接产生于这种观念：国家内部任何多余的人或事，其功能最后都变成自我放纵的寄生虫。所谓"六虱"就直接产生于"三官"：农、商、官。如果农民有了"余食"，他们将会考虑怎样把寿命活得更长，或者吃得更好；如果商人有"淫利"，他们会追求美女和观感上的满足；如果官员无事可做，他们将产生个人的野心或者追名逐利。不但耕、战之外的任何能力是被抑制的，而且任何对人民多余的供给，都会变成一种威胁、一种危险。战争不但成为征服敌人、劫掠其财产资源的方式，而且消耗了国内任何可能造成国家毁灭的能量。一个真正的强国必须知道如何激发潜能，更应该知道如何将其扼杀。这个观点在文献中反复出现，通常任何能量和资源的积累都名之为"毒"，"夫以强攻弱者，亡；以弱攻强者，王。国强而不战，毒输于内，礼乐虱官生，必削。"这种观点在其他文献中也有表述：国家必须通过进攻敌国的方式来消耗国内人民的能量，如果不这样做，将导致人民道德败坏和好逸恶劳的滋生。国家要想保持秩序，人民就必须变得弱小，而只有持续地把他们的财富和力量用于战争之中，才能使他们一直弱小下去。[41]

于是，正如《商君书》所分析的那样，全国备战不只需要把人民所有的力量都投入耕、战之中，而且要时刻准备着迎接下一场战争，迎战下一位强敌。最终，战争不是为了获利，反倒是为了消耗，把私人手中掌握的资源和财力消耗掉，以防有人通过财富增长来获取私利，而不是为了国家的利益。

国家为战争投入了越来越多的资源，以至于不再有精力去保证国家机器的正常运转。越来越多的人力和资源被战争消耗，国家迟早有一天变得无力承担，这时，国家就面临崩溃。这是一个"自攻之国"，"必削"。[42] 正如我们看到的那样，《商君书》所暗示的这种命运，恰恰昭示着秦帝国的衰落。

第 3 章

矛盾重重的帝国

当最后一个敌国被秦灭亡，秦王成为当时文明世界的主宰时，他和他的大臣们都充分意识到他们取得了前所未有的成就。正如一位朝臣所评论的，他们超越了传说中那些圣人们所取得的伟大成就。现在他们着手制定新的法规，为人类历史创造一个新的时代，一个大一统的时代。[1]

但是，正如后来汉代的贾谊评述，秦王朝在建国 20 多年后就崩溃，正是因为它所做的改革还远远不够。尽管秦朝宣称在一个已经彻底改变的世界里创造了一个新的开始，但它仍旧沿用了战国时期的基本制度，试图用他们过去征服诸国时所采用的方法来统治一个统一后的帝国。面对着战国末期持久战乱所带来的大范围的变化，秦朝伟大的变革失败了。它败给了汉朝，后者在秦朝灭亡后取代了对帝国的统治，并继续实施主要的制度方案和文化改革，创造了一个新的帝国景象。

在制定一个新的帝国秩序过程中，秦国遇到了大量问题，这可以从他们尝试在短暂的统治期间进行的改革中看出来。

秦始皇的集权

秦朝的第一个改变是为统治者设计了一个新的称谓和典范。"大一统"需要一种能够超越地域联系的制度和价值观,这种制度和价值观的绝对权威是半人半神的统治者,作为天上神祇的代理人来统治整个世界。由于是从天而降,这个统治者的王朝必须和他治下的区域有所区别。为了成为上帝的使者,国家代理人被要求向上天发誓,抛弃对家族和家庭的忠诚。君主的官员们虽然被提拔到地方社会的上层,但仍是君主的仆人,分享了君主的权威。

秦的统治者声称自己为"皇帝",这个称呼仅仅译作"君主"是远远不足的。"帝"是商朝最高的神,商朝是公元前1千纪的后500年里,统治黄河中游地区的第一个有历史记载的王朝。然而,到战国时期,它的含义发生了变化。创造人类文明的那些传说中的文化智者被称为"帝",该字用以特指他们超人的力量。秦宗教中的四位神被称为"帝",与四个方位相应,由此它也象征着宇宙。

通过把"帝"这个头衔用作自己专属的称谓,秦的君主强调了他所具有的上帝一般的权力,而且通过加上"皇"这个字得以加强,"皇"通常表示"闪耀"或者"神奇",当时更多地被用作"上帝"的代名词。通过称自己为"始皇帝",秦国的第一位君主宣布自己开创了一个新的时代,是秦二世、三世、四世,以至于万世的初祖,他的统治可以延续到永远,如同他的王国延伸到整个宇宙四方。为了超越人性,获得不朽,始皇帝登上泰山,开启了"封禅"祭礼,和上天进行沟通。

为了给自己至高的封号奠定基础,始皇帝巡视了新近开拓的疆土,把他的丰功伟绩镌刻在高山险壁上。其中有六篇刻辞保留了下来,始皇在文辞中赞扬了他的恩泽推及四海,"日月所照,舟舆所载,皆终其命,莫不得意。""泽及牛马,莫不受德。"始皇帝的权力和恩惠遍布整个世界。[2]

这种新的统治思想在秦朝第一个丞相吕不韦发起编纂的哲学著作《吕氏春秋》中有所反映。此书按照月历顺序编排，书中认为皇帝遵循上天的旨意。在一个紧密联系的进程中，始皇帝声称有一种宇宙的循环周期，即所谓的五德终始，使他走向权力之巅，这也是一种不可改变的神旨。

一项庞大的建筑工程把帝国都城建成万物的微观世界。新皇宫以北极星和北斗七星的"紫微宫"格局建立，矗立于宇宙中心；秦收缴了战争所征服国家的武器，熔铸成巨大的"金人"，代表各个星座；按照被征服国的宫殿样式，建筑了大规模的行宫，使其成为一个宇宙的缩影。

这些仪式和建筑强调了皇帝作为天下之主的地位，而且建立了一套制度，旨在强化中央集权，统一国人生活的各个方面。其中最重要的是在文化领域的变革。鉴于诸国都有自己的书写体系，秦政府发明了一套新的非字母简化书写规范，在全国通用。这减少了字体的复杂程度，将大篆字体——周代礼器上所用的字体——曲折的笔画变成一种更简单、更直的笔画形式。秦朝的文字系统大概减少了多达25%的秦前期书写方式。

新的标准化字体使得毛笔和墨汁的书写方式更加方便快捷，这对帝国文件的保管至关重要。新的书体被刻成石经，或者刻在由政府监造的器具上，或者以公文的形式在帝国范围内公开展出，从而使新的书写文字得到宣传推广。结果是出现了一种通用的书体——它被各地人民普遍接受，即使在一些此前根本还没有文字的地区。这种人工发明的书写方式只限于书面，与帝国范围内那些相互之间无法理解的方言不同。这使人民之间的书写交流从此成为可能，因为在此之前，由于不同地区人们的口音不同，他们无法进行口头的交流。这种书体在西汉的大多数时段仍在使用，最后被一种更加简化的字体"隶书"

取代，后者的书写速度更快。

这种整个帝国通用的书写方式的发展演进最终导致了国家学术的形成，它能够控制文本的传播以及对它们的阐释。在汉代和后来的文献中，秦的文化政策被称作"焚书"，但这实际上更是一种统一的政策而不是一种破坏。当一位学者提议，秦始皇应该模仿周朝分封自己的亲戚时，丞相李斯反驳说，国家要做的正是禁止这种援引理想化的古代制度来批评当前制度的做法。

按照这种原则，他下令没收了《诗经》《尚书》以及私人撰述的哲学著作，将之藏于皇家图书机构，只供那些国家指定的学者进行学习研究使用。实用类的书籍，比如医药、卜筮、农业、种植等书不在禁止之列。秦政府深信一个统一的帝国需要一个统一的信念，它力图通过减少人们和书籍的联系，来控制政治思想的统一，但并没有对书籍进行系统的毁灭。最终的灾难发生在公元前206年，当项羽军队攻入咸阳、劫掠秦宫时，把秦朝的皇家藏书付之一炬，夷为平地。

对于国家控制政治宣传至关重要的，是对研究相关制度文本并把他们的知识传授给学生的学者的任命。但汉朝文献记载认为秦朝极其敌视学者，尤其敌视建立在儒家传统之上的那种古典学派，然而事实并非如此。秦始皇向儒生们咨询关于"封禅"祭祀方面的仪式，而且他的刻石也大量引用了典故，全部由《诗经》中的韵律写成。前文提到的《吕氏春秋》包括了所有的知识传统，也包括了古典主义。与汉朝宣传的相反，汉代早期的文化政策延续了先朝秦代的传统，其早期的学者要么是秦朝的学者，要么是他们的继承人。汉朝把经典儒家信条树为国家学术正统，并非是对秦代文化传统的一种反动，而仅仅是一种更为狭隘的表现。

通过在国内建立并推广一种简单的重量、尺度来实现标准化，这种标准化也延伸到管理和商业领域。即使是车轴的宽度也有标准，因此马车和战车就能沿着相同的车辙前进。铸造统一单位长度、重量、容量的青铜器模具被分发给地方政府官员,强加给商人阶层,因此促进了商业贸易的发展。这些由政府监制的青铜器具在很多遗址中被发现,甚至边远的东北地区也有。官营匠局被要求每年检查、校准他们的重量、尺寸单位及平衡器,所有既定的工具被要求有一样的长度和宽度。匠局或者店铺,以及负责的官员都把标志镌刻或者附加在器具底部,作为他们遵守统一规范的保证。如果不能做到这点,就会受到法律的惩罚。[3]

为了制定统一的价值标准,秦国铸造了青铜钱币,标有"半两"(大约 8 克),这是铜币本身确切的重量。战国时期青铜币都铸有与它们本身重量无关的面值。据《汉书》记载,随着青铜币的发展,"珠玉龟贝银锡之属为器饰宝藏,不为币"[4]。

统一字体、文法、度量衡、币制、法律(详见本书第 10 章)在今天看来是最正常不过的,但在公元前 3 世纪,需要在想象和实现之间完成一个变革的跨越。在欧洲,这种变革是 2000 多年后,直到法国大革命才出现。一个统一的帝国在中国是全新的政治形式,标准化对于有效管理和统治如此广大的国土是至关重要的,对于帝国内的民众而言也是如此。其中很多变革给予君主体制一种更为直观的形式,也给人们传达这样一种信息:必须服从统治者和他的政府。

为了完全地把帝国联为一体,把控制范围之外的地区排除在外,秦始皇修建了以都城咸阳为中心、呈扇形向四周延伸的道路网,用来调遣军队、派遣官员、信使,以及促进商业。其中有一条叫作"直道",从咸阳出发,纵深 960 公里,直抵蒙古腹地。[5] 这条道路曾经运送过修建长城的原料,它的一些部分道路至今有所保留。(地图 5)秦的皇家道路长达 6800 公里,到了汉代,这个道路网继续扩展。这些道路不仅仅是简单的土路。中国地形复杂多变,需要架设石桥、栈道,或者采用加固措施,用以越过或穿过高山,还有用木柱支撑于危岩深壑之上的木构道路。在汉代墓葬的墓壁上,有与此相关的画像砖

秦的道路网

1. 九原	8. 邯郸	15. 上党	22. 巴郡	29. 桂林
2. 代郡	9. 沙丘	16. 定陶	23. 江陵	30. 贵阳
3. 辽东	10. 平原	17. 彭城	24. 丹阳	31. 闽中
4. 陇西	11. 临淄	18. 汉中	25. 吴郡	32. 象郡
5. 北地	12. 临洮	19. 宛郡	26. 钱塘	33. 南海
6. 上郡	13. 咸阳	20. 九江	27. 黔中	
7. 东垣	14. 安邑	21. 蜀郡	28. 长沙	

地图 5

（图2）。同样，汉代一些地方官员或者显宦要人的墓碑碑铭会提到他们为修建道路网而付出的努力。交通体系包括用以休息的驿、亭，赶路人可以在里面吃饭或睡觉，另外还有邮递驿站，可以供信使们换下已经跑累了的马匹。

从睡虎地法律文书中，我们可以知道秦朝在道路边建立了检查站，旅客们必须缴税，出示证件后才能继续前行。这种制度一直延续到汉代。有材料证明有时官员还会遇到伪造的证件，而遇到农业歉收或者灾年就会取消对禁运粮食的证件限制。[6]很多文献提到出入都城地区的证件，冬季禁止出行，边疆地区禁止牲口运出边塞，以及拘留道路上行走的陌生人。检查过关证件的驿站在必要时也用作拘留所。道路网在秦帝国内四通八达，但它受高度控制，仅用于国家目的。

图2 官员车马过桥，马车上的顶盖和边上的侍驾表明车主人的地位

道路网为统一的宏大仪式——皇帝巡幸——提供了很大的便利，皇帝个人借此可在他的领土内巡视。秦始皇在 10 年时间里，巡幸新的东方诸郡多达 5 次以上。（地图 6）汉代的许多皇帝，尤其是西汉皇帝，也进行过这样的巡幸。在地方层面，一位官员的地位可以根据他在帝国内因公出行时所带扈从的数量上判断。汉墓内的壁画上描绘过这类车马出行的仪式。

除了道路之外，秦朝在北方还利用水路进行运输，在关中地区修建了几条运河。在南方，水路出行更为普遍，因为这个区域地形复杂，修筑道路殊为困难，乘船则方便得多。

当秦朝致力于开展庞大的建筑工程，把帝国的各个地区连接起来时，也同时限制了帝国内部向域外地区的人口迁移。在公元前第一个千年的前半期，很多后来逐渐变成中国一部分的北方地区的人们，逐步发展出一种建立在游牧基础之上的新的生活模式——根据季节需要，把牲口从一片牧场转移到另一片牧场。在战国时期，北方诸国的势力扩张到以前北方民族生活的草原地区，并且修建了城墙来维护自己扩张的领地。由于他们越来越注意到这些北方民族及其生活方式与自己相迥异，中国人就开始把他们自己的生活范围定义为"中"，相反，北方民族就属于"外"部世界。这不仅仅是从地理位置上讲，而且是文化上的不同。这就好比希腊人把自身和波斯敌人相区别开来时所依据的差异（"自由"相对于"奴役"；"严厉和坚忍"的相对于"软弱和贪图享受"的）。于是，这种和"蛮族"之间的对比感受越来越强烈，在中华帝国的形成过程中成为一个很重要的因素。

通过建筑长城的形式，这种强烈的感觉差异表现得尤为突出，秦代达到顶点。为了捍卫帝国边防，秦朝把早期北方边塞的诸国城墙连接为一体，构成一个浑然一体的防御工事。秦国把北方游牧部落彻底驱赶出黄河河套地区以后，派将军蒙恬负责修筑了城墙和瞭望台，来捍卫这片新近征服的地区以及北方边疆的其他地区。城墙的目的是

秦的前线以及秦始皇的巡幸路线

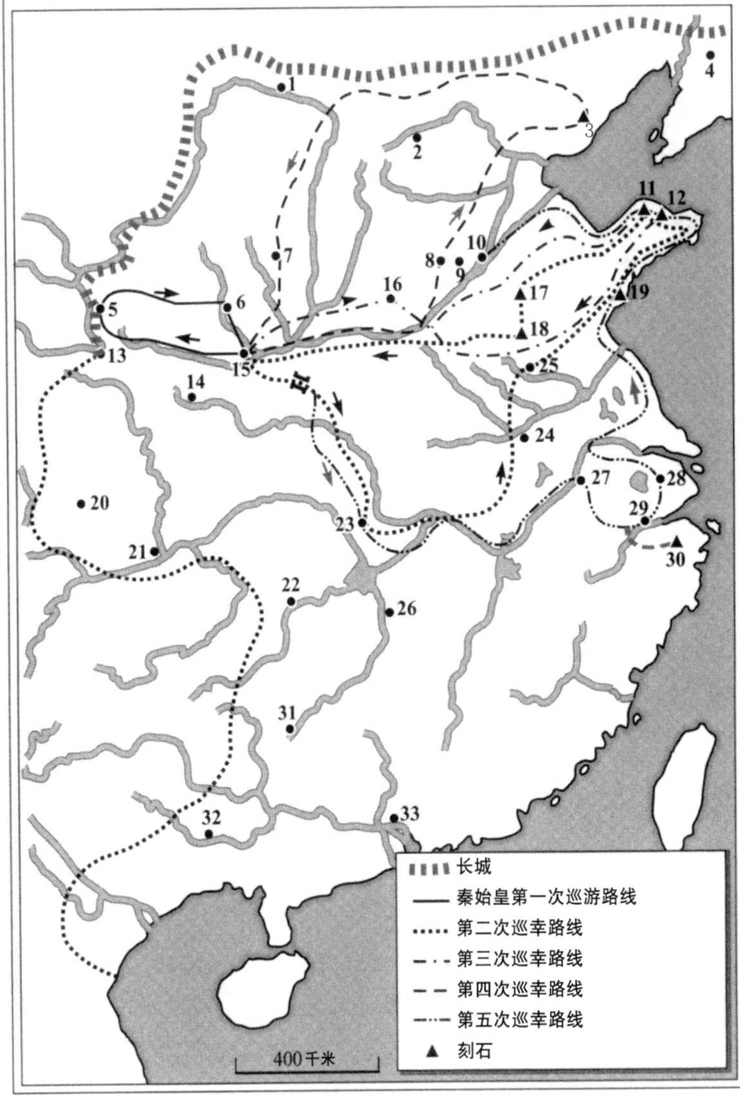

1. 九原
2. 代郡
3. 碣石
4. 辽东
5. 陇西
6. 北地
7. 上郡
8. 邯郸
9. 沙丘
10. 平原
11. 芝罘山
12. 东观
13. 辽东
14. 汉中
15. 咸阳
16. 上党
17. 泰山
18. 峄山
19. 琅琊台
20. 蜀郡
21. 巴郡
22. 黔中
23. 江陵
24. 九江
25. 彭城
26. 长沙
27. 丹阳
28. 吴郡
29. 钱塘
30. 会稽山
31. 桂林
32. 象郡
33. 南海

图例：
- 长城
- 秦始皇第一次巡游路线
- 第二次巡幸路线
- 第三次巡幸路线
- 第四次巡幸路线
- 第五次巡幸路线
- ▲ 刻石

400千米

地图6

阻止从北南下的部落民族，尤其是匈奴，"胡人不敢南下而牧马，士不敢弯弓而报怨"[7]。司马迁的《史记》说，蒙恬统率30万名工匠来完成这项工程，那都是在艰苦卓绝、人迹罕至的地区。因为每个人都在工地劳作，还有很多人必须承担筑路或者运输建筑材料的劳役。虽然这项工程被称为秦—汉长城，但是没有证据能证明它像后来的明长城那样，从中亚蜿蜒向东，直达大海。

集权化的最后一个表现是农民劳役制度的系统化。税收主要有两种形式：田赋和人头税（口赋）。在汉代早期，田赋大概是十五税一，稍后降到三十税一。虽然这个税是按照谷物收成来收取。但由于国家无法衡量各户家庭具体的收成，因此它实际上是按照土地数量多少来收取的。由于按照每块土地的预期收成来收税，而使征收数额大大提高了。尽管田赋只是平均收成的一小部分，在农业歉收的荒年，仍然被认为是沉重的负担。

人头税（口赋）通常每年以货币方式征收。未成年人减半。秦朝通过这种按人头抽取的税收来规范他们的行为。比如，由于父亲和成年儿子一起生活，国家会加倍收税，"民有二男不分异者，倍其赋"，因此他们就愿意分财别居，自立门户，从而能耕种最大数量的土地。户口数量加倍，反过来也增加了可供服兵役的男丁数量。

除了纳税之外，农民的第二个义务是每年在国家公共工程中服劳役。虽然在不同历史阶段，服役的年龄要求有所变化，但最根本的原则是所有成年男子都必须无偿地服役一定的时间（汉代时是每年一个月），在国家建筑工地上劳作，或者在郡县里担负其他名目繁复的义务。他们运输诸如谷物或布匹等货物，修建宫殿或官署，掘矿，运输国家垄断的官盐或官铁，修桥铺路，开浚河渠。到了东汉时期，这种义务通常用货币的方式来支付，政府用这笔钱来雇佣全职的劳力，他们比普通农民具有更高水平的技能。

秦的继承者和敌人：汉

秦朝只存在了20多年就灭亡了，经过了几年的内战，它被汉朝取代。由于秦朝是历史上第一个统治全中国的王朝，因此它仍然是应如何管理一个帝国的唯一范例。因此汉代延续了秦的很多做法。然而，汉代之所以能够国祚长久，得益于它善于通过摸索或者以渐进的方式变通秦的举措，而且经常颇不情愿地采用一些新的控制手段。

秦的第一代皇帝没能有效地根除地方势力派别，没能确保人们普遍接受一个绝对专制的权力。秦始皇的统治实际上是一个区域对其他区域的统治，而且由于秦坚持它独一无二的地位，事实上阻碍了建立一个完整统一的帝国。旧的战国时代的统治家族和豪强大族在推翻秦朝的起义过程中扮演了执行人和外交官的角色，汉代后来的分封制度也承认了古老的战国时代的这种经久不衰的现实。一个真正的帝国统治的出现，需要有相当大的变化。

汉代的开国者刘邦出身卑微，这种背景起初似乎令他处于弱势，但最终却证明是一种优势。刘氏家族起源于楚，但是后来的汉高祖刘邦把他的第一个都城建在洛阳，后来出于策略上的考虑，又迁都关中。因此，汉朝从早期开始，就面对着和所有区域社会都失去联系的局面。它的统治要求完全建立在建国者的贡献和能力之上，建立在把这些特点传给刘氏家族一代代后人之上。

在《史记》中有段对话，说明了这位历史上重新出现的统治者是如何战胜了他的主要对手——项羽：

> 高祖置酒雒阳南宫。高祖曰："列侯诸将无敢隐朕，皆言其情。吾所以有天下者何？项氏之所以失天下者何？"高起、王陵对曰："项羽慢而侮人，陛下仁而爱人。然陛下使人攻城略地，所降下者因以予之，与天下同利也。项羽妒贤嫉能，有功者害之，贤者疑之，战胜而不予人功，得地而不予人利，此

所以失天下也。"

高祖曰："公知其一，未知其二。夫运筹策帷帐之中，决胜于千里之外，吾不如子房。镇国家，抚百姓，给馈饷，不绝粮道，吾不如萧何。连百万之军，战必胜，攻必取，吾不如韩信。此三者，皆人杰也，吾能用之，此吾所以取天下也。项羽有一范增而不能用，此其所以为我擒也。"[8]

汉代开国者的特点以及被统治者发扬光大的，是他对秦的胜利和他乐意与他的追随者们分享胜利的果实。汉朝统治者给世界带来了和平，把帝国的精英们召集在自己麾下。这种思想由战国时期的政治理论家们详加阐述，而且有些早已经在秦的刻石上有所反映。统治者通过强调自己无与伦比的优越性，来证明自己统治的合法性。比方说他成功建立了一个世界秩序，并慷慨大度地与手下分享胜利的果实。

对秦始皇而言，在人世取得胜利的诉求后被君权神授的主张补充；然而汉代早期更多通过一种由超自然力量的形式支持皇权，而较少采用宇宙人世的力量。在汉代建立一个世纪之后，司马迁在其著作中叙述道，汉高祖的母亲由一条龙——赤帝——使其受孕。于是，高祖就具有了一副非凡的面相，且有五彩祥云在他头顶上空盘旋。在他辞世前，高祖把他充满传奇的崛起归因于上天。[9] 最后，汉朝还沿用了秦代的"五德终始说"，声称他们的崛起标志着一个新时代的出现。这种理论在高祖早期的故事中已经有所预示：赤帝之子——高祖初次反秦时，他斩杀了一条白蛇，这条蛇后来被证明是"白帝"之子。不同颜色的"帝"的轮替，标志着每一个阶段都被后一阶段征服。

随着朝代的更替，帝国权威的合法性变得越来越强大。汉武帝引进了很多新的崇拜仪式来宣扬皇权，最著名的就是社稷神，他延续了秦始皇对上天的封禅仪式。通过建立对上天的崇拜，儒家学说上升为知识的绝对权威，这在宗教领域表现得尤为明显。东汉也见证了周朝古老信条的复苏，皇帝作为"天子"进行统治，是因为获得了神授的天命。这变成了一种经典形式，声称君权神授，皇帝作为上天在人世的代理人进行统治。

皇帝无与伦比的地位在很多制度和规范中得以体现。皇帝是政府的体现，在一些东汉的著作里，他甚至被称为"国家"。所有的政府职务和报酬都来自他的恩赐，尽管他授权政府任免低级别的官员，所有的官员都是他的奴仆"臣"。另外，授予农民不同等级的功勋也都来自于皇帝的恩惠，正如授予年过七十的老者的待遇一样。皇帝是最高的法官、最终的裁决人，而且能够根据自己的意愿来宣判死刑。他还具有大赦天下死囚的权力，而且他经常运用这种权力。王朝的法律体系建立在王朝开创者的政令之上，皇帝的宣告申明，自然具有法律的效应。所有未经开垦的土地都被认为是皇帝的私产，汉代的一首赋赞颂了皇帝开辟皇家猎苑之举，国家也实行盐铁专卖，垄断经营。[10]

除了以上这些行政管理、法律以及经济特权之外，皇帝还有一套独特的礼仪仪式和一系列精致豪侈的规则。与宫廷连为一体的皇家宫殿占据了都城一半的面积。这些建筑都是为精心准备的仪式而建，所有的朝廷官员都在这儿跪地向皇帝称臣。另外，皇陵逐渐形成了一组人工山脉，俯瞰长安城，一些祭祀活动在这里频繁举行，并且伴随着歌舞。陵邑的居民守护着皇陵，这些陵邑的建设只是为了捍卫皇陵。在西汉时期，每个郡都建立了用来祭祀最早两位皇帝的祠庙。皇帝有一个独一无二的自我称谓——"朕"，也只有一个字单独用来描述他的死亡——"崩"。特定颜色和装饰图案只能为皇帝所使用，此外还包括旗帜的种类、车驾的规格等。在都城每个城门的侧边，都有三个门道，中间的门道只供皇帝使用。任何人要进入宫城，都需要取得皇帝的许可。任何做出冒犯皇帝之举或者破坏与御道有关事物的人，都会处以死刑。

通过上述方式，皇帝成为帝国的中心、政权的来源。一些攻击"东方专制主义"陈词滥调的西方学者辩解说，官僚设定了一些方法，

第3章　矛盾重重的帝国

通过祈求天降灾祥来检测皇帝的权力，从而获得一种"分权"的错觉。另有一些学者甚至认为帝国真正的权力存在于官僚群体，皇帝则如同当今英国女王一样"统而不治"。无论这些论断背后的动机如何值得称赞，它们是错误的。

对此最为明显的一个表现，是决策权由正式官僚集团向皇帝周围的人——宦官或外戚集团——转移。这种由"外廷"转向"内廷"的权力转移在汉武帝时期被制度化。在早期和中期中华帝国历史阶段，当皇帝还没有晚期帝国时代那么专断时，这个历史现象反复上演。官僚阶层没有有效的独立权力。早期帝国的官僚远远未能发展出监督约束皇权的力量，未能形成有效的影响来左右皇帝的政策，他们被动无能，充其量只扮演由别人制定的政策的执行人。

作为最高的行政长官、最高法官、最高祭司，皇帝拥有至高无上的权力，除了由人的生物局限性所规定的那些方面。由于皇帝是先皇的继承人，任何试图对先皇成法或者礼仪制度进行大的改变的意图都被视为不孝。然而，终汉代之世，无论何时，当一位皇帝选择改变先祖惯例时，他最终都能做到。然而，皇帝们依靠他人来向他提供信息，因此对宫廷之外的事物一无所知。他们还依靠大臣们在边远省份执行他的指令。同样，很多皇帝和常人一样，相对于工作而言，他们更喜欢悠闲惬意，也因此很乐于不去管制别人。

或许更重要的是，由于皇帝年幼，他的皇权就转移到了任何一个能够以他之名说话的人手中。由于对朝廷来说，拥有一位意志柔弱的皇帝更符合他们的利益，在汉代历史上，这种相对于皇权来说日益增长的趋势尤为醒目。几位早年夭折的皇帝或者皇位继承人还暗示着有可能存在着弑君的阴谋，以确保皇帝是一个易于控制的统治者。在该王朝的最后一个世纪，这种现象达到了高潮，几乎没有成年的继承人能够当上皇帝。但是，尽管皇帝没能够保住自己的权力，他在朝堂之上仍旧是权威的唯一来源，因此，控制皇帝本人的外戚或者宦官事实上主宰了朝政。直到汉朝灭亡前夕,当地方军阀们彼此抢夺对儿皇帝的控制权"挟天子以令诸侯"时,皇帝始终都是王朝权威的唯一核心。

除了加强皇权制度之外,汉朝把当年秦朝努力强加给新征服地区的所有政策执行得更彻底。秦朝统一的文字被用于书写,尽管字体仍在简化。秦朝的学术发展使得都城成为帝国学术生活的中心,汉朝仍然沿袭了这一点,尽管这时它对学术知识的范围和它们与政治的联系进行了调整。与此类似,全帝国范围内的法令仍然成为帝国统一的核心工具。虽然汉朝最初尝试简化秦的法律,使它们不那么严厉,但很快汉朝就大规模地沿用了秦的模式。

汉朝政府还沿用秦朝统一度量衡和统一货币的政策。在不少汉墓中出土了很多当时市场中实际使用的符合国家法定度量标准的模型。在汉代,当年秦国的"半两"钱让位于稍微小一些的"五铢"钱。这种钱币重量为5"铢"(因此而得名"五铢"钱),相当于今天3克重,这种钱币一直流通到唐代。政府垄断了货币生产,货币成色十足,以至于制假币者没有利润可言。铜币边缘有一圈坚硬的沿,以阻止铸假币者磨掉铜钱的边沿,积少成多,伪造假币。

根据记载,在西汉的最后一个世纪,帝国铸造了280亿枚铜币。虽然国家强制用货币缴纳的人头税和其他税收有助于解释这一点,但如此大规模的铸造数目仍然令人惊讶万分。另外,这个数目巨大的货币流量意味着当时存在一种相当大的货币经济,只有通过政府的力量才能强制推行用一种金属来表现一种形式统一的抽象价值。到了东汉,皇帝的赏赐或者个人财富通常都以现金来衡量,社会赈济——比如掩埋水灾后的尸体——都是按照人头付钱。铜币还有助于把每年一个月的劳役和兵役以支付货币的形式来完成,这样政府就用这些钱雇佣全职的专业人员。

如同在其他许多方面一样,汉代推进了秦代历法。然而,在公元前104年,汉武帝宣布使用年号"太初",选择了一个五德终始的新开端，并相应地修正了历法。他还开始用重大事件或者与他有关的丰功伟业来命名不同的统治阶段，以此使皇帝永垂不朽。除了改革旧历，实行"太初历"，他还宣布使用"元封"年号，来纪念他的第一次"封禅"祭礼，等等。把皇帝及其功绩与时代结构连接起来，在创造一种共同的帝国文化的过程中成为一种意义深远的因素。在新朝和东汉时期，随着对时间的计量和对天象自然周期的观察变得越来越精确，历法进行了两次修正。

今天，人们理所当然地拥有精确的历法，但是这些历法需要对天象进行千年之久的观察和修正。汉朝需要精确的历法来控制薪金的支付，调职、提职或准予离职。对于前线军事行动的督察以及整个北方边界的军事协作而言，历法也是必需的。中国历法以阴历月为基础，但由于阴历月份是在29天和30天之间变动，一个正式的历法应确保帝国的每个人都知道哪一个月是29天，哪一个月是30天。由于太阳历的一年是接近365天，它决定着季节，不是精确的12个阴历月，故后者每隔几年加一个月份来调整两者的时间差。如果不能和我们今天所称的"闰年"在时间上一致，就意味着，比方说，一年之中代表春季的第一个月，每年都会比前一年早些天到来，最终的结果是它在冬季时来临。

汉代继承了秦朝用钱抽取人头税的做法，并且制定税率来影响百姓的生活。为了鼓励结婚，西汉早期对年龄在15岁到30岁之间的未婚女性征收5倍于常人的人头税。到了东汉，生育的妇女享有3年的免税，她们的丈夫也享有一年的免税优惠，旨在增加人口。商业税实行双倍征收，旨在打压这种职业。对于孝敬老人的行为也给予免税的优惠。然而，这些税种可能以意想不到的方式改变了人们的行为。父母们开始屠婴，以防止向国家缴税，政府最终免去了6岁以下儿童的人头税。[11]

汉代政府采取了以货币形式征税的方式，这是因为现金比大宗谷物的运输更容易。然而,农民要获得足够的货币来缴税,就需要做更多的活来挣钱,或者出售他们的谷物。干活挣钱在有些时候是可能的,但最常见的方式是出售农产品来挣税钱。在年成好的时候,谷价下跌,农民只得卖出更多的粮食来缴税;在农业歉收的年份,为了完成缴税的义务,他们就不得不冒着挨饿的风险,卖掉本来就不多的收获。货币税最终摧毁了农业,它也是地主势力崛起的一个主要因素。一个没有解决的问题是农民怎样、在哪里出售他们的谷物。那些生活在城镇附近的农户可以把农产品运到集市中出售,但那些边远地区的农户很可能把粮食卖给本地的富家大室或流动商贩,后者利用农户迫切需要现钱来压低收购价格。

秦帝国的崩溃给汉代开国者笼罩上了一层阴影,他依靠自己的盟友打得天下,于是就分封他的跟随者为诸侯工,只给自己保留了最具战略意义的关中地区。虽然皇帝设法除掉这些前盟友,用他的亲戚替代他们,但在汉代建立后的前50年里,半独立的诸侯王统治了超过一半的帝国面积。只有到公元前154年朝廷击败了诸侯之乱后,汉朝才真正成为一个统一的帝国。在此后的两个半世纪里,政治的统一使得汉朝在几个根本方面逐渐从秦的模式中解脱出来。

第一个转变,是摒弃了普遍义务兵役制,以及与此相关的对农业人口的直接控制。全面发动农民服兵役——战国时期诸侯国和秦国的组织原则——直到公元前154年消灭诸侯国叛乱时仍然在使用。随后,不再有真正发生大规模战争的可能性。在以往汉朝不得不进行的战争中——北方前线对付游牧民族匈奴——步兵团是无用的,也无法用于防备。另外,短期的义务不能够维持持久的驻防,不足以弓马娴熟——这是该历史时期必需的军事技能——这在陈旧的管理方式和一两年的年度简单训练课程下的兵役是无法获得的。人力驻防和深入草原的长途征战都亟需一种新式的军队。(图3)

汉朝逐渐停止了对农民的大规模动员和训练,相反,它用所征税

第 3 章 矛盾重重的帝国

图 3 汉朝军队与游牧民族的骑兵战争

收雇用一支长期的职业军人,招募一支非汉人的骑兵武装。当反对王莽的起义表明在帝国内部向武装化的农民征税可能会威胁到朝廷的安危时,这种对农民常规化的动员和训练一并被取消了,与之一起撤销的还有与此相关的政府机构。从那时起,直到中华帝国的终结,没有任何一个政府恢复这种强加于农民之上的义务兵役的做法。[12]

第二个转变,是公元前154年之后发生的政府组织和赞助的文学和艺术。战国时期的诸国政治是战争的发动机,主导列国政策和统治合法性的信条是"富国强兵"。随着公元前154年分封国的消失,通过军事力量维护旧政权的合法性被淡化了。取而代之的是,政府日益寻求以一种中华文明代言人的身份来对国家进行统治,这种文明体现在信条、帝国学术以及经典美德上。于是,国家及其政府所致力的对文化遗产的捍卫和扩张,成为国家事业的核心内容。在汉武帝统治时期,学者的职能被限制在周朝的典籍上——实际上多是儒学。到了西汉末期,超过三万名学生进入到皇家学术机构,它成为一条走上仕途的主要途径。到了王莽时期,儒家信条更加受到追捧,王莽主张按照儒家圣人的智慧进行统治,并建立对上天的崇拜。到了东汉,周代遗留下来的文化经典成为帝国大厦的皇冠。[13]

汉代秩序的最后一个主要转变,是出现了一种新形式的社会精英阶层,他们既能致力于对帝国事务的奉献,也具有建立在土地和社会关系网络之上的地方权势。和向农民征税的结局及帝国学术的发展不同,这种变化在帝国的政策中没有基础,事实上还遭到西汉朝廷的强烈反对。但从长期来看,它被证明是最为关键的一种转变,使得帝国体系在王朝更替中仍然得以存在。

秦朝为了打破战国精英贵族的权力影响,把他们都迁徙到秦都咸阳地区。地方权势之家在诸国战争和西汉早期得以恢复,但是汉武帝任命了特别的法律官员来控告他们。然而,在他消除早期贵族残余的同时,他的政策也在制造出一种新形式的地方权威。他的抑商政策引导人们用经商所赚的钱来购买土地。同样的，任何在朝廷任高官、赚大钱的人，或者在郡县任官的人，都希望通过投资不动产的方式，把这种转瞬即逝的权力变成持久的财富。增长的税赋把处在财政困境边缘的农民推向了高利贷者一边，最终导致农民破产。农民被迫把土地贱卖给有钱人换钱，不得不为这些地主当佃户。

在公元前的最后一个世纪，政府制定了一系列的法律，来限制土地兼并问题，阻止拥有小片土地的自由民变成佃户。这与其说是出于对农民的同情之心——实际上国家在对他们进行无情的压榨——不如说是为了保证税收和劳役来源。王莽试图实现土地的国有化，废除农奴制，以尝试制止土地的兼并和地方权势之家的崛起。他的倒台宣告了政府对崛起中的地主所有制的压制以失败告终。

有几个方面的发展有助于说明地主所有制为何能取得胜利。或许其中最重要的原因是，东汉是在包括皇帝本人在内的大地主们的共同联合之下建立的。由以洛阳为中心的朝廷抛弃了关中地区的军事传统，这种传统使国家对自由小佃农的依赖紧密相关。随着普遍义务兵役制的废除，对个体佃农的控制不再成为国家权威的基础，对自耕农的关注也大大降低了。

尽管早期的地方精英经常远离帝国政府，甚至对其抱有敌意，他们中很多新兴地主通过从政变成地方显贵。他们新形成的家族学术传统以及杰出的道德操守，都是他们进入仕途的保证。进入帝国学术界，或者其他通向政治的途径，得益于向那些被内廷或者地方官员熟知的地方豪强大族寻求定期的举荐。所以，通过控制这些举荐，这些权势地主就能确保其仕途的坦荡。当大家庭里的大家长去世后，就会分家，土地和财产会散给后代。通过在朝廷谋取一官半职所得的收入，他们就又能恢复他们拥有的土地。自从贵族制消失后，只有朝廷政要才实行长子继承制，普通家庭实行分家析产制，也就是说，把父辈的财产分配给儿子们。

那些把财富转移到土地上的商人们同样这么做。因此，普通的家庭通常都会经营土地，出售该土地的产品或者经营商业借贷；他们用经典文献教育下一代，希冀能在政府中谋得职位。这个时期的政府不再把希望寄予对农民抽取的劳役，而是把政权基础根植于权势之家，因为它们把政府视为自己的保护者，政府职务也成为其财富之源。帝国政府的这种控制模式贯穿了后来的各个朝代。

秦的败亡及其后世之谜

秦朝既是帝国的模范，又是被批判的标靶，集二者于一身，这在后来产生的种种历史神话中得以反映。它的突然崛起和灭亡，成为后代中国人关于秦及秦帝国特征的一个印记。

在秦始皇于公元前 210 年去世后的 4 年里，新建立的帝国在全国性的大暴动中垮台了。它曾经拥有的战无不胜的军队一次次被打败，新都咸阳被敌军付之一炬，秦二世被杀。秦遭受这场灭顶之灾的原因，成为后来汉代早期几十年里人们讨论的中心话题。虽然这些谜团通常集中在对秦朝的道德或智慧缺陷的思量中，比如过分残暴的法制，抛弃古代先贤的智慧，等等，然而考古学和文献材料证明，这些批评都属于服务于汉朝利益的政治宣传，与秦的政策或它的灭亡没有关系。事实上，汉朝政府起先毫无保留地沿用了秦代的政策，对少数政策做了更改，比如对法律的简化，以及建立分封制，但都迅速被摒弃了。

那么，秦朝为什么会灭亡？关于这个王朝覆灭的原因，最具洞察力的观点也是最早出现的。汉代早期的学者贾谊在秦国灭亡仅几十年后就指出，"夫兼并者高诈力，安危者贵顺权，此言取与守不同术也。秦离战国而王天下，其道不易，其政不改，是其所以取之也。"[14]

对于秦的改革雄心来说，他们期望一个新世界，帝国的度量衡、法制以及真理都出自这个新世界；这些改革的执行者们把战国时期的基本制度和做法都毫无改变地带到了这个新的帝国。对农民家庭进行直接的管理，全民动员服兵役，仍然是国家的组织原则，另外还有一支庞大的队伍，是由触犯法律的罪犯组成的。这个庞大的抽取劳役的机器对国内战争已非必须，它已经成为一种寻求发挥作用的工具。

为了充分利用这些被征募的兵士，秦帝国发起了一轮没有节制的扩张和国家大型工程的建设。这些政府行为没有任何逻辑，仅仅是为了消耗掉已被秦国征服、从而完全废止的分封制度。秦国毫无目标地向帝国的南方、北方以及东北方大规模发军征讨。修筑直道、驿路，修筑新都咸阳，秦始皇陵寝等浩大的工程都开始建造。苦力们被派遣到北部边疆去修建由诸国边防烽燧连接起来的长城。秦朝以战争和扩张立国，消耗国力——也疏远了它新统治区的人民——通过战争、扩张，直到不存在有征服价值的地区。戍卒们的哗变导致了一场对秦国官吏和统治者的反抗和起义，中华历史上第一个帝国在建国仅仅15年后，就在战火的硝烟里崩溃了。

汉朝虽然是秦的继承者，却需要与第一个王朝的崩溃划清界限。然而，汉朝一方面吸取了秦的做法，另一方面又在批判它，这就构成了一个基本的矛盾。为了解决这个矛盾，汉朝放弃了对秦国制度的批判，而采取了对秦始皇本人的丑化。秦的崩溃被归因为国家开创者的野蛮和妄想自大，以及秦朝野蛮的政治传统，结果是秦国的残酷法律对中华文化和政治遗产的野蛮毁坏。汉朝把自己装扮成古典文化传统和道德的庇护人，而与汉朝相反，秦始皇曾经尝试毁灭这些文化传统和道德。

然而，这种神话简单地掩盖了汉朝政治地位的矛盾。在把秦始皇妖魔化的过程中，汉代的作家，以及后来各朝代的作家们，构造出一种文学修辞，其中那些为帝国的运作和意识形态提供了理想模式的政策被描绘为狂妄自大和道德败坏的理论证据。结果，纵观整个中华帝国的历史，由秦始皇制定的政策体系的具体特征都被谴责为是罪恶的。就此而言，它树立了一种道德化的外观，即人们所称的中国政治文化中的"虚伪"性。因而，中华帝国其他时段的历史就处在一种以谴责指斥为特色的错误理念的笼罩之下，它致力于把一个为帝国统治提供了突出典范的人塑造成一个怪物。

举一个例子，最早的历史文献把秦的征伐、统一描述成秦始皇的一种个人野心，它通过一场违背自然的战争，将自己的意愿强加给天下人。贾谊描述了秦始皇"振长策而御宇内"，"执敲扑而鞭笞天下，威振四海"，"隳名城，杀豪杰，收天下之兵，聚之咸阳，销锋镝，铸以为金人十二，以弱天下之民。然后践华为城，因河为池，据亿丈之城，临不测之渊，以为固。"[15]

司马迁把这种议论方式进一步延伸，他描述说，秦始皇在渡河时，湘山神庙里的一位女神制造了一场暴风雨，始皇的行程因此受到阻碍，始皇在勃然大怒之下，下令把湘山上的树全部砍光。他开辟深山，填塞深谷，修建了从西北九原到秦旧都附近云阳的直道。在寻找长生不死药的过程中，他有一次梦见自己与阻挠他的海神进行战斗。于是，他全副武装，派遣大船，配备连弩，去射杀威胁他寻找长生不死药的大鲛鱼，并在一次行动中射杀了一头巨鲸。他数次登上名山绝岭，并刻石纪功，这是另一种形式的尝试，通过书面刻石的形式，把他的意图强加给这个自然世界。[16]

这些刻辞里有一些包括了征服自然的主题。其中一条刻辞说，始皇的法令和标准施之于"日月所照"的地区，这些星座如同始皇本人的代理人；另外，始皇"泽及牛马，莫不受德"。还有一条刻辞则说，秦始皇"威动四极"，"经纬天下"。第三条刻辞叙述了皇帝如何隳坏城郭，决通川防，夷平险阻，开通河道，整个过程被描述为"地势既定"。[17]

关于秦始皇狂妄自大地寻求控制整个宇宙的思想,在后来的中国文学中成为一个标准主题。到公元 4 世纪,当南京成为国都时,当时的历史文献记载说,秦始皇在经过南京地区时,得知这个地方具有在将来成为国都的形胜和风水,而这将招致秦王朝的败亡。为了挫败这个预言,秦始皇命人将一座山头夷为平地。另有记载说,秦始皇为了到达长生之岛,计划修建一条横跨东海的大桥。公元 6 世纪的诗人江淹所著《恨赋》重申了贾谊和司马迁对秦始皇的批评,讲述了秦始皇怎样用海龟搭成一座桥。一个世纪以后,大诗人李白引用了一种说法:神人赋予石头以生命,秦始皇命人鞭打它们,驱之入海,以修石桥。在这个记载里,他还射杀了一头阻碍通向长生岛道路的巨鲸。[18]

早期的诗歌视秦始皇为自大狂,而后来的诗歌则视其为一个"王中之王"(一位类似于奥西曼德斯[19]的人物)的形象,不再反思他的死亡及其帝王事业的终结。然而,他们强调了秦帝国统治的一些不被认可的方面。首先,中华帝国的人们普遍接受了这样的观念:秦始皇的统治推及整个自然界,包括树木、岩石等。其次,皇帝向神灵发布号令,与神灵作战,这些情形不限于秦始皇。比方说,西汉的伟大辞赋家司马相如写过一首《大人赋》,赋中描述了汉武帝率领一批神灵的手下,推开天门闯进帝宫,抢走了一位玉女。汉武帝自己曾写过一首纪念堵住黄河决口的诗,诗里描述他如何向河神发号施令。[20] 最后,标准化的皇城的修筑——笔直的城墙、城垛、塔哨,把皇帝的意志强加给了建筑。秦始皇在皇城设计方面的做法,比如宫殿按照天国的模式来建造,对地上诸国宫殿进行复制,或者把这些不同风格的因素组合在一起,等等,在汉代以及后来的朝代中都被沿用并推进。

尽管秦始皇的作为是一个需要审视的话题,但是它们仍然给后来的皇权统治提供了一种不被认可的模式,一种纯粹的或者理想的原初形式，它被后来的王朝用伪装过的方式暗地里加以模仿。秦始皇扮演的这种不被认同的统治模式，通过一个简单的神化形象，昭示了它被掩盖的、作为一个生命持久的中华帝国的原初形态。

第4章

帝国的城市

秦国的城市是人世间最大型的建筑之一，这里是一流工艺品的陈列所，是人类根据理想社会和宇宙的想象来塑造的空间。精心设计的高墙把普通民众与城市隔开，这个城市展现了一个独特的人类世界，里面充斥着构成人类文明的物质和规则。作为政治权威的主要场所，城市中心地区不但为统治者和管理者提供聚会的场所，也为他们提供展示自己权威的舞台。在贸易领域，城市是流通与交换的枢纽，吸引人们前往，把珍贵的货物运入；当然，这里也生产新的商品，从这里流向其他城市或者人类聚集区域。

在战国以前，中国的城市都是为宗教和政治而存在，居住的都是贵族及其附庸者。这些城市中的大部分居民以世家为中心，人口最多有一万左右，由一堵城墙分隔。随着周天子王权式微，绝大多数城市变成了由某位公卿大夫及其贵族追随者们统治的独立"城—邦"，这些卿大夫还控制着居住在城市腹地，以及其统治地区的人民。此后，这些"城—邦"逐渐连接在一起，到公元前5世纪，遂汇聚为各诸侯国。

诸侯列国及其早期帝国的城市

近年来的城市考古证明，战国时期的城市人口、工艺品生产以及贸易都在增长，与此同时，城市数量和构造的复杂程度也得到提高。用于防卫的城墙被加长了，人们开始修建内城，把政治区域和举行仪式的场所与商业区和居住区分开来。[1] 当诸国把城市纳入比它们更大的行政管理网络，其管理者将贵族取而代之时，政治行为和世俗生活外在形式上的分离就构成中国城市发展史上重要的演进。中国的城市从此以后就从外在格局及政治上划分开来，城市的一部分主要用于手工业和商业的发展，另一部分就与政治权威紧密相关。城市的这两部分在某种程度上相互制约，共为一体。

这种制约有法律上的依据：商人须纳入专门的注册管理中，禁止商人及其后代在政府中谋取职务，穿戴丝绸，骑乘车马，或者拥有地产。[2] 但在实际操作中，只有小商人是登记注册的，从事长途贩运的富商大贾们都能逃脱这种禁令。然而，商人和官吏——他们必然都是城市居民——之间日益扩大的区别，逐渐取代了古代城市居民和农村人口之间的区别，成为帝国时代最核心的法律分歧。

这种法律和物质上的分化与该时期哲学家们所提倡的社会新模式相符，在这种模式中，统治者手下的官员们所从事的职业种类有别于其他形式的工作，因为他们接受过教育，不再受建筑工程或其他类似的奴役的束缚。[3] 于是，尽管城镇和乡村之前的区别在新的行政区划管理模式下消失了，但城市自身内部的界限却更加明显。

城市内部的这种区划以及城市内政治区域的卓越性可以在东汉防御乌桓（汉代东北方的游牧民族）的校尉墓壁画中找到依据。反映墓主生涯的壁画描绘了他曾经担任官职的五个城市。他们都是双城（城郭），里面有双重城墙的建筑区，一部分用于普通民众居住，另一部分则是政府机构。虽然除了城墙、城楼之外，极少有关于居住区的信息，但是城市的布局、建筑、居民、政府区域的活动等方面都绘有细节。（图4）很多建筑都有注释，以说明它们的特性或功能。在一座城市中，校尉掌管着从乌桓买马的贸易也被画了出来——正是这种贸易使本地区成为公元2世纪晚期帝国最为富裕的地区之一。对于城市的这种刻板的描绘，证实了历史文献中所说的，帝国的城市都分为两部分，最主要的部分是宫城区，是政府功能和政治精英的所在地。

在战国时期的城市里，新的建筑元素开始出现，通过建筑的高度和垂直度，来强调统治者的权力。望楼、圆柱大门、露台以及拔地而起的建筑昭示了至高无上的皇权，同时暗示着皇帝和上天、神祇力量的联系，而这远远超过了他和祖先神灵之间的联系。建筑高度和视野广度的重要性在东汉学者王充（27—约100）的一句话中得到反映："坐高堂之上，眇升楼台，窥四邻之廷，人之所愿也。闭户幽坐，向冥冥之内，穿圹穴卧，造黄泉之际，人之所恶也。夫闭心塞意，不高瞻览者，死人之徒也哉！"[4]

传说这些望楼极尽高大之势，其中有一座有160米高，直与云齐。这样的高度有助于统治者俯视他的领土，并有可能监视邻邦。在一篇有关于望楼的文献描述中，望楼不仅彰显了建造者技艺的高明和复杂，还能使来参观的地主们在此向统治者颂谀与效忠。[5]

在战国时期，城市里的石柱门或者门楼（阙）都专门设计成高大的样式，来表现统治者的权威。在公元前4世纪中期，当商鞅开始在咸阳建造秦国新都时，第一个修筑的就是"冀阙"。与此相似，公元前3世纪末期，汉朝新都长安的门楼也备受瞩目。汉代的祭祀文献和诗歌强调说，只有天子才有资格在大门口的两侧各配一个门楼，门楼的高度必须与宫殿主人的级别相配。修建大门口的门楼是十分必要的，因为它们能把上下尊卑区分开来。门与门楼搭配的这种建筑风格在战国时期初具雏形，到汉朝时则逐步成形，它由此变成了一种比城墙更能彰显权威的标志。在东汉的墓葬艺术里，通往城市或者豪族大

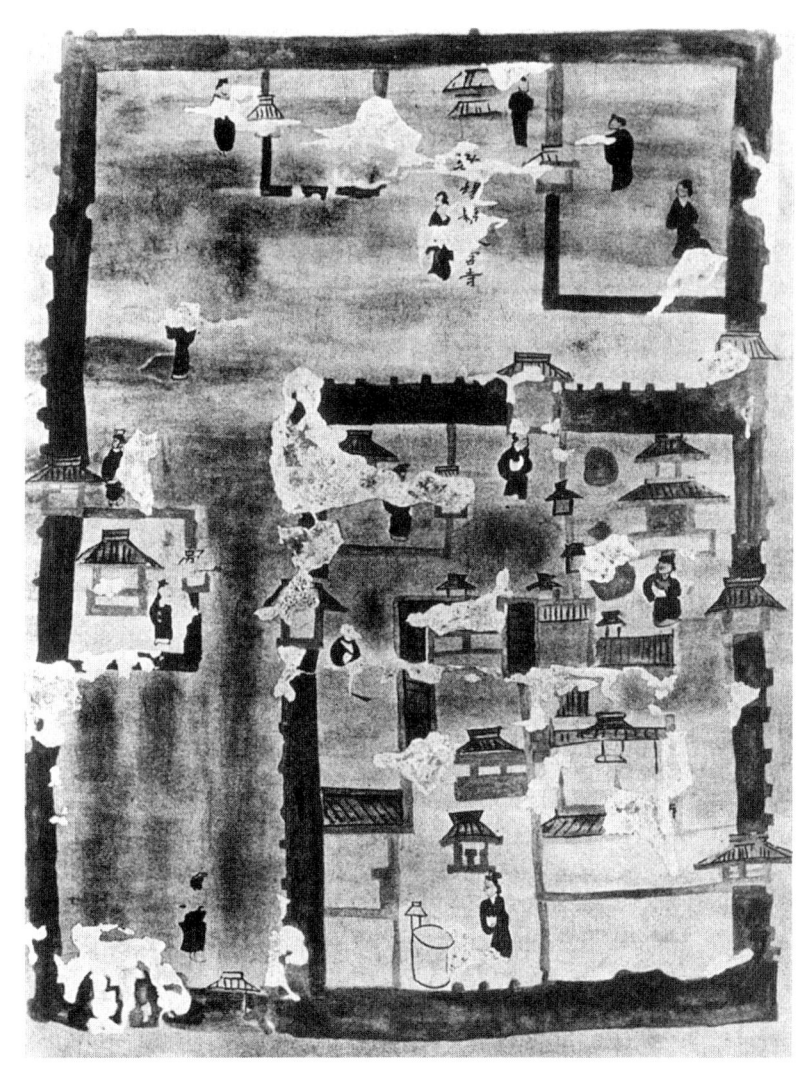

图4 范阳（今河北境内）的政府建筑和城墙

姓所筑坞堡的望楼是最为常见的一种建筑类型（图5）[6]。

这一时期，人们也开始修建带有大平台的露台，使外来者震撼于其主人的财富之多以及其目之所至之广。考古发掘发现了战国时期为修筑这些露台而建的大面积的夯土基，该时期的青铜器上的纹饰也描绘了一种土台，四周环以阶梯，顶部筑有木结构的大平台，这些地方曾是举行宗教仪式的场所。有时候人们也会建一系列逐级升高的平台。这些露台四周的考古遗存证明，在战国时期，它们是大型宫殿建筑群中最醒目的建筑因素。在一个由一系列房屋和走道组成的建筑群中，平台也能够成为其核心部分。这些房屋和走道修筑在土台四周，旨在给人一种多层建筑的感觉。在当时，建造真正的多层建筑的技术仍很落后，因而这种设计使得建筑看上去是从城市中拔地而起的。此方面最重要的案例就是秦国都城的冀阙，同时其构造形象也是被模仿和复制得最多的。[7]

这类高出普通百姓居住区和商业区的宫殿建筑群显示了统治者视察其领地的权力——他能够看到所有视野之内的事物，同时还向人们昭示，他们正处于他的监督之下。但同样重要的是，普通民众无法观察到这些高大的新式建筑里面的情况。这就使统治者能知晓外界，外界却无从知晓统治者。它们证明了统治者拥有研究他的民众与敌人的一举一动却不暴露自身的能力。统治者能够眼观六路而不被对方察觉（如同2000年之后，福柯对边沁"圆形监狱"构想的反思），统治者的这种形象赋予了"圣人抱一为天下式。不自见，故明；不自是，故彰"这类理念以感性的表现形式，它们在《道德经》《韩非子》这类哲学著作中得到表达。[8]

一位精通玄奥艺术的大师曾经建议秦始皇，作为一位统治者，他应该秘密行事，远离邪灵，而且应该永远不要让其他人知道他所在的位置。另外，因为他们相信人可以通过登高的方式达到天帝神灵所居之处，统治者应该住在高塔之上，通过阶梯一步步通向神灵，

图5 城门望楼，边上站着一位官员

并获得长生不老。根据这个建议，秦始皇修筑了逐步攀升的和两旁有围墙的道路，把他的270所行宫和望楼连接起来。在这座巨大的建筑群中，任何泄露秦始皇行踪的人都将被处死。皇帝只在咸阳的主殿与官员议事，在其他任何时间都无处寻踪。同样，当秦始皇死于出巡东部沿海地区时，他的尸体被置于封闭的马车中运回咸阳，车驾中塞满了鱼，以掩盖开始腐烂的尸体的气味，并且避免皇帝死去的消息为外人所知。[9]

这类用以掩盖皇帝行踪的逐渐升高的走道建筑被汉朝沿用，百姓甚至朝堂官员由此目送皇帝远去，而这最终也成为帝国政治权力的准则之一。纵观整个帝国时代，中国统治者总是被隐藏在"紫禁城"的深宫高墙之后（一个神话化的版本是卡夫卡寓言中神秘的城堡）[10]，即便对皇帝的官员而言，获准觐见也属恩惠，倘若能靠近他，更是至高无上的荣耀。在古罗马、中世纪欧洲或印度，当地的统治者都经常出现在他的公众面前，接受臣民们的献礼，并且公开地主持公道以彰显

第4章 帝国的城市

皇家礼制。中国的皇帝则与此不同，他通过隐秘和不可捉摸来获得至高无上的地位。

关于双城布局的其他部分，如居民居住区、商业区、手工业区等我们所知较少。离政治中心区域越远的地带，书面文字材料和考古发现材料就越稀少。由主街道构成的方格分割了汉代都城的居住区，然后再由围墙分成不同区域，由低级官员和一些权势之家所管理。现在还不明确这种制度在早期中华帝国的其他城市是否存在，但由于这种方格状布局是当时一种管理百姓的方法，所以其他主要城市可能都效仿这种建筑布局。

主干道边上布满了贵族或富人之家，而小巷则居住着稍微贫穷的人，比如说哲学家庄周，他"处穷闾陋巷，困窘织屦"。小巷非常狭窄，不能够容纳那些往来于大道通衢的大型车马，房屋也很低小破旧，处境可怜。这里的居民通常是那些不名一文的作家，沉迷于歌曲或者劣酒的败家子，或者罪犯。相反，通衢大道上住满了穿着峨冠博带的官服的高级官员。[11]

居住区的中心是市场（市）。墓葬艺术表明，帝国都城市场的主要特征在主要的郡县中也得到体现，当然各个郡县也会存在一些地方性差异。市场及其周边地带是商人和手工艺人的主要活动地带，但它们同时也是政府权威在城市外围的体现。它们成为表现出政府和民众之间相互分割的那种双城格局的缩影。市场中矗立的多层望楼成为一个高耸的标志，代表着政府权威，好比官殿一般，同时它所具有的方格状布局也是政府秩序在城市外围地区的体现。然而，尽管存在如此多的直观的权威表现形式，市场仍旧是一个公众聚集的场所，充斥着各种挑战法定秩序的活动。

在政府掌权的标志中最为显眼的莫过于由负责市场管理的官员值守的多层望楼。在东汉国都洛阳，市场管理官员及其副手共有36个手下。他们的职责是确保市场上售出的货物能有足够好的质量，其价格也符合一定的标准,这个标准是由买家和卖家每月一次共同协商后授权制定的。根据秦律,在市场上销售的商品都必须拴一块价格标牌,标明它的实际价格。每天结束,所有的交易,以及与钱有关的记录都被收集在一个专门的盒子里,供官员检查,并以此收税。[12]

官员们也会出售官家多余的日用品或者官制的物品,或许还会对交易记录的公证收取一笔费用。望楼的顶上是"旗亭",里面有一面旗帜,在最顶部的阁楼置有一面大鼓,为市场的开放时间发布信号。东汉的一首诗记录了长安城市场中的一座望楼,它有五层;一个汉墓画像砖上描绘了成都的一个市场,而它的望楼只有两层。[13] 在这两个资料中,望楼都是市场中最高的建筑,市场里所有的人都看得到。

政府权威在市场中的第二个表现是方格状的布局(坊),这类似于居住区里方格状的布置。在上述描摹成都市场的汉墓中,画像砖上描绘了一个完整的广场,四周各有一门,两条主干道交叉而过,分别通向两门之间。两层的望楼位于正中心。这个图案是当时经典观念中国家都城的一个微缩版,如同战国晚期《周礼》一书后面所附的有关建筑的《考工记》中所描述的那样。(图6)

市场里有四个区域,其中每个区域都被几排单层建筑分割。这里可能是商铺,商铺们都按照所售卖的商品来分区。在四条主要大街上一直有来来往往的行人。最重要的商铺可能沿着主要大街排列,稍微差一点儿的商铺就分布在小巷里。唐朝都城的市场格局也与之相似,而汉代也可能是这样的格局。市场里这类方格式布局在诗歌和其他同期的文字记载中也有反映,这些文字强调了商铺排列的整齐划一,以此证明帝国的强大,以及其威加海内的秩序。好几个墓葬画像砖上还描绘了或排列成一排或排列成方格状的摊位格局,且秦律中也强调了摊位的这种规则化的格局。

考古发掘的材料,以及新近发现的文书,都向我们提供了更多有

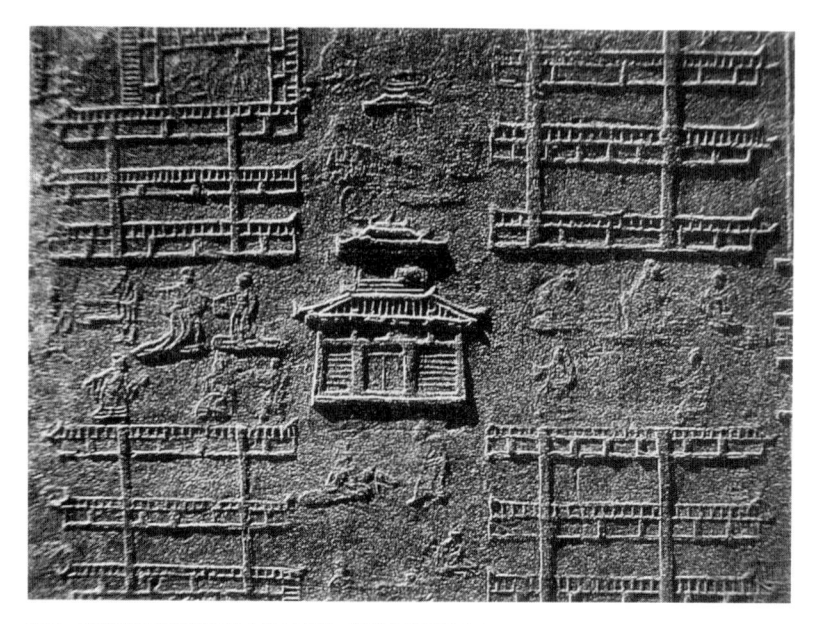

图6　成都市场中的方格状（坊）布局，望楼位于市场中央

关汉代都城市场的情况。长安城里有两个市场。东市大约50万平方米（比美国最大的超市都要大25%），西市有25万平方米。两市都被5—6米厚的围墙环护。商人们背靠围墙修建他们的货栈。东市主要是商人的摊位，西市则是主要的生产区域，这里有专门为皇陵生产陪葬用的陶俑的窑炉，有生产官办铁器的铸铁铺，以及私人经营的丧葬用品作坊，主要生产祭奠用的偶人、马匹或者鸟禽。

成都画像砖上描绘的市场被分为四个区，而都城长安的市场则被分为九个区。这些区也是被经过规划的摊点分割，如同秦律中所规定的那样。（图7）所有经营同类商品的商店都被安排在一起，每一列商铺或者摊点都由一位富有经验的商人来负责管理，确保他这一列摊点的整齐划一。就像广大百姓那样，这些商人每五个人分为一组，设"伍长"，互为担保，实行连坐和告奸制度。[14]

图7 市场摊铺的景象,图右为市楼和市鼓

市场还被用作公开惩处罪犯的场所,包括施加鞭刑和处决人犯。经常有主犯被枭首,其头颅或者尸身就被挂在市场上示众。汉代记载礼仪制度的《礼记》以及战国时代的军事论文集《司马法》,都有文章把市场和朝廷分别比附为进行处罚或者表彰的场所。这就是政治法学中统治者"两端"的权力。[15]

市场中很少举办用来展示政府权威的野蛮示众,也很少用政治展示来寻求更多观众的注意。吕不韦,这位秦始皇年轻时的秦国丞相,曾经资助编纂了著名的哲学文集《吕氏春秋》一书。为了向世人宣布该书的编纂完成,并为了断言此书已经囊括了所有著名的学说观点,他把此书放置在咸阳的市场大门口,并且在书的上方悬挂了装有一千金的钱袋,他对外声称,谁若能加减书中的任何一字,这一千金就归谁所有。另一个类似的故事讲述了商鞅为了在秦施行变法,向人民表明他的法令的实效性,于是在市场向人们宣布,只要能完成他所规定的一些简单的任务,就可以得到现金奖赏。最后,

第 4 章 帝国的城市

商鞅兑现了他的承诺。[16]

相对来说，市场是人们能够大规模集会的地方，它是最有条件成为统治者向民众传递信息的场所，无论这些信息是采取语句、文体、货币的形式，或者干脆是一具被肢解的尸体。然而，市场里充斥了来往的民众、商贾的财富交易以及各种公共场景，所以它并不完全处在政府的控制之下。这里会出现各种人群的违法行径，包括商人、"游侠"和游手好闲的年轻人、萨满教的狂热信徒、特殊的占卜者和游医。这些群体都以他们各自的方式挑战着地方权力。

虽然商人没有对地方采取直接的政治挑战，但是他们的财富使他们过着比地方政治权贵更奢侈的生活。商人们令人羡慕的财富诱惑着官员们贪污腐败，也吸引农户远离土地，改变那种在田地里辛劳、向国家缴税服役的生活。商人间以财富为标准，而官员间以等级来衡量，这两种等级划分秩序间存在着紧张的冲突，它最后外化为这种双城结构的城市布局，同时由于政府禁止注册在籍的商人及其后代谋求政治上的地位，使得这种冲突更为恶化。该时期历史文献中经常出现商人违背国家的奢侈禁令的记载，描述了他们有能力从自由农民手中购买土地和服务。

除了藐视政府的奢侈禁令，商人拥有的财富还挑战了法律的效率。虽然在理论上没有人能够逃避惩罚，但有一句谚语说得好，"千金之子，不死于市"，也就是说，有钱人不会被公开处死在市场中。负责铸币的官员有时会和奸商勾结，密谋伪造钱币，操纵货币。于是，国家的拥护者总是害怕市场成为一个让人们攫取政府掌控外的权力和地位的场所。在这里，权力和财富的获取通常违反奢侈禁令，操纵财富也成为损害犯罪法律和政府管理的手段。[17]

人们通常聚集在市场中，听趣闻逸事，寻欢作乐，或者听某人夸耀自己的政治抱负。最常见的场景就是某位知名人士，乘坐着美轮美奂的车驾，穿戴着精心裁制的衣冠，到达或者离开这个城市。其次就是某些政治野心家为了寻求公众的注意、支持而进行的某些政治公演。和其地方社会一样,地方精英的服饰打扮都成为人们争相效仿的对象。

> 城中好高髻,四方高一尺。
> 城中好广眉,四方且半额。
> 城中好大袖,四方全匹帛。

城市居民成为引领时尚的风向标,而这也挑战了政府的权威。因为与之相反,据该时期政治文献的记载,应该是统治者的服饰品味成为其他人仿效的对象。[18]

市场中的暴力和犯罪通常都与屠夫或"少年恶子"有关,但更重要的则是流浪的"剑客"或"游侠"——这些人往往有着复仇情结,处事极端,或一诺千金,或以死相搏。描写汉代都市的诗歌都选择市场作为情景来描述这些人及其结义追随者,历史记载则将其置于城市中的"巷""坊"里。和在市场的其他居民一样,他们更多地被描述成唯利是图之人,即土匪、绑架者、盗墓人,以及受雇佣的刺客,等等,而非市场中常见的商人。暴徒们士客啸聚,结成职业杀手组织,威胁官员,或者向他们行贿。东汉时期的文献把这些人形容为怀揣复仇情结的"私刑"缔造者,威胁叫嚣着要取代政府法制。[19]

屠户这类常常与剁肉放血打交道的人,构成了市场中另一类别的暴力分子。他们居住在特定的区域,与其他生意形成鲜明的对比,不仅是因为他们出售的商品,还因为很多有声望和财富的客户会来这里找帮手,所做的生意远不只是去割点儿新鲜猪肉那么简单。

"少年恶子"所具有的暴力倾向与前两种有着紧密联系,因此也是一个更为广泛的社会人群。司马迁《史记》中记载的大量犯罪头目都被年轻人所崇拜和模仿,或者他们会直接参与这些违法乱纪的活动。"闾里少年"为了金钱常常铤而走险变为暴徒或者剑客,另外一群年轻人就成为某位任性皇家公子的喽啰，帮助他抢劫、杀人，以此为乐。政府雇佣"酷吏"本来是要压制地方豪族大姓，但有时候这些被雇佣来的人，本来就属于这些团伙，或者和这些团伙一起为非作歹。为了把"少年恶子"驱赶出城市，他们中有一些人会被招募入伍，远征中亚。

在和平年代，"少年恶子"通常被描绘成没有正当职业的流浪汉，他们在市场中聚赌、斗鸡、走狗。由于这些活动在当时非常普遍，因此这些场景在汉墓画像砖上也有所反映。然而，在社会动荡的时候，城市里的这类团伙就成为被征募者的主要来源，参与大规模的仇杀或者起义。很多抗秦起义的领袖传记证明，其第一批追随者都是从这些年轻人中招募而来。

汉代的创立者刘邦也被描述成一位典型的浪子，他不治产业，整天与他的朋友在酒馆大吃大喝，为此被他父亲认为是"废柴"。他早期的追随者（萧何、曹参，以及樊哙）都被认为是"少年豪吏"——他们都是豪放的年轻人，或是有抱负的剑客，在政府中担任低级职务。在推翻王莽的起义中，也主要依靠了这些四处游荡的年轻人。早期的历史记载证明，在市场中啸聚的暴民和年轻人在社会安定时期只是单纯的不法分子，但在王朝更替的混乱时期，他们就起了重要作用。[20]

最后一个社会不安定因素由那些异域方士组成，尤其是术士和巫医，他们也聚集在市场中，挑战着政府权威。这个群体一直饱受谴责，因为他们声称自己掌握了超自然的能力，有意诓骗无知的农户。由于方术、医药以及相关的宗教迷信手段都是财富的来源，这些组织饱受抨击，人们称其诱骗四处游荡的少年，致使他们不务正业，而去追随这些声名狼藉的组织。

关于这个问题的辩论，一个典型的例子是公元前 1 世纪的《盐铁论》，这是一部讨论国有垄断的文献，"今世俗饰伪行诈，为民巫祝，以取厘谢，坚额健舌，或以成业致富，故悍事之人，释本相学。是以街巷有巫，闾里有祝"。东汉末期，学者王符（约90—165年）的一部论文集《潜夫论》对此也进行了类似的谴责。不过此书把主要注意力集中在一些女性角色上，比如巫婆及其女弟子，以及她们的受害者。此书认为，通过向神灵祈祷来达到控制疾病的方法，只是巫师用来哄骗民众和吸引信徒的手段。

市场经常是拥挤喧闹的场所，所以这里的民众很可能变成暴民，甚或酿成骚乱。妓女们经常麇集在市场或者附近其他饮酒作乐的地方，招揽特殊顾客。当然，这里也充斥着可怜的乞丐，也有诸如伍子胥和豫让这类人的藏身之所，他们虽然靠乞讨过活，却一直暗藏着反叛的图谋。[21]

总之，战国时期城市内部的这种区域划分导致了其在法制层面和社会层面上的长久分化，最终导致帝国时期的中国城市自此都沿袭了这种分化格局。在帝国早期，国家是由层级化的宫殿群组成，其附近则是农耕地带。居民、作坊以及市场组成了外城，是商品生产和交换的重要地带，但是无论从意识形态还是财政措施来看，它们都是边缘化的，是对国家安定的潜在威胁。尽管政府设法通过街坊格局以及市场管理来整肃秩序，外城的居民们相对于政府理想的服务模式以及层级制度，仍然显得格格不入。即使是合法的居民、商人和手工业者也会对国家构成威胁，因为他们可能创造出建立在财富等级之上的新的层级制度，这对处境悲惨的农村人口有着极大的诱惑，吸引他们放弃主业，到城市寻找机会。

除此之外，市场还吸引处于社会边缘的人群涌入城市，从事非法职业，寻求发财机会。这些人通常被很多作者谴责为"懒人"或者"恶人"，他们仍然从事着非法经营，充当着罪犯、占卜者以及妓女的角色，以此谋生。这些人群都聚集在市场中干着相似的非法勾当，因此也形成了一种游离在政府掌控范围外的城市文化。他们还在城市间通过其贸易和犯罪网络相互勾结,但始终游离在官方管控之外。

帝国都城的创设发明

商鞅是为秦国的崛起奠定基础的一位名臣。在公元前4世纪中叶,他开始了对秦都咸阳的建设。这座城市沿用了战国时期都城的模式,但在后来的统治者在位期间,城市范围扩大到城墙之外。这个扩张在秦始皇统治时期达到了高潮。秦始皇发起了一个宏大的重建计划,他要创造一种新式的都城,这标志着第一个统治着全中国疆域的王朝的诞生。在公元前220年,他在渭河之南修建了信宫(都城恰好在渭河的北边),由于它呈现出北极星的形象,于是他将其命名为极庙。北极星是上天的中心,也是其灵魄所居宫殿之所在,司马迁《史记·天官书》在记述宇宙的组织时,就是从这个星座开始的。[22] 秦始皇把自己的都城建筑按照宇宙的格局来进行修造,以此来表明君权神授,因而创造了一种新式的都城,来纪念他史无前例的丰功伟绩。

公元前212年,秦始皇在渭河南岸的上林苑建立了一个庞大的宫殿。南部山脉的两个山头如同宫殿的两个大门,该宫殿引以为傲的部分是一个最上面的大殿,据说可以容纳多达万余人。秦始皇计划从这个大殿修一条带廊檐的阁道,一直通向南山。在山巅之上,他还计划挂上牌匾,以表明此山就是宫殿的门楼。另一条复道把新建的宫殿和位于渭河以北的旧宫殿连接了起来,以供秦始皇秘密出行。"复道,自阿房渡渭,属之咸阳,以象天极阁道绝汉抵营室也。"根据《史记》的记载,在一系列大兴土木过程中,秦始皇修筑了"关中计宫三百",它们用复道或夹道彼此相连,这样就能保证皇帝本人能够从一个宫殿转移到另外的离宫或望楼,像一个神灵一样,不被外人所知。[23]

但是,都城只展现出天庭景象还不够,它还必须成为一个坐落在人间的中华帝国的缩影。每当秦国征服一个诸侯国,秦始皇都会让人依照被征服国家都城的样式,在渭河北岸修建一座宫殿复制品,面对着南方的新宫。这些各国宫殿的复制品也是被两侧筑有的阁道相连,那里面填满了从被征服国搜刮掠夺过来的钟鼎乐器和歌女舞姬。皇宫是国家的化身,秦国毁坏了诸国原来的都城,并以其为原型,在自己的都城重新复制一个这样的"离宫",标志着秦国完成了对列国的兼并。[24]

通过这样的方式,秦始皇把自己所征服的诸国贵族都迁徙到了咸阳,多达12万户。之后,他又迁徙了一些贵族去看护自己未来的皇陵,照料他在甘泉的夏宫,甚至去守护他巡视东方时用以纪功的刻石。[25]这种把被征服的列国的民众迁往帝国内陆的方针,减少了列国所在地——各个郡——抵抗中央政府的可能性,把潜在的危险因素置于皇帝及其朝廷可以随时掌握的监控之下,而且通过都城的新居民以及建筑群来向世人昭示咸阳是帝国的中心和缩影。它使早期中国人的思想产生出一种直观概念,即皇帝有能力使远方的人们来到他的朝廷,而这种能力恰好表明了他的皇权。

秦始皇还命人收集了天下所有的武器,将其置于大炉内熔化,用熔化的铁水铸成了十二个巨大的金人。金人被描述成神仙,他们的形象表明了对秦始皇本人功业的赞许,预示着他也将长生不朽。[26]

复制新近征服的国家的做法在秦始皇的另外一个建筑工程——骊山皇陵——中也有所反映。《吕氏春秋》一书提到,战国晚期的统治者修建的陵墓都模仿了他们生前的宫殿。后来,公元前4世纪的中山国诸侯王墓葬被发现,在该墓出土了一个模型,此模型也正是模仿了当时的宫殿,这个说法从而得以证实。这种做法到秦始皇修筑人工假山时达到了鼎盛,该陵墓就是我们现在所熟知的秦兵马俑所在地。它延续了秦国的传统,堆砌了一个墓冢,然后在旁边修建了一个木框架的建筑群。它也吸收了东方的文化传统,环绕墓冢修筑了一圈双层围墙，使它具有了宫城的意味。

秦始皇采用了战国时期复制都城的做法，并运用到他的理想世界中，但在这里他不只是一个国家的统治者，而是整个世界的主宰。他的主墓室里填满了宫殿和望楼的模型、官员的雕塑，以及无数奇珍异宝。所有未生育子女的妃妾也都被屠杀，与这个朝廷的复制品一起殉葬。墓中都按照人世间的生活方式进行布置，"以水银为百川江河大海"，即墓中有模仿世间的江河湖海，在其中灌注水银；在墓顶天花板上，则有象征着天上世界的装饰。[27] 近年来在秦皇陵开展的考古发掘中，虽然只挖掘到秦皇陵的边缘地带，但其考古材料让我们对秦皇陵的情况有了一些了解。在陵区内部和内墙之间，埋葬了大量的官员俑、百戏俑以及超过6000名士兵的兵马俑。这个区域四周环以高官、皇亲贵戚的墓葬和马厩的复制品。因此这个庞大的陵墓群完全是秦帝国以及这个世界的复制品。

除了以上这些建筑之外，秦都咸阳的一些特征也揭示了秦国平定天下变为一个统一的帝国时存在的一些缺陷。首先，咸阳从仪式上讲是一个空城。国家所有的主要祭坛散布于整个帝国，最重要的是鄜畤和吴山四畤。这些坛庙都建造在旧的都城"雍"周围的大山上，分别祭祀四方神（秦国至高神），分管财富的"陈"，以及其他各路神祇。秦国早期在陇西的国都有很多神庙，众多敬奉低级神灵的神庙更是遍布于秦国。[28]

秦始皇一次又一次进行新的领土扩张，巡游名山大川，刻石以纪功。与此同时，他还举行一些祭祀，向主要的地方神灵献祭，其中著名的有齐地的"八神"。他在山东的泰山和梁父山举行"封禅"仪式，追封那些远离秦都咸阳的祭祀对象。最后，秦始皇使人们对名山大川的崇拜信仰统一化，他决定了哪些元素才可以接受祭礼，即那些在帝国范围内需要广泛传播的元素。

华山是帝国范围内离都城最近的祭祀圣地。秦始皇唯一一次赋予都城以仪式上的重要意义,他在咸阳附近设计挖掘七条小河,即灞、浐、长水、沣、涝、泾、渭,然后授命给予这七条河以相同的祭祀地位,但在实际操作中却并没有达到这些规格。[29]

于是,在秦国及其征服地区,宗教政策包括了重新认识和重新评价并抉择现存的地方信仰。这些折射出的不是新兴帝国的集权化,而是在过去若干世纪里逐渐演变而来的自然地理特点和广泛分布的地方信仰崇拜。无论说它揭示了秦始皇对宗教仪式的兴味索然,还是说它表现了秦国在接受地方传统方面所做的努力,它都和汉帝国时期形成的观念极为不同,因为后者把都城视为举行最高宗教仪式的中心。

在打造咸阳成为帝国都城的过程中,咸阳被赋予了新式风格的都城特征:里面有复制的宫殿、用销毁武器所铸成的金人,居住着被重新安置的居民,而正是这些特征构成了咸阳的另一个不足之处。这些工程主要都是为了纪念秦国战胜列国的功勋而实施。复制的宫殿和巨大的金人标志着秦的胜利永远不朽,而这种做法却使被征服者和胜利者都相信,战争永远不会真正地终结。秦始皇的刻石同样向世人宣称,他创造了一个新世界,石头上同时也镌刻着秦国战胜其他国家的功勋。因此,都城咸阳颇具讽刺地体现了这一点:虽然秦国军事上战胜了对手,但在统治这些被征服人民方面,秦是失败的。

到公元前 206 年,当项羽的军队攻取了大半个都城时,秦帝国雄心勃勃的兴建计划仍然没结束。汉代的创立者刘邦认为,为了安全起见,他也应该把都城建在秦国的腹地,于是他不得不重新修建一座新的都城。秦皇一座位于渭河南岸的避暑胜地——兴乐宫,被刘邦沿用,更名为长乐宫,后来成为刘邦的主要宫殿。因此,汉朝都城长安就建在了渭河南岸。在这里曾经出仕过秦朝的古典学者叔孙通,为汉朝皇帝策划了第一场大型皇家礼仪的排练,在这个仪式中,所有的朝廷官员向皇帝伏地称臣,歌颂皇帝的丰功伟绩。[30] 从此以后,以"礼"为重的汉朝都城的创建揭开了历史序幕。

汉代创始人来自中国南方的楚地，而他却选择了渭河南岸建立都城，使他的王朝远离了他的故乡。这种地理上有意切断与故乡联系的做法是创建帝国文明的第一步，因为帝国文明的特征之一就是消除乡土依附。[31]《史记》"本纪"和"天官书"把汉高祖刘邦描绘成了一个对家族缺少忠心的人，把他最后的胜利也归因于此。高祖这方面的个性通过很多方式表现了出来。

首先，他用神话的方式把他的生父说成是一条龙。塑造这种神圣血统的出身是先圣或者王朝建立者们惯用的一种神化方式，而且它还正当化了刘邦对他人世间的父亲和他的远祖都缺少尊重和忠心。还在年轻时，汉高祖就拒绝从事他父亲的家族事业，相反他把时间都花在和狐朋狗友们一起饮酒作乐上。在他走向权力宝座的过程中，为了逃跑，他还曾经试图把自己的孩子丢到马车之外。当他父亲被项羽俘获并被威胁要将其烹杀时，汉高祖甚至回答说，希望能够分到一杯肉羹。在当上皇帝后，他曾经大度地恩赐过一位下属，因为他劝说过高祖的父亲，让他在高祖建立的帝国里甘当普通臣民，因为天无二日。[32]

汉高祖和他家族以及出生地之间疏远的联系同他的主要对手项羽形成了鲜明的对比。司马迁曾讲过一个故事，虽然项羽占领了咸阳，并将之洗劫一空，本可以建都于此，但是项羽却把他的同盟者分封到北方各地，自己选择回归故里，在老家为王："富贵不归故乡，如衣绣夜行，谁知之者？"[33]项羽无法做到为一个帝国而离开家乡，高祖却做到了，于是高祖胜利了。在这个故事中，关于高祖个性的描述符合他总体的行事风格。这显示出司马迁认为断绝和地方社会的联系，是创建帝国事业的关键。

虽然高祖大多数时间并不是在长安度过的，但他为了把这个城市建成一个都城做了不少工作。汉朝政府修建了一个武库、一座太仓，以及一个官市，但是没有关于家庙的记录。这很可能是出于如下原因：作为一个出身普通的人，高祖最早也只能将其宗亲追溯到他祖父这一代。丞相萧何视察过一座更大的宫殿的建设，即位于长乐宫西南地区龙头山（这座山的名称取得非常恰当，因为龙在中国是皇帝的象征）上的未央宫，山坡上修建了一系列逐渐抬升的台地，皇宫在最高处俯视着全城。

高祖后来批评萧何不应该在修建都城上浪费如此多的钱财，因为帝国政权还没有真正安定。萧何解释了自己的理由，说："天下方未定，故可因遂就宫室。且夫天子四海为家，非壮丽无以重威，且无令后世有以加也。"一座在都城拔地而起的宫殿能够显示出高祖的威仪以及王朝的不朽。宫殿是帝国的基础，皇帝就是新王朝的核心。但是，公元前4世纪的一部著作《左传》却把都城定义为"有宗庙先君之主之谓都"，一部汉代解释文字的字典《释名》则说："都者，国君所居，人所都会也。"[34]

汉代的第二代皇帝是汉惠帝，他在孩童时曾在叔孙通指导下学习。惠帝即位后，按照《考工记》中一座理想的都城的概念对都城进行了修造："匠人营国，九千里，旁三门。国中九经九纬，经途九轨，左祖右社，面朝后市。"[35] 汉惠帝部分采用了这个规划。

首先，他在未央宫的东边为高祖修建了一座祖庙，然后在他的宫殿北面修了一个新的市场，又在未央宫里修了一个藏冰室，最后又修了一个内墙，把宫殿、太庙以及市场都环护起来。在汉高祖统治时期，皇宫也有城墙环绕，但是没有外城来环护整个都城。由于惠帝所修的这个外城把所有现有建筑的围墙连接在一起，它就显得非常不规整。不像《考工记》里规定的那样一个方形。然而，外城仍然按照规定修有十二个城门，不过其中四个城门被未央宫和长乐宫堵塞。所以，这些城门的存在只是为了符合正统的都城观念。

汉惠帝并不执着于传统的正统思想。由于宫殿建筑群比较杂乱，所以主要街道并非是规则的方格状（坊）。然而，这里建有一条专供

第 4 章　帝国的城市　　95

皇帝使用的御道，不过这是没有其他文字依据的。有人指出，把高祖的冠冕和皇袍从陵寝运往高祖祖庙，必须从一条惠帝使用的阶梯道路下穿过——这是被视为不孝的——因此，高祖祖庙就由都城移到了渭河以北的陵寝。这个重要的礼仪改革，影响了汉代后来的祖先崇拜制度。[36]

汉代最后一个大兴土木的皇帝是第五代统治者汉武帝。他的前两代君主都是节俭的君主，在他们当政期间，政府积累了大量的财富，又压制了主要的藩王，加强了帝国政府的集权统治。汉武帝翻新了两个已有的宫殿，在城墙内又修建了三座新的宫殿，充实了城墙内的空间。他还在长安城的西北地区建造了一个特大型的祭祀场所，那个位置正好是秦朝时期一个夏宫的所在地。然而，他最具雄心的工程则是恢复了长安城西南地区的上林苑皇家猎场（地图7）。

上林苑曾经是秦国的宫殿和楼阁所在，大部分已经废弃。汉武帝在这里添建了几十座新建筑，挖掘了一个很大的人工湖"太液池"，树立了织女和牛郎的像，并在其中间模仿建造了"银河"。他在湖的中间设置了一尊鲸鱼的塑像，暗示该湖就是一个微缩的海洋，即银河在人世上的对等物。所有这三个塑像都在近年来的考古发掘中被发现。在上林苑，武帝修了一个庞大的建章宫，该宫的大门仿效"天门"，因此被命名为阊阖门，宫中最大的建筑仿效神仙的宫殿，因此叫玉堂，这个建筑被迷宫般的走廊所包围，顶部是一个镏金的铜凤凰。它昂首矗立，甚至高过了未央宫，相比未央宫，建章宫相当于天上的宫殿。在很多方面，上林苑都取代了都城，它成为皇帝的主要居所，也是举行各种仪式的主要中心。

汉武帝在整个上林苑里面陈列布置了难以计数的奇花异草、珍禽瑞兽、假山奇石，它们或是边远部族的进贡品，或是政府军远征中亚时的战利品，抑或是从私人家中罚没而来。皇帝的奇珍之中则有一只黑色的犀牛、一只白象、一只会说话的鹦鹉，以及热带植物。这

西汉都城 长安

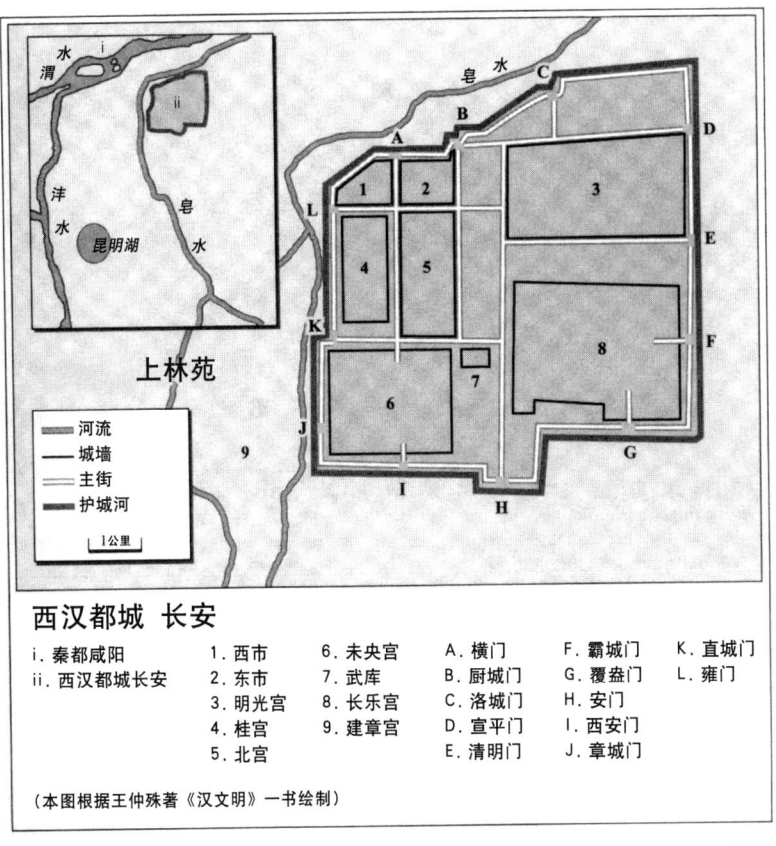

i. 秦都咸阳	1. 西市	6. 未央宫	A. 横门	F. 霸城门	K. 直城门
ii. 西汉都城长安	2. 东市	7. 武库	B. 厨城门	G. 覆盎门	L. 雍门
	3. 明光宫	8. 长乐宫	C. 洛城门	H. 安门	
	4. 桂宫	9. 建章宫	D. 宣平门	I. 西安门	
	5. 北宫		E. 清明门	J. 章城门	

（本图根据王仲殊著《汉文明》一书绘制）

地图 7

说明统治者不仅有足够的领袖魅力吸引边远部族前来进贡，而且还把上林苑建造成了一座仙山，在汉代的艺术想象中，仙山遍地都是珍禽异兽。

在修建这座位于都城隔壁的大型园林时，汉武帝表达了他对宇宙主宰的想象以及他追求长生不老的梦想。当然，这梦想是虚幻的。和他的先辈一样，他在死后被葬在渭河以北的人造陵山之下。自汉高祖开始建造的长陵开始，后来西汉王朝的各个皇帝相继修筑其陵寝，日久年湮，逐渐形成了一条蜿蜒而北直到都城的人工"山脉"（地图 8）。

第 4 章 帝国的城市　　97

秦和西汉的皇陵

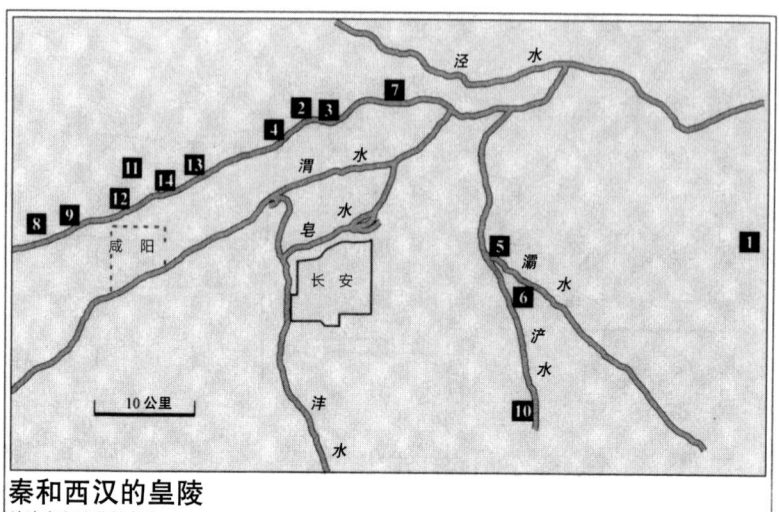

统治者和陵墓的名称

1. 秦始皇（前 221—前 210 在位）陵
2. 汉高祖（前 202—前 195 在位）长陵
3. 吕后（前 188—前 180 当政）
4. 汉惠帝（前 195—前 188 年在位）安陵
5. 汉文帝（前 180—前 157 年在位）霸陵
6. 薄皇后南陵
7. 汉景帝（前 157—前 141 年在位）阳陵
8. 汉武帝（前 141—前 87 年在位）茂林
9. 汉昭帝（前 87—前 74 年在位）平陵
10. 汉宣帝（前 74—前 49 年在位）杜陵
11. 汉元帝（前 49—前 33 年在位）渭陵
12. 汉成帝（前 33—前 7 年在位）延陵
13. 汉哀帝（前 7—前 1 年在位）义陵
14. 汉平帝（前 1—6 年在位）康陵

地图 8

每个陵墓都有木制建筑以供祭祀，由专门的护陵人进行维护和看守，护陵人在专门为其设置的城镇中生活。汉高祖开创了这一制度，他把一些国内大户迁往他父亲陵墓附近的一个镇，仿照秦始皇的做法，把他们安置在都城附近。汉武帝的继承者们延续了这种做法。各镇人口达到 30 万人左右。根据公元 2 世纪的一个统计材料显示，居住在汉武帝和汉宣帝皇陵区附近镇的居民人数超过了长安城内的人口数。汉代很多豪族大姓和知名学者都来自这些镇，或者定居于此服务朝廷。于是，人口和财富不断聚集到都城地区以维护祖先崇拜仪式日益增长的需求。

两个世纪之久的移居使关中地区的人口极度膨胀，因此也使当地越来越需要从外地运进谷物。这些新涌入者为帝国官员的选拔提供了当时唯一一个最大的人力资源库,像帝国的大家族那样,他们也开始建立一种异于关中的地方习俗。然而,由于迁居、安置政策削弱了地方势力向中央政权挑战的能力,很多背井离乡的人来到都城打拼奋斗,由此创造了一种完全不同的帝国文化。长安建立了一种模式,帝国都城是帝国独一无二的外在体现,都城内的民众则是帝国文化的真正组织部分。

然而,长安的一些特征却阻碍了它发挥帝国之都的影响。因为在汉代的第一个世纪里,帝国权力被一些封建诸侯国共同瓜分。淮南、河间以及梁这些地区均为文化和宗教活动的主要中心,很多学者和文人领袖宁愿为诸侯国服务,也不愿到帝国政府中服务。直到汉朝统治的第二个世纪采取削藩,才消除了这些诸侯国和帝国中心之间的对抗。

汉代第一个都城的另一个更重要的缺陷在于,和以前的都城一样,从其陵墓的重要性来看,都城很大程度上也并不能发挥其中心地位。城墙内的太庙并不比陵墓边上的祭庙更重要。更关键的是,高祖祖庙及其后代皇帝的祖庙建在帝国的各个地区,从而减弱了都城在祖先崇拜和相关宗教仪式中的中心地位。

汉代对宇宙和自然神灵的大型崇拜沿用了秦的模式,同样遍布于各个领域。对名山大川的祭祀仍然在以前传统的地点举行。那些方位神"帝"在汉代仍属于主要的神灵,它们一般被置于雍附近的坛庙中。由于汉高祖增加了第五个"帝",由此雍这片古老之地也显得更为重要。他并没有把祭祀集中化,而是在全国范围包括各分封国、各地区都修建了祭祀后稷神的坛庙。在长安城,汉高祖引进了来自帝国各地的巫师,在宫中从事祭祀,他还曾建立了一个坛庙来祭祀传说中的战神蚩尤,不过这个坛庙并没有维持很长时间。[37]

汉文帝是汉代的第三位皇帝,他在都城北面建立了对五帝的崇拜，但是"郊"祭仍然在雍举行，对"帝"的祭祀也在那里举行。汉文帝引入了数目众多的崇拜仪式，一些离长安比较近，另外一些则在更远的地方。对太一神的崇拜开始被设在都城东南，对后土神的祭祀放在相对较远的地方——汾阴。汉武帝还把秦朝时在甘泉的夏宫改成了一个大型的仪式中心，把主坛迁到了太一神庙。西汉时期最大的祭献仍然是"封禅"，在山东的泰山以及明堂举行。很多学者建议明堂应该建在都城，却被皇帝建在泰山附近。

在西汉的最后十多年里，古文经学的学者开始在朝廷获得权力，他们抱怨无法保证维护分布在全国范围的祖庙需要花费的大量费用，而且这些祭祀需要由非亲属进行，这属于不孝的祭祀。事实上，他们也不满于皇帝往来于雍、甘泉、汾阴，以及泰山，去祭祀帝国主要的神灵。他们认为，即使是上林苑中集中陈列的坛庙和宫殿也削弱了都城的宗教仪式的地位。[38]

武帝死后，长安很少再兴建工程。在西汉末期，上林苑中的建章宫和其他很多建筑一起被王莽拆除，用来修建他自己主持的明堂以及古文经学中的相关礼仪建筑。但王莽的这些建筑，在后来国内反对王莽的战争中同样被毁灭，最终导致了东汉时期都城东迁至洛阳。

洛阳的面积比长安要小，人口却更密集。城墙都呈笔直的线条，接近一个标准的长方形，它还有 12 个精致设置的城门，不过它们之间的距离不太一样。洛阳和长安一样，也有两个宫殿区，对称地排布在南门中轴线上，皇宫和政府机构只占全城面积极小的一部分，这就可以建造一条更规整的大道。洛阳的建筑比长安的更朴素，东汉王朝希望能通过洛阳城朴素而规整的空间设计，来把古文经学树立成为国家的正统。[39]（地图 9）

这个观点在大史学家和诗人班固所著的《两都赋》中表现得非常清楚。此文分《西都赋》和《东都赋》两篇，于公元前 65 年上呈给皇帝，它沿用了西汉时期的辞赋领袖司马相如所倡导的词赋体例，这

东汉都城洛阳

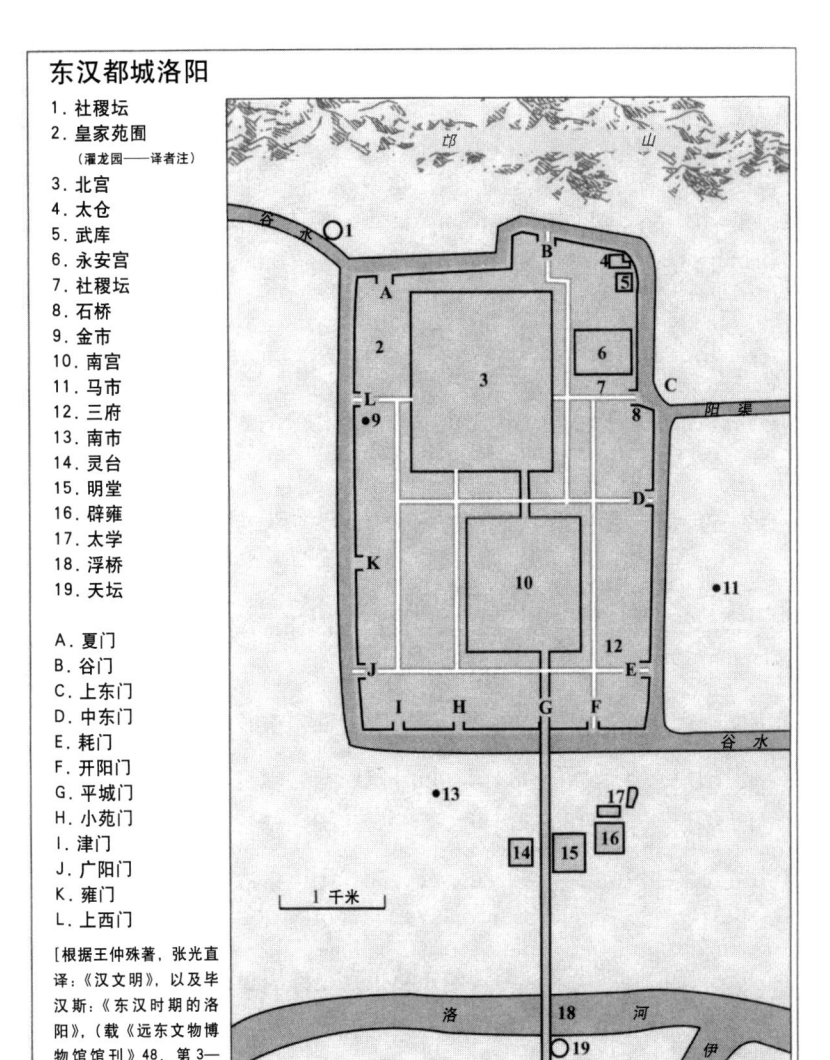

1. 社稷坛
2. 皇家苑囿
   （灌龙园——译者注）
3. 北宫
4. 太仓
5. 武库
6. 永安宫
7. 社稷坛
8. 石桥
9. 金市
10. 南宫
11. 马市
12. 三府
13. 南市
14. 灵台
15. 明堂
16. 辟雍
17. 太学
18. 浮桥
19. 天坛

A. 夏门
B. 谷门
C. 上东门
D. 中东门
E. 耗门
F. 开阳门
G. 平城门
H. 小苑门
I. 津门
J. 广阳门
K. 雍门
L. 上西门

[根据王仲殊著，张光直译：《汉文明》，以及毕汉斯：《东汉时期的洛阳》，（载《远东文物博物馆馆刊》48，第3—142页，1976年）绘制]

地图9

种文体采用了一连串的修辞手法，文中两位虚拟的对话者各自赞美着他们的都城长安和洛阳。文章最后，早先讲话的人表示认输，就自己对都城的无知和愚笨向后者道歉。司马相如通过这种形式来彰显皇家猎苑，从而赞颂了皇权对地方封建诸侯的胜利。然而，他的文章集中在赞美猎苑而非城市本身，这恰好证实西汉都城并非帝国的中心。

班固在文中极尽铺张和颂扬，通过诗文的胜利来夸耀东汉的洛阳超过了西汉的长安，同时他也力压了司马相如。他努力证明自己这种正统的文学比司马相如那种过分奇异、充满想象的文学更具有优越性；相对于长安城极其腐败的装饰，洛阳城在仪式方面也更为得体。该赋最后以赞歌结束，颂扬都城祭祀礼节，内容包括了明堂、灵台，以及大量神秘的塔。

这首赋描绘了在西汉最后的几十年里，当古文经学派崛起时，都城向一个大型礼仪中心的转变。在公元前30年左右，各州郡的祖庙被清除。与此同时，对上天的崇拜祭祀首次获得汉朝皇族的支持。这不只是考虑到人们常说的国家经济压力，也是由于当时影响日益高涨的古文经学学者们相信，只有后代才能够向祖先献祭，所以由地方官向皇帝的祖先献祭是不合法的。这导致在都城地区，对皇家的祖宗崇拜开始变得集中。但它同时也标志着，作为一种官方的崇拜仪式，祖先崇拜总体上开始走下坡路，对公共或者宇宙事物的崇拜则越来越受到重视。

王莽统治时期出现的最大的宇宙崇拜是祭天仪式，虽然它经常被人认为是向周朝看齐，但事实上，它标志着帝国本性在仪式上的实现。这个仪式通常被放在洛阳城南郊（或者其他任何后代的都城），因此它强调了都城作为礼仪中心的重要性。由于无论都城迁往何地，祭坛都可以随之迁走，所以它还解除了这种全帝国最高级别的崇拜仪式与任何一个固定的地区之间可能形成的必然联系，并且把这种信仰和汉王朝以及后来所有的王朝建成为一种牢不可破的关系。这种崇拜是灵活机动的,因为它祭献的是独一无二的上天而非祭献某种世俗的特性,比如山脉或河流等。汉代对天的崇拜信仰远非对古老仪式的复兴,而是一种礼仪制度的更新,为帝国中抽离本土化的特点赋予了一种崇拜形式。

这种新式风格的都城具有一些不同的特性。首先,正如汉赋中所说,它是王朝或开创者的产物。这就区分了都城和其他建立在贸易基础之上的城市以及和因某些地方势力而崛起的城市。[40] 都城的创建由此也成为一个王朝制度创立中的组成因素之一——其他因素首先包括帝国借以维系的礼仪制度,然后是国家法令、度量衡、图表、朝服等。在帝国法令一统的年代,这些方面都和广为认可的权威性文学遗产系于一体。

其次,强调都城作为政治的产物的直接体现是都城建筑的人工雕饰。城墙、城门以及街道坊市的方格布局,所有这一切都是人工设计强加给自然世界的。它们代表了对潜在的不羁民众的统治。这些人工控制的痕迹在时尚、趣味方面也有表现,统治者及其朝廷成为这些时尚和趣味最早的发起人,并被人仿效。

新都城的最后一个特征是王朝更替的变化无常。虽然没人提及某位皇帝之死或者某个王朝的灭亡,但任何人都知道,这种事是无法避免的。作为一个王朝的创造物,都城均随着开创者家族的崩溃而倒坍。都城从无到有的建造过程中充斥着人工雕琢,但它的存在又昙花一现,当法令失去其控制能力时,它也就烟消云散了。对木制建筑的依赖加剧了它的短命。在西方,古希腊和罗马残留至今的石质建筑遗迹成为研究和思考的源泉,与此相反,中国的古都在面临着王朝更新时,无一例外地被夷为平地。于是我们看到,咸阳被项羽所毁,长安被西汉末期的国内战乱所毁,而洛阳又被东汉末期的军阀董卓所毁。[41] 东汉的都城只存在于文学作品中,以公元 3 世纪曹植所作的一篇著名诗文为代表。曹植从来没到过洛阳,但他假想自己曾经居住在

这个城市,并哀叹了洛阳的消亡。他在《送应氏》中写道:

> 步登北邙阪,遥望洛阳山。
> 洛阳何寂寞,宫室尽烧焚。
> 垣墙皆顿擗,荆棘上参天。
> 不见旧耆老,但睹新少年。
> 侧足无行径,荒畴不复田。
> 游子久不归,不识陌与阡。
> 中野何萧条,千里无人烟。
> 念我平常居,气结不能言。[42]

第 5 章

农村社会

虽然在秦汉时期,有 90% 的人口从事着农业生产,但是很少有关于农民的史料记载。知识精英们更喜欢描写五彩斑斓而又充满乐趣的城市生活以及朝廷的明争暗斗。农村的生活维系于土地之上,散发着粗鲁和野蛮的味道。然而,神农氏被称为汉代神话中农业的发明人,战国时期文化传统中的先圣——他认为,所有的人都应该靠亲自耕种养活自己。汉代早期的哲学著作《淮南子》认为神农氏是一位制定法律的人:"神农之法曰:丈夫丁壮而不耕,天下有受其饥者;妇人当年而不织,天下有受其寒者。故身自耕,妻亲织,以为天下先。"[1]

有些作者以这个信条用来支持秦帝国,因为它的立国方针就是建立在对农耕家庭生产力的依靠,以及抑制商人财富的增长之上,而且这种制度一直沿用到汉朝。农耕还被发展为一种极其稀有的"籍田"礼,汉朝皇帝手扶着犁,象征性地犁三下,以表示农耕季节的开始。然后高级官员们也轮流进行,用这种模仿动作来表明朝廷对农业的重视。皇后也有类似的仪式,她模仿嫘祖进行纺织,象征从事蚕桑业的第一人。[2] 虽然这两种仪式并非经常举行，但帝国的确在寻求各种政策，来保持一种由小农和自由农构成的农村社会。

铁器、灌溉以及规模经济

在秦帝国以前的一个世纪里，好几种重要的技术革新被引进，包括灌溉系统、施肥，以及诸如畜拉犁等铁农具。其中有机肥至关重要，它提高了收成，根据公元前3世纪的论文总集《吕氏春秋》的记载，有机肥能够"变薄田为良田"。但是，新技术的引进没有得到广泛的推广应用。铁犁头能够耕得更深，尤其是用两头牛拉犁的时候，陶砖有助于灌溉井的修建，但是汉朝在采用新技术方面存在巨大的地域差别。历史文献中记载了那些先进技术仍然没得到使用的地区，以及那些官员们力图发展、鼓励新技术的地方。[3]

比如，在西汉初期，农民们在田地里先用耙子把土块打碎，疏松土壤；然后用一个铁锹挖一个犁沟，或者深渠（即"圳畎"，大约8英寸宽），每两个圳畎之间有一个比较宽的垅（大约65英寸宽）；之后把粟（小米）、小麦或大麦种子播在垅上；之后当庄稼抽枝、立在圳畎中时，除去多余的株茎，或者把它们耨得稀疏一些。这个圳畎也用于对庄稼进行灌溉，水顺着圳畎可以直接渗入庄稼的根部。在这个系统中，除了最初疏松土地之外，牛和犁很少被用到，所以大多数农民并没有这些农业工具。

汉武帝统治时期，赵国推行了一种新的农业方法——"代田法"。庄稼地里的沟渠"圳畎"被加宽，种子播种在圳畎底部，而不再是垅上。在每次中耕锄草时，将垅上的土同草一起锄入圳畎中，禾苗根系就可以培壅得很发达，夏天时可耐干旱。到了仲夏时节，垅上的土已经削平，圳垅已经相齐。翌年，圳畎和垅的位置就颠倒过来（因故名之曰"代田"），这样就可以在某种程度上保持土壤肥力，减少施肥的需要或者抛荒。自此就避免了过去把种子播在垄顶部，结果被风刮走的情况，土壤中的水分也更容易得到保存。耕牛的使用则使得与以往相同的劳力可以耕种更大面积的土地。

在都城附近，在那些通常由即将被政府遣散的刑徒们耕作的国有土地上，政府官员引进了这种生产力的改革，需要很大的资本投入。只有有钱使用两头牛和铁犁的农民可能使用它。(图8)虽然在理论上，一群贫穷农民可以集资购买耕牛和铁犁，但是因为所有权、饲养牲口和维护工具的责任等问题的存在，农民集资购买和使用工具在现实中并不可行。因此，富裕农民或者地主在生产力方面就比他们周围贫穷的农民享有更大的优势，贫穷农民每年使用木制工具手工操作，和富农、地主的差距越来越大，有时无法避免地会遇到农业歉收年份，他们几乎就挣扎在死亡线上。

砖内衬砌法的引用意味着水井能够挖得更深，汲取到更多的水。华北平原，特别是黄河冲积平原地区，水利灌溉主要依靠这种井水。这种灌溉技术的进步和铁犁的使用一样对农业产量大有影响。富裕农民能汲取更深的地下水，获得更多的水资源，这使他们获得更好的收成，忍耐较低的降水量。小农户为帝国对外战争缴纳的赋税日益增长，又缺少资本挖掘深井，不久就会负债。借高利贷注定着钱一旦借了，就几乎没可能偿还。因此，很多农民被迫卖掉他们的土地，或者把土地抵押给一位地方权贵，自己则变成这位权贵的佃农。但是，由于新技术使在土地上劳作的人力需求降低，土地所需的劳动力逐渐减少，很多农民最终完全被迫离开了土地。

赵过发明的"代田法"需要两头牛和三个人来协同操作，东汉的农民则发明了一个牛鼻环，它能使一个人控制两头牛和犁。当农民们发明了一种复合犁和播种机械"耧车"，一个人就能够在犁地的同时完成播种。[4]但是，问题依旧存在，这些技术进步只有那些富有之家及其佃农能够获得。随着这些相对优势逐步增长，更多的农民被迫离

第5章 农村社会

图8 四头牛拉着铁犁，一人扶犁，在他左右还有一个人在担水，一个人在锄地

开了土地。

农业生产方式上只有极少的步骤被机械化了。平整土地、播种、施肥、灌溉、收割等仍然采用陈旧的、高强度的劳作方式，靠双手来完成。通过高资本投入来获得大规模的农业生产只对犁地和播种是可能的。

长江流域具有极其不一样的农业和相关的社会历史。潮湿的南方很少经历干旱。这个区域最大的麻烦是水太多，大量土地是泥泞的沼泽，直到东汉灭亡，当新的排水技术得到发展时，这些土地才得以开发利用。绝大多数农民焚烧野草丛林，留下的是肥沃的草木灰，然后在土里种上水稻，再把水灌入这块地。当植物开始长出来一点儿时，清除杂草，继续给水田灌水。当时还没出现后来中国和日本的做法，即把禾苗从育秧的特殊秋田里移植到水田。依靠烧荒来获取肥料的这种做法，使得土地必须每隔一年就进行抛荒，只有这样，庄稼才能长得好。结果是这里的产量相对北方来说是比较低的。

尽管如此，北方地区的农民因水灾而逃荒，或者为躲避战乱，迁徙、定居到长江中下游地区，因此，南方地区种植水稻的土地面积在逐渐增长。由于这些难民中的多数都是贫穷农民，水稻生产技术很少得到大的投资，地主也没有北方地区那么普遍。一些地方有实力的家族率先引进了一种新的灌溉方法，他们把一个小的峡谷的一端修成水坝，这样就制造了一个湖，这个湖里的水就可以通过水闸放水进行灌溉。然而，主要的问题是排涝，而非灌溉，因此，这种技术变革并没有改变南方的农业。直到公元 4 世纪早期，当大型灌溉成为可能后，豪强大族数量才出现明显增长。在那以后引进了一种新的排水技术，它使得大片土地得以开发，也鼓励了地主所有制的发展。

秦汉时期几乎所有在后代留有文字作品的人都承认，国家经济发展优先考虑的是刺激农业的发展并保护农民。如同近代欧洲早期的重农主义者，他们认为农业是财富的真正唯一来源。制造业和商业如果不认真加以控制，就会威逼利诱农民远离他们耕种的土地，或者使他们堕落成佃农，而不再向国家提供赋税和劳役。虽然有些思想家强调劳动力分化所带来的好处，但这些好处之所以被学者或者官员们强调，也只是用来证明他们自己的行为，而非商人。[5]

到了战国时期和早期帝国时代，农民向皇族和他们的官僚交纳赋税并服役，为其提供所需的物资和劳力。向商人征税则要困难得多（这在任何社会都一样），因为他们的财富很容易被隐藏。一位农民的土地是可见的，容易测量，不可能转移，而且这块土地每年预计的收成也能够直观地计算出来。一个商人能够把他的财产用商品或货币的方式隐藏起来，或者由一个地方转移到另一个地方。根据申报的财产为征税可以临时允许政府从商人中抽税，但是只有让他们投资到土地，或者变成地主时才可能实现。反之，地主所有制减少了登记在册的农业人口，削弱了国家赖以持久的基础。根据申报的财产来强制征税还要冒险在政府和豪强大族之间引发一场战争。到了武帝统治时，这种强制征税的方式就被废除了。

因而，一种关于帝国财政基础的精确观念，伴随着有关生产力基础的错误观念（把农业视为唯一财富来源的观念），促进了旨在削弱商业贸易，约束地主所有制以及保护中小农民的政策，但是该政策所要达到的第一个目的，却和后两者是相抵触的。

在秦和西汉高祖时期，赋役有好几种形式。每位年龄在 15 到 70 岁之间的成年男丁，都由国家登记在册。任何身高比特定身高标准矮的人，都被登记为"侏儒"，只给他们分配较轻的任务，或者被登记为残疾人，免除一切劳役。[6] 到公元前 186 年，男丁在 20 至 24 岁时要进行登记，而且要依据他们的父亲在"二十等爵制"中的级别，他们在 58 至 65 岁时，国家会在某种程度上免除他们的劳役。其次要依靠他们自己的爵位等级。法律没有规定妇女提供强制劳役，但是在特殊的情况下，她们也会被征募为国家建设服务。

被登记在册的男性一生中必须为国家服两年的兵役，一年在都城或者前线为"正卒"，另一年则在他们自己的郡县里担任常规军人，即"戍卒"。被挑选出来的个人都被训练成"材士"（精于弓弩）、"车骑"或"楼船士"。这些士兵都比普通士兵享受到更高的爵位和薪水。在服役结束之后，每个成年男子都必须每年为国家服役一个月，即"更卒"。每家只有一名成年人真正被征召前去服劳役，而且那些级别高于九级的（也就是官员或贵族），或者向国家交了一定数量钱的人，以及那些被皇帝赦免义务的人，都将被免除劳役。人们并不认为这种强制劳动与军中服役两年没有联系，它们都是帝国义务体系的一部分。

虽然所有自由男丁都要为国家服兵役，但正规军都是从三个精英团体中抽取兵丁：材士、车骑以及楼船士。其他士兵主要从事运输、警戒，或者担任卫兵，但是在战场上拼杀的压力主要由经过特别训练的精英军队承担。把武装力量分成训练有素的、从事关键性拼杀的军队，提供后勤支持的军队以及辎重转运的军队，是战国时期流行的做法，秦朝继承了下来。

除了在前线服役之外，军队还担负着守卫疆土之责。每年的第八个月，每个郡县都会在郡（县）尉的指挥下举行阅兵仪式，向郡县的最高长官（最高地方行政长官）展示他们的军事技艺。历年的训练项目和阅兵，能够保证这支特殊的农民队伍娴熟地使用武器，成为一支地方警察部队，有效打击大规模的流氓犯罪，或者抵抗小规模的敌人入侵。[7]

一个普通农民通常能接触到的国家官员都是地区级的官员。一个地区通常包括一个有城墙环绕的镇，地区人口在1万到2万人之间。虽然人口数量很低，但对官员来说，他们不可能在任上和大部分的民众面对面相遇，因此，他们就依赖于地方显贵大族以取得后者的支持。[8] 然而，为了缓解农民的困苦，或者哪怕只是短期内减缓农民

第5章　农村社会　　111

濒临破产、沦为佃户的命运，在饥馑的年份，一些地方官也会开仓放粮，在发生灾难的时候，则向百姓散发朝廷赈济的现钱。

这些活动经常被记录在一些石刻上，以赞颂某些官员的美德。比如东汉一位官员曹全，"恤民之要，存慰高年，抚育鳏寡，以家钱籴米粟，赐癃盲……惠政之流，甚于置邮，百姓襁负，反者如云，辑治廧屋，市肆列陈，风雨时节，岁获丰年，农夫织妇，百工戴恩。"[9]

虽然这些刻辞都是碑主人（逝者）的亲属或者下属所写，似乎并不可靠，也并非是民众的感受，但是很有可能存在一些地方官员比那些朝廷的长官更能保护他所管辖区的子民。

村庄和乡野

地区一般分为乡镇（乡），乡镇又被分为亭（其长官负责地方治安），亭又被分为村庄或者"里"（在城市，"里"也表示行政区）。所有这些组织都拥有由地方任命的、半官方的地方领袖，最低一级的是村上的里魁。

官方文书——尤其是睡虎地出土的文书——为我们提供了对秦朝乡村生活的最富细节的一瞥。其中最为典型的取自于《厩苑律》：

> 以四月、七月、十月、正月肤田牛。卒岁，以正月大课之，最，赐田啬夫壶酒束脯，为皂者除一更，赐牛长日三旬；殿者，谇田啬夫，罚冗皂者二月。其以牛田，牛（减）絜，治（笞）主者寸十。有（又）里课之，最者，赐田典日旬殿，治（笞）卅。[10]

对地方政府和农民的监督控制程度是显而易见的："仓鼠穴几何而当论及谇？廷行事鼠穴三以上赀一盾，二以下谇。鼷穴三当一鼠穴。"[11] 尽管汉朝继承了秦朝的很多制度，但我们目前还不能确定在汉代的乡村生活中这些律令多大程度上得到执行。

我们确实知道汉代的农民也会与官员碰面，当官员编计人口时，在农民向国家缴纳货币税或实物税时（这种实物税必须转输到政府指定的地点），在他们服徭役时，或者当他们在播种季节向政府贷种时，都会与官员有所交往。农民也会通过他们之间五人或者十人一组的这种义务纽带的方式，或者通过告奸与连坐这种规定，与官员们发生联系。现存的唯一一份汉代遗嘱表明，在涉及民间土地分配的这类遗嘱的签定时，官员要在现场作为证人。

一个典型的村落由大概一百户家庭组成，每个家庭都拥有一块不大的土地。邻居之间通常没有亲缘关系，除非镇子里形成一个豪强大族。农民个人的地位按照一个头衔级序来划分，这种头衔级序在村民中间形成一种由国家强制落实的等级。汉代有二十个级别的军功爵位制度，高等级的都由官员垄断。这种等爵制起源于秦朝，用于奖赏军功或者向军队资助粮草的人。在汉帝国，这些爵位被授给任何特殊状况下的成年男子，比如拥立了一位帝国继承人，所以等级经常与年龄有联系。汉代大概有 200 个这样的授衔记录。除此之外，特定地区、集团或者个人也可能因为其他贡献而获得爵位。给个人授予的奖赏通常只授予官员或者军官。如果政府需要货币，也会出售爵位。

爵位可以带来很多特权。首先，拥有高级别爵位的人可以免除一些法定义务。其次，爵位还可以用来抵罪——比如，减轻因某种罪而受的惩罚，或者为父母抵赎劳役。最后，爵位还决定了一个人在村庄中的地位，在政府发起的宴享中，座次的安排或者酒肉的分配等，也能反映出这一点。汉代一本算术书中有这样一个问题："今有大夫、不更、簪褭、上造、公士，凡五人，共猎得五鹿。欲以爵次分之，问各得几何？"[12] 根据对各爵位等级及其所享有的权益，国家力图根除任何"自然的"地方权威，而施加自身的权威和标准。

汉代的农场因时、地和社会阶层的不同而有很大的不同。最为常见的是小型自由农民的农场，通常由一个四到五人组成的家庭耕种。公元前 154 年，帝国的大夫晁错（卒于公元前 154 年）曾经写过一段话，描述了一直处于破产边缘的农民生活：

> 今农夫五口之家，其服役者不下二人，其能耕者不过百亩，百亩之收不过百石。春耕，夏耘，秋获，冬藏。伐薪樵，治官府，给繇役；春不得避风尘，夏不得避暑热，秋不得避阴雨，冬不得避寒冻，四时之间亡日休息；又私自送往迎来、吊死问疾、养孤长幼在其中。勤苦如此，尚复被水旱之灾，急政暴赋，赋敛不时，朝令而暮改。有者半贾而卖，无者取倍称之息，于是有卖田宅、鬻子孙以偿责者矣。[13]

东汉的统计数字表明，这个时期的平均耕地面积比晁错当时估计的数字还要小，通常在 40—50 亩。

与此相反，在东汉末年，地主的生活是相当舒适的："使居有良田广宅，背山临流，沟池环匝，竹木周布，场圃筑前，果园树后。舟车足以代步涉之艰，使令足以息四体之役。养亲有兼珍之膳，妻孥无苦身之劳。"[14] 当然，这二者中，无论是哪个——一个是野蛮的分析，另一个则充满抒情色彩——都没有揭示出一个真正的农场，前者谈的是一种梗概的典型，后者则是浪漫的理想。

如果一个新近失去土地的农民足够幸运，能够保持分成制佃农的身份，他就能够以二分之一到三分之二的收成作为代价，使用地主的土地、工具、耕牛和一间屋子。如果他被地主从地方人口统计资料上抹去——经常有这样的情况——那么他就能够逃避国家的赋役，他的生活水平也能得到提高。由于他要付的地租是以他的实际收成按一定的比例来计算的，所以除去农业歉收的季节，他就能避免悲惨的命运，同时也就避免了把谷物换成现钱向国家缴税的需要（图 9）。他还能有机会使用那些他本人无力支付费用的耕牛和农具（图 10）。

小米、大麦、小麦以及大豆并非汉代仅有的农产品，因为妇女们

图9 分成制佃农正在把他的交租粮倒到一个容器中,地主坐在高高的谷堆前面,手持算筹,注视着这一切

图10 一个高高的谷堆前面,农民们正在用一个踏板式的碾米器舂稻

还织布。这种男耕与女织的两相对应，每一种生产各与男性或女性相联系的情形，在"神农法"中已经有了清楚的表达，而且在汉代之前很早的时代就已经成了老生常谈。多数纺织品由麻或苎麻织成，布匹被用作交易的中介物。秦律对作为货币流通的布匹的纹饰、质量都做了具体的规定，同时和货币兑换的比率也是有规定的。当汉武帝制定了"均输法"，希望能够根据市场商品的价格高低购进或者抛出商品，以达到平抑物价的作用。他搜集了几百万匹的布料，表明大量民间生产的纺织品进入了流通。[15]

在所有纺织品中，丝绸是最为昂贵的。早在《诗经》（前1000—前600年）一书中，就有描写织布生产的诗歌，从养蚕采桑到纺织和染色。除了在国家或者豪强大族拥有的从事大规模生产的作坊雇用了少数男劳动力之外，很多这样的作坊使用的工人都是妇女。汉代有记载指出，一些豪强大族雇用了700多名妇女来进行纺纱织布，供家里的女主人使用，或者拿去出售。富家的主妇也从事纺织（图11），就如同汉代诗赋和墓葬艺术中表现的那样。纺织是妇女的工作这种观念甚至影响到汉代的神话创作，神话中，织女星（一颗小的星）扮演着重要的角色。[16]

人工丝绸是用从蚕茧中抽取的丝线制成的，这种丝线有的连续长达百米以上。要做到这些，必须对蚕的生长周期进行严密的照料观察，然后在自然变化中，在丝遭到破坏或断掉之前就把它们抽取出来。在关键的时候，养蚕人不得不始终待在养蚕室。桑蚕经济成为汉代经济和社会的一个重要部分。正如哲学著作《荀子》一书中，就有一篇押韵的猜谜诗这样写道：

> 有物於此，㒩㒩兮其狀，
> 屢化如神。
> 功被天下，为万世文。
> 礼乐以成，

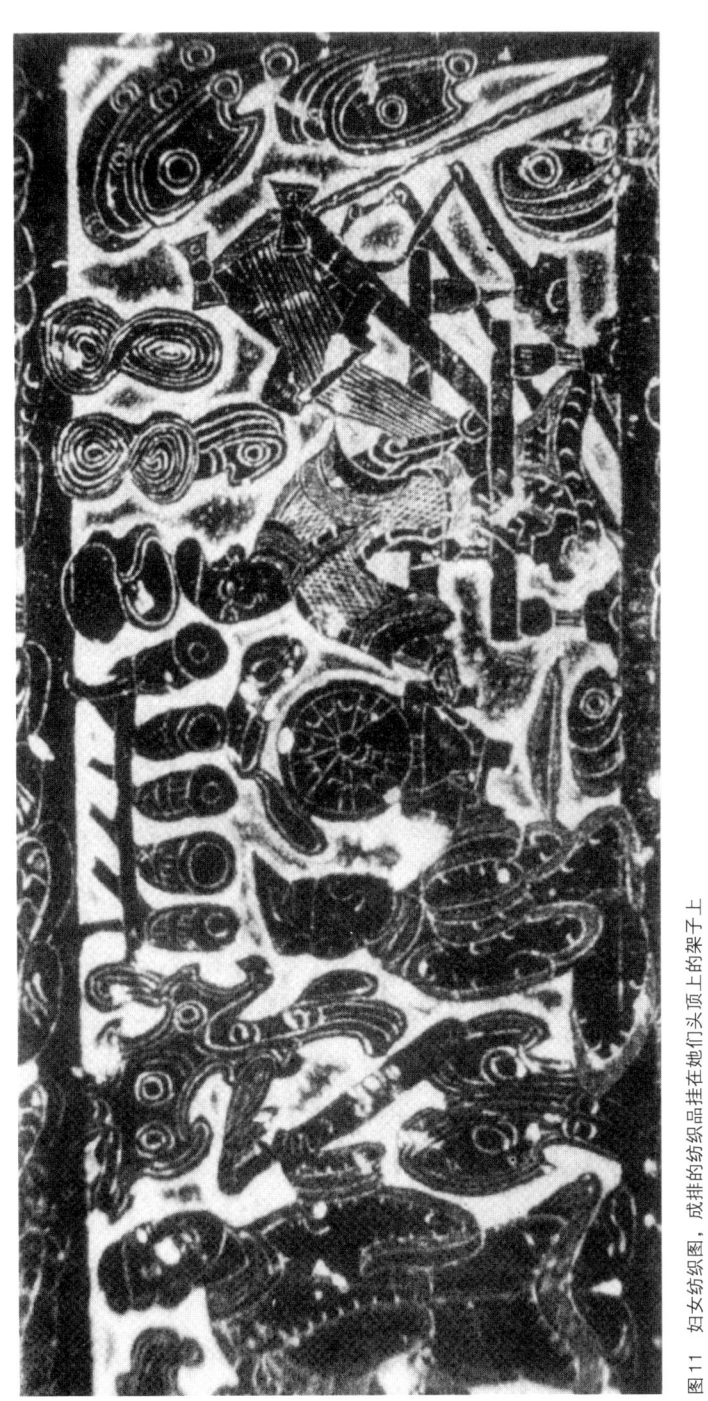

图 11 妇女纺织图,成排的纺织品挂在她们头顶上的架子上

贵贱以分。

养老长幼，

待之而后存。[17]

丝绸作为金属货币的补充成为交换的等价物，有时候政府也用丝绸作为军饷。无论是给匈奴的贡品（每年30000包），还是给部落盟友的恩赐，它都是支付给游牧部落联盟的首选物资。丝绸也是汉人在边市交易的一项大宗货物，比如宁城。这种商品被转售给中亚地区以及印度，逐渐又辗转到达罗马帝国。罗马学者老普林尼曾经抱怨说，罗马所有的黄金白银都流向了东方，去购买这种薄如蝉翼的纺织品，因为罗马的妇女喜欢穿戴丝绸，把她们打扮得更妩媚。罗马的黄金、羊毛、琥珀、象牙以及玻璃制品都被运往东方，以换取那里的丝绸，同时，沿着和古代"丝绸之路"相同的中介链条，这些商品也逐渐被运往汉朝。这类奢侈品贸易对普通农民的生活而言，没有产生任何影响。

豪强大族

虽然地主豪强大族和商人购买农民的土地，使得这两个集团在汉朝的发展中合二为一，但并没有形成特别大面积的庄园，让雇工在里面劳作。汉代文献记载的最大的家族拥有土地面积，不到一个罗马豪强大族或者中世纪寺院的十分之一。豪强大族没有扩张成为统一的庄园，相反，他们通常依照当时的析产分财惯例，把土地平均分配和再分配给他的儿子们。这些小土地通常由地主亲属或佃农们一起耕作。豪强大族的抱负不是简单的囤积土地和聚集财富，更在于利用这些土地和财富来构建广泛的网络，把忠心于自己的、能够听从支配的亲戚、代理人和邻居们联系在一起。

根据晁错所说，汉帝国一个典型的家庭是由一个有四至六人组成的核心家庭。在一对老农民夫妇到晚年时,这个家庭的人口应该在八人左右。有些学者认为,拥有大资产的富有家庭能够把更多代子孙聚集在一个大家庭里,中华帝国后期的朝代也的确是这样。但是,为数不多的现存资料证明,三代或者四世同堂的家庭非常稀少,而且没有证据能证明富有家庭在努力发展成为更大的家庭,兄弟同处,并共同照顾父母。恰恰相反,一些贫困家庭如果把土地继续在兄弟之间进行分配,他们就无法在狭小的土地上维持生存。把财产分给下代人的这种特殊做法,只存在于能够担负这种分配的富有家庭。在豪强大族仍然足够大的前提下,分配对象还包括家臣和奴仆。[18]

多数地方实力派家族后来将其自身分成了众多核心家庭——有些例子中多达几百个。他们通过和这些家庭联盟,以及与其他大家庭联姻,由此实际上把持了这些地区、郡县的权力。如果一个家庭没有加入这样的网络或集团中,它就会被称之为"孤门""细族""小家""寒门"等。这些蕴含着孤立之意的名词甚至被运用到一些地位不高或者缺乏社会影响的富有之家。

《盐铁论》一书认为,从人际关系上进行隔离是一种最高形式的惩罚:"春秋无名号,谓之云盗,所以贱刑人而绝之人伦也。故君不臣,士不友,于闾里无所容。"[19]从孤立于社会关系网络来定义地位之低级乃至犯罪,说明在中华帝国社会地位取决于家庭关系网络是否足够宽广。

这种对社会联系的强调是语汇资源充斥对联结、建立联系等的表述的基础。比如"交""结""通"等一些词汇的反复出现,更加说明了这一点。它们经常连在一起用,具有广泛的含义。它们可以指代人们通过一个简单的契约所达成的一种正式的朋友关系。因而,在《后汉书·王丹传》中,有两个政府官员希望结交王丹,却都被王丹拒绝,因为他当时并不认同他们的行为。几乎任何为某个正常目的而建立的联系,比如在战争期间建立一支军队,或者阴谋反叛,也都会用到这些词汇，这和主人与家仆之间、侠客之间以及浪子群体之间的关系也可以使用这些词。[20]

个人联系和社会网络起着如此重要的基础作用，以至于东汉一位学者朱穆写了一篇《绝交论》，他在文中认为，古时的人们不结私交，只在宫廷见面，只参加符合规定的公开聚会。与此相反，现在的人与人之间为了私利搭成联系。他还写了一首绝交诗给刘伯升。[21]朱穆说，在一个社会腐败的时代，一个君子应该远离社会关系网，在孤独中提高自己的修养。作为回应，著名的作家蔡邕写了一篇散文《正交论》，他认为腐败集团的挥霍浪费应归罪于政府的腐败，社会关系只有建立在道德价值基础而非财富或权力之上，它才是可以接受的。虽然他赞同朱穆，批驳那些建立在私人利益或追逐财富之上的利益集团，但他坚持认为，对于爱好相近的学者来说，以孔夫子和他的弟子们为楷模，加入学术研究，培养美德，都是得体的。[22]

在《太公阴符》一书残存的篇章中，就社会关系之得体与否这个话题继续进行了讨论。它列举了十种足以毁灭一个国家的错误，包括诸如欺压乡里的强宗豪族，以及那些富可敌国的豪强大族。有一个是"民有百里之誉，千里之交"。这一点强调了关系网太大而带来的危险性，这会使整个地区处在私人联盟的控制之下。它视关系网为一个政治问题而非道德问题，两者的区别在于其影响的地理范围不一样。关系网的危险是豪强大族宗法关系的扩张以及过度增长的私人财富。

宗法关系通过多种方式扩展它们的联系和地域范围，在所有的文明中都能发现利用联姻来提升一个家庭的社会地位的情况，汉代的联姻是一个经典的例子。汉高祖的岳父早年把自己的女儿许给了高祖，只是因为高祖的面相暗示了高祖本人具有辉煌的前途，而这也将使他的亲戚从中受惠。在有关汉代的文献资料中，显耀宗族间的联姻是一种常见的加强自身权势的惯例。在反抗王莽统治的起义过程中，起义军有时候会把某个宗族及其姻亲安排在一起。

汉代的宗族通常会努力把一位女儿嫁给具有某种背景或者天赋的家庭，使得他成为一位具有价值的亲戚。类似这种婚姻被简明地称之为"联姻""姻党"。当某位女婿拒绝他的家庭给他安排的一场具有特殊目的的婚姻时，人们就会说他暴露了自己的傲慢品性。但即便是在这样的说教故事中，那种为了强化宗族而和达官贵人或名门望族联姻的做法也被视为理所当然。[23]

晚期中华帝国以及当代中国学者们都注意到，分家的做法通常伴随着对婚姻纽带的关注。在儿子结婚时进行分家，既强化了婚姻纽带，加强了夫家与妻家亲戚的关系，提升了妻子的地位，也使她从此处于公婆的羽翼保护之下。公婆和儿媳之间的争吵毫无疑问是汉代中国社会的一个重要问题，这在当时诗歌中有所反映，也被汉代一本有关医疗灵"方"的书证实，这本书出土于马王堆汉墓，里面有预防婆媳矛盾的一道符咒。

汉代宗族的势力相对来说比较微弱，它缺少后代宗族的一些特征，比如每年节日时期的墓祭，强化血缘亲族的宗庙，以及集体所有的财产。再加上当时的社会习惯强调婚姻纽带，因此，它更加剧了汉代家庭对广泛社会关系网的依赖。[24]

豪强大族会采取各种方法来确保自身在农村社会的权威，一个典型的例子是南阳的樊氏家族[25]。该家族据称是该地农村的一个名门望族，"世善农稼，好货殖"。周边的自由农民为其耕作，他们逐渐积累到了2000亩左右的土地，拥有鱼塘和牧场——按照欧洲标准，这只是一个相当小的庄园。全家族人口数量大概20多个。就其人口数以及家族支配的土地面积而言，这个家族比其周围邻居要大得多，但仅仅是略高于地方的水平。然而，通过掌握的财富，樊氏家族"赈赡宗族，恩加乡间"。

当反抗王莽的战争爆发后，樊宏的妻子被抓为人质。但是政府没敢杀死她，因为樊氏家族的礼仪恩德之名闻于天下，赢得了地方上衷心的支持。当她被释放后，樊氏家族率领宗族内各家庭的成员，修筑了一个堑壕堡垒，为超过1000户的家庭提供了藏身之所，免受赤眉军的侵扰（赤眉军是农民起义军，发动了反王莽的战争，并推翻了王莽的新朝）。[26]

樊氏家族在他们所在地区之所以成为重要角色，能够发挥类似朝廷的功能，不在于他们所拥有的那块小面积的庄园，也不在于他们家庭的众多成员或仆役。在其中起作用的是他们和大量其他家庭之间的那种义务和效忠的关系。这种关系网起初只存在于同宗的族人之中，但最后慢慢延伸到他们的普通邻居之间。这种先和本宗族的人建立关系网，而后再与地方居民们建立关系网的做法，使得地方豪强大族能够召集到成千上万人听其号令，从而也就控制了他们那些更为温和的邻居。

把这种习惯做法定位于一个更为宽广的历史中进行考察会更有用。战国时期的列国以及早期帝国，都是通过在个人之间打造人为的社会关系而建立的。最早是雇用自由流动的门客，这些门客随着列国和宗族的灭亡而出现，这种个人间的关系——通过盟誓或者任命提拔而形成，建立在相互效忠的认同之上——奠定了国家的官僚体制、匪帮联盟以及文人学派。[27] 和新形式的政体一样，有组织的犯罪团伙，以及文人的结社都通过建立和维持个人之间的关系网，以获得相应的权力，因此有一些家族或宗族利用他们的物质或者学术的资本，把他人变成其受惠人，对其发号施令，而他们自身则变成了重要的政治人物。

然而，和政府、歹徒或学者集团中的私人联系不同，豪强大族网络的形成并非全部依靠个人之间的联系。他们形成于一个具有一系列不同等级的联系，这种联系开始于拥有适当财产的家庭，然后扩大到具有共同先祖的家庭，然后是门客，再延伸到同一个或者邻近村落的村民，最后则延伸到整个地区，或者彼此相隔甚远、由学术或者政治联结在一起的家庭中的那些人。

东汉时期，由于这个关系网的迅速扩张，集团对犯罪负责的范围也有所扩大，超出了过去对"大家庭"的三代规定。公元160年，朝廷颁布重要禁令，和罪犯本人五代以前同宗的人的后代也禁止在官府任职，该禁令甚至推及那些和罪犯仅仅有主客关系的人。其他一些敏感的犯罪也招致了集体性的惩罚，远远超出犯罪者本人家庭，延伸到构成政治权力集团的、更为广泛的亲戚和社会关系网。受牵连团体的范围和招致的惩罚的幅度如此之大，以致在重要政治案件中，因牵涉在案而被处决的超出一万人。[28]

这样广泛的社会关系网在其他一些情况下也有所反映。东汉地主崔寔（大约卒于公元170年）在他的著作《四民月令》中提供了一张名单，内中提到了在新年时需要去拜访的人物，通过这种拜访来扩大交际圈。樊氏家族制作了一张他们所支助的人员名单，包括了同宗的远亲和周边的邻居。当阴氏家族联合刘伯升起义、反抗王莽新朝时，他们领导着一支2000人左右的队伍，全系"子弟、宗族、宾客"。当李通联合刘伯升、刘秀起兵反抗王莽时，王莽处死了李通在都城长安及南阳的所有亲属。在南阳处死的64人中，分别为"兄弟、门宗"，他们的尸体在"苑市"被焚毁。李氏在长安和南阳都有亲戚的这个情况，说明与某个重要人物或者家族相关的政治集团，其权力影响已经远远超出了他们自己的家族或者居住地。[29]

豪强大族通过送礼或提供服务这类方式建立的关系网一直在膨胀扩大。这意味着一个大宗族的势力能够覆盖郡县，甚至整个地区。然而，汉代帝国政府针对地区所要监控的目标，实际上是居住在本地区的世家或宗族，或者更加精确地说，是宗族联盟和以宗族为中心的村镇间的联盟。最早的联盟是战国时代就形成的旧的统治家族。这些家族在反秦斗争中往往扮演了头领的角色，败亡后被强迫迁居到秦都咸阳。在公元前2世纪，他们被汉武帝所灭。在汉代社会史上，豪强大

第5章 农村社会

族都是诸如樊氏、阴氏这类家族，他们主要通过在政府谋职、贸易，或者囤积土地的方式来积攒财富，并利用这些财富来树立他们的声望和影响力。[30]

在汉代统治的第一个世纪，几个单一的大姓分裂成超过 300 个以上的小宗族，这些宗族都把他们的血缘追溯到同一位祖先。这几乎的确是在分割一代代兄弟间的财产，这些兄弟仍然居住在同一个区域，彼此的生活范围离得很近，结成一个政治团体，一致对外地对抗中央政府。当汉武帝把这些豪强大族迁往都城地区时，他禁止这些大家族内的家庭彼此住得太近，为的就是杜绝这类危险的联盟。在汉代末期，一个宗族大概由超过 1000 个家庭组成，以韩融为例，为了避乱，他召集宗亲千余家，包括本宗和远房亲族，聚集在一个深沟壁垒之中进行自卫。[31]

汉代的两大史书——《史记》和《汉书》——在提到这些富人时，通常用他们的支姓而非用其地望来称呼他们。因此，在叙述地方风俗的章节中，《史记》一般称其为周、孔、邴、任、田、李和杜。田氏由大量的家庭组成，杜氏则有居住在好几个地区的不同支派。那些迁往都城地区的豪强大族，常常用他们的支姓而非他们的家庭来标明身份。在景帝和武帝的"酷吏"们打击地方豪强大族时，也予其同样的称呼。这些具有领袖地位的豪强大族或者统治着郡县，或者是皇亲国戚（主要是通过婚姻方式），最后却被卷入到巫蛊案中。[32]

历史学家班固的著作《汉书》"地理志"这一部分，其结尾和司马迁的《史记》对地方和风俗的描述做了一个呼应，但他更加强调和宗族之间的联系。比如，在河内，"俗刚强，多豪桀侵夺，薄恩礼，好生分"。伊川地区人们的风俗奢侈而野蛮，"其俗夸奢，尚气力"。因为他们向政府隐瞒自己的财产，所以难以管理。然而，由于贪婪成性，他们总是被卷入到诉讼当中，当其父还健在的时候就开始析家分财。太原地区和山东地区的豪强大族通过狡诈的计谋和实力，彼此交战不休。他们极易复仇，或者热衷于在宗族之内彼此仇杀。齐地的人浮夸奢侈，喜欢结成朋党。根据班固的说法，在很多地区，富有之家非常易于在婚礼或者葬礼上侈靡浪费。[33]

在《史记》和《汉书》的有关描述中，在两个世纪交替之时，地方主义带来的威胁发生了极其明显的转变。在前者所述的时期，地方所带来的问题都与地方家族的性格相关，而且一般都视作他们历史和地域的扩张。然而，在后者所描述的时代，有关地方家庭的衰落以及对其管束难度加大的记述，都说明了由豪强大族和富商所带来的问题。换一种说法，到了东汉中期，地方势力所带来的问题，都与大宗族的存在密不可分。这些大宗族利用他们的财富、武装实力，在村落、区县、州郡，甚至地域层面都建立起自己广泛的联盟，从而形成对政府权威的挑战。[34]

村落通常都由100个或者更多的家庭组成，在一些被某个豪强大族把持的地方，有相当高比例的家庭都出自同姓。其他不属于这个宗族的家庭就几乎必然变为别人的同盟或附庸。因此，整个村落实际上就是某个宗族家庭扩张的结果。帝国政府对此心知肚明，因此就任命地方实力派作为"父老"，成为国家和村落的中间人，村里的年长妇人就被称之为"里妇""诸母"。[35]

宗族和村落的这种重合还造成了其他一些通常很可怕的政治影响。王充解释说，秦始皇计划将行刺他的刺客荆轲所在村庄的所有人都处死，正是归因于此："始皇二十年，燕使荆轲刺秦王，秦王觉之，体解轲以徇，不言尽诛其闾。彼或时诛轲九族，九族众多，同里而处，诛其九族，一里且尽。"[36]

当即将退休的官员疏广接到了皇帝赏赐的一笔黄金，那些被邀请来参加宴饮、接受赏赐的人员名单中，有他的"族人故旧宾客"。疏广的直系子孙担心他花光家里的钱，因此他们偷偷请"昆弟老人，广所爱信者"劝告疏广用这些钱来置办土地，以确保家里的将来。结果

第 5 章 农村社会　125

疏广答道：

> 吾岂老悖不念子孙哉？顾自有旧田庐，令子孙勤力其中，足以共衣食，与凡人齐。今复增益之以为赢余，但教子孙怠惰耳。贤而多财，则捐其志；愚而多财，则益其过。且夫富者，众人之怨也；吾既亡以教化子孙，不欲益其过而生怨。又此金者，圣主所以惠养老臣也，故乐与乡党宗族共飨其赐，以尽吾余日，不亦可乎！[37]

那些参加宴饮的都是村里人和同宗的人，疏广认为把钱分给所有人而不是把它们馈遗给自己的子女，自己会感到非常心安理得。对于豪强大族和有眼光的家族而言，宗族和村落之间不是一个对立的概念；相反，最大程度地扩展自身的亲族集团，决定了乡村社会的结构。

和樊氏家族的记录一样，这段历史文献也显示了这些地方豪强大族令人瞩目的慷慨大度。司马迁早就注意到了这一点，他强调说，仁慈才是保持地方权力持久的秘诀。疏广更通过把钱花在村民乡老身上来强调一种农村"道德经济"的存在。通过常规的送礼、服务这类方式，乡村社会在互惠互利的义务关系基础之上得以建立。富有的成员担负着赈济贫困邻居的义务，作为回报，他们享受着崇高的地位，接受贫困邻居某些传统形式的服务。[38] 这种缩小彼此之间的不平等以及建立道德和情感联络的模式，在后期中华帝国甚至民国时期仍然看得到。富裕之家组织宴享、组织演剧、承办宗教节日等来稳定他们的社会地位，同时获得他们邻里亲朋的支持。

正如同疏广所说，财富只有在流动过程中才有价值。如果一味地把它贮藏起来，它就会毒害家庭和乡村，但是当它被疏散时，它就把潜在的敌人化为了盟友和依靠者。在和村人共享皇帝恩赐的礼物的过程中，疏广一面扮演了一位赐予他人礼物的统治者，同时也把皇帝的恩泽施舍给社会最底层的村民。皇帝本人很看重对穷人、孤儿、寡妇等人进行赈济，以及对他的官员们进行赏赐。这种对仁慈的重视从中央向四方传播，在东汉末期崔寔的《四民月令》以及汉代墓葬艺术中都有反映，说明这些事务对建构自身理想化形象大为重要（图12）。地方层面的慈善记录在石刻中也有反映。据说一个住在无终山[39]的人借钱给贫困者却从来不求回报，还悄悄地把他的宴会上多余的食物送给孤儿。与此类似的慷慨大度还发生在一位将军身上，他把从皇上那里得来的所有赏赐都分发给了他的手下。

《后汉书》中有一卷《独行列传》，它主要向我们讲述了那些拒绝在朝中任职或者致仕后专注于道德修养的人，其中包括很多值得仿效的慷慨大度的故事。其中有一些记述了那些有善举的富有家庭，他们例行救助邻里，或者在饥馑、战争发生时，把成百上千人从死亡线上抢救回来；另一些人则把注意力集中于对个人开展慈善。还有一些其他的历史文献记录了那些个人或家族是如何使用他们的财富去挽救身处困境的人们。结果，慷慨之举使大家庭的家财所剩无几，然而"中外孤寡皆归焉"。[40]

在有关那些特定的家族是如何从慷慨的祖辈那里获得财富或者权力的故事中，仁慈或行善的重要性变成一种神话。那些慷慨大度有时表现为对陌生人的"秘密行善"之举，而这些陌生人后来被证明是神灵所化，或者采取对神灵献祭的形式。汉武帝时期的廷尉何比干，曾经接纳了80位白发苍苍的老人躲避一场倾盆大雨，老人们给了他990枚算筹，并告诉他，他的后代中身处高位的子孙将和算筹一样多。[41]在另一个故事中，张氏家族的一个人用他的胸膛保护了一只小鸟，结果小鸟变成了一个带钩，此人的子孙一直保留着这只带钩，于是他们家族的财富也一直在增长。阴氏家族每年都向齐国的管仲献祭，在一个新年的早晨，灶神出现在他们的面前，向他们祝福，并且接受了一只黄羊的祭礼。从那时起，阴氏就变得出奇富有。在新年时用黄羊作为祭礼的做法也自那时延续了下来，成为一种传统。在都城地区，这类故事变成了流行的话题。这类讲述慈行善举神奇地带来巨

图12 坐着的是地主,边上是他的仆人,正把谷物倒进一个容器;一个跪着的老农手里拿着一个鸠杖

富的故事,利用寓言或者民间传说的形式,折射出宗族势力利用向公众展示自己的慷慨大度来获取声望或权力的社会现实。

  慷慨大度的豪强大族还利用其他一些令人生疑的渠道来谋求权力和社会影响。除了把财产分给贫穷邻居之外,豪强大族还通过向上行贿或者送礼来获取职位。这也被视为一种形式的慷慨大度(只不过它的方向是朝上的),以此来建立关系网,加强自己的家族力量。有一位著名的地方学者曾经抵制村民向一位知名的地方官员送礼,虽然这位官员并没有要求他们这样做。高级官员则光明正大地向客人或者有潜在价值的门客进行馈赠,拍这些支持者的马屁,以加强自己的宗族势力。一个商人家庭利用送礼来提升地位,并由此和政治权力建立联系,但要保持这种联系就必须担负因此而产生的贷款,该家庭就不得不面临着这种恐惧。

著名的学者马融就以贪婪成性、道德低劣而闻名一时,有故事说他与其子都曾为了钱财而卖官鬻爵。汉代后期有一位低官阶官员曾用他全部的财产向一位把持朝政的高官的仆人行贿,从而建立起和高官的亲密关系。通过这种建立在负债基础之上的慷慨,他越过了大量其他人,直接到达高官面前,并由此获得了一个官职。[42] 这个故事揭示出仁慈和贿赂之间微弱的分界线。它还说明,只要是在一个很长的时间内持续送礼,且只要经过了一段很体面的时间间隔才求得回报,那么送礼就不是贿赂,而且事实上接受礼物的人地位都比较低,有的只是高官们的仆人门客,这也有助于使这类行为看起来成为一种特殊的"仁慈"。

对亲戚或村民们的帮助会在一个人与人彼此熟识的地方进行,更多时候则更会扩大到整个地区或郡县。就另一方面而言,官员及其门客之间的纽带则通常跨越很远的距离。关于这种距离最明确的例证来自于石刻资料,门客对主人的义务通常包括为其主人树立一个纪念功德碑。太尉刘宽的碑上刻有300多名门生故吏,其地域跨越整个华北地区;都尉孔宙的碑上,则刻有来自10个郡县的43位门生故吏的姓名。[43]

在那些为朝廷主政者所立的功德碑上,很多名列其中的门生故吏都被称为学生。虽然这并非就是存在一种教育方面的联系,但学术资源说明那些远离政治、致力于讲学授徒的人,通过这种教育关系建立了一个由成百上千的、忠心的学生所构成的关系网。以范缜为例,其弟子"远道而来",有些学生甚至在范缜去世之前就集体为他树立了一块颂扬其功德的石碑。

另外一些文章还特别描述了分布在广大地区范围的学子们如何设法找到最好的老师,以及在此过程中形成的社会联系。郑玄出生在山东,那里没有影响很大的学者,因此他到了关中地区,跟随马融学习,因为马融帐下的弟子此时早已经超过400名。郑玄本人在回到家乡之前,在帝国各个地区先后学习了10多年,同时也招收了数以百计的弟子。这种师生之间的特殊关系极为重要，以至于有时候老师甚至会把自己的女儿许配给某位高才弟子，来加强这种联系。[44] 于是，学术和政治就结合在一起，提供了一种途径，使得家族的影响能够延伸到某些具体地区之外。

最后一种豪强大族所采用的借以加强联系的方式是地方崇拜。在中国，至少从公元前 2000 年的商朝开始，向特殊神灵的献祭权就成为一种权力和地位的象征。这种传统延续到汉朝，以及汉朝以后的中华帝国。《礼记》一书"王制篇"中这样说："天子祭天地，诸侯祭社稷，大夫祭五祀。天子祭天下名山大川：五岳视三公，四渎视诸侯。诸侯祭名山大川之在其地者。"[45] 豪强大族通过这种逻辑，建立了对名山、神灵或其他地方性的神灵进行崇拜献祭的控制权力，这些神灵崇拜不是由国家规定的，也不是非要受现实约束。

在兄弟姐妹间分配家产，通过联姻形成纽带，通过宴饮或慈善活动仗义疏财，求师访友形成师生网络，以及垄断地方崇拜的领袖地位，以上所有活动都使依附于某一个豪强大族的家庭数量剧增，也最大地提高了豪强大族可以控制的民众数量。为了增加财富、提高权势，宗族势力——和国家一样——努力积累民众数量，而不是土地或金钱。由于该时期的农业技术完全依赖于高强度的人力劳作，几乎类似于农场园艺的操作模式，只能通过耕作和播种获得大规模的生产，因此这里没有任何能够把小土地转化为独一无二的大地产的优势。豪强大族让佃农们在他们自己的土地上耕作，用佃农所交的地租收入来扩大他们的关系网。

即使到东汉灭亡，中央政权垮台之后，地方豪强大族也没有为了保证他们大土地的完整性而把旧的做法改为长子继承权的模式。相反，他们继续在儿子们中间分配家产，寻求联姻来加强同盟关系，由此来增加他们的支持者或追随者的数量，扩大他们在地方上的影响。

第 6 章

外部世界

秦帝国版图的地理边界基本就能划分中华民族及中华文化的边界。尽管帝国在某些时期深入到西北大草原、中亚，南部满洲里、朝鲜，或者东南亚洲大陆等地区，但是这些扩张时期通常都很短暂。这些地区的人们始终处于汉人政权的控制之外，直到中国的最后一个非汉族统治政权——清朝的统治时期。

中国周边地区的人民可以分为两类。在其西北地区活动着游牧部落，他们居住在草原上，建立了和中国模式完全不同的政权。除了中亚地区的绿洲城邦，这些地区始终处于汉文化范围之外。相反，南方和东南方的水源丰富的地区以及西南的高原地区，都逐渐被扩张的中原移民定居。这些地区以及东北地区的农耕国家逐渐汲取了汉文字和国家管理模式，但这在早期帝国时代的历史上还是很少见的。[1]

秦汉时代有着令人瞩目的发展，但这些发展既相互联系又相互对立：首先是出现了边防线的观念，它把定居从事农业的中原人和与之相邻的北方游牧民族区别开来；其次是一个理想化的包容万象的帝国观念，它认为化外之民会来到帝国进行朝贡，表示归顺。中国的皇帝从而也就将他们吸引外族来贡的能力作为衡量自己权威的依据之一。所以，周边的民族也帮助推动了中原国家政策的制定以及许多中华文明特色的形成。一个普通人所说的"中国"文化的定义，也是从一系列对异族，特别是对北方游牧民族的体系化的对抗中被总结出来的。

游牧民族和匈奴

游牧作为一种生活方式，它的崛起历史完全依靠考古学的材料发现，其中一些观点仍然很有争议。尽管如此，成熟化的游牧经济——依靠的是逐水草而居的牲畜——在公元前1000年左右，发展为一种北方民族的社会基础经济（大概相当于东周时期，前770—前221年）。在此之前的1000年里，中亚地区把农业和畜牧业结合了起来，在绿洲或者河流附近种植庄稼，在接近草原的边缘地带放养牲畜。可能是由于人口膨胀，或者是因为气候越来越干旱，一些部落放弃了农业，而彻底实行游牧经济，间或进行狩猎和贸易。其他一些群体则迁移到河谷地带，适应了农耕的生活。[2]

商代墓葬中发现了一些非汉文化的青铜器，尤其是青铜刀或者其他武器，这说明在草原和黄河谷地之间，存在一个被称为"北方"的边界模糊的区域，在商朝和北方的青铜文化之间曾经发生过繁荣的交流。在商朝晚期，大约在公元前1200年，马车从中亚经由被称为"北方"的区域，被引入到中国。[3]游牧民在北方的成熟发展有很多材料佐证，在随葬品中，发现了大量公元前9世纪到前7世纪时期的马具、武器，还有其他一些证据也说明饲养牲畜日益成为当时经济的主宰。

到了公元前5世纪中期，华夏诸国向北扩张，最终使他们和游牧民族发生了日益紧密的接触，这些游牧民被称为"胡"。当时赵国在赵武灵王的统治下率先采取了"胡服骑射"。随着骑兵成为战国诸国军队的主要组成部分，在前线边市上，马匹的买卖成为主要的经济活动。[4] 一些年代约在公元前 6 世纪到前 4 世纪的考古材料显示，这个时候已经出现了历史学家希罗多德所说"斯基泰三合一组合"，即北方塞族骑兵的三种组合：武器、马具以及动物纹饰。这个时代的另一个特征是炼铁术逐渐超过了冶炼青铜的技术。

战国时代晚期，前线的防卫城墙划分了中国与外部世界的边界。为了保证饲养军队所需马匹的草原地区，北方诸国占领了此前被游牧民族占据的地区，然后修了城墙来保卫这个地带。这个时期的城墙用夯土和石块垒成，通常沿着山脊或山脉进行修筑。它们和我们今天见到的明代砖砌城墙完全不一样，它们也并非像有些人所说的那样，是草原牧场和农耕地区两种生态环境的分界标志。

利用城墙来防卫游牧民族只是众多文化实践的形式之一。战国时期的诸国不只是在北方修筑城墙和哨楼，也在很多与其他国家的边界线上修筑。[5] 长城的修筑是在秦朝鼎盛时期，秦帝国修建了统一的长城和瞭望哨楼，以此标志着向草原地区的扩张。游牧民族们觉察到了这个形势的发展，为了在某种程度上进行还击，他们联合为一个由匈奴部落为首的统一帝国。为什么在中国统一仅仅几十年后，这个游牧民族帝国就崛起在世人面前？对于这个问题，出现了两种解释观点。

一种观点认为，游牧民族国家的崛起依靠的是中国。游牧民要想维持生活，或者要想提高生活水平，除了依靠他们自己畜养的牲口和自己制作的手工艺品外，还需要依靠他们南面的农民们出产的物品。游牧民族擅长弓马技艺，形成了一支天然的军队。他们民族的所有男子都能够服兵役。政治地位主要取决于和其他部落作战时的功绩，或者对南方农业区进行劫掠时的表现，带领作战的头领负责向手下分配劫掠战利品，来保证手下对他的忠心。由于游牧民族的头领们权力的获取取决于从中国人那里得来的战利品的分配，游牧民族的政

第 6 章　外部世界

治就和中华帝国紧密关联。战国时期诸国日益增长的军事力量使得游牧民大范围地武装自己，统一而繁荣的中华帝国又能为游牧部落提供财富，游牧帝国通常能从中华帝国统治者那里拿到献金。这种财富在北方的重新分配形成了游牧民统治者的政治权力。[6]

持另一种观点的学者认为，在北方前线并不存在北方游牧民和南方农业居民之间的明显分界线。北方游牧民——比如匈奴——在其居住的核心地带也从事农业生产，中亚地区的绿洲城邦能够向游牧民以及农民提供任何他们缺乏的必需品。因此，游牧国家的生存既不依赖波斯这个西方庞大的农业帝国，也不依靠在东方的中国。这些国家毫无疑问会通过贸易、劫掠或收贡等方式从中国获得所需的商品，但是这些产品对于游牧民的生存，或者对于统治者的优势地位而言，并非是不可缺少的。[7]

依照这个模式，一方面，游牧社会的少量经济盈余——少量随身携带的必需品——使得它的统治阶级根本不可能与普通百姓形成明显划分。这些社会动荡并不是由那种大规模的战争引起，而是小规模的劫掠、仇杀或报复不平、争夺放牧区、抢婚，等等。另一方面，恶劣的天气、内部造反动乱、农耕国家的扩张，都会对游牧国家微妙的社会平衡造成影响。由于常常被迫迁徙到新的地区，随时面临着外族的武装袭击，这些部落只能组建大规模的军事组织，以此求得生存。这一般都依靠具有领袖气质的军事头领的率领，他召集战士作为他的护卫兵，然后一步一步把早先军功卓著和具有声望的战士都招募进来。以"可汗"领导的中央集权国家的形成，标志着游牧国家军事化进程的顶峰。"可汗"由"上天护佑"，因此战无不胜。这种新式的最高领袖，通过把劫掠品分给他的跟随者来确保他们的忠心，从而把传统的部落贵族统治转变为一种国家层面的贵族统治。

匈奴的出现就体现了这种模式。秦国占领了黄河河道以南地区、将匈奴和其他民族居留者赶出去的行动，引起了一轮经济危机。根据

《史记》记载，匈奴帝国的创建者冒顿召集并训练了一群死士，利用他们刺杀了自己的父亲，获得了"单于"地位，意即"至高的领袖"。[8] 随之而来的是自中国东北向中亚扩张的节节胜利，使得一个又一个游牧部落向日益强大的匈奴势力表示臣服。鼎盛时期，一些世袭亲王或贵族最终臣服于匈奴最高的王，形成一个自上而下的金字塔结构。

这种金字塔结构在《史记》中也有描述："置左右贤王，左右谷蠡王，左右大将，左右大都尉，左右大当户，左右骨都侯。匈奴谓贤曰'屠耆'，故常以太子为左屠耆王。自如左右贤王以下至当户，大者万骑，小者数千，凡二十四长，立号曰'万骑'。"[9] 这些匈奴的"王"拥有帝国的部分土地作为帝国的封地，这些封地来自"单于"的封赏。在这些封地上，匈奴王们实行着半独立的统治。而那些级别低一些的领袖则参与朝堂议会。这个系统的最根本特征——分封制左右（东和西）两种职位的对比与制衡、十进制单位的军队结构，以及议会中少数高级成员的存在——在后代的中亚国家管理系统中反复出现。

匈奴国家的这两种模式——经济依赖于中华帝国，军事上对付中华帝国——并非是完全相互排斥的。第二种模式告诉我们，一个中央集权的国家是如何以"单于"为中心逐渐形成的，而第一种模式则强调"单于"权力的经济基础。尽管第二种模式的支持者认为，匈奴是靠附近的国家抽取税收来支付维持政权和军队的经济所需，匈奴不但从被他们征服的那些游牧部落搜缴贡品，同时也从塔里木盆地的那些城邦那里获得收益。但持第一种观念的人依然强调中国仍是游牧民族唯一的、最主要的经济来源。[10] 就中华帝国的雄厚财力而言，其成为匈奴统治者最大的财富来源这一点丝毫没有悬念。"单于"有能力从中华帝国那里得到财富，他的这种能力使他与他的竞争对手们拉开差距。然而，如果说匈奴只依靠从中国那边得到的好处来维持经济，那肯定是过分夸大。

冒顿的新王国颠覆了中华帝国和他们毗邻的游牧民族之间的关系。在此之前的几个世纪里，中华帝国的向北扩张正是建立在对游牧民族利益的破坏之上。但到了公元前200年，汉王朝的创立者成了匈奴的手下败将，吃了很多败仗。因此，汉朝采取了一种"和亲"的政策，每年赠送黄金、丝绸和粮食给"单于"，同时汉朝皇帝还定期把皇室出身的公主当作和亲礼品赠送给"单于"充作女眷。作为回报，匈奴允诺不再袭击中国。虽然这种方式本质上是一种通过进贡的方式谋求和平，但很多中国人说，从长期看，这种方式可以削弱匈奴。部落民族可能会因为满足于中国的奢侈生活而腐败、虚弱，因此可能越来越依赖于中国。并且当汉代公主的孩子成为匈奴国王时，匈奴的领袖就可能成为汉王朝的晚辈亲属。这种观点的一个关键假设是匈奴只是在文化上与汉人不同，人种却是相同的，所以如果匈奴秉承了汉文化的传统，它终将会融入汉帝国。[11]

除了向匈奴赠送金钱和妇女之外，"和亲"体系需要中国与匈奴之间在外交平等方面达成一致。匈奴首领有权力在与汉朝皇帝对话时只道姓，而普通中国百姓却不行。除此之外，"单于"的称谓被认为和中国的"皇帝"是同样尊贵的，而且这两位皇帝也以"兄弟"相称。公元前162年，汉文帝曾经下诏："独朕与单于为之父母。朕追念前事，薄物细故，谋臣计失，皆不足以离昆弟之欢。朕闻天不颇覆，地不偏载。朕与单于皆捐细故，俱蹈大道。"[12]

两位天子不但在虚构的兄弟关系中处于平等地位，而且他们都和天、地相提并论，这意味着这两个国家平分天地。"单于"给汉文帝的一道外交文书中也反映了一种类似的世界观："以天之福，吏卒良，马力强，以灭夷月氏（占领匈奴以北地区的游牧民族），尽斩杀降下定之。楼兰、乌孙、呼揭及其旁二十六国皆已为匈奴。诸引弓之民并为一家，北州以定。"几年以后，即公元前162年，双方签订了一个条约，采取了以下政策："单于"统治中国长城以北的"引弓之国";长城以南的民众,即"冠带之室",则是汉朝皇帝的统治范围。[13] 这就把世界分为两个文化带——游牧民和汉民——它们各自构成自己的帝国。它还使彼此双方达成了一定的认识,认可了彼此在其范围内,对更小国家的主宰权。(地图10)

两种文化构成了两极世界,这种世界观在汉代思想中也有体现。在景帝时期,晁错曾对匈奴和汉朝做了系统的对比,把前者视为后者的对立面。游牧民"食肉饮酪,衣皮毛,非有城郭田宅之归居",而汉人则以谷为食,居于城市,以丝麻为衣。按照晁错的说法,汉人有城郭、田宅,匈奴却什么都没有(事实并非如此,但这也表明晁错是如何把双方视为彻底相反的两极)。

最后,他还认为游牧民族"如飞鸟走兽于广野,美草甘水则止,草尽水竭则移",而汉人则扎根、定居于田亩和城郭。晁错还把这种文化的对立进一步发挥,用以解释双方之间的军事政策和策略的平衡。[14]

几十年后,《史记》用一种更加精确的近似原始人种志的方式记述了匈奴的风俗,包括他们所猎获的动物、他们崇拜神灵的方式、他们主要的城市祭祀和丧葬风俗,他们使用口头约定而非汉人用的文书,还记录了一些匈奴的词汇。但是,这项工作仍然根植于一种视汉人和匈奴为对立两极的观念和定义。它从匈奴民族的流动迁徙、对牲口的依赖等常见引证来展开叙述。然后书中讨论了匈奴以肉为主食、以皮毛为衣的习惯,紧接着是对其传统的抨击,即游牧民族重视青壮年而"贱老"的习俗。《史记》的作者司马迁还秉持着固有的汉人观念,匈奴民族拥有的是"父死,妻其后母,兄弟死,皆取其妻妻之"的恶俗,而汉人具有极高的道德品质。当提及游牧民族战争的早期记载时,他认为,匈奴在打败仗或被击溃时,并没有感到羞愧。司马迁把他的经验主义观察转向汉人和匈奴人在道德方面的强烈对比。汉人总是背负一种责任感,而游牧民则只看到自身的利益。[15]

第 6 章 外部世界 137

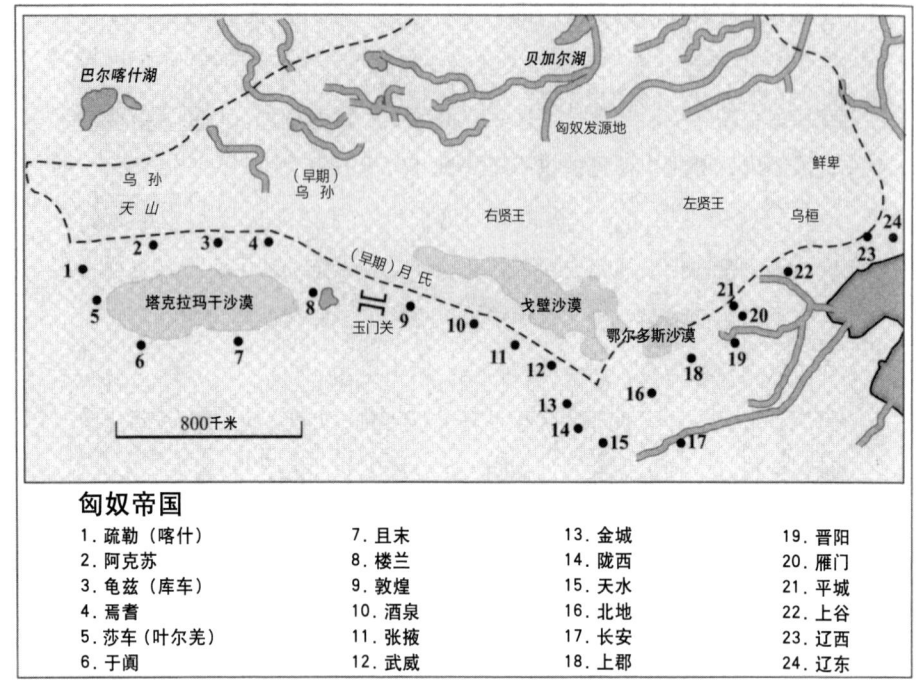

匈奴帝国
1. 疏勒（喀什）
2. 阿克苏
3. 龟兹（库车）
4. 焉耆
5. 莎车（叶尔羌）
6. 于阗
7. 且末
8. 楼兰
9. 敦煌
10. 酒泉
11. 张掖
12. 武威
13. 金城
14. 陇西
15. 天水
16. 北地
17. 长安
18. 上郡
19. 晋阳
20. 雁门
21. 平城
22. 上谷
23. 辽西
24. 辽东

地图10

然而，用对立两分法来评价两个民族也并不意味着只是一味地抨击匈奴。司马迁在书中引用了中行说的观点。中行说是一位汉人，但他投奔了匈奴，助其犯汉。中行说阐述了为何匈奴尊重年轻人而非老年人，以及为何匈奴人会娶亲戚的遗孀。他还提到匈奴王和其臣民的关系比较随意，这和汉朝朝廷的残酷统治形成鲜明的对比。由此，对游牧民族习俗的记述也成为一种批判中国习俗的方法。

司马迁在论及匈奴的法令时，采取了一种类似的姿态："其法，拔刃尺者死，坐盗者没入其家；有罪小者轧，大者死。狱久者不过十日，一国之囚不过数人。"[16] 在这里，匈奴的简单原则及公正刑罚和汉代创立者所制定的简化的法令相呼应，也和司马迁所处时代的严刑苛法形成鲜明的对比。

根据晁错所说，匈奴所处的地区是"夫胡貉之地，积阴之处也，木皮三寸，冰厚六尺，食肉而饮酪，其人密理，鸟兽毳毛，其性能寒。"[17]这种分析运用了三分法来把不同人群的差异上溯到了宇宙法则，它视南方为阳极，中国处于最平和的中间，而北方则是极阴之地。

在战国时期，一些星座的位置对应着某些特定的诸侯国。司马迁的文章把这种做法推延到了游牧部落，他们变成了某些特定星座在大地上相对应的部分。文化和政治世界基础之上的两极分化重现于宇宙的结构中，而苍穹之间的分割线则相对应于中国和游牧民族之间的边界。以这个原则为基础，司马迁把一些特定区域的星相变化解读为两股竞争势力在战争中命运的征象。[18]

在战国时期，不同的地域文化构成了"中国"领域的主要区别；与该时期相比，把天下想象成由游牧民族和中国二者所构成，标志着一个巨大的进步。它假定中华文明在根本上统一的依据是它和游牧民族的区别，从而把地域差别减弱到了次要的因素。通过发明"中国／游牧民族的对立"这样一个概念，中国第一次呈现出一个统一体的面貌，这种两极概念在后代中华文明中仍旧是核心的内容。

然而颇为讽刺的是，政治上两分天下的局面只持续了几十年。尽管汉朝给匈奴的岁贡在日益增加，匈奴并没有停止其侵略。任何一个和约都只持续短短几年，然后又会因一次新的入侵而破裂，而匈奴反过来又要求更多赔偿，以换取和平局面。中国人把这归因于胡人的不忠，但它确实反映了匈奴政权的本性。中国的皇帝作为至高的立法者、法官以及统治者，其地位不容置疑，但匈奴政权的权力却被血缘纽带、惯常习俗以及部族间的横向分割限制、分裂。单于只能通过不断谈判来保持对其臣服的部落领袖的控制，在谈判中，他不是一位绝对权威，而是一群领袖中的领头人，他在战争中的胜利和对掠夺品的分配影响着他的权力大小。

在这样一个体系中，单于不能无限地制约军事行动，也不能阻止他的部下自作主张地袭击他人，因为首领的权力和威望在很大程度上建立于他们在战争中所获的胜利以及战利品分配的基础之上。有些时候他们会因为和汉朝地方官员关系紧张而发动侵略，有时则出于单于的愤恨。"和亲"政策的失败是因为它所依靠的权力结构在匈奴并不存在。[19]

随着匈奴违背了一个又一个协议，中国朝廷中要求战争的呼声越来越高。几十年的和平时期使中国人有时间组建一支新式的军队，依靠骑兵和弓弩技术，能够在战场上成功对付匈奴。公元前134年，汉武帝最终决定发动一场战役来摧毁匈奴。虽然他伏击单于的计划落空了，但在后来的几十年里，中国军队深入到了中亚腹地，使匈奴遭受了包括人民和牲口在内的巨大损失。

然而，汉朝的损失同样严重，一次次的军事行动耗尽了国家财富，却没有取得任何决定性的成果。转输供给所遇到的困难以及恶劣天气都意味着没有任何一支军队能够在战场上坚持100天，因此战争的胜利并不能转化为持久的占领。汉武帝的继承人后来放弃了这种劳师袭远的策略，他命令军队从防卫线上撤退，但拒绝向匈奴岁贡。这种政策是颇有成效的，因为它剥夺了单于从汉朝那里得到的进贡，而且减弱了他作为匈奴的捍卫者的角色。单于的地位变得岌岌可危，在公元120年，一位持反对意见的匈奴王带领4000兵士投降了汉朝。在后来的几十年里，其他一些匈奴王拒绝参加单于的朝政。[20]在公元前115年到公元前60年这一期间，汉朝还获取了对以往由匈奴占领并影响着的中亚东部地区（现在新疆一带）的控制权。

公元前57年，匈奴因王位继承问题发生分歧而引发了一场战争，至少有五位王要求获得单于的头衔。几年之后，一个匈奴王承认了汉王朝的宗主权，觐见了汉代皇帝，并内迁到中国内地。后来证明他这么做是非常有益的，为了表彰他的顺服，他收到了汉朝政府慷慨给予的大量馈赠。在公元前49到前33年，他多次朝觐汉朝皇帝，并将自己的一位儿子作为质子，他的行为是否得体决定了他儿子的待遇，而且这位质子还学习了汉朝的文化。这位臣服的酋长从中获得的财富使他能够建立自己的军队，并且最终打败他的对手。最终，他的势力不断强大，得以返回北方，重新开始要求汉朝政府的岁贡，直到公元48年第二次内部继位冲突引发了新的内战。这导致了定居在汉地并臣服于汉朝皇帝的南匈奴和居住于汉朝北部边疆以外的北匈奴产生了持久的分裂。

南匈奴始终依附于汉朝的支持，正如公元88年南匈奴单于所说："先父归汉以来，被蒙覆载，严塞明候，大兵拥护，积四十年。臣等生长汉地，开口仰食，岁时赏赐，动辄亿万。"[21] 把那些仍旧以部落形式聚集在一起的游牧民内迁到汉帝国，这种政策将产生长期灾难性的后果，如同我们将会看到的，它导致了西北地区秩序的崩溃以及大量汉人逃往南方地区。

尽管北匈奴一直蔑视汉朝，但是他们在好几次战争中被汉朝和南匈奴联军击败。不仅如此，诸如乌桓、鲜卑等其他部族也与匈奴分裂，且因斩杀匈奴而从汉朝那里获得了大量赏赐。公元87年，一支鲜卑军队击败了匈奴，杀死了北单于，并对其鞭尸。经此大挫，超过20万名匈奴部落民投降汉朝。最后，公元89年，汉朝的一场大捷完结了匈奴帝国。

边防军队

汉朝统治时期中国社会的一个重要转变是普遍征兵制的废除，而这个制度是战国诸侯和秦帝国得以存在的基础。[22] 公元前154年，随着汉朝政府击败了诸侯王叛乱，在汉帝国内陆发生大规模战事的可能性已经不复存在，只有北部边疆仍然处在匈奴的威胁之下。以往农民服兵役为期一年，无法掌握弓马技艺，作为远征军而言，他们远不够资格，较短的服役期也不适合让他们从事长期防卫任务。汉武帝允许一些农民交税来替代兵役，然后利用这笔钱去雇佣职业兵士。和匈奴为敌的游牧民以及匈奴内部的反对派也被招募入伍成为训练有素的骑兵。有时候刑徒也被送往边关成为边防守军。因而，在公元前1世纪这个阶段，中国军队开始由农民募兵转化为一支以职业军人、游牧民以及刑徒构成的军队。

这样的征兵趋势本没有被官方认可，但一场反对王莽的起义把它推进成为一项官方政策。这场起义证明了招募农民入伍可能引起对国家的不利，特别是在秋季检阅时期，当一个郡的所有成年男丁聚集在一起接受检阅时，尤其危险。事实证明农民更愿意追随地方豪强大族，因为农民和他们的关系比和官吏的关系更为紧密。因此，训练农民打仗就只是提供了一支潜在的但却训练有素的反叛力量。另外，在起义过程中，大量人口流离失所，在籍人口的大量损失意味着朝廷所能得到的税收急剧下降。出于削减开支和减轻国内潜在威胁的需要，还由于在边关招募士兵没有效果，新建立的东汉王朝废除了秋季检阅制度和地方军事长官。它废止了正规的农民军队，只留下了很小一支职业军队驻扎在都城周围。

公元48年，在匈奴分裂为南匈奴和北匈奴的联盟之后，游牧民内迁规模更为庞大。为了监管这些新的居民，东汉政府在边塞驻军中设立了都尉，每一位都尉负责一个大的内迁游牧部族。这些常备军配备的都是职业汉军。虽然军营中的军队人数没有被记录下来，但散落的史料说明他们达万人以上。这样的军营配备始终是汉代军制的一个特色，而且他们的军队参加了公元2世纪的绝大多数军事行动。

远征军不同于常备军，主要是从内迁安置的胡人中招募军力。在公元1世纪摧毁匈奴联盟的战役中，大多数骑士都由游牧民士兵组成。汉王朝创始人早就在内战中使用过游牧部落士兵。汉武帝统治之后，这些部落通常被归为"属国"，允许他们在校尉监督下，保留自己的首领和生活习俗。但是东汉朝廷逾越了"以夷制夷"的政策。非汉士兵也参加镇压国内的起义，这和近现代欧洲早期外国雇佣军的模式非常相似。历史文献中包含非汉士兵参加中国军队的超过了50条记录，其中27条在涉及的军队中没有列出汉人军队，6条是在部落酋长的控制之下。

这个证据说明，在公元1世纪中叶之后，骑士的主要来源是非汉士兵。自公元前2世纪西汉景帝统治以来就维持着的国有草场以及用来孳息马匹的马厩，但在这个时期大多数却被废弃了。三国时期的骑士军队仍然依靠非汉民族的兵士。

除了利用非汉士兵在军中服务之外，汉朝还对斩获敌军首级进行悬赏。鲜卑的酋长在归顺汉朝之前，就因斩杀匈奴人的头颅获得报酬。公元58年，他们再次因为击溃了乌桓的一次入侵而获得厚赏，在此之后他们就正式归顺汉朝，并获得了每年为数二亿七千万五铢钱的赏赐。作为回报，他们控制了乌桓并击杀匈奴。于是，东汉时期最为普遍的军人都是游牧战士，他们在部落酋长的率领下为汉帝国服务。

西　域

如同北方地区，西北地区（今天新疆和中亚地区东部）居住着诸如乌孙之类的游牧民族，另外还有在水源附近发展起来的城邦。随着冒顿北方帝国的崛起，西域地区成为受匈奴影响的地区。对匈奴来说，这是一个特别重要的地区，在当时的历史文献中，该地区被称作匈奴的"右臂"，因为环绕塔里木盆地的城邦里的居民为这些游牧部落提供着农产品以及手工艺品。

当汉朝第一次谋划对匈奴发动战役的时候，他们派遣名叫张骞的使者，率领 100 名兵士，出发寻找西域地区的月氏部族，希望他们成为未来的同盟。月氏先前占领了北方的草原地区，后来被匈奴驱赶到了西域地区，汉朝政府希望取得他们的支持，来共同对付他们的老对头。然而，汉代的使团在中途被匈奴截获，他们给汉朝传达了这样一封充满怒气的信："月氏在吾北，汉何以得往使？吾欲使越（中国东南地区），汉肯听乎？"[23] 张骞被拘长达 10 年时间，直到公元前 126 年才被放回汉朝，他带回了有关西域地区的第一手详细信息（地图 11）。

公元前 120 年一位匈奴单于的归顺标志着汉朝向中亚地区扩张的开始。他控制的区域位于汉朝版图和西域地区之间，因此，他的归顺就打开了通往西域地区的通道。正如张骞所说："诚以此时厚赂乌孙，招以东居故地，汉遣公主为夫人，结昆弟，其势宜听，则是断匈奴右臂也。既连乌孙，自其西大夏之属皆可招来而为外臣。"[24] 朝廷采纳了这个提议，从而定下了汉朝在中亚地区的决策。

一些学者认为，中国人进入中亚地区是出于经济原因，或是为了要开辟丝绸和其他商品的市场，或是为了取代匈奴，控制贯穿新疆的贸易通道。但是没有证据能够证明在公元前 1 世纪以前，中国和西域地区存在大量的贸易，俗称"丝绸之路"的横跨欧亚大陆的贸易线路在汉朝第一次派使团前往中亚之前则根本不存在。最初的动机是出于政治原因——部分是因为和匈奴的冲突——那时候的贸易能够增长只是得益于这些早期的使团。

至于所谓"丝绸之路"的概念，这个术语是由 19 世纪末期一位德国地理学家发明的。此前无论是处于丝绸之路两端的中国人还是罗马人，都没有意识到这样一条线路的存在，甚至没有注意到对方的存在。罗马人只知道在某地有"塞里斯国"，有"丝的民族"，生产出的纺织品曾经出现在罗马市场上。中国人也隐约听说过一个传闻，在遥远的西方有一个"大秦"帝国，是一个神秘的国度，充满了令人眼花缭乱的

西汉时期的中亚

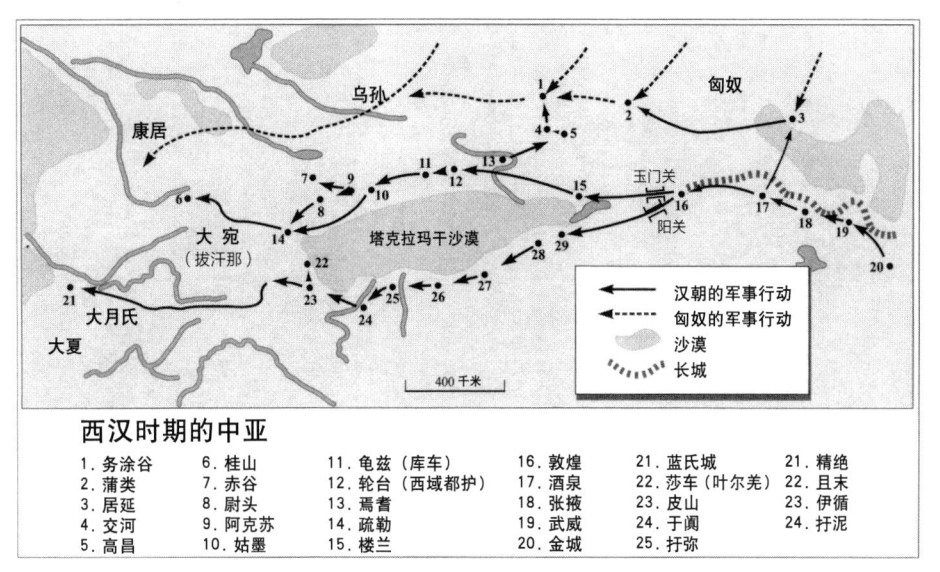

1. 务涂谷	6. 桂山	11. 龟兹（库车）	16. 敦煌	21. 蓝氏城	21. 精绝
2. 蒲类	7. 赤谷	12. 轮台（西域都护）	17. 酒泉	22. 莎车（叶尔羌）	22. 且末
3. 居延	8. 尉头	13. 焉耆	18. 张掖	23. 皮山	23. 伊循
4. 交河	9. 阿克苏	14. 疏勒	19. 武威	24. 于阗	24. 扜泥
5. 高昌	10. 姑墨	15. 楼兰	20. 金城	25. 扜弥	

地图11

植物和动物。不仅"丝绸之路"上的贸易伙伴们不知道对方，而且没有商人能够穿越整个贸易线。中国的边贸和朝贡贸易把大量丝绸运到了中亚市场，然后又转售到更西边的市场。从新疆到达现今阿富汗和印度，然后到波斯，最后到达罗马帝国的东方诸省。横跨欧亚大陆的贸易线由一系列的区域贸易线路组成，一站接一站，把大量丝绸由中国运往罗马。每个经商者一般只走其中一个或两个贸易点（地图12）。[25]

汉朝政府和乌孙首次结盟的结果喜忧参半。虽然乌孙国王同意娶一位汉朝公主，却同时接受了一位匈奴的新娘，而且还给予了匈奴一方更为隆重的仪式。[26]这在西域地区是很常见的，因为很多小国都通过向两个大国表示谦卑和效忠来获得自身的独立。公元前108年和公元前92年，楼兰国各向汉朝和匈奴送了一位王子作为质子。当楼兰王死去时，匈奴在死讯尚未传到汉朝时就抢先把他们那里的楼兰王子送回了楼兰，并且使他登上了王位。这导致了楼兰相当一段时期的

第6章 外部世界 145

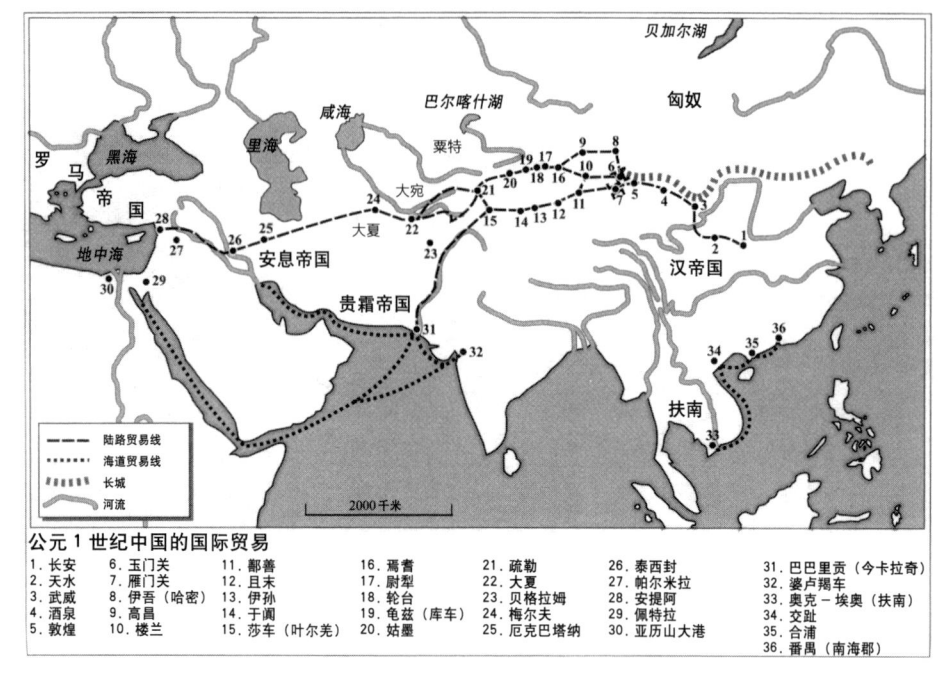

地图 12

公元1世纪中国的国际贸易					
1. 长安	6. 玉门关	11. 鄯善	16. 焉耆	21. 疏勒	26. 泰西封	31. 巴巴里贡（今卡拉奇）
2. 天水	7. 雁门关	12. 且末	17. 尉犁	22. 大夏	27. 帕尔米拉	32. 婆卢羯车
3. 武威	8. 伊吾（哈密）	13. 伊孙	18. 轮台	23. 贝格拉姆	28. 安提阿	33. 奥克－埃奥（扶南）
4. 酒泉	9. 高昌	14. 于阗	19. 龟兹（库车）| 24. 梅尔夫	29. 佩特拉	34. 交趾
5. 敦煌	10. 楼兰	15. 莎车（叶尔羌）| 20. 姑墨	25. 厄克巴塔纳	30. 亚历山大港	35. 合浦
						36. 番禺（南海郡）

政策都对汉朝不利，直到公元前77年，当一位汉代使者设计刺杀了亲匈奴的统治者之后，楼兰敌视汉朝的政策才结束。

汉朝最早一次深入西域的军事行动发生在公元前108年，它使汉朝和乌孙及楼兰达成了协议。在公元前101年第二次更重要的军事行动中，大宛被汉征服。即便大宛到汉朝都城距离遥远，汉朝仍旧展示了其足以控制远方地区的强盛国力。对汉朝而言，控制这个繁衍汗血宝马的地区，其意义是巨大的，以至于这场胜利被写成赞歌，在祭祀祖庙的表演仪式上进行赞颂。[27] 以上这场时间最长、代价最大的成功的军事行动使中亚诸国源源不断地把贡品和质子送入汉朝。

公元前90年，汉朝针对吐鲁番开展的军事行动取得了胜利。由于吐鲁番最靠近匈奴，所在位置是通向西域地区之户钥，所以这场战争的胜利意义深远。这支远征军的兵力来自于西域地区的六个国家，这体现了该时期汉朝对外的影响程度。在经过一个短暂的匈奴复起的阶段之后，汉朝于公元前71年的另一次军事胜利消除了匈奴在吐鲁番地区的影响。

公元前60年，西域都护府建立，这标志着汉朝军事成就达到顶峰。都护府坐落于西域地区靠近以前匈奴单于所在地的位置，该官署是汉朝政府在西域的军事和政治中枢。汉朝还在这里屯田，把哨楼、城墙组成的边防网络向前推移，延伸到中亚地区。敦煌和居延的烽燧都制作了数不尽的木简牍，上面记载着汉朝的管理档案。这些汉代简牍于20世纪被发现，为我们展示了汉朝时期该地区人们生活的细节。

中亚地区和汉的联系时有变化。西汉末期，中国人撤出了西域地区，而北匈奴又建立了他们在此地的统治。由于都护将军班超（历史学家和诗人班固之弟）及其子班勇之后取得了军事胜利，公元91年后，中国在此重新树立起了权威。（地图13）

有关中国及其外部世界关系的讨论历来都集中在所谓朝贡体系方面，即外国把异域物品作为礼品进献给汉朝皇帝，作为他们臣服的标志。然而，正如当代学者所指出，无论朝贡在后来的哪个朝代担负着何种角色，在早期帝国时期它都确实没能构成一种正式的体系。异邦只是在某些情况之下才会向汉朝进贡，但这种行为始终是即兴且不成熟的。朝贡概念中的"贡"并不局限于对外，对内而言，朝中王臣对朝廷的进献也可以被视为"贡"，这就好比税赋。[28]

无论怎样，南匈奴的归顺带来了向皇帝的进献，而进献礼品变成了西域和汉朝政府两者关系的一个基本因素，如同《后汉书》中所说：

> 自兵威之所肃服，财赂之所怀诱，莫不献方奇，纳爱质，露顶肘行，东向而朝天子。故设戊己之官，分任其事；建都护之帅，总领其权。先驯则赏篪金而赐龟绶，后服则系头颡而衅北阙。[29]

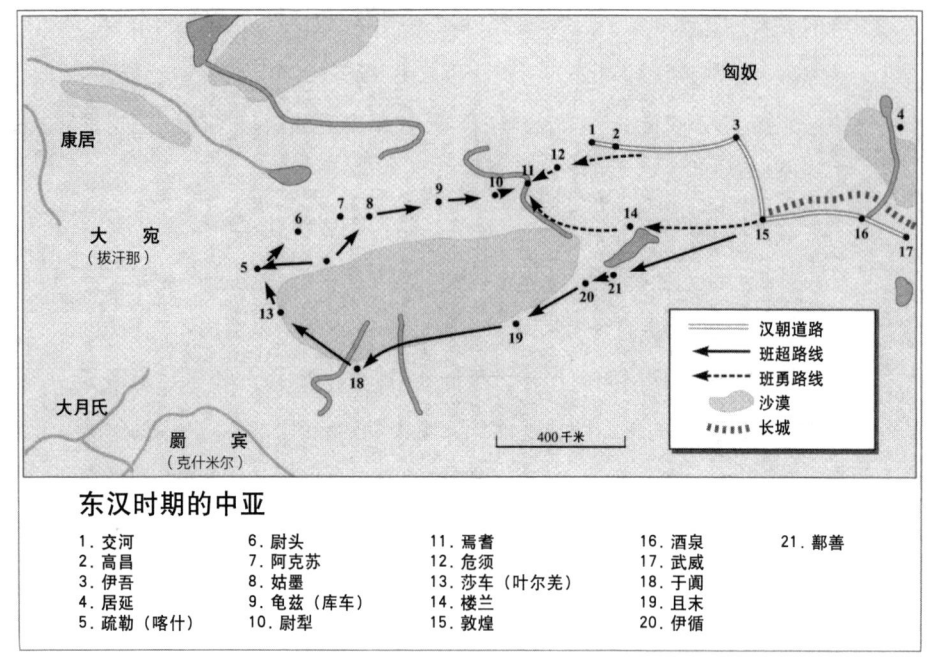

```
匈奴
康居
大宛
（拔汗那）
大月氏
罽宾
（克什米尔）

汉朝道路
班超路线
班勇路线
沙漠
长城

400 千米

东汉时期的中亚
1. 交河      6. 尉头       11. 焉耆           16. 酒泉    21. 鄯善
2. 高昌      7. 阿克苏     12. 危须           17. 武威
3. 伊吾      8. 姑墨       13. 莎车（叶尔羌） 18. 于阗
4. 居延      9. 龟兹（库车）14. 楼兰           19. 且末
5. 疏勒（喀什）10. 尉犁    15. 敦煌           20. 伊循
```

地图 13

　　正如早期文献中所记，中国的每个地区都向皇帝进贡代表这一地区的物品。所以，对于外国的朝贡而言，最关键的特征是它必须带有地方特色。作为对这些奇珍异宝的回馈，中国的统治者不但册封这些外国君主，还向他们赠送贵金属或丝绸。在这些交换中，中国赠送的礼物价值往往超过所收受的礼品价值。这种价值的不对等，其目的是表示汉朝在对外关系中的优越性。或许，对于许多中亚国家来说，朝贡只不过是从事贸易的托词。公元前 1 世纪晚期，克什米尔几乎成为这方面的代表性例子。它几乎没有正式地归顺于中国，但却派出了使者前来朝贡。一位官员指出，这些使者并非克什米尔派出的官员，只是前来贸易的普通商人。[30]

　　臣服于汉朝的匈奴单于以及中亚诸国的统治者惯常都会被汉朝皇

帝授予封号，另外还有官方印符。这种荣誉也强调了他们相对于中国皇帝的附属地位。总体而言，附属国的国君会被授为侯，而他的重要随从则被册封为都护、将军或校尉。能得到汉帝国的认可就能在中亚的民众中获得极高的威信。公元383年，一位名叫吕光的人征服了龟兹，该地区的很多邦国都前来表示臣服。为了表示他们对中国的忠诚，他们向吕光上呈了他们从汉朝获得并保留下来的印绶，这些印绶距离汉朝灭亡已经长达两个世纪。[31]

这些封号不是华而不实的荣誉，也不仅仅表示臣服的标志。它们具有行政管理的作用，职能上处于都护将军的监督之下。其中一个案例发生在约公元前48—前46年，乌孙的几位官员接受了汉朝的封号。几十年后，由于乌孙国王被刺身亡，这些官员被批玩忽职守，因此他们的印绶和信符被剥夺了。公元153年发生了一件类似的事件，一位中国官员把一位吐鲁番诸侯王的印符收回，并转授给了另外一位地方统治者，因为那位诸侯王没能管理好地方秩序。

羌和乌桓

值得引起特别注意的一个西部民族是羌，他们在公元2世纪上半叶的崛起是汉朝衰落的一个主要原因。羌这个名字最早出现在商代甲骨文中，他们的分布范围横跨西部绝大多数地区，从现在甘肃的南部到云南一带。他们的名称"羌"在图形笔画上像一只羊，而且他们被认为是养育牛、马、羊、驴和骆驼的游牧民。至少从战国早期开始，羌就采用了农业耕作的生产方式，这在历史文献中也有所阐述，这些文献记录了他们的农田和他们收获的小麦数量。[32]

尽管羌在早期曾和匈奴有往来并联手抗汉，但他们从来没有团结成一个较大的国家或联盟。中国人对羌的定义体现了这种趋势，指出他们不断地分裂成无数相互仇视的部落："不立君臣，无相长一，强则分种为酋豪,弱则为人附落,更相抄暴,以力为雄。"正如汉代将军赵充国在公元前63年所说:"羌人所以易制者,以其种自有豪,数相攻击,势不一也。"[33] 颇具讽刺意味的是,羌这种不断向外分裂的态势使得汉朝无法用击败匈奴的方法来对付它。如果一个羌族酋长被打败,失败的影响不会超出他自己的部落,但是如果他胜利了,那么他的队伍将不断壮大,最后发展成为一场更大的叛乱。此外,和平协约在范围上也是有限的。

早在公元前2世纪,诸羌就徙居在汉朝境内,有时候经过了汉朝的允许,有时则并没有得到许可。在推翻王莽统治的内战中以及东汉早期的几十年里,诸羌迁入到汉境西北地区。当东汉创立者光武帝重新占领甘肃后,他发现诸羌正控制着这里的大片区域。东汉政府设法解决这个问题,把诸羌内迁、安置于汉朝境内,在公元35年和公元50年,甚至把他们安置在旧都长安附近。这种做法却加剧了诸羌的叛乱,导致有人建议放弃旧都附近的县。内迁和安置的规模非常大,诸羌的人口增长速度也相当快,以至于到了公元4世纪,关中地区约有一半数量的人口都是非汉人。[34]

在中国西部地区,羌人和汉民的杂居引发无数次冲突。公元前33年,一份文献指出:"近西羌保塞,与汉人交通,吏民贪利,侵盗其畜产、妻子,以此怨恨,起而背畔,世世不绝。"六十余年过去了,情况却并未发生任何改变:"今凉州部皆有降羌,羌胡被发左衽,而与汉人杂处,习俗既异,言语不通。数为小吏黠人所见侵夺,穷恚无聊,故致反叛。夫蛮夷寇乱,皆为此也。"[35] 朝廷多数官员相信,诸羌的问题根源是地方官员在和有实力的羌民们结盟的过程中行为失当。

为了镇压这些起义,汉朝政府于公元前111年设立了"护羌校尉"。他的职责是帮助羌族在汉地生活,调查他们的满意度,并确保有一定数量的翻译人员来处理和边境之外的诸羌的交流。他负责组织屯田校尉为边防要塞提供给养，确保能够在没有国家军队的帮助下处理好地方的反叛事件。事实证明，如果叛乱发生，这些边防要塞大多数是无效的，而且国家军队也通常无法前来援助。[36]

汉朝政府视外族部落为附庸，作为招募战士、建立联军的基础，这种做法可以回溯到汉王朝建立之初。[37]羌地附属国最早建立于公元前60年，到了东汉时期，在现鄂尔多斯、甘肃和四川等地都建立了羌族属国，另外还有匈奴族的附属国以及其他的一些中亚国家的附属国。理论上讲，附属国的人民仍保持着他们自己的习俗，由本族的头目管理。汉代的管理者并没有特别管制他们，只是确保他们服从于汉代朝廷施加的特殊命令。

为了变为汉代中国的"内附"的一部分，臣服的蛮族部落不得不向汉朝政府提供劳役或者从军入伍。在东汉时期，羌在对边塞上的游牧民反击战争中的表现尤为突出，为汉代政府提供了边防线上的"耳目"。此外他们可能还要交税。降汉的羌族酋长如果有足够能力的话，将携带贡品前往汉朝，向皇帝表示臣服；实力稍弱或较小的部族则只能保证相安无事。那些参与汉廷朝政的部落头领能够获得册封和印绶，就如同西域一带的统治者一样。[38]

这种松散型控制和少量服役的政策经常被人忽视。校尉们照例会从羌人那里榨取钱财和劳役以损公肥私。公元55年，当张奂被任命为都尉时，他发现他的8位前任都为了私利而敲诈羌人。[39]张奂拒绝接受羌人头领送给他的马匹和黄金，这件事为人所称道，人们视其为忠诚的典范，但这也说明朝廷派出的高级官员通常在地方上巧取豪夺，就如当时文章中所谴责的那样。

随着被安置的人数日益增长，需要建立越来越多的附属国，因此校尉的职责也随之发生了变化。公元94年，50万羌人内附，公元107、108年又有数万人归顺。由于这些人不能够在汉朝的管理下完全融合，他们就在新校尉的监督下形成新的附属国。无论在什么时候,一旦地方秩序被打破,校尉的权力都会膨胀。校尉是一种军职,负责组建联盟以备军事之需,但到后来,它逐渐被赋予了和郡守一样的行政权。在校尉们所控制的区域内,他们不但控制着归降的胡人,还统治着边关的中国人。因此,异族人的内迁最终导致了对地方社会和边关的军事化管理。[40]

除了诸羌和匈奴之外,处于军事监督之下的附属国最多的是乌桓,他们和鲜卑一起被称为"东胡"。这些游牧部落大部分居住于今天内蒙古一带,在被匈奴冒顿击败之后,就被纳入到匈奴国。作为臣服的国家,他们定期向匈奴上交皮毛、马匹和牲口,另外还为匈奴对抗汉朝提供军队。

这种情况在公元前 119 年发生了变化,汉朝的一场军事胜利把单于驱逐出了内蒙古地区,使得乌桓实现了一定程度上的独立。汉朝后来把他们重新安置于长城东北地区的郡,在这里设立了"护乌桓校尉府",校尉府位于现在的北京附近。然而,贯穿整个西汉王朝,匈奴始终迫使乌桓上贡,而乌桓也仍然在劫掠汉人。

公元 49 年,当汉朝皇帝说服乌桓酋长臣服时,汉和乌桓的关系再次发生变化。约有 1000 名酋长到达汉廷以示归顺,并且进献奴隶、马匹、牛、弓弩和毛皮。作为报偿,汉朝皇帝会组织大型宴饮,赐予贵重礼物。到后来,酋长们请求"内附",他们中的 81 名接受了侯的爵位。领头的酋长之子被留在汉朝作为质子。[41]

乌桓迁置到了汉朝边塞以内的地区,他们守卫此地,以定期换取食物和衣物,他们还斩杀敌军首级以获得悬赏。尽管确切的数字还不能确定,在 2 世纪晚期,为数至少 300 万的乌桓人居住在汉朝边塞以内。随着这次内迁,政府重建了乌桓校尉府,这次它的府治在宁城。墓中出土有关于都护府的壁画,描绘了城墙、府治、军事设施以及市场。这些绘画包含了有关乌桓部族人生活的极有价值的信息,描绘了他们的着装和髡发习俗,以及他们在市场上买卖的货物。另一幅壁画描绘了游牧民的帐篷"穹庐",这种异域风格的结构,使其在汉族上流社会迅速流行。[42]

乌桓附属国起初是和匈奴打仗,在匈奴被打败后,鲜卑联合了北方游牧民部落共同对付汉朝,因此乌桓后来又与鲜卑作战。乌桓还镇压了汉朝境内及其南边地区的叛乱。[43] 不但如此,在公元 2 世纪末,宁城市场上的贸易还使乌桓地区成为中国最富裕的地区之一。乌桓和汉朝官员的合作如此紧密,以至于在公元 187 年,两位汉朝官员竟然率领游牧民发动叛乱来推翻朝廷。

公元 184 年,当黄巾起义军在山东和东北地区发动起义反抗汉朝统治时,超过 100 万中国人逃到了宁城附近地区。公元 205 年,军阀曹操率领包括大量乌桓骑兵在内的军队攻打北方州郡,当时汉人有 10 万户家庭寻求乌桓的保护。[44] 汉朝社会普遍对乌桓信任有加,甚至在乌桓军和汉军两者之间更加倾向于向前者寻求庇护。这些事实说明,在汉朝末年,游牧民附属国已经发展成为中国的组成部分。

周边定居民族和对异域的崇拜

在东北、东南和西南地区,汉朝周边疆土上更多的是定居的民族而非游牧民族。对汉朝而言,这些地区在政治或经济上的意义都很小,因为它们没有构成军事威胁,而且地处偏远。另外,南方潮湿的气候会产生对北方人而言致命的疾病。后来,这些地区的人民吸纳了中国人的生活习俗,包括官僚管理制度和书写文字,因而到了公元 7 世纪,中国周围多少都存在着其复制品。但是除了朝鲜之外,其文化的同化并不是从汉代开始的。

在当今朝鲜半岛,在公元前 2 世纪晚期,由于贸易和人民定居,中国地方管理机构被引入了本地。但是到了公元 1 世纪,朝鲜人开始形成他们自己的国家,最突出的是高句丽,接着在公元 106 年,汉代管理机构被暂时驱除出本地。尽管直到汉代末期，中国人仍然继续统治着朝鲜半岛的一些地区，但这个地区都不再是中国的一部分。（地图14）

在偏远的南方地区（今广东、广西和越南北部地区）和东南地区（今福建），秦汉都在此设立了郡，数量比军事要塞更多。他们也给乐于合作的地方酋长册封和颁发印绶，这些酋长向汉朝做出名义上的臣服，并且向朝廷进献域外奇珍。中国人在这些地区分散定居，其中有的地方则根本没有汉人的存在，汉代文献也仅仅简单记录了有关这些地方头目或忠诚或反叛的事迹。

汉朝向西南地区（今云南和贵州）的扩张过程颇为相似，结合了短暂的军事干预和努力通过封赏的方式来赢取地方首领的支持。汉代朝廷的一些官员开始对这些地区表示出兴趣，因为有传闻说可以经由西南发展与更远地区之间的贸易。公元前135年就有一位廷臣提议开展尝试，开辟西南地区夜郎国和南边的南越地区之间的贸易路线。几乎在同一时期，来自于四川地区的西南人氏、著名的辞赋家司马相如试图在西南的四川和现今缅甸、印度之间建立联系。20多年后，汉朝第一位探险中亚、途中曾被拘禁的特使张骞向朝廷汇报，在大夏发现了中国出产的商品，是从四川经由西南而来。然而，事实上所有这些商路都异常难行且难以付诸实用。尽管当时已经建立了一些郡，夜郎王和滇王也被授予了封号，但中国人和该地区的联系始终是时断时续、浮于表面的。[45]

虽然这些国家并不具有军事或政治价值，汉朝却醉心于获取该地所产的珍稀宝物，如同对北方和西域一样。汉朝对来自遥远地区的珍稀宝物的沉迷根源于这样一种思想：皇帝权力大小的衡量标准取决于他能否把人民及其地方产品引到朝廷。地区距离朝廷越遥远，敬献来的物品越稀奇，那么皇帝的影响力就越大。

关于这个主题最为精美详细的描述来自于司马相如的作品，特别

地图14

是他的《上林赋》，把北方游牧民和中亚人敬献的各种珍奇动物和神话传说中的动物融为一体：

> 日出东沼，入乎西陂。其南则隆冬生长，涌水跃波。其兽则㺎旄獏犛，沈牛麈麋，赤首圜题，穷奇象犀。其北则盛夏含冻裂地，涉冰揭河。其兽则麒麟角端，騊駼橐驼，蛩蛩驒騱，驼騠驴骡。[46]

在公元1世纪末，王充写过两篇散文，谴责了当时把周代认作史

第6章 外部世界

上最伟大王朝的观点，也批判了汉朝的社会风气。他指出汉朝接受了来自遥远异域的贡物，而这些地方在周朝根本还没被人注意到。按照王充的说法，由获得的这些珍稀贡物所显示出的威望和影响，证明了汉朝比以往所有朝代都更加优越。[47]

异域奇珍所带来的威望在宗教信仰中也有所体现。人和神之间的联结点也位于大地的边缘，或者在陡峭的山巅、东部漂浮的仙岛，或者在西部地区连绵的山脉。这些仙境里面有同样的奇禽异兽和奇花异草，在人世间，它们就是祥瑞和贡品。关于西王母宫阙的叙述特别强调了玉树和其他一些宝石，还有充斥于她的宫阙的珍禽异兽。这些九尾狐、跪地捣灵丹妙药的玉兔、跳舞的金蟾，以及传信的青鸟也都出现在包括壁画和青铜"摇钱树"在内的汉墓艺术之中。

对异域的崇拜起源于政治和宗教生活，到了汉代则向汉代上流社会甚至普通人群传播。到了东汉时期，来自异域的物品使中国每个阶层的人都深为着迷。在公元1世纪晚期，历史学家班固写信给他的亲人、探险中亚的外交家班超，信中描述说，当时要在都城购买中亚毛毯和马匹需付惊人的价钱。公元2世纪中叶，汉灵帝经常在皇宫中搭的一个游牧民的帐篷中嬉戏游乐，他喜欢胡服、胡食、胡乐以及胡舞[48]，百姓也纷纷仿效。

白妆粉（称作"胡粉"）在汉代中国成为一种普遍的化妆品，后来日本也从外国人那里学会了这种方法。诸如琵琶这类乐器也来自中亚地区。而西部和北部地区的一些新的水果种类和乳制品也在此阶段被引入中国人的食谱。最后，在汉代最终灭亡的时候，佛教经典经由中亚和东南海路到达了中国。佛教起初和对来自世界最西端的救世主西王母的信仰联系在一起，到了我们这个时代的第一个世纪，佛陀及其教诲已经成为由异域引入中国的最有影响的事物。

第 7 章

宗　族

展延家庭（extended families，大家庭）的瓦解，始于战国时期周代贵族政治的解体，此时国家的目标在于尽可能多地从民户中抽取赋役和兵役。秦国特别制定了税收政策来鼓励大家庭的分家析产，把核心家庭建成为社会最基层的单位。最为普遍的家庭规模是一家五口或者六口人。汉代早期延续了这种政策，小的核心家庭成为西汉社会居民和劳动力最基本的单位。

到东汉时期，当经学理论和对孝道的崇拜极度影响到朝廷时，政府就把这个政策做了调整，引入了一种数代人共居的理念，尽管在实际操作中，它意味着家庭中的兄弟比邻而居（不是住在同一民舍中），而且也可能在死后都葬在同一个宗族墓地中。但它在不改变核心家庭作为社会家庭基础单位的前提下，构建了一种更为紧密的居住方式。大家族强调血统的重要性，目的是维持一个包括了无数民户的联盟，而该时期的同居血缘群体（residential kin groups）是由夫、妻、子女组成，有时还有住在一个房屋之中的祖父母；在一些大家庭中，还包括居住在周围的展延家庭。

纵观整个早期中华帝国历史，宗族问题尤为突出，这在单个家庭和父系血缘之间的紧张关系中显现出来。它根源于这两个方面所持原则之间最根本的矛盾对立。血缘，或者说父系血统，正如礼仪经典所说，也如古代宗庙所展示的那样，被界定为从父辈到子孙之间一代又一代人的传承。在这个男性世界里，女性以妻子的角色进入其中，仅作为附属品。相反，家庭首先被定义为夫妻之间的关系，然后才是父母与子女的关系。在这个领域中，身为妻子的女性产生巨大的影响，而当她作为母亲时则影响更大。宗族是文人们所提倡的经由法律文本规定的单位，他们对亲缘关系抱有兴趣，但家庭却是人民真正生活和建立亲戚联系的单位。这两种模式之间的矛盾影响着中国家庭的每一个方面，并且向外延伸到经济、政治和信仰各个领域。

宗族和家庭中的性别

从经学的角度来说，在从一位老年男性祖先追溯到另一位男性祖先的长长的链条中，单个的家庭只是其中的一个环节，直到追溯至一个最初的祖先。这个宗族是由父子和兄弟之间的关系所决定的。在这里，女性是外来者，对繁衍后代是必需的，但对于丈夫所属的家庭而言，她只是异族。婚后，一位妻子仍然保留着她的家族姓氏，同她出身的家庭保持着联系。这对于确保政治联盟是至关重要的。但尽管有这些出身的联系，女性在她们出身的家庭也还是外来者。一个女儿在她父亲的家庭中并非一个永久的成员，她嫁给了外人，并且与她的夫家人生活在一起。哪怕是未嫁出门、生活在父家的女儿，通常也不可能分到一份土地。[1]

妇女在父系血统中的地位有相应的文本定义，然而这并不指导日常的行为和生活。在家庭内部，妇女拥有一定的权力，这种权力主要通过一位母亲向她的儿子们施加影响力来完成流动。在早期中华帝国，年龄的权威通常排在性别之前，向双亲——其父母——恪尽孝道是作为人子的最高义务。虽然据著名的"三从"原则，一位女性应该总是服从她所属家庭的男性，但实际上，汉代家庭的妇女们主宰了她们的儿子，儿子被迫尊重并服从她们。[2]

女性权威的一个关键性的表征，可以从唯一现存的一份大约在公元5年的汉代遗嘱中看到。这份遗嘱以一位寡母的名义所立，她召集了本地的官员作为这份遗嘱得以生效的见证人，她列出了家庭成员以及亲属名单，然后规定土地怎样在她的儿子中间进行分配，以及在怎样的前提条件下他们才能够获得这些土地。官员们作为证人参加遗嘱公证，这显示出政府认为这位寡母在处置家庭土地问题上拥有的权威是正常和合适的。另一个类似的例子刻在一方于公元178年竖起的石碑上，它记录了一位徐姓的寡妇如何处置、分配家里的土地。[3] 在这两个案例中，按照礼仪制度的规定，两位寡妇都应该服从她们的儿子，然而这种制度丝毫没有影响到实际发生的操作过程。

当一位寡妇再婚时，个人意志再次引发了一些实际操作上的困难，因为每个儿子的待遇取决于他们尊敬的先父与这位分配家产继承权的寡母的关系。在这种情况下，理论上的威胁被以下事实缓解：这位寡母仍然在她第一位丈夫的家中生活。她的继夫和她一起生活，而非反过来。于是，她先夫的直系子嗣们的生活状况——以礼仪制度来看，这是她应该最为关注的问题——没有受到任何威胁。儿子们的地位取决于他们的父亲，与此相似，第二位或者第三位妻子所生的孩子，其地位也总是低于第一位妻子所生的孩子。

母亲的权力在汉代诗歌中也有反映，《孔雀东南飞》这首诗以一位受公婆欺压的儿媳妇的口吻，记叙了她的丈夫如何被公婆控制，并被迫与自己离婚。另一首诗《陇西行》对一位理想中的完美女性进行了如下总结："健妇持门户，亦胜一丈夫。"更能说明妇女对她们的丈夫施加影响的例子是《孤儿行》，它讲述了这样一个故事：一个孩子在其父母双亡后，他的兄长取得了这个孩子的抚养权，结果这个孩子沦为一个不法小贩。如果出于和亡兄之间的情谊，这位叔叔应当采取更为得体的方式来对待这个孩子，但是，这位弟媳利用她的影响力破坏了这种关系。[4]

比弟媳问题更为严重的，是继母问题。当一个男人的发妻去世后，他又续弦娶了一个妻子，于是，她就以后妻（继母）的身份进入到这个男人的家庭。后妻或者第三位妻子通过残害她现任丈夫与其发妻生育的孩子来提高她自己所生孩子的地位，这种情况在当时颇为常见，以至于被视为中国家庭的一种结构性特征。在早期汉代的故事和汉代艺术中，对继母问题表现出来的焦虑，以及对失去母亲的孩子的关心，都是被给予重视的主题。比如闵损（字子骞）和蒋章训这类人物形象的故事，都是中国历史上经典的"恶继母"传说。在前者的故事中，继母残害丈夫和第一位妻子所生的儿子，直到孩子的父亲发现这个残酷的事实。在后者的故事中，当丈夫死后，继母试图杀掉丈夫前妻所生的儿子，多次失败后，她才相信，自己之所以失败是因为上天在护佑这个孩子。[5]

尽管妇女可能有一种养育自己的孩子的天性，但是作为楷模的妇女能够保护丈夫与前妻所生的孩子，甚至以牺牲她自己的孩子为代价。这不但保护了家族血统——在这种家族血统中，第一位妻子的后代具有最高的地位——而且更重要的是，它表明一种放弃自身权利的意愿，她的后代也同样会这样做。因此，"齐义继母"故事中的两个儿子因为和一具被发现的尸体距离很近，从而被卷入一桩凶杀案时，他们俩都承认是自己作案，以此来保护对方。由于"吏"无法侦断此案，便将此案上达到"丞相"那里，丞相让这位继母选择真凶。"其母泣而对曰：'杀其少者。'相受其言，因而问之，曰：'夫少子者，人之所爱也。今欲杀之，何也？'"这位母亲回答说：

少者，妾之子也。长者，前妻之子也。其父疾且死之时，属之于妾曰："善养视之。"妾曰："诺。"今既受人之托，许人以诺，岂可以忘人之托而不信其诺邪！且杀兄活弟，是以私爱废公义也；背言忘信，是欺死者也。夫言不约束，已诺不分，何以居于世哉！"[6]

由于这位妇女遵守自己的承诺，齐王出于对她的尊重，发善心放过了这两个儿子。但是，这个皆大欢喜的结果并没有缓和这个故事背后所掩盖的冷酷诫训。为了维护亡夫的父系宗法，一位妇女被迫选择杀死亲生儿子，而人们却为此欢呼雀跃。这个故事申诉着"公义"和"私爱"之间的矛盾，令人心寒，在这里，道德体系彻底地按照男性之间的传递来划定亲缘纽带。

对妇女的这类质疑是如此强烈，以至于一些奇闻逸事都赞誉和支持妇女在关键时刻选择一位兄弟的宗法血脉，而不是选择她丈夫这支，仅仅是因为需要这位妇女放弃她自己的情感和利益。因而，当"鲁义姑姊"放弃她自己的儿子而去挽救她兄弟的儿子时，她再次履行了这种以"公义"的名义放弃"私爱"的行为。同样，"梁节姑姊"竭力想从一场火灾中救出她长兄的儿子，却意外捡起了她自己的儿子。当她发现这个错误时，烈火已经延烧开来，已经无法再返回去挽救她的外甥了。在场的人们努力阻止她再次返回火场，他们大声疾呼："'子本欲取兄之子，惶恐卒误得尔子，中心谓何，何至自赴火？'妇人曰：'梁国岂可户告人晓也？被不义之名，何面目以见兄弟国人哉！吾欲复投吾子，为失母之恩，吾势不可以生。'遂赴火而死"[7]。

另一个和继母与弟媳所带威胁相关的危险，是寡母再嫁他人。这一点早在秦始皇时期的会稽刻石中已有所反映，"有子而嫁，倍死不贞"[8]。妇女再嫁（再醮）在汉代是一个重要的社会事件，因为如果一个寡妇再嫁或者把她的忠诚转移到另一个新的家庭，那么任何父系宗法都会面临损失，或者父亲面临绝嗣。同样可以理解，寡妇的生身父母家族经常鼓励她们再嫁，为的则是建立新的家庭联盟，而妇女在某

第7章 宗族

些情况下，出于自身的某些考虑，毫无疑问会选择再嫁。在这样的情况下，她会在她新家庭的推动下，优先支持她新夫家的儿子，其次才考虑她自己此前婚姻所生的儿子。

为了避免这种现实困难，一些文章辩论说，女性根本不应该再嫁："信，妇德也，壹与之齐，终身不改，故夫死不嫁。"[9]此类思想的最经典的体现，是梁国一位寡妇的"梁寡高行"。梁氏以貌美闻名，年轻寡居，却拒绝再婚。梁王派出一位国相，带着聘礼去聘她为妻。她回答说："妇人之义，一往而不改，以全贞信之节。今忘死而趋生，是不信也。见贵而忘贱，是不贞也。弃义而从利，无以为人。"言语未落，她就拿出一柄镜子和一把小刀，切去了自己的鼻子。她说，"妾已刑矣。所以不死者，不忍幼弱之重孤也。王之求妾者，以其色也。今刑余之人，殆可释矣。"[10]

这个令人沮丧的可怕故事并非耸人听闻——很多历史记录里都有发生在寡妇身上的类似事件。寡妇们为了拒绝再嫁，忍痛割掉自己的耳朵、手指或鼻子（图13），还有一些则干脆选择了自杀。

如同这些故事和汉代艺术中所描述的，亲缘结构是在父子之间构成的宗法制度。对于宗族而言，核心家庭——汉代家庭的主宰形式——的基础是不安全的，因为它把族外的女性卷涉其中。所有和妻子、姻亲、母亲以及继母的关系，都威胁着存在于父子之间的唯一可靠的联系。一位妇女可能因为忠心于她所出身的家庭，忠心于她潜在的第二任丈夫，或者忠心于她自己生育的孩子，而对她的现任伴侣及其后代构成威胁。对于一位继母而言，这种情况更是如此。但是，对于任何妇女而言，即使是一位母亲，如果她夫死再嫁，或者她对儿子的行为造成的影响过于强大，她都会成为一种威胁。对妇女的疑惧集中表现为一些特别极端的自我否定的行动，她们被社会要求向宗族显示她们的忠诚。对于家族中的男性而言，肢体的伤残和自杀行为都属于最高形式的犯罪，不但于己有害，而且不利于宗族。妇女们这样

图13 当国君的信使到来时,"梁寡高行"梁氏贞妇手持镜子和匕首割掉了自己的鼻子

的行为受到欢迎，显示出女性正统思想观念中的边缘地位。[11]

这些故事中的妻子们在与宗族的关系中还充任了家庭仆人的角色。作为外来人，妻子是为达成雇佣、仕进的目的，或者为取得某种认可，通过彼此交换忠诚的方式，才与亲缘集团联结在一起的。她和宗族联结为一体的方式和战国时代客卿与杀手和其主人的关系是一样的。这些故事中的妇女所采取的借以证明自己的极端行为，和战国时期一些杰出刺客和忠心门客向他们的主人表示效忠的自我否定的行为是一样的，这一切并非巧合。[12]

这些故事中没有出现父亲的影子，而且他们对于遭受母亲去世之痛的孤儿所担负的责任，也不存在所谓的"公义"。父亲们不需要这类有关正当行为的寓言故事，因为他们既是宗法的构成部分，又是其受益者。男人对他们儿子的私爱（以及对他们物质利益的关注）和他们的公义是一致的。相反，对于女人而言，爱和责任在某些时候是相对立的，前者很可能要对后者做出牺牲。汉代亲缘体系遵循着礼仪经典的教诲，在此范围内，它强迫女性处于外人的地位，谴责她们因这种地位而存在道德上的缺陷，然后向她们提出获得救赎的方式：摒弃自我情感，放弃自身利益，如果有必要，还要采取自残、杀婴或自杀的方式。[13]

实际上，女性成功地在各个方面颠覆了这些说教。皇亲的外戚大族（与皇帝有姻亲关系的豪强大族）中的强势女性努力寻求她们自身的利益，这在记录中都有细致入微的证据。在秦汉时期，如同家中的一位母亲可以主宰这个私家民户一样，太后也发挥着巨大的权威。在秦始皇年纪尚幼时，他的母亲就曾经是朝廷权威所在。汉朝开国皇帝的遗孀同样控制着朝政，并且在朝廷安插了大量自己家族的人。另外，在汉武帝统治早期，他的母亲实际上也控制着国家。在东汉时期，从第四代皇帝开始，登上皇位的都是一个又一个小皇帝，但朝廷实质上都是被他们的母亲或者外戚控制，或者被和皇家女眷们共享内廷的宦官把持。有很多情况下，皇后或者皇帝的嫔妃还控制着他们已经成年的丈夫。汉成帝刘骜（前33—前7）就是其中最著名的例子，他的统治归因于他没能生育男性继承人，但是根据历史记载，他杀掉了两位继承人，因为他们威胁到了他所钟爱的皇后的地位。[14]

太后或皇后当权，就有可能造成政治权威从政府官僚机构转向皇帝的内宫。随着权力日益集中于皇帝个人，政府事务也就由外部政府和朝廷机构转到了所谓的"内廷"。政治决策以及法令、文告等都落入皇帝身边人之手。起初，这些都由皇帝私人的秘书顾问团体负责。然后，那些负责照料皇帝起居的宦官以及皇帝的嫔妃和外戚开始对朝政施加越来越大的影响。虽然这些人中没有任何一个具有正式的权力，他们却通过和皇帝本人直接接近的机会，控制了政府的行政事务。[15]顾问成为官方认可的权力中心，在汉代以后的几个世纪里，这种模式一直被重演，直到在生活上更接近皇帝的职务意外出现时，他们才被取代。

性别和权力的空间结构

从最早的时期起，中国政治权力都被描述成一种内部权力对外部权力的支配。庙坛、宫殿以及中国早期以来的房屋建筑都在外面修了围墙，在进了大门之后所见的第一处建筑通常是人们从事活动的公共场所。"主人"及家庭成员，或者统治者及其家眷，在这里接见、招待外来者。当一位来访者越往后面走，就越会发现建筑变得"内在"和私密，而且禁止靠近。在一所民居，这些建筑通常会是房屋中男主人和女主人的私密居室。在一处宫殿中，这些建筑通常是皇帝的居住中心，在汉王朝，它就变成了"内廷"的中心区。[16]

目前所知最早的这类建筑模式是陕西省岐山县凤雏乡西周宫殿宗庙遗址群。[17]在朝南的墙上设有大门，通向前庭院。前庭院的北边是前厅。在这个厅后面,是两个由一条过廊分开的稍小一点儿的院落,这条过廊直通往后厅,宫殿就位于这里。沿东墙和西墙两厢一字排列的是边室"寝"。这样,就有一条自南而北的中轴线,穿过大门,纵跨前院,到达门厅,然后穿过两个小院落之间的过廊,最后到达后殿。这个后殿把内部的宗教礼仪转移到了建筑最后位置的宗庙主体——"堂"。

宗庙最前的位置摆放的是最近去世的祖先牌位,最后面的位置摆放的则是纪念完成开创事业的祖先神坛。于是,这种由外向里的方向同时也标志着一种时间的回溯序列,从当代人及其祖辈,一直到本朝发祥的始祖。由于周王的权威所赖以存在的基础是他们能够获得那些潜在的先祖神灵所具有的精神力量,所以,这种朝祖先接近的排列同时就是向王朝权力的起源和中心前进的过程。[18]

周代早期的神庙建筑原则为后代中国的宫殿和居住建筑提供了模板,至少在精英阶层是这样的。《礼记》《左传》,以及其他战国时期的著作所描述的建筑群,也是这样沿着一条类似的水平中轴线而设计,这条中轴线自外门直达内室,穿过了式样各异的建筑和广场院落。虽然汉代建筑没能保留下来,但是我们仍然能看到从汉墓出土的私人住宅建筑模型,在好几个墓壁上还能看到有些画像,画有围墙围起来的居住群,里面有不同的庭院和建筑。[19]

这种建筑的意义也在《论语》里的一个故事反映出来。孔子在家中遇到他的儿子:

> 陈亢问于伯鱼曰:"子亦有异闻乎?"对曰:"未也。尝独立,鲤趋而过庭,曰:'学诗乎?'对曰:'未也。''不学诗,无以言。'鲤退而学诗。他日又独立,鲤趋而过庭,曰:'学礼乎?'对曰:'不学礼,无以立。'鲤退而学礼。闻斯二者。"陈亢退而喜曰:"问一得三,闻诗、闻礼,又闻君子之远其子也。"[20]

孔子是一个理想化的父亲形象，他站在庭中，俯视着庭院，如同一个法庭中的裁判者。他的儿子姿态庄重，一路小跑过庭院的边廊，只在被父亲叫到时才敢说话。正如陈亢所说，父亲和儿子之间应该具有这种得体的关系，这是很明确的教诲，它们是通过住宅里面人所处的特定的位置和行为勾画出来的。

在战国和早期帝国时代，政治权威都由高墙隔绝，不为外人所知。只有高墙之内或望楼这类政权的外部设施才能得以窥视。对于统治者来说更是这样，为了安全起见，或者为了培育一种充满精神力量的神秘光环，他们都藏身宫掖，与世隔绝。就秦始皇而言，这种不为俗人所知的倾向被视为一种暴政和狂妄自大的标志。但到了西汉，皇权被隐藏或者成为"禁区"，却再正常不过，而且发展成为帝国的空间组织。皇权被不止一层而是层层城墙环卫：城市设施、皇宫区、宫殿、法庭，最后是内宫。道路在每道门口都有禁卫，越靠近建筑中心，有资格进去的人就越少。能往神圣的宫廷中心每走近一步，就意味着更多的权力和尊荣，这就是帝国的气质特征。

与此同时，依照"内"和"外"的逻辑，中国的性别也在空间上被结构化。然而，只有理论上毫无权力的女性占据了"内部"的空间，而男人们都被安置于外部公共领域。[21] 所以，中国人的世界具有一系列相互矛盾的平衡关系，这尤其引人注目。在这种矛盾中，权力藏身于最深处的核心，尽管女性也位于这个核心，但却被排除在权力之外。这种矛盾的制度化的表现是，当权力向内流向隐藏在内的皇帝时，它也从外部公共领域的男性官员那里流到了女性、她们的亲戚，以及和她们共享实际空间的宦官之手。这个现实表明，在正式的权力制度和它实际所处的场所之间，存在着一种强烈的脱节，虽然它们反复发生，常常突如其来，或者作为一种丑闻出现。

政治权威的这种空间秩序把政治权力和建筑空间内部、秘密和发祥始祖联结起来。由于女性占据了宫廷最核心、最隐秘的位置，同

第 7 章　宗族　　167

时她们还是男性皇位继承人的生身母亲,所以她们在中国家庭结构中的位置不但代表了对政治权力的限制,同时也是政治权力的来源。然而,这是一种隐藏起来的力量,它保持着神秘,而非昭示于大庭广众之下。无论何时,对这种隐藏的力量的了解一旦泄漏到公众场合,它招致的都会是恼羞成怒。

早期帝国生活中的儿童

在中国历史上,汉朝是第一个把童年变成一种有意识的文学思考的阶段。[22] 好几位西汉作者——贾谊、董仲舒,以及刘向——写了有关"胎教"的文章,作为在尽量早的、有条件的场合下影响孩子道德发展的手段。这种观念第一次是在战国时期的著作《国语》中得到表达,由汉代的贾谊具体描述并发挥成为一种确保皇位继承人健康发展的手段。他规定,母亲在其怀孕期间所视、所食、所闻、所言、所为,都应受到合理礼仪的指导。如果她被好的事物"刺激",生出的婴儿就会很好;如果被坏的事物刺激,婴儿就很坏。这种对选择受孕的重要性的强调很可能产生于《易经》和兵书,它们认为怀孕之初能使过程得到最好的控制。尽管现在还不清楚"胎教"在操作层面上能传播多远,但在时间断定为公元前 168 年的马王堆墓葬中,出土了这种技术手册,这说明至少在当时精英阶层是尝试使用的。

到了东汉时期,关于儿童成长和利用教育来改变先天气质的知识得到广泛传播。在某个时候,比如当经学教育成为一种被认可的通往仕途的途径时,以及当豪强大族通过荐举的方式支配朝廷的人事任免时,学者们辩论着遗传、早期经历以及书本知识在铸就人格方面的相对重要性。那些朝廷重臣或学者的传记通常充斥着关于他们幼年行为和经历的长篇大论,认为它们预示或者直接导致了后来的出类拔萃。[23]

大篇幅的文章重点描写了那些十多岁甚至更年幼时就能复述传统经典的文学神童——据说张霸在两岁时就知道礼让和孝义的原则，周燮在三个月大时就表现出了这样的美德。（图14）这些例子引起人们的议论：早年的成绩，成为后来在知识或者道德方面获得发展的表征。对神童崇拜持批评态度的人则认为"小器易满"。[24]

下面关于童年的记录不但说明了东汉教育和学术的理想，而且说明了在那个时期成人和儿童之间的关系：

> 建武三年（公元27年），充生。为小儿，与侪伦遨戏，不好狎侮。侪伦好掩雀、捕蝉、戏钱、林熙，充独不肯。诵奇之。六岁教书，恭愿仁顺，礼敬具备，矜庄寂寥，有臣人之志。父未尝笞，母未尝非，闾里未尝让。八岁出于书馆，书馆小僮百人以上，皆以过失袒谪，或以书丑得鞭。充书日进，又无过失。手书既成，辞师受《论语》《尚书》，日讽千字。[25]

7岁以下的孩子（在西方概念里指6周岁）是免除人头税的，因此这个年龄也似乎是幼年和儿童时代的区别标准。一般认为这个年龄的孩子已经开始形成理解能力，所以也就能够入学读书（尽管神童不包括在内）。[26] 一个人不到20岁（指男性）就不算成年人，到了这个年龄，家里将为他举行一个加冠礼。即使是这样，之后也仍然存在一些区别，比如，在某个时候、某个地方，注册服兵役的年龄是23到26岁。

东汉时期的赈灾法令强调，只允许给那些年满6岁的孩子提供赈济援助，儿童死亡并不像成年人死亡那样引人关注。秦律则规定，杀死身体残疾的儿童是合法的。有一通东汉时期的碑刻汉郎中郑固碑提到墓主有一位长兄在7岁时就夭折了，因此从来没提到其名，也没有给他立下墓碑。这位长兄出现在其弟郑固的墓志铭上，只是偶然被提及。不到6岁就夭折的儿童被称之为"不哀夭"，6岁到20岁之间这个年龄是人格达到完善的年龄段，以举行加冠礼为标志，在这期间死

图14 讲台上的老师正在教诲一家之子,这些孩子们按照年龄大小排好座位

亡的人被分为三类"早亡"。[27]

儿童不能够参加其他人的葬礼,因为根据汉代经学大师郑玄的说法,儿童"未成人"。虽然这个说法表明了普通家庭在正常情况下是如何看待他们的孩子,但在实际生活中,父母亲无疑对他们的儿子甚至是女儿都饱含慈爱,而并非像《礼记》所暗示的那样冷酷无情。东汉时期给死去的儿童所立的碑刻也反映了这种观念,碑刻描绘了孩子们玩着他们的玩具,悲伤地哀悼他们的夭折(图15)。[28]

就儿童及其父母的关系而言,汉代的思想资源中最关键的词汇是"孝"。它意味着当自己的父母健在时,对他们要尊重和服从;在他们去世后,要对他们进行祭奠,并且要终生遵循父母生前的教诲。这种行为被认为是发乎天性的,如同《孝经》所说,"亲爱之心,生于

图15 孩子坐在一个讲台上，面对着和家畜们玩耍的幼儿。稍下的位置描绘了一位音乐家、一位长袖舞者以及一位杂耍艺人正在为一家人表演

孩幼。比及年长，渐识义方，则日加尊严，能致敬于父母也。圣人因严以教敬，因亲以教爱……其所因者本也。父子之道，天性也，君臣之义也。"孝道因此也成为行事正确的基础。《孝经》成为汉代学者首先要掌握的经典，也就毫不令人感到奇怪。除了教育作为人子、人臣的基本美德之外，它还具有如下优势：只用了388个不同文字——所有的文字都平淡无奇。[29]

所有汉代皇帝的庙号都以"孝"这个字开始，以此表明他们都是孝子贤孙。考虑到西汉时的观念认为汉帝国属于刘姓宗族，以及东汉时期所强调的以孝道作为所有美德的基础，这种把"孝顺"依附到历代皇帝身上的惯常做法强调了他们都出自同一个血统，因而也必然崇敬并继承由先辈统治者们所创立的成例。所有皇族血统成员都要孝敬的最高目标，以及权威成立的至高源头，就是汉代开创者汉高祖刘邦，只有他没有被追谥"孝"的称号。

皇帝还必须对上天表示孝敬，因为他是"天子"。在东汉时期的很多时候，作为"天子"的皇帝本人实际上只是个小孩子，他向一位摄政王或太后表示孝敬和恭顺。一些大臣通过拥立一位小皇帝即"儿皇帝"来操纵皇位的继承，这位小皇帝只是一个傀儡和名义上的君主，真正的统治来自于"幕后"的力量，通常都是皇帝生母的亲戚，特别是他的母亲（或者外祖母）和她的兄弟们。通过这种方式，"外戚"或者姻亲就把持了皇室，对皇帝世系的最深层核心构成威胁。

成年女性和成年男子

上面我们已经用很长篇幅讨论了女性的地位，所以我在这里要检验一个最为醒目的男性权威的例子——刘姓皇室的历史。高祖去世后，他的皇后在公元前188年起开始摄政，起初，忠心于刘家汉室的人把她说成是一个非法篡权者。她从来没有声称自己是一位统治者，但是她用不可置疑的权威签发诏书、法令，把自己的亲戚都提拔到当朝最显要的职位。8年后，她去世时，她的亲戚设计了一场不成功的阴谋，试图消灭刘氏宗族，这使她成为居心叵测的外戚的代名词。

并非所有的太后都利用自己特殊的地位发展到如此地步，但是这成为一个固定的模式，即在缺少明确人选的时候，太后会指定一个新的王位继承人。太后本人如果不能摄政的话，还会为小皇帝指定一位摄政王，而且她通常会从她自家的宗族中挑选一位人选。这也就是西汉末期王莽上台的缘由。到了东汉时期，王位继承变成了一个始终存在的难题。在第三代皇帝之后，实际上所有的皇帝尚在冲龄就入继大统。由于11位皇后中有8位没有子嗣，妃子们的子孙为了上台，进行了剧烈的争夺。在37年时间里，不少于7位摄政者控制着朝廷。皇后开始成为她们出身家族的代表，也成为刘姓皇室和掌控着帝国不同地区的豪强大族之间的连接纽带。从四个不同家族中各出现两位皇后，这些皇后有能力在朝廷职务任免中维护自己亲戚的地位，因此这些家族在他们的统治阶段获取了巨大的政治影响力，攫取了巨额财富。然而，来自其他家族的对手、宦官以及侥幸登上皇位、逐渐成年者之间，权力在不停转移。任何一个家族的失败都会带来犯罪的行为、屠杀以及没财入官的结局。

这些"外戚"在试图把自己的意志强加于官僚机构的同时，也充当了刘姓皇室的同盟。于是，汉武帝设法通过把商业转移到自己后宫的方式来增加其个人权威，而且他经常提拔姻亲担任朝中要职，尤其是在帝国军队里。他开创了任命最高军事长官为"内廷"首脑这一做法，用自己的姻亲来填充这些职位。东汉光武帝也同样安排其"外戚"进入"内廷"，而且在东汉之初任用他们做私属官员。东汉时期绝大多数时间的政治史都充斥着宦官集团和皇室姻亲之间的斗争，他们想方设法控制"内廷"，因为那里才是真正的权威所在。

在早期中华帝国，一个关键的女性角色是妾或者"次妻"。成年男子只能有一位合法妻子，但有钱人则可以在家中再养一个女人，令其侍寝并在家中帮助照料小孩。在礼仪文献中，妾或者"次妻"的角色并不特别惹人注意，尽管皇帝能合法地拥有成百上千甚至上万名后宫佳丽，这很大程度上是向常规做法的一个让步。然而，在四川发现的一方东汉时期的墓碑却是为了纪念一位年方14岁的妾。这为我们提供了关于"次妻"的最佳描述：

> 自彼适斯，蹈礼伉言。
> 恭顺承舅，孝行布宣。
> 述嫔慈惠，聪达楚樊。
> 继姑入室，勤养拳拳！
> 育理家道，郡宗为轩。

> 求福不同，操无遗愆。
> 约身纺绩，殖赇圃园。
> 敬姜诲子，叔敖阴恩。
> 男三女二，雍穆闺门。
> 女则哲礼，男则与权。
> 节义逾古，训导不烦。
> 九族和亲，若叶附根。[30]

尽管汉代诗文中的夸张手法早在当时就受到诟病，但除去某种程度上的夸张成分，这段话有助于勾画出当时社会观念对一位"次妻"所持的期望。它很强调纺织和出售谷物，更重要的是她要能适应新家族的习惯（他们的"道"），她要对这个家族的祖宗表示尊崇，而且对正妻俯首帖耳。终其一生，她都要保持这种态度。另一个墓志则哀悼一位妻子的去世，这次不是和三个比其早亡的可怜儿子合葬在一起，而是相反，和她的公婆葬在一起，这样就能在身后永远地侍奉他们。[31]

早期的礼仪手册描绘了一个大家族。在这个家族中，女性处于谦卑的地位，族里较高辈分中最年长的男性行使着最大的权力。同样，在一个家庭中，丈夫就是家里的主宰。他有权惩罚家里的成员，但是——至少在理论上说——不允许残害他们或者杀人。即使是处罚奴隶，也只有地方官才有权判其死刑。秦律也特别优待家中的长者，并且有效地把孝敬老人写入了法律。一位已经成年的儿子如果状告自己的父亲或者母亲，他的证词不能视为证据，而且告状者本人反而可能受到惩罚。如果为人子者殴打自己的祖父，他就可能被处以"黥刑"，刺配去做苦役。一个人如果被指控有不孝的行为，就足以被判处死刑。一个父亲在他和孩子之间的关系中，具有法定的优越性："父盗子，不为盗。今假父盗假子，何论？当为盗"。父亲还可以要求政府流放、鞭打，甚至是处死他的孩子。[32]

一个宗族首领的权力和地位来自他的祖先所累积起来的力量。一个帝国的创始人或一个封国的开创者创立了一个能量宝库，这种阴德可以传递给他的继承人，但也会随着时间的流逝而消退。一个拥有这种能量的人将长期拥有前途光明的后裔，相反，如果后代缺少这种能量，那么他很快就会淡出舞台。就此而言，刘氏家族仍旧是最清晰的例子。西汉末期的最后三位皇帝都没能养下子嗣作为继承人，对于很多人来说这意味着这个家庭的能量已经耗尽了，因而应该很快就会被取代。这种争议的出现是为了支持王莽试图建立的一个新的皇族世系。光武帝恢复汉室，在半路上挽救了这个王朝，并且给了它一个新的能量库。相反，社会地位较低者或者能量较小者可以通过数代人的努力，积累能力而非散失能量，最终开花结果，通过成功的后代的努力，推动整个血缘家族获得影响整个帝国的荣誉。断代史学家指出，绝大多数位至显贵的人都来自那些在地方上已经数代人享有声望的家族。[33]

这种认为直系祖先能保证自己成功的观念的一个表现就是东汉时期越来越强调对去世双亲葬仪上的挥霍浪费。至迟在公元前4世纪，就葬仪是该费力精心操办还是该以平常心俭朴对待，已经掀起了一场辩论，但是到了东汉时期，钟摆果断地停摆到了支持隆重举办葬礼的这一边。各家各户在举行亡父母的葬礼时，都挥霍钱财，努力炫耀，还要按照几近苛刻的要求"守制"，所有这一切都旨在胜过他人，并且利用这些行为来表现自己的孝道，从而在政府中获得职位。社会上对此持有很多批评的言论，认为许多家庭在其父母健在的时候不愿意为其花钱，却在他们身故之后夸耀大方。这些后人为亡父母们树石碑，建神龛，上面刻满溢美之词，荒唐地夸张亡父的伟大。[34]尽管这些明显过于浪费的葬礼都只是为了给自己争得体面，但他们这样做还可能是为了回报祖先，因为他们通过祖先给予的阴德而获得了物质的财富，也是为了确保祖先的魂魄能够在将来继续护佑自己，确保当代人获得源自祖先阴德的优越性。

并非所有人都同意一个宗族能够产生给后人带来美德和成功的能量。在争论教育的价值和目的这个问题上，有人认为知识和成就依赖于个人的努力或者天赋。公元1世纪时的东汉学者王充出生于一个商人家庭，其父和祖父都以狂放不羁而著名，他辩论说，聪明人都会显得特立独行，不像是某个显要家庭出身的成员。40到50年后，学者王符也同样指责依附于大宗族或者与其有联系的行为。[35] 然而，他和王充都承认，大多数同时代的人能够富贵是因为其家族背景，断代史家的传记也证明，东汉时期很少有人能够不出身名门而身至荣显。

老人和先祖

在早期中华帝国，从某种程度上讲，潜能可以用寿命来衡量。孔子说过"仁者寿"，虽然有很多无法解释的例外，一些汉代思想家仍然坚持这个看法，而且认为理论上就是这样。[36] 从而，无论是某个世系还是个人的持久性都归因于来自道德潜能的一种共同资源，这种资源是由正确的言行产生的。在中国社会，早在汉代以前很久，对老年人的尊重就成为一种价值体系。

在孟子描绘的一种理想图景中，照顾老年人具有重要意义："五亩之宅，树之以桑，五十者可以衣帛矣。鸡豚狗彘之畜，无失其时，七十者可以食肉矣。百亩之田，勿夺其时，数口之家可以无饥矣。谨庠序之教，申之以孝悌之义，颁白者不负戴于道路矣。"[37] 然而最后一句话却表明，尊敬老人在当时更多地仅出现在礼仪手册之中，并非在孟子所生活的时代人们就实现了这一点，到了汉代，尊重并照料老人已经成了基本道德。

尊敬长者有几种表现形式。普通给予头衔的赏赐把等级和年龄两者粗略地挂起钩来，因此，在政府组织的宴享典礼上，座次的排序、食物的摆放都更尊重长者。法律还赋予老年人几种明确的权利。在东汉时期，每年中秋，国家都会在都城南边的老人庙祭祀老人星。在这个宴会上，年满七十的老者都会被御赐手杖，还会假设他们都已年老齿稀，手把手给他们喂粥。手杖的头上雕成鸠形，称为"鸠杖"。据说鸠永远不会被食物噎住，这也是给手持鸠杖的年长齿稀的老人的一种祝福。这些手杖由皇帝赐予，也称王杖，被授予的老人可以得到声望和保护。

简牍文书中记载了这么一个案例。一位官员殴打一位持鸠杖的老人，老人失手把手杖掉在地上，摔坏了鸠。因为鸠杖乃皇上所赐，这位官员就因此被处斩弃市。汉律强调，乡民们应该给予老人优先权，而且因其年龄差别而享有和地方官员在政府中行使的类似权利。东汉时，由朝廷发起的礼仪汇编《白虎通》也强调，老人具有免除惩罚，免除极度紧张的致哀义务，以及免除强制性的劳役。[38] 理想的寿命是70 岁。孔夫子活了 72 岁，刘向和扬雄活了 71 岁。墓碑经常会记录那些在五十多岁时去世的人，认为他们死得太早了些。但活过 70 岁却也是喜忧参半，因为汉代的人们已经充分意识到人到老年后体质出现的问题：

> 精神销落，形骸丑恶。龃龉顿挫，枯槁腐蠹。
> 衰老困极，无齿不食，痔病痈瘵，就阴为室。
> 耋老鲐背，齿牙动摇，近地远天，下入黄泉。[39]

少年时期和欢乐时光的短暂易逝也是该时期诗歌的一个主题，尤其是《古诗十九首》：

> 回车驾言迈，悠悠涉长道。
> 四顾何茫茫，东风摇百草。
> 所遇无故物，焉得不速老。
> 盛衰各有时，立身苦不早。

> 人生非金石，岂能长寿考。
> 奄忽随物化，荣名以为宝。[40]

早期帝国的亲缘结构中的另一个重要元素是祖先的记忆以及他们对崇拜仪式的保留。能把祖先追溯得越为久远，就能号召更多数量的亲戚，也就越能在必要时召集更多的力量。一个家庭如果只能记忆不到一代到两代人，就只能与少量的家庭发生联系，但是如果一个家庭能把他的祖先追溯到数代以前，那么他就能把成百上千的家庭联结在一起。所以，缅怀祖先并为他们骄傲，对建构当前社会是至关重要的。

共同分享同先祖的联系，决定着亲戚之间的纽带。礼仪手册指出，神龛有两个目的：纪念某人的祖先，以及决定家族成员之间关系的亲疏。排列世系的方式是众所周知的"五服"制度。如果是儿子祭奠其父，他将穿上最简陋粗劣的衣服（一种不缝边的衣服，犹如刀割斧斩，故名"斩衰"），服丧时间最长（一直到其父去世后第三年）。如果他祭奠本族曾祖父兄弟的妻子（曾伯祖母），那么他将穿上最轻一等的丧服（缝边，用最细的熟麻布做成，名"缌麻"），期限也最短（三个月）。于是，五等级制形成了一个高度复杂和内容宽广的礼仪体系。[41]如果某人不能归为其中某类，那么就不是本族的一名亲戚。《礼记》指出，根据五服制度，如果你和某位去世者有亲戚关系，那么即便是长途跋涉也要前往凭吊，但你不需要参加一个没有这类关系的人的葬礼，即使逝者是你的近邻。[42]这是一个极端的规定，现在无法断定当时的人在多大程度上遵行它。近年来在马王堆遗址发现了一份带有亲戚表格的简牍，上面所刻的凭吊关系说明，血缘结构是被非常严格的遵循的。

这种对死者的礼节性记忆在汉语关于人的生命长短和生存时间的描写中也有反映。汉语里生命长短称为"寿"，它最为常见的比喻（如同上诗所说）是"寿比金石"。然而，"寿"不仅仅是外在躯体的生命，还指后代关于某位祖先的记忆以及把他保留在祭祀崇拜之中。这是一种基于一个亲缘集团的存在才可能有的社会身份的寿命,或者是文学作品中的一个特例。崇拜者在高祖的神龛前向他祝寿,《孝经》把神龛定义为举行至高的尊重仪式以防止忘却祖宗的一个地方。《道德经》也有类似的说法:"死而不亡者寿。"[43] 前引古诗也总结说,尽管人的肉体无一例外会"变形"并过世,但一个光荣的声誉却是一种财富,它将存在于崇拜仪式和文学作品中,经受住漫长岁月的考验。在汉朝的祖先崇拜中,死者的魂魄和当下活在人世崇祀和照料它的人一样生存着。一旦魂魄停止了接受献祭,那么它就会被淡化,直至消逝。这种淡化并非其运气不好,偶然为之。礼仪经典描述了一个"有计划忘却"的过程,在这期间,最老的神主将按顺序被撤去。在国家层面,距当代最近的四代祖先的神主都有神龛,接受后人的献祭。当新的一代祖先被加上去以后,最上面的第一代神主将被撤去,其他几个就顶替上去,依次往后排。正如汉元帝时的少傅匡衡[44]所说:"立亲庙四,亲亲也。亲尽而迭毁,亲疏之,示有终也。"[45]

唯一能免于被撤毁神主的人物,只能是帝国的开创者或分封国的首位诸侯王,他们是不能够被忘记的。因此,理论上讲,只有五庙的神主能够接受祭享。据说周代有七庙——当前四庙以及传说中的农神后稷,他在接受封地后,创建了"周",另外则是文王和武王,他们征服了商朝,把"周"由一个封邑变成一个王国。于是,利用建立王国或者其他持久的形式,祖先魂魄的寿命也就直接将其贡献和宗族的寿命联结在了一起。

到了西汉末期,有异议认为国家开创者并非唯一值得永久记住的君王。最早的异议是为了支持汉武帝,他击败了匈奴,改革了历法,建立了神圣的崇拜制度。在其死后,数代后人仍然能感受到他的影响,所以,他们崇祀他的庙坛也是很合情理的。[46] 这种观点被普遍接纳,汉武帝因此和汉高祖一样,成为一个永久崇祀的祖先。

这一步开了一个前例，西汉官员们一直纠缠于谁才够资格接受永久性的纪念这个问题，但到了东汉时期，他们的争论只是哪些人不该接受永久纪念。到了东汉倒数第二位皇帝汉灵帝时（公元168—189年在位），所有以前七位成年的皇帝加上西汉时期的另外一位皇帝，都被赋予了永久崇祀的地位。他们中没有任何一位建立了国家或者获得土地，有的根本没做出过任何贡献。但是，给予某位祖先永久祭祀而拒绝另一位，事实证明这是很困难的。[47]

在帝国层面以下，对死者的永恒记忆也得到提升，人们开始在先人的墓地边为地下的先人树立墓碑。这种大众化的做法和先祖神庙中供奉木主具有同样的性质。有一方石刻这样夸赞："镌石立碑，勒铭鸿烈，光于亿载，俾永不灭。……先民所臧。载名金石，贻于无疆。"[48]

于是，在汉代发展过程中，对祖先的记忆开始消失，取而代之的是寻求寿比金石的永恒。永不衰朽的祖先保证了统治者的血脉传至久远，国祚万年，但是，这一切最终都化为了尘土。

第 8 章

宗 教

中华帝国的宗教信仰思考的领域是"神"和"阴"。[1]从很早开始,中国人就向和人世平行的神灵世界献祭。两个领域——一个有形的,另一个无形的——大致上是平行的,人的死亡只是从一个领域转移到另外一个。宗教行为大多数是为了控制这两个领域的人口流动和影响:确保去世的人离开人世,不要再返回人间,同时引导能量、祝福或信息的流动,在神灵和人类之间联系的合法的联结点上使它们返回人世。

这些彼此联系和交换的节点有时会人格化(比如人的预言、梦境或出神之时),有时会地域化(如同在神圣场所或庙坛),有时会是可见的征兆却带着充满争议的解释(比如一些奇迹:彗星、日食、旱灾或水灾)。

联结点

有形领域和无形领域之间的一个联结点是进行献祭的庙龛或神坛。通过宗教仪式展示,献祭场所转化成一个和世俗世界截然分开的神圣地带。它是一个宗教化的时空场所，在这里，传统的物质生活和观念模式都停止了活动。汉代创立者高祖的一位乐师在献给他的颂辞中援引了这种宗教领域：

> 高张四县，乐充官廷。
> 芬树羽林，云景杳冥。
> 金支秀华，庶旄翠旌。
> 《七始》《华始》，肃倡和声。
> 神来宴娭，庶几是听。
> 鬻鬻音送，细齐人情。
> 忽乘青玄，熙事备成。
> 清思眇眇，经纬冥冥。[2]

这个神圣的空间弥漫着烟雾、香料、音乐，这里旗帜林立，模糊了普通的感官。主祭者用禁食、玄思来准备沟通神灵。这种大范围的自我抑制不只是能够涤荡人的躯体，还能促使人的精神状态更容易体察到神秘的现象。在这种宗教仪式的氛围中，通过精心准备的参与者们能够倾听到祖先的神灵们降临，并且和他们仍活在人世的亲属们一同享宴，还能看到他们在世界变得黑暗之前离开这里。这类情景在《诗经》的一些诗歌里有所反映，在那里，神灵们喝着祭酒，酩酊大醉。[3]

可视界和不可视界之间的第二个联结方式是灵媒（spirit intermediaries）。灵媒能够穿越"阴间"，和里面的居住者取得联系。在汉代之前的一到两个世纪，目前保留在《楚辞》一书中的"九歌"就描绘了这种演示：男女萨满"巫觋"载歌载舞以娱神。[4]

在汉代，灵媒陷入恍惚或者通过狂欢舞蹈的方式来召唤死者，治疗疾病和祈雨。从遥远的东南"越"地来的宗教仪式专家由于拥有非凡的能力，在朝廷特别受欢迎。西汉史学家司马迁对宗教人物利用阴影戏和模棱两可的言辞欺骗汉武帝的方式予以讽刺。有一位从东北来的名叫栾大的方士巧言迷惑了武帝,他被赐侯爵,授府印和食邑两千户。司马迁观察说:"海上燕齐之间,莫不搤捥而自言有禁方,能神仙矣。"[5]

这类人物的地位随着时间的推移而逐渐衰落,他们背负了越来越多的禁令限制。同"巫"结婚的男人不能在政府中担任公职,虽然这项禁令经常被忽视。巫觋不能在路边招徕生意,在某些场合下甚至禁止收费。[6]尽管如此,这类人在中国社会的各个阶层都提供着宗教迷信的服务。

可视界和不可视界也会在山巅之上、高楼之上,或者大地的东方或西方的尽头相遇。无论是秦始皇还是汉武帝,都希望通过攀登高山、修建高楼的方式来寻找不死的仙人。他们还派出队伍,穿过东海(太平洋),寻找海上仙山的仙人。相反,在西方的尽头,是西王母的区域,她居住在昆仑山巅的宇宙中心(图16和17)。公元前3世纪,周穆王在瑶池和她相会,这为后代雄心勃勃的帝王提供了一个历史的先例。

人间和仙界两者之间靠垂直的天梯相连,这种信仰也能说明汉代墓葬习俗中在墓的顶端植树的这种做法。树是长在山上的,仙人们则住在树的枝干上。四川出土的青铜"摇钱树"描绘了西王母及其仙班,他们坐落在以仙人们生活的"太阳树"为模式的树枝上。烧制的陶质树上带有双翼的仙人们栖息在树的枝干上,而人类的形象则位于底座上。[7]

第四个联结点是预言——感受和影响未来发生的事。从新石器时代就开始出现的用钻灸甲骨来分辨神灵意愿的方式一直持续到汉。经典著作《易经》记载,通过掷蓍草的方式可以依其卦象来占卜某个活动的过程。古墓葬出土的文献展示了建立在日历基础之上的占卜行为,日历是将要开展的某个活动的日期,就像后代中国人看老皇历一样。相关的卜辞利用一场疾病开始发病的日期,预测了它的整个

图 16 西王母端坐在高山之巅

图17 两位仙人坐在非常具有特色的山顶上，在棋盘上玩六博戏

生病过程。在尹湾汉墓中发现的类似的预言包括了一份普通的星相表以及一张预测某个特定日期有利于做某种事的日历。所有这些占卜模式都建立在这样一个理念之上：时间不是一种持续、同质的介质，而是一个多变的进程，其中每个环节都有不同的性质，因而也就适合于某种特定的活动。[8]

其他形式的预言需要解读自然环境的因素，包括风或者其他气候现象。（图18）一份马王堆出土的文献给我们呈现了一些图片，上面有彗星、围绕太阳的圆形轨道，以及天上其他一些可视图形。这些图片附有文字说明，标明了它们所预言的事物。星相预测被广泛使用，特别是这样一种形式：预测者的板或宇宙图为其在宇宙中定位，令其能够洞察问询者的环境。司马迁的《史记》包含了一篇讨论星相预测的长篇论文。[9]

另一类预言通过外在的形式来解读运气。相术（外表体形）能够预测个体的运气，无论是人还是动物。马王堆出土的一份资料描述了相马的技艺，其他资料则提到如何相狗。居延出土了军事方面的竹简

第8章 宗教　　185

图18 雷神驾着由龙拉的云车,车的顶端设有雷鼓

文书,讨论了如何鉴别一把宝剑。即使是器皿或工具的形状也能够提供用以预测的线索,但是关于这方面的文献没能留传下来。和相术有关的是风水术的早期形式——风水术,它通过观察地理形态来占卜未来,正如通过看一个人的面相来算命一样。[10]

梦也被视为征兆,汉代以前的文献提到了关于梦的解释的著作以及记述精于此道的专家的著作。死者的魂魄或者上帝会出现在梦境中,并且对做梦的人提出要求,比如要求提供一套合适的葬仪,或者为死者的阴间生活提供服务。有时候他们也会提供一些信息,这些信息的精确与否决定了梦所具有的权威。其他的一些梦都是代码式的符号——比如,一个关于太阳的梦预示了一位拥护者和一位君主。如果想了解这类梦,就需要专家的帮助,或者求助于一本手册。在描述中,解释梦境的行为指导着未来,因此,如果能够在分析一个看似消极的梦时给出一个积极的解读,那将会是一个皆大欢喜的结果。[11] 这是重要的，因为中国人的预言通常都被视作对某个行动的指导，而非对某个既定命运的说明。预言不是提供对一种注定的未来的知识，而是理解事物的发展趋势，这样就能够本着取得最好结果的原则来采取行动。

非同寻常的自然奇迹即"灾异"事件也被视为预兆，其中多数是对皇帝的警示。一些作者把"灾异"视为有意志的上天所发的警示，然而其他的一些作者视其为在天、地和人三者之间隐藏着的"感应"。任何不合度的行为，尤其是统治者暗中的一举一动，都能产生足以打乱传统秩序或自然周期的能量。如果刑罚太严，女人或官员在朝中权力过大，或者有其他任何打乱事物合理进程的事物，都会对自然世界造成连锁干扰。这如同拨动乐器上的琴弦，会引起其他乐器上相同音高的琴弦的律动。

历史文献有助于解读"灾异"，因为过去的日食、月食或者其他类似的现象能够与当前政府的失误相对应。《春秋》这部被视为孔子对汉代兴起所做预言的著作，就是这类信息的一大来源。它变成为一种原典（一种原始文献，后来的版本都由它而生），为预言的解读提供指南，如同下面所引董仲舒所做的解释："《春秋》之道，举往以明来。是故天下有物，视《春秋》所举与同比者，精微眇以存其意，通伦类以贯其理，天地之变，国家之事，粲然皆见，亡所疑矣。"[12]

董仲舒和其他一些人力图以他们对历史和经典文献的掌握为基础，通过解释预言的方式来影响朝廷政策。然而，因为任何符号都有很多可能的含义，从事阐释的学者最后形成了以京房和刘向为中心的学派。东汉历史学家兼诗人班固把这些互相矛盾的解读汇集起来，写就一篇并不成功的论文，此文后来成为《汉书·五行志》的一章。[13] 由于解读具有多样性，通过对预兆进行解释来引导国家政策的这种努力，似乎从来没能取得预期效果。

以预兆和术数为基础的预言是所谓谶纬的核心内容。这些被称为孔子或其他圣人掩藏在经典之中、对预言所作的神秘的传。它们最早出现在公元前1世纪的下半叶，在王莽统治时期最为繁荣，在东汉时期则产生了巨大影响。许多谶纬讨论的都是危险的政治事件，比如推测出汉祚能够苟延残喘的年数，预言将会出现一位新的皇帝（王莽），甚至预言了他的衰落和汉的复兴。其中还包括关于世界的数理结构的素材、历史发展的形状，以及古代圣人的神秘行为和特性。尽管存在着一系列的禁令，这些谶纬在朝代的更替中例行其事地为其提供神启，因而在汉代衰亡后长达几个世纪的分裂中仍然发挥着重要影响。

以上这些与神灵世界的联结点都具有一个共同特性，那就是需要一位宗教信仰的专家或一个传递信息的专家。祭祀有自己的礼仪专家，萨满和术士则是灵媒，占卜则由专家来完成。尽管任何识字的人都能够借助《易经》，但他都有可能误解它的神秘图式，所以一位专家在这里是很有价值的。解读预言既需要精通历史知识，也需要熟悉预测术的相关传统。汉代的人如果不借助工具，大多数不具有跨越这两者鸿沟的能力。然而，这类能力可以通过训练或者对文本进行学习来获得，而且它不需要内在的魔力。

国家信仰

祖先崇拜是商周时期首要的国家信仰，到了战国时期，这种信仰被对宇宙神灵或对重要的自然地点尤其是名山大川的崇拜取代。这反映出统治者需要把周代的统治者边缘化，因为他们仍旧是祖先崇拜和上天崇拜的至高对象；也反映出统治者需要通过崇拜力量巨大的宇宙神或者与他们自己国家有联系的神灵，来强调他们自己国家的神性。[14]过去的崇拜重心是向死去的祖先献祭的祠庙，现在则转到向自然神和宇宙神献祭的室外神坛。一个是在屋梁之下进行的对人的崇拜，另一个是在野外进行的自然崇拜，二者之间的区别在后代中国人的信仰里始终非常重要。

到了秦朝，秦始皇授予自然神灵至高无上的地位，他继续建立对方位神"帝"的崇拜——在户外神坛举行——并且开始在泰山山顶及其附近一座小山上进行封禅仪式。这类祭祀思想萌芽于战国时期，当时的作者强调，所有最后能在人世间实现"太平"的君王都举行这样的祭祀。"封"意思是"授予"，汉代的资料显示，这种祭祀标志着对一个既定区域的主权。秦始皇进行封禅仪式的事件标志着他对人间拥有主权。

祭祀的细节可能是皇帝及其臣僚们共同发明的，它需要在山脚下献祭，并且埋下一份写好的、献给山巅的至高神的盟书。在举行仪式之前和之后，秦始皇登上了中国东部的其他一些山峰，刻石纪功。"封"的祭祀是对名山献祭的一部分，它强调始皇对他新近征服区域的主权，并且炫耀他对神灵和人间的胜利。举行祭祀标志着建立了对人世间的统治，这个统治也被仙人和神灵的世界认同。

来自泰山所在国齐国的方士们给出了另外一种解释。依他们的说法，献祭是为了像黄帝那样获得永生。在献祭结束、登上山顶、埋下宣言之后，秦始皇（还有汉武帝，他也重复了"封"的仪式）应该遇到了仙人，在仙人的陪同下，他能够升到天界，与所有仙人住在一起。在另一个由儒家学者提供的解释里，祭祀是献给周代天神的，因而把这种仪式和对上天的崇拜混为一体。[15]

封禅仪式是一种特殊的表演。秦和西汉时期最重要的国家宗教是对四帝（后来是五帝）的崇拜。这些主宰方位的神，每个都以同其方位相联系的颜色命名：东方为青，南方为赤，中间为黄，西方为白，北方为黑。把帝作为方位神进行崇拜的最早记录出现在公元前7世纪的秦国。秦引进了对白帝的崇拜，因为秦是最西边的国家，因此在该神的保护之下。它后来加入了对黄、青和赤帝的崇拜，或许是一种对中部国家、楚国以及东方诸国进行征服的表达仪式。对黑帝的崇拜是从汉高祖于公元前205年开始的,从那以后,"帝"就作为一个代表了所有方位的群体受到崇拜。

和其他领域一样,汉代早期把秦的宗教仪式发扬光大,不但继续献祭,还给他们配以同样的庙坛,配以相同的音乐。就连"皇帝"这个由秦始皇借秦国的最高神而发明的称呼,也被汉代皇帝沿用了下来。正如分封仪式中所表现的那样,汉代继续把对"帝"的崇拜和对土地的权威联系起来。天子有一个用以祭地的坛"社",系由五种颜色的泥土构成。在分封的仪式中,新的封君领到一撮泥土,泥土的颜色和他所受封的地区相对应。如果他将接受东方的封地,他就会被授予青色的泥土;如果在南方,则会是红(赤)色的泥土。受封者带着这包泥土到他的新封地去,并把它和当地"社"坛的泥土融到一起。在这个仪式中,天子的"社"坛成为一个小宇宙,把它里面的泥土分发出去,意味着中央的权威辐射到了全世界。[16]

汉武帝引进了好几种新的宗教崇拜,其中最重要的是对"太一"和"后土"的崇拜。前者最早发源于楚地的一种信仰,该地是刘家汉室发源之地。这位神灵主要能够抵御武器和保证战争的胜利。战国时期的哲学著作《庄子》和汉代早期的哲学论文总集《淮南子》都与楚地有关系,它们都把"太一"描述为一个尚未产生差别的国家的体现,它存在于世界分裂为天和地、阴和阳之前的阶段。马王堆出土了一幅画,其时间大约在汉武帝统治时期之前25年,该图显示"太一"崇拜取代黄帝成为"五帝"的统治者。

对"太一"的崇拜是由汉武帝建立的,它似乎被当作献给"帝"这个单一、高贵神灵的一种至高的献祭。汉武帝把对"太一"的崇拜和对"后土"的崇拜相提并论,这说明"太一"是一位天神,他和"后土"相对应,成为一个重要的补充。"太一"在哲学文献中是一种最原初的存在的体现。可能作为一位天神,他在仪式上包含了"五帝",而且汉武帝举行的"封"也是为了祭献给"太一"。[17]

在西汉的最后 50 年期间，尤其是王莽统治时期，对"帝""太一"和"后土"的崇拜逐渐被每年为之举行"郊祭"的天的崇拜取代。上天曾经是周的至高神，但是周王祭天的仪式在周天子权威消失的几个世纪里消亡了。汉代理论家，比如董仲舒等人，通过搜集和重新阐释那些散佚的关于祭献的经典文献，发明了一种理论，这就是周天子曾经在新年或春耕之时，到都城南郊的一个圆形神坛向上天献祭。这个仪式和封禅仪式一样，并没有理论上的基础，被发明出来是为了仪式化地描述帝国的品性。因而它的"起源"就是通过充满想象的文献解读，从历史记录中被找到的。董仲舒提倡，把这种过去向周代至高神所做的献祭转到汉武帝，可能是用儒家的方式来取代无所不包的献祭——它们融合了秦国对"帝"的信仰、楚国对"太一"的崇拜，以及东部的齐国地区在名山之巅举行的献祭仪式。这个提议刚开始并未引起关注，但到后来变成国家中心祭祀的是对天的"郊祭"，而非对"太一"的"封"。

对"太一"的崇拜和对"天"的崇拜分别得到不同知识分子群体的支持。公元前 31 年，经学大师兼官员匡衡作为一名"天"崇拜的支持者，建议把当时地位处于上升阶段的"太一"崇拜迁往南郊，而把"后土"崇拜迁到北郊的某个地方。他辩论说，皇帝前往路途遥远的神坛进行祭祀，不但花费很高，路途充满危险，而且都城里举行皇家祭祀的古代先人们也支持这次搬迁。他把"太一"和"天"的崇拜同等对待，也把"后土"和土地崇拜同等对待，从而把它们的信仰视作古典崇拜的一种降低格调的版本（它们本身就是一种充满争议的发明）。

尽管历史记载并不明晰，但资料显示在南郊举办的首次"郊祭"是为了献给"太一"。由于献祭并未能如愿地带给皇帝一位继承人，匡衡为此丢尽了颜面。之后，一场暴风雨摧毁了"太一"神坛，汉成帝也被梦魇萦绕，因此"太一"神坛又移回了原来的地方，"太一"

成了接受祭享的神。对"天"的崇拜直到王莽当政时期才被确立为国家主要的宗教。他把自己篡取皇权视为顺应天命，当东汉建立者光武帝恢复封禅仪式时，他解释说这是一种确认恢复秩序的天意的方式。之后不久，以班彪为首的东汉学者恢复了周代对"天命"的信条。[18]

对"天"的崇拜的形成和皇家祖先崇拜的急剧减少有关。国内各郡国都建了祭祀汉高祖刘邦的祠庙，另外还有难以计数的祭祀汉文帝的祠庙。到公元前40年，各省共有167座皇家祖庙，另外在都城还有176所。由汉代的资料可知，这些庙坛每年要举办24455场祭祀，动用67276个卫士、乐人、舞者，如此等等。公元前40年，经一群赞同建立对"天"的崇拜的官员上奏，皇帝批准所有郡国范围包括都城的祖庙都予以撤除。[19]

虽然有很充分的理由说这个政策是出于一种经济方面的考量，但是它在这个时间出现，意味着这时更加强调皇帝作为天子的地位，而皇帝祖先的力量的重要性降低了，后者曾经是被"普天之下，莫非刘氏"这种模式所弘扬的。这种变化也和经学家的观点一致，他们坚持祭祀应该以孝道为先。在他们看来，强迫各郡国的官员祭祀皇帝的祖先是有违孝道的，因为这些皇帝祖先并非这些官员自己的亲属。

对死者的祭奠

对死者的祭奠比国家宗教普及更广，它被人们广泛接受，包括皇帝、贵族、豪强大族，甚至农民。然而，只有社会精英阶层才会留下作品，记录下他们的活动，将亡者埋入能够保存数个世纪的砖石坟墓。亲属系统中父系和家庭两者之间关系紧张，这使得它们的仪式在死者祭祀中的差别中彼此相关，这种差别存在于祖庙和墓葬之间：前者是宗族在仪式上得以被构建的场所；后者是夫妻合葬，伴随着模仿其生前生活的复制品或者形象，这一切重构了死后世界的家庭。

在公元前4世纪之后，一些墓葬采取了家宅或宫殿的外在形式，到了东汉以后，除了赤贫者之外，所有的墓葬都是家庭房屋的翻版。在战国晚期，视墓葬为房屋复制品的这种理念，不仅在实际生活中得到反应，而且还被表达为一种理论原则。于是，在儒家学者荀况的理论著作《荀子》一书中，有关仪式的章节如此写道："丧礼者，以生者饰死者也，大象其生以送其死也。故如死如生，如亡如存，终始一也……故圹垅，其貌象室屋也；棺椁，其貌象版、盖、斯、象、拂也。"[20]

以人间的家庭为样板来修建墓葬的这种做法后来变得更加具体，更为流行。从西汉中期开始，人们通常会在崖壁上掘出洞穴来修建墓葬，而且把里面的空间分为不同的区域，分别是接待厅，通常用来放置尸身的房间，以及用于存放物品的耳室。在耳室前部和中部是木质建筑，带有瓦的屋顶。在厅的后部是石质建筑，上面装有一个石门。中等地主家庭的死者一般埋葬在用空心砖砌成的砖室墓中，是一个呈水平分布的圹穴。这种墓的布局通常也像一所房子，有一个山墙式的顶和一个大门形状的前壁。空心砖上通常都印有图案，一些墓壁上则有彩绘壁画，包括在墓顶上绘画太阳、月亮、星辰，以及代表四个方位的方位神兽，或者历史故事和文学故事。

不久以后，带有小砖砌成的穹隆顶的砖室墓逐渐取代了所有其他墓葬的型制。贵族、高级官员墓规制宏大，模仿着他们生前居住的精美住宅环境。壁画描绘着墓主人生前经历的场景，或者死者所向往的在死后世界的理想生活。

最后，到东汉时期，出现了一种新式的由分割成块、刻有图案的石块砌成的画像石墓。同样，墓葬的制式模仿着墓主人的生前生活，很多画像石描绘了墓主人的居家情景或者墓主人职业生涯中的事件。公元1世纪末，墓葬应该成为住宅居所的复制品这种观念如此流

图19 女人站在门道，欢迎死者到达阴曹地府，西王母和青鸟（使者）坐在一侧

行，以至于王充提出了一个颇为夸张的问题："宅与墓何别？"[21] 这意味着任何人都知道这二者之间没有什么不同。

尽管女性在父系社会中只是一个边缘化的角色，但是地下墓葬中的居宅很大程度上都以最后合葬在一起的夫妻之间的联系为主题。不但夫妻成双成对地"居住"在墓穴中，而且墓室画像中他们也坐在一起，还有一些亲密和感人的场景。一些场景描绘了主妇的女仆，她们通常是在纺织和采桑。其他的场景则显示出妇女游乐——舞蹈和宴乐——以及正在厨房中忙着准备宴席的工人。[22] 墓葬就和居宅一样，满是女性人物，她们扮演着主要角色。

在墓中绘画神灵是为了把墓葬变成一个宇宙，这些神灵也常常是女性。在几个墓中，一个女性神站在半掩开的大门口，欢迎着死者进入到死人的世界。（图19）汉墓中所绘的神灵更多的是西王母、伏羲和女娲。西王母站立在连接天地的昆仑之巅，她是墓主人们所仰慕的神仙世界的统治者。（图20）伏羲和女娲是一对神仙伴侣，他们的结

图20 西王母坐在虎（西）和龙（东）组成的宝座上，作为臣子的神兽围绕着她，包括九尾狐、金蟾以及信使青鸟。死去的夫妇坐在下面的角落

合产生了世界，也因此为人世间的夫妻合葬提供了神灵界的模范。[23]墓葬空间里这些女神所具有的重要性很值得一提，因为在文献中，她们都是级别较低的神。她们在文献中的地位和在墓葬中的地位是分离的，这个神灵世界反映出国家法定的父系制度和妇女操持家庭、产生非正式的影响这个社会事实之间存在着社会分离。

在西周时期的贵族墓中，随葬的青铜器和那些在古代庙坛中所使用的是一样的，尽管在级别稍低的墓葬中，它们经常被陶制品取而代之。到1000年后的东周中期，原来那些耗费极高的陪葬品有了廉价的替代品，即众所周知的"冥器"，而且已经成为随葬品的标准，除了那些最为精致的贵族墓葬。[24] 人间所用的祭器和随葬品之间的区别标志着这样一个早期阶段：建立在生者和死者共存基础之上的这个世界发生着戏剧性的变化。虽然周代早期的宗教仪式表明了生者和已经死去、一起参与祭享的亲属之间的联系，到了战国晚期，生者和死者之间的分离变成为葬礼的主要目的。

从战国晚期到汉代，周代礼器的组合被取代，墓中器物大多数是日用器（衣物、漆碗、盘、陶器、食物）或者是这些物品的模型，以及其他一些世俗生活的物品（房屋、谷仓、家畜、农具）。在这些复制品和人像中还有人类的形象，既有墓主人，还有仆人、戏子、厨子、农夫以及其他家庭生活的必须因素。[25] 这些人物为死者在墓中提供了一个充足和欢快的环境，它建立在对人世间的微观复制基础之上。荀子坚持认为墓中的这种"俑"——随葬品，尽管以生活中的物品为原型，但必须是与人世间的物品有明确不同的。

虽然这些礼仪文献通常不会讨论死者和生者分离开来的理由，《礼记》中有一段文献却把这种做法的动机揭示了出来："君临臣丧，以巫祝桃茢执戈，恶之也，所以异于生也。"在东汉墓葬文献中亡人都被描述为恶鬼，他们给生者带来疾病和不幸，除非确保他们被拘禁在坟墓。[26] 公元175年，一条律令被刻在一个镇墓陶瓶上，宣布"胥氏家冢中三曾五祖，皇口父母，离丘别墓。"[27] 它还用对偶句宣称了亡者和生者进行分离的必要性：

　　上天苍苍，地下茫茫。
　　死人归阴，生人归阳。
　　生人有里，死人有乡。
　　生属西长安，死属东太山。
　　生死异处，不得相妨。
　　乐无相念，苦无相思。

这个文献强调说，如果胥氏在阴曹地府犯有任何罪，那么随葬的一个蜡人将代替他服苦役,这样胥氏就永远不会再加害她活在世间的亲人了。它还强调,不允许较早去世的祖先迫使新近去世的人在他们的世界里担负刑罚性的劳役。这些段落给我们提供了关于东汉时期信仰问题的最好证据,说明死者也要承受官僚政府所施加的审判和刑事劳役,而这个官僚政府正是以汉代政府为模板的。[28]

苍山汉墓发现的"丧葬叙事"首先要求死者给他们后人带来财富和长寿,然后描述了在墓中刻画的人物的快乐,最后结尾时用一种冰冷而坚决的口吻,要求亡者和生者绝对的分离:

长就幽冥则决绝,
闭圹之后不复发。[29]

尽管这种把死者视为一种威胁的主题只出现在某些特定区域和社会阶层的墓葬中,它们在汉代著作的故事中也有体现,故事讲述了怎样把死人骨头磨碎并投入毒汁里煮沸,以防死者进入生者的梦中危害他们。埋葬也是转移死者产生危害的方法之一,但是如果此法失败,这些故事中所描绘的更为剧烈的方法就会被使用。[30]

现在还不能确定为什么很多中国人会视死者为一种威胁。战国时期和早期帝国时代的政治和礼仪著作都坚持要和死人保持距离,以防陷入混乱之中。除了诸如天和地之间的这类区分之外,生和死之间的区别是一个最基本的界线,一旦失去了它,世界将进入混乱的状态。死人一旦返回人间,就标志着这个界线的崩溃,这只能导致人间的大灾难。

战国晚期和早期帝国阶段,关于鬼魂讨论最多的是其作为复仇者的角色。在公元前4世纪的《左传》中,复仇的鬼魂有申生、伯有以及其他一些怨魂。他们进入人的梦境或站在人的面前,表达他们的怨恨,甚至会夺走人的性命。战国时期的哲学著作《墨子》努力证明鬼魂的存在,经常将其描述为怨魂。他们返回人世,去惩罚那些在他们活着时得罪过他们的人。在西汉的《史记》中出现过关于怨魂的故事，而且它们成为中国历史和小说中经久不衰的话题。

除此之外，鬼魂出现在人世还带有以下目的：要求一个体面的葬礼，把尸体从遭到水淹的棺材中救出，或者提供其他方面的帮助，等等。最后，鬼魂会出现在病入膏肓的病人面前，把死者带走。[31] 战国时期和早期帝国时期，鬼魂通常在某方面出了问题时才会出现在人世间，他们会处罚生者，提出要求，或者把他们拉到阴曹地府。在一个运转正常的世界，死者和生者是严格分离的，因此，如果死者返回人间，就意味着有问题出现。

当死者被看作对生者的威胁时，以人的居宅模式来构建墓室之举就很好理解，这样做是为了努力给死者提供任何必备的东西，这样他们就会永远地留在他们自己的世界里。但是，如果他们被困在一个单调的房屋内，就可能会不满意。一个完整的世界必定要有人物形象和复制品，这样才能使死者享受到可能的欢乐，而且满足于墓中的生活。根据司马迁的记载，在秦始皇陵的顶部有一个苍穹的复制品，在地面上则是整个地理面貌。在描述富人和豪强大族的墓葬时，秦国哲学总集《吕氏春秋》说："世之为丘垄也，其高大若山，其树之若林，其设阙庭、为宫室、造宾阼也若都邑。"[32]

坟墓具有多重角色，作为居宅或世界，一个明确的例子在长沙马王堆被发现。[33] 棺中的一幅旗形帛画提供了一个宇宙的模型，地下是潮湿的阴曹地府，一个通过向墓中的棺木祭献的场景来表现的生灵的世界，以及一个标有日月星辰的星象图。在这个帛画下面，内棺形成一个完整、可供灵魂安居的世界。这个悬挂旗形帛画的内棺被一个外棺（椁）包围，它的装饰画包括操着武器和恶魔搏杀的长角的神灵，还有瑞兽和其他精灵。第三个棺木画面包括了一个崎岖的山顶，边上有龙、瑞兽和神仙——可能是昆仑山，这是一座位于世界最西端的神山，是西王母的领地。这些形象意味着坟墓或者棺椁也都能成为神仙的天堂。假设神仙们是和最西方的昆仑山或者和最东边（海上仙山）有关的天界神灵，那么这些形象就再次说明，这座墓葬神奇地包含着整个世界。

最后，棺椁被筑在墓穴中的木制框架环护。这个和住宅类似的阴间世界分为四个室，都有随葬品，营造了一个舒适的环境。北室仿照房屋的内室，有窗帘、地毯、餐饮器具、寝具、一幅漆屏风，以及穿戴整齐、正在表演乐器的塑像和赴会者。其他的几个室包含了贮藏有家用器具、食物和其他不计其数的代表着仆人的塑像。用坟墓的外部空间模仿一所房屋，而该"房屋"内的画像则表明墓葬是一个完整的宇宙，这种模式成为汉代墓葬艺术反复出现的主题。

类似马王堆出土的这种帛画在其他几座汉墓中也有发现，只是形式稍为简单一些。在鬼头山汉墓出土的棺木上，雕刻的装饰性图案包括有天门、伏羲和女娲、四方神、日月以及无数的仙人，还包括诸如谷仓这类建筑的复制品。在棺盖上反复出现了手举太阳的伏羲和手举月亮的女娲的主题形象，成为马王堆汉墓中通过神灵的弯曲的形体把天、地、人连为一体的宇宙形象的微缩本（图21）。天界是由日月来表示，人世间是由半人半神的形象来表示，地界则由他们的蛇形下体来表示。墓顶和墙上的形象包括日月、星辰、四方神、风神和雨神、西王母和仙人。西王母及其仙班的形象也出现在其他一些随葬品上面，比如青铜"摇钱树"。这些形象表明，仅仅只有居宅还不足以为死者提供一个完整的场所，而只有一个具备所有条件的完整世界才能让死者满意。这些形象还可以当作一张遨游八方的行程图。[34]

阴曹地府有自己的统治秩序。刻在铅板上的墓主人"买地券"包括了墓地大小、购买日期、购买价格，以及为阴曹地府的官员提供的证人。这些官员包括天帝、司命、丘丞、延门佰史、地下二千石，以及多数墓都会有的墓伯。"买地券"规定，任何埋在墓葬里的物品都属于墓主人在阴曹地府中的财产，其他任何埋在那儿的尸体，都将变

图21 伏羲和女娲拥抱着，蛇形躯体的下面部分缠绕在一起，他们擎举着日月

成他的仆人。其他"镇墓文"则召唤黄帝或其使者指挥天兵驱逐魔鬼的侵害。还有一些则乞求阴曹地府的官员，确保寿命计算不出差错，确保死者不会夭折或者不被误作其他地方的同姓名者而被勾去性命。在一座秦墓里还发现了一个故事，故事中官制杂乱，因为差错而受害的牺牲者最后复活了。类似的一个故事在汉代以后的世纪里，成为一个道德文学作品类型。[35]

在汉代，尽管墓葬变成一个主要的宗教场所，豪族权贵仍然继续着坛庙祭享，一直到汉朝末期才发生变化。汉代文献和公元 3 世纪司马彪关于礼仪的专著记载了洛阳的两座古庙及其祭品。皇帝们在他们登基时都会前往这些庙坛，这里也会就牌匾的排列顺序举行辩论，文献记录了在这里表演的乐舞。公元 190 年，当都城被迫迁回长安时，祷告者都前往那里祭拜，他们都在蔡邕（133—192）的作品总集中被保留下来。[36]

崔寔的《四民月令》残篇是一部关于地产经营和家庭事务管理的手册，该书指出，在公元 2 世纪，豪强大族就一直向祖庙和墓葬献祭："正月之朔，是谓正日，及祀日。进酒降神毕，乃家室尊卑，无小无大，依次列坐先祖之前。"这种把展延家庭成员排陈在列祖列宗面前的方式，只可能在祖庙里举办，因为在祖庙里，列祖列宗的牌位都按顺序陈列着。和皇家庙祭一样，它们在一年中不时地举行。好几个部分章节都规定，墓祭在庙祭之后的第二天举行，这意味着后者在礼制上的优先性。和庙祭不同，墓祭还包括向非亲属提供祭献。[37]

庙祭和墓祭之间的联系以及前者在礼仪上的优先性，在东汉末期司马彪关于帝国祭祀的记录中也有表达。这份 3 世纪的文献提到，东汉的第二位皇帝开了一个先例，皇帝不应该在他的墓地建造一个陵，而只在东汉开国皇帝庙里竖一个碑。于是墓祭只给予一些依据某些条件被挑选出来的妇女以及在成年之前就已经死亡、因而不能进入祖庙的皇帝。蔡邕在《独断》中规定："少帝未逾年而崩，皆不入庙。"司马彪更认为这种排除的出现归因于以下事实：这些皇帝并没有真正地执政，因为他们的母亲在摄政。[38]

庙坛仍旧是祖先崇拜最重要的地点，因为它是父系制最关键的仪式举办地点，而墓地则只是为个人或者家庭所保留。尽管妇女、儿童都不属于宗族真正意义上的成员，他们仍然能够继续享用皇家规格的墓祭，而庙祭既明确了宗族关系，又包括了政治权威。庙祭是召集真正的家庭成员——即宗族的男性成员——的机会，而墓祭则可能包括了更为广泛的社会阶层,包括政治监察官、师傅、朋友、乡老,或者远方的亲戚。墓葬的这种第二等地位在东汉时期开始出现的宗族墓地的组织方面也有所表现,因为它们都只是在墓葬的松散的呈现,不具备任何表达宗族组织的总体性结构。[39]

由于庙祭在经典礼仪著作中就有叙述,而墓祭仪式最早不超过秦朝,东汉知识分子颂扬前者,视其为远古时代的特征;贬低后者,视其为战国晚期出现的一种发展,或者仅仅是秦始皇的革新。因此蔡邕这样写道:"古不墓祭,秦始皇起寝于墓侧,汉因而不改。"它沿用了大量东汉著作中的说法,这些著作把西汉和秦笼统地视之为一个礼制混乱的时期,同时标榜着他们身处的东汉,以为它恢复了正确的礼仪。在这种考量模式中,墓祭是秦朝的一种偏离正统的改革,而且被西汉给持久化了,而庙祭则根源于古典时代。[40]

当代学者通常依据对假定的两种灵魂的信仰来分析汉代的墓祭礼仪:魂,是一种和"阳"相联系的"云",以及和"阴"相联系的"魄",这是一种混浊的"新月"魂。"魂"被认为将升入天堂,而"魄"则将永留阴曹地府。但是"魂"和"魄"的这种对立仅仅出现在《礼记》和《淮南子》这两个文献中,这是沿用了汉代学者把所有现象都和阴阳或五德终始联系起来的流行做法。[41]而且后面这份文献为我们展示了一个独特的道家宇宙观,和墓祭却没有任何关系。在和埋葬关系最紧密的书体文献——东汉石刻——中,"魂"和"魄"是被交互使用或合起来使用的。

对于战国和汉代作者而言,关键的问题不在于灵魂的性质,而在于合适的礼仪,特别是葬礼是应该精心准备、极尽奢华,还是朴素节俭、简单操办。早期儒家学者受到周代礼乐社会的影响,强调厚葬。在那个时代祖先崇拜是关键的宗教活动,也是对贵族身份的认定。与此相反,墨家学者抨击葬礼的奢侈之风,视其为浪费资源。由于社会精英倾注了大量资产用于葬礼,为了体面而竞争就意味着"匹夫贱人死者，殆竭家室"[42]。

战国时期的哲学家荀子反驳说，多重棺椁、丰厚的随葬品、精致的装饰以及丧服制度都是通过葬礼维护等级制度，以此来捍卫社会秩序。《吕氏春秋》机警地回应说，厚葬属于弄巧成拙，因为它们招致了盗墓者："今有人于此，为石铭置之垄上，曰：'此其中之物，具珠玉、玩好、财物、宝器甚多，不可不扣，扣之必大富，世世乘车食肉。'人必相与笑之，以为大惑。世之厚葬也，有似于此。"[43] 许多汉代的文献也都重复了这种观点，这证明它并没有受重视。

战国时期《庄子》中的传统论者认为，漂亮的棺材、昂贵的砖石墓墙使得尸体不能够和大地融为一体。然而，尸身不腐是很多人梦寐以求的。马王堆出土的软夫人墓，墓室做了细心的层层防护，用多层木炭和其他材料隔绝水分，使得该女尸发肤完好。另外，玉塞也会用来堵住身体上的窍孔，以此来防止人的精气从身体外泄。那些富有的人都设法采取这种步骤并形成一种逻辑认识，结果是把金缕玉衣覆盖全身。有大量考古发现证明了这点，其中最著名的莫过于满城汉墓的玉衣，由超过 2500 枚玉片用金丝线缝合在一起。推翻王莽统治的赤眉农民起义军挖开了皇陵来寻找财宝："凡贼所发，有玉匣殓者率皆如生。"《吕氏春秋》曾嘲讽地预测道，那些旨在确保死者获得永生而置于墓中的奇珍异宝，结果却导致他们的尸体被人随意弃置于地。[44]

东汉的豪族把对死者的崇拜发展成为墓祠。在这个地方，参加仪式的不但包括家庭成员，而且还包括客户、助手或朋友。他们给那种通过教育、在政府任职的途径结成的社会网络一种宗教信仰的形式，这种网络逐渐把很多豪强大族联系在一起，共同对抗被宦官把持的朝廷。即便是在封闭墓门很久之后，墓祠的形象仍能被后人和亲友们瞻仰。这些形象向人们诉说着死者生前主张，并且把那些道德或者政治理念灌输给他的后人。山东武氏家族祠庙属于保留得最完好的墓祠之一，向我们展示了一个完整、理想的微观世界。它的山墙尖顶部位描绘了世界边缘的神灵世界，墙上绘有男性的世界。后者的形象分为历史传说中的圣王和忠臣孝义，以及死者生活的场景，包括官员出行，格杀匪徒以及一幕舍身尽忠的场景。[45]

地方信仰

地方信仰既有官方的形式，也有民间流行的版本。官方的信仰包括由朝廷的代理人向名山大川祭献，以及向对应着国家各地区的天上星宿的祭献。然而，绝大多数地方信仰缺乏政府的认定，因此它们不会在官方记录中出现。这类信仰通常和地方神祇、带有特定意义的地点或季节神灵联系在一起，通常由巫觋群体来负责组织，有些时候由世袭的继承人或资助仪式的商人来组织。

在《风俗通义》这本著作所收的故事中，宗教信仰者的地方组织通常被称为"巫觋"[46]，这是一个带有诅咒意味的词汇，他们从地方平民那里收集钱财来支持对未经国家认定的地方神祇的信仰。这就无一例外地被描绘成一种欺骗人民的形式。有一种信仰是为一位山神奉献一位"新娘"，这位被选中的姑娘就不能"再嫁"给世俗中的男人。有位新上任的地方官宣布所谓的神根本没有能力，于是禁绝了这种信仰，并且处死了组织者。在另外一个例子里，地方信仰不是由巫觋而是由商人来举办，接受祭享的则是一位历史人物，他曾经帮助朝廷挫败了吕氏家族试图篡权、取代刘氏政权的阴谋。[47]

碑刻文献记录了对诸如白石神君这类山神的崇拜，白石神君在河北白石山上接受季节性的祭献。祭品包括焚香、玉石、丝绸。参加祭祀者希望得到官方的认可，但是无论得到认可与否，祭祀一直都在进行。碑刻文献还讲述了对神仙的崇拜，比如陕西的东汉石刻就记载了唐公房的故事。唐公房遇到了一个"真人"，在"真人"传授下，他通晓了鸟兽语言，并且学会"移意万里"的疾行之术。一次，唐公房惹怒了一位地方官员，他向"真人"求助，"其师与之归，以药饮公房妻子曰：'可去矣。'妻子恋家不忍去。又曰：'岂欲得家俱去乎？'妻子曰：'固所愿也。'于是乃以药涂屋柱，饮牛马六畜，须臾有大风玄云，来迎公房妻子，屋宅六畜，悠然与之俱去。"如同碑文所说，唐公房那时变成为本地祷告者的中心，对他的信仰一直持续到 20 世纪。[48]

另外，人们还发现了其他两件碑刻，它们同样记录了地方对神仙的崇拜。《列仙传》一书提到了很多这类信仰。在四川省南部地区，建有数十座祭祀葛由的祠庙，据说葛由在那里得道成仙。而仙人寇先的家乡，几乎家家都为其立祠。据传记资料记载，这类信仰有成千上万的信仰者，而且历经数代而不衰。[49]

当代一些学者相信，死者可以在置放于棺盖或墓顶的路线图的引导下，或者通过"导引图"的说明，最终到达不朽的境界。然而，在汉代的文献中，比如后来的道教教义中，神仙就是那些能够避免死去的人。后期的标准模式是"肉身成仙"，通常会生出翅膀，或者经历一些体形上的变化，他们通常在天涯海角、深山老林或者在其他一些人迹罕至的地方，能够活得很久（但不是永久）。但是，由于脱离了死亡，仙人们同时也就抛弃了作为祖先的这种地位，而这种地位恰恰决定了亲缘关系。在成仙得道和世俗家庭两者之间的这种紧张关系，很生动地体现在唐公房的故事里，他的妻子不愿意抛弃整个家庭和土地田产。

亲缘——建立在对死者的崇拜之上——和成仙得道之间的这种对立在汉武帝的身上表现得也很明显。当他听到黄帝成仙后白日飞升的故事后，赞叹道："嗟乎！吾诚得如黄帝，吾视去妻子如脱屣耳。"[50] 因而，坟墓中的仙人很可能不是把死者导引到天堂的向导，而是对人世的极度局限性的表达，他们把坟墓转化成为一个完整的世界。

有组织的宗教运动

　　普通民众的宗教行为只有当其威胁到朝廷政权时才会进入历史记录之中。以上所说的一些信仰和行为——巫觋信仰、祖先崇拜、地方崇拜等——都出现在平民的日常生活里。墓葬中出土的文献证明，普通平民的生活被具有潜在危害的恶灵包围，有必要求助于魔法来辨认和禳解他们。这类恶灵出现在有关引起疾病流行的故事中，或者与那些居住在高山大湖之中的奇怪、危险生物有关。[51]

　　有些崇拜行为还和平民的经济行为有关。社稷神是谷物和土地之神，无论是在农村还是城市，对社稷的崇拜都是最主要的宗教信仰，而手工艺人所遇到的技术困难使他们似乎更倾向于接受神灵的干预，冶金业、陶瓷业以及漆器业都有他们自己的神话和行业神。一些信仰行为或者巫术行为留下了一些材料上的痕迹，比如在钱范上刻上四方神的图案。在马王堆出土的帛书中，有一份时间大概在公元前2世纪的药方（《五十二病方》），详细介绍了防治由反叛之神——漆王——造成的疾病。漆王理当帮助漆工们，但是相反，他带来了一种皮肤病，实际上就是由漆引起的皮炎，这种漆是从一种毒漆树中提炼出的树液。公元4世纪成书的《华阳国志》曾经提到，某个地区有很多铁器作坊，附近的一个山顶上建有一座铁祖庙，专门祭祀铁器始祖。[52]

　　然而，西汉末期出现的真正独特的平民信仰是大规模的宗教运动，从国家的视角来看，它导致了社会的骚乱和反叛。最早的信仰是对西王母的狂热信仰。公元前3年，中国东北发生了一场旱灾，关东民众开始手持草麻编成的"西王母筹"，在村镇之间相互传递。他们通常衣冠不整，披发跣足，沿街狂走，打碎人家大门，在夜里手举火把在屋脊上穿行。这场运动席卷了26个郡，并且到达了长安。他们在西王母祠载歌载舞，取悦西王母，并且传递着一份文书："母告百姓，佩此书者不死。不信我言，视门枢下，当有白发。"[53] 当干旱中止后，这场运动随之沉寂下来，崇拜活动也从历史文献中消失了。

最重要的宗教运动是黄巾起义、五斗米道以及佛教。前二者最后发展成为军事组织，反映了西汉末期社会秩序的混乱。为了抵御它们，各地都组织起来进行自卫。张角领导的黄巾起义向人们宣传说，疾疫的流行都起因于罪恶，只能通过忏悔来治愈。他们相信汉祚已尽，而其目标是随着"黄天"的崛起，建立一个新的王朝。这场起义席卷了东北地区，甚至渗透到了宫廷卫队。公元184年爆发的这场起义，开启了当时的内战，最终终结了西汉王朝。

五斗米道运动是由张鲁在当今四川地区发起的。和张角一样（可能两者没有关系），他鼓吹说，疾病可以通过忏悔得到治愈。历史资料证明该时期出现过许多传染病，这在某种程度上说明了这种声称可以治愈疾病的大规模运动能够兴起的原因。这场运动被称之为"五斗米道"，因为每个入教成员都必须向该组织交纳五斗米，这些粮食可以为入会者或身在旅途的人提供慈善或救济。这个宗派还宣称将会出现一个太平时代。但和黄巾起义不同，"五斗米道"在起初支持对汉室进行改革，而非推翻或取代它。该宗派的信仰者还崇拜被神化的老子，认为老子会定期返回世间，挽救整个人世。老子自从公元166年张鲁控制四川之后就开始受到祭献，直到张氏集团最后在公元215年被曹操降伏。曹操策封了张氏的儿子来镇守该地。到了公元4世纪，张氏的追随者在这个地区建立了一个道教王国。[54]

随着横跨中亚的商路和东南海路的开通，佛教在东汉时期进入了中国。中国历史文献中首次提到佛教是在公元65年，同时提到的还有道教和秘术。汉代末期，在一位皇帝的资助下，洛阳建立了第一所寺院。在汉代墓葬中出土了对佛的描绘，他通常占据了在其他的墓葬中由西王母占据的位置。这说明佛被当作西方来的一位神灵，如同西王母一样。佛解答着信徒的疑问，并且把他们从痛苦中解脱出来。然而，很少有文献材料能够说明汉代对佛教信条有所关注。[55]

总之，读者应该注意到这一章没有讨论的一些方面。本文所讨论的内容中没有任何一种是关于宇宙起源神话或者有关神迹的神话体系。虽然这些神话出现在一些文字作品中，但它们都不够充分，并且主要涉及的都是那些发明、改进对文明社会所必需的技术、行为的人类文化英雄。本文也没提到任何一种创世的神灵，或者一种纯粹超验的领域。而这些在中国汉代也并不存在。我们所记录下来的神灵，都是依靠人类的祭祀供养，通常是依靠他们故乡所在地的居民或者后人，这就造成了这样一种结果：世俗可视的世界和阴暗的世界是相互依存的。

汉帝国流行的绝大多数神灵，如同后代中国一样，都是死去的人或超脱死亡而成仙得道的人。生者和死者的世界、人类和神灵的世界是分离的，但又是平行的。人们从一个世界来到另一个世界，有时候还会再回到原来的世界。对那些相信阴间的人来说，阴间本身就如同人世。对许多人而言，在任何时候和任何地方，死亡都是不可避免的绝对终结。因而，《古诗十九首》中的一首诗这样写道：

> 万岁更相送，圣贤莫能度。
> 服食求神仙，多为药所误。
> 不如饮美酒，被服纨与素。[56]

第 9 章

文 学

一个统一帝国的出现改变了中国人的精神生活。在秦朝和西汉早期,产生了很多史学、哲学以及诗歌著作,它们试图深入描述这个新近统一的世界。这些著作都是帝国精神的反映。然后,在西汉末期,经学——表现为"六经"(《诗》《书》《礼》《乐》《易》和《春秋》)这些周代文献遗产——开始成为汉帝国理念的无所不包的文本体现。和秦汉历史上其他一些方面一样,随着周代经典成为帝国的基本文献,中国人的精神生活从此被划分为两个纪元。

然而,正如当代学者们所指出的,"儒家"这个术语的使用在汉代是颇有争议的。"儒"(Ru)这个字通常被译作"儒家"(Confucian),它不单指孔门弟子,还具有更为宽广的意义。甚至是自我标榜的孔门弟子,也放弃了那些以前构成"夫子之道"的主要内容。而且在这些弟子中间,不存在大家普遍能接受的哲学正统观,这和宋朝、元朝时期的"儒家"是不一样的。[1] 虽然所有这些批评都或多或少有其道理,我却想——鉴于至少以下四个理由——继续使用"儒家"这个术语来指代那些致力于周代文献遗产的人。

第一，即使是那些对将"儒"译作"儒家"持怀疑态度的人也承认，这个术语的主要内容是指那些精通周代古典遗产包括其礼仪和文本的专家学者。第二，在汉代复杂的哲学和传记系统中，当"儒"作为一个种类出现时，该术语的引用者把"儒"定义为"夫儒者以六经为法"，而且致力于对其进行注经训诂的人。[2] 第三，尽管汉"儒"改变了"夫子之道"的主要成份，但早在战国时期，圣人的弟子们就已经开始了这类再加工和再评价，而且这类工作后来贯穿了整个中国历史。在儒学题目之下的演变传统是多变的，其重点内容或者解释发生着变化，倘若因此而对其重新命名，那么被其掩盖的内容可能比所揭示的内容还要多。最后，这个章节中勾画出了不同的知识分子、学术以及目录学的变化，把背诵经典视为教育之基础，在宗教仪式中对天的崇拜战胜了其他，以上这一切都把六经固定在了中国人的知识世界的中心。

"道"的竞争派别

战国时期产生的诸子学术著作普遍断言自己拥有一个通常被称为"道"的完整智慧，以此来强调他们的权威。在这段政治混乱的历史时期，对"道"的不同解释汇聚成为充满争议的流派，每个流派都声称自己的智慧是包罗万象的，都来源于先古圣人的智慧，同时轻视其竞争对手的信条，认为那只是部分真理，其适用性很有限。不同流派、彼此竞争的经典文本都被视为从学术作品中表达了周朝瓦解成诸国这个事实。《荀子》一书编纂于公元前3世纪，作者荀况来自战国七雄之一的齐国，此书据说反映了荀况的教诲，其中有一段话，代表了这种理念的一个儒学版本：

> 今诸侯异政，百家异说，则必或是或非，或治或乱。墨子蔽于用而不知文，宋子蔽于欲而不知得，慎子蔽于法而不知贤，申子蔽于势而不知知，惠子蔽于辞而不知实，庄子蔽于

天而不知人……此数具者，皆道之一隅也。夫道者，体常而尽变，一隅不足以举之。……孔子仁知且不蔽，故学乱术足以为先王者也。一家得周道。[3]

这种学术的分裂导致了李斯（卒于公元前208年）——一位曾经在荀况门下学习、后来成为秦国丞相的学者——向秦始皇建议，应该打压私学，禁止非技术性知识的传授——包括思想家、《诗经》以及《尚书》——让国家成为教育和真理的唯一来源。和被他批判的哲学理论一样，李斯强调全面相对于局部的优越性，但他把全面性的真理等同于秦国强制性的统一。他声称，其他的学术都是追逐私利的集团，他们都只是为了追逐私人荣耀，因而会对公共秩序产生威胁。秦的目标是通过文字和思想的统一来提供一个统一的传统。哲学——比如法律、度量衡以及书体——都应该接受中央政府的指导，并且由皇帝任命的官员来强制执行。[4]

把相互竞争的哲学流派视为整体哲学的细枝末节，这种观念一直持续到了汉代早期，也反映在司马谈（卒于公元前110年）的著作中。作为汉武帝时代的大史学家，他开始撰写汉代的综合历史《史记》，这项事业由他的儿子司马迁继承和完成。司马迁继承了其父在朝中的官职。司马谈是将当时知识界划分为持不同主张的几个学派的第一人，这些学派包括"阴阳、儒、墨、名、法、道德"，司马谈肯定了除道家之外的其他所有学派。他对道家有部分的了解，并且认为这个部分造成了错误。

在他看来，把所有其他学派的好的特质内容都吸收进来，杂糅为一体，始终保持变化和调和适应，以此来避免理论不完整所带来的缺陷，都是"道德"派或称"道家"的传统。司马谈对道家传统追根溯源，往上追溯到了周代的柱下史老子，据推测这是一位和孔子同时代的人。关于老子生平的神话在战国晚期得到发展，并用来解释一部被称为《道德经》的经典。当然，当代有些学者很怀疑老子此人是否真正存在过。然而,《道德经》和《庄子》一起为道家学派提供了基础文献。用司马谈的话来说:"道家使人精神专一,动合无形,赡足万物。其为术也,因阴阳之大顺,采儒墨之善,撮名法之要,与时迁移,应物变化,立俗施事,无所不宜,指约而易操,事少而功多。"[5] 道家强调"神"与"形"的完美统一,把行动建立在事物的无形的本源之上,并且遵行自然的规律法则,通过以上方式,道家最后和儒家、佛教一起,被称作中国思想体系的一个重要支柱。

经与传

战国晚期的智识生活出现了一个重要发展,那就是一种占绝对优势的文本种类的建立,这种文本被称为"经"。通过对其进行注释,又形成了所谓的"传"。所有该时期的学术派别都谴责说,知识界的争论是社会崩溃的一种表现。同时他们也都无一例外地声称,自己所持的建立社会秩序的理念和信条才真正代表了先代圣贤所实施的最初原则。"经"和"传"两种文本种类开始用来标明这些原则,和它们的注释方式。

"经"这个字最初是指穿过一个领域,并且规范它的某种事物,同时还附带具有"坚韧""不折"的意思。"经"字的引申义包括了"界线""分界",比如用来制造用以区分城市和市场的框格。当这个字和"纬"并列、用在织物上时,它就是指某种纺织品上的经线。后来,"经""纬"这两个字就被用来翻译"纵线"和"横线"。在其他一些文献段落里,"经"字仅简单作为一个动词,意思是"使之有序"或者"统治"。当作为名词使用时,它意味着"指导原则"和"永恒标准"。[6]

在战国晚期,"经"开始出现在一些文本或章节的题目中,用来表示一个特定的著作种类。"经"的这个用法表明它的文本具有普遍持久的价值，它们能向世界提供秩序和结构。比如,《庄子》的最后一章指出，墨子之徒，"俱诵《墨经》"。《管子》这本书的前九篇是关于政府的论文，被命名为"讨论持久的原则"（即"经言"），旨在寻找获取和利用权力的方法。"经"这个字经常会和一个数字连用，以此来计量用以治国的方针政策。比如有一个例子,《韩非子》一书中有一章被命名为"八个恒久不变的原则"（即"八经"），为政府治理提供格言。这个字还经常被用来命名那些为任何领域提供基本原则的文本。[7]

在马王堆汉墓中出土的经典道家文献的书名里，"经"字是和老子以及黄帝（据推测是汉民族的第一位统治者）联系在一起的。除了《道经》之外，还包括了《德经》《经法》以及《十六经》。这些文本显示了社会秩序的原则，而这些原则是由宇宙法则衍生而来。到了西汉末期，当皇家图书被编订时,《山海经》等几部地理学著作，以及主要的医学书籍都被定位为"经"，后者也以黄帝命名。

以"经"冠名的著作或者篇章经常伴之以"传"（意思是"传递""传统"）或者"说"（意思是"解释"）。《韩非子》的六篇以"储说"冠名，以篇幅简短的政府原则开头，继之以参考注解，用来说明这些原则。这些原则被称为"经"，注解则称为"说"。然而，主要用于注释的部分称为"传"。东汉时期成书的字典《说文解字》把这个字解释为一种用来传递和发送信息的车驾，然而东汉的字典《释名》则把它定义为这些车驾更换马匹的驿站。这部字典还指出，从字面意思上讲，"传"是指"以传示后人也"。[8]

这些定义说明"传"取自一种比喻义，在这里，由于"经"本身字义精微，字词古老，表现的是"微言大义"，其所含信息也就模糊不清，所以这些经典的信息就被详加传播。该术语也表明在"经"的文本和它的注释"传"之间，存在着一种等级联系。依照早期的文献，那些通过传递体系从事信息传播的官员，其官位级别都比较低；在另外一个文本中，"传"字被认为是那些级别较低的贵族在提到天子时的自我称谓。[9] 于是，可以做这样一个类比，经典都是圣人的书面遗产，而附注则来自地位较低的文人贤士，他们致力于传播圣人们的意图和思想。如果没有另一种文本的存在，任何一种形式的文本都无从理解，但一种明确的等级关系是暗含在其中的。

在战国晚期，"经"文都是今文，很多在撰写过程中都附有自己的解释。但是儒家学派的核心经典——五经，即《诗》《书》《礼》《春秋》以及《易》——都在几个世纪以前就已经产生，但也都通过附注的方式变为经。事实上，几乎任何一种理论，如果给它们加上附注"传"，那它都能变为"经"。东汉学者王充曾辩论说，"经"需要"传"，他的意思是只有存在附注时，一种经典文本才能够被理解。但实际上，增加注释就确定了一种文本作为经典的价值，因为这说明它具有不为人知的深度，或者能够灵活运用到很多场合。[10]

于是，《荀子》就认为周代的《诗经》是古代圣人的智慧，它揭示了那个时代种种制度和行为的真理。《春秋》的传注则解释说，这种记载鲁国朝廷的编年史，实际上是一套通过密码式的准司法审判方式来表达的政府理念。这个理想的政府被认为是关于汉朝制度的一个预言，也是为汉朝制度树立的一个典范。同样，《尚书》的传注重申了解决特定问题的政治议论，是对一种理想化的王道的描述。

百科全书式的作品

"经"旨在向人们提供普遍原则，它们由警句格言构成，要对其古老文本进行解释、注释，才能揭示隐藏其中的微言大义。与此相反，秦汉时期有几部著作号称是囊括了所有重要知识的百科全书。其中两个主要例子是《吕氏春秋》和《淮南子》。前者是在秦国国相的主持之下编纂的，于公元前3世纪中期成书。后者由淮南王发起编纂，于西汉武帝统治早期编纂成书。

这两部书具有许多共同之处。他们都是由某位政治显要主持，并召集无数位学者共同编纂成书，而且都以这位主持人命名。两书都集合了当时所有哲学流派的格言和原理，都尝试着把它们进行综合，转化为一种前后一致、合乎逻辑的学说。它们对这种综合采取了自然的模式，两种文本都包括时间的维度，这样就使文本产生了一个微观世界所具有的功能。最后，两书都强调了政治和学说相统一的理念。

战国时期的显贵们在自己身边汇集了有一技之长或娱乐天赋的人，这是个人荣誉和声望的象征，他们因此而互相竞争。政治显要们为学者提供的支持都产生于此，秦汉时代发起的最大的编纂活动就是在这个过程中向前迈出一大步的。汉代关于吕不韦和刘安的传记说他们安排了成千上万的学者来从事编纂工作。东汉末期学者高诱为他的《淮南子注》所写的序也坚持认为有大量的学者聚集在刘安王府，并且列出了其中8位共同从事编纂工作的人。对大规模编纂百科全书的强调与重视，是他们整个计划的一部分。[11]

以政界的要人为其书名，而不是用某位老师的名字，这也反映出事件的公共性。在关于古代圣人的神话传说里，战国时期的哲人们把"总体智慧"的概念和"政治、智力相统一的理念"联结了起来，这样做的同时，他们把智力上的争论视为腐败的象征。同时期的法学家也在国家对知识拥有霸权的名义之下要求取消学术辩论。《吕氏春秋》和《淮南子》的模式是，一位相或者王召集一帮来自互为竞争的不同学派的学者，把他们不同的立场综合为一种和谐的整体学说。该模式回应着以下思想：知识的统一应该对应着帝国地理形势上的统一，这是帝国早期编纂活动的主要目的。

虽然这些文章最早只是不同作者共同完成的散文集，但它们被重新加工，形成一种精心组织的结构，来显示它的包罗万象和所拥有的自然基础。《吕氏春秋》采取了以年为周期的记叙模式，这从它的标题和第一部分的组织方式就反映出来。《淮南子》采用了战国时期的著作——比如《道德经》《庄子》——以及马王堆汉墓出土的材料中所勾画的宇宙模式。在这两种著作中，后来的章节结构被打破，除了删节漏失之外，还包括早已发明的精致论点，或者在章节的安排中追求一种数理逻辑的意义。尽管如此，作者在努力寻找自然的模式，从而建立他们自己的宇宙权威，这一点是很明确的。

《吕氏春秋》由三部分组成："十二纪""八览"以及"六论"。"纪"构成了书的核心，严格按照历法，系以年月，很可能最先独立成书。这可以从"纪"之末的一篇后记得到证实，它讨论了著作的本质——这是战国时代到汉朝时期的一种普遍做法。这个后记把书称为"十二纪"，而且认为它已经囊括了天、地、人三才。[12]

"十二纪"按一年十二个月命名，每个均以人所尽知的"月令"——与"天子"行事相关的某个名称——起始。紧跟其后的是专篇论文，把有限的国家历法扩展为一种王道理论。"春纪"这一部分之下的论文描述了生命的最高意义，君王看重自我生命的重要性以及君王所担负的毫无差等地帮助其他生命的责任。"夏纪"之下的论文主要论述需要用尊师重教、礼仪教化和音乐演奏来延长寿命。"秋纪"之下的论文主要解说军事。"冬纪"之下的论文讨论丧葬，然后延伸到提倡个人节欲舍生，以及修饬国典，奖励有功之人，并且"论时令，以待来岁"。

君主根据季节的转换来调节自身行为，这提供了一种框架，在这种框架中，各哲学流派所倡导的理论都能有其地位。尽管不同学派的主题只是散见于书中，"春纪"中的主导思想来自《杨子》和《庄子》中调和论的观点；"夏纪"的主导思想是儒家的教育思想；"秋纪"是来自兵家的军事和战争思想；"冬纪"是墨家学派的节用和节葬思想，以及法家关于对人才的评估和雇用方面的教诲。这种融诸子于一炉的观念是通过将百家诸子学说安排在天子起居行为的日程之下来完成的。君主体现并执行着由上天决定的循环周期，因此他也就成为所有这些学派的焦点。

《淮南子》未采用季节转换的模式，但吸取了道家对宇宙本原及其性质的解释。第一篇解释了宇宙的道，它既是万物的来源，也是万物存在的模式；第二篇论述了事物之间的区别以及转化的原则，宇宙及其中的万事万物都是按此原则形成的；第三篇论天；第四篇论地；第五篇根据"月令"讨论季节；第六篇表达天、地，以及所有自然现象相互间连接、呼应的原则；第七篇探讨了人的产生和本质；第八篇讨论人的智慧；第九篇论君主。

从最初的基础物质出发，通过第一次裂变，分为天和地，形成了空间和时间的结构，形成了人类的起源，并且在圣人和君主那里发展到人类的最高形式。这部百科全书和《吕氏春秋》一样，缺少一种明晰的结构。然而，在前面部分的篇章里，从原初的单一性发展到圣人，展现了一种把所有哲学及技术流派整合在一起的宇宙模式。

《吕氏春秋》的成书时间比秦完成最后的统一征服只早20余年，很显然，该书和政治统一的雄心是结合在一起的。文章反复强调君主的重要性以及统一所具有的价值。它辩解说，在遥远的古代、还没产生统治者的时候，或者在边远的、还不存在统治者的地区，人们只能像野兽那样生活。亲缘关系、等级制度、礼仪行为、工具或技术方式，以及所有其他一切文明所具有的特色，都依赖君主，因为是他们引进或者维护了这些因素。但是君主的功能只能通过一人统治其他人来实现。如果缺少宇宙统治者，缺少他制定的所有规则、度量、判断标准或理念，都会导致混乱和战争。[13]

史学著述

在西汉王室所编的《淮南子》一书出现几十年后，《史记》这一历史著作出现了，它旨在从理论上论证汉帝国。《史记》一书的主要作者司马迁，其父司马谈是武帝时期的史官太史令。由于司马迁为一位打了败仗的将军辩护，惹怒了汉武帝，被处以腐刑——这种刑罚常常导致受刑者为荣誉自尽，而不只是某种失去颜面。

在给自己的朋友任安的书信《报任安书》中，司马迁为自己的抉择做了解释，他忍辱负重、苟且偷生，只是希望能在有生之年完成一部伟大的历史著作："网罗天下放失旧闻，略考其行事，综其终始，稽其成败兴坏之理……亦欲以究天人之际，通古今之变，成一家之言。"[14]

司马迁的志向是写就一部囊括所有人类社会、从传说中的黄帝时代一直到他自己所生活的时代的史书，这个雄心成就了《史记》。他把《春秋》视作历史著作的典范，但他的著作涵盖了该书所记时代之前和之后的历史。司马迁把他父亲关于"六家要指"的论著收入到后记中，暗示他的这种历史范畴具有一种动机，说明了他为什么要写这部《史记》。这篇文章褒扬了道家，因为该学派"同时迁移""应物变化""立俗施事"，因此，它在六家之中代表着一种整体智慧的理念，这也正是司马迁在他的著作中想要尽力达到的。

全面综合的主题也从司马迁决定建构的原则表现出来，该原则认为自从黄帝创立这个国家以来，这个世界就是由一系列的宇宙主宰所统治的。他的著作中第一个部分为十二"本纪"，每个"本纪"都记载了一位统治者或者一个朝代。从汉代统一的历史回溯到历史的最初阶段，司马迁得出一个推断：存在着一个完整的"帝统"，它从未间断地从黄帝传到了他自己这个时代的皇帝——汉武帝。在战国时期的大辩论中形成、作为知识领域统一基础的唯一君主的理念，在这里表现为一种统一的历史原则。[15]

除了"本纪"之外，沿着贯穿历史的"帝统"线索，其他种类和章节包括"表"，这是一种记录了诸侯国贵族和诸侯王关系的历史年表;"书",追述了礼、乐、历法、祭祀等这类给予帝国直观可闻的概念的内容;"世家",主要记述诸侯国和汉代诸侯,它和"表"共同把早期的诸侯国构成一种帝国的理念;"列传",记录官员、使者、将军、商贾、艺人、诸子、学者、诗人、巫觋、刺客、侠士——都是普通人——为我们提供了战国到秦汉时期一幅广阔的社会画卷。

虽然《史记》不是经,但它采取了经的结构和注释方式。该书的第一部分十二"本纪"模仿《春秋》构成一种历史事件的编年序列。他所命名的"纪"几乎是"经"的同音字,而且都有同样程度的意思:"导线""标准""管理"或"调整"。其他更多的篇章则类似于"传",即注释。尽管《史记》"列传"中的人物和故事与《公羊传》中"表"的解释没有任何共同之处,但它们和《左传》所用的史料却是相似,司马迁解释说,这是因为《左传》最精确地接近孔子对《春秋》的解释。《史记》中对普通人物的传记因而发挥着为"经"提供注解的功能,为简短、枯燥的系年提供了素材、细节和情节。[16]

司马迁的著作还旨在成为一部综合式的早期文献的选集。对孔子的记述包含了《论语》中的许多段落,按照历史进行布局来提供一种背景。其他的一些人物传记——比如屈原、贾谊,以及司马相如——也都收录了由传主们创作的大量作品。司马迁还从《左传》中借用了很多素材,尽管他将该书的古老语言重新撰述,他关于战国时代的历史也多引用诸如后来被编为《战国策》的那些文献。一些哲理性的著作比如《孟子》也被引用或改编,来为《史记》提供素材。总之,尽管《史记》是由司马迁与其父创作的,但该书频繁地引用或汲取了其他著作的内容,使它成为一部由多种声音组成、百科全书式的文学作品,在汉代早期就已闻名。

作品所具有的这种多种声音的属性,通过在所引资料和真实人物之间产生颇具讽刺意味的相互作用,具备了提供历史教训的功能。这类例子有秦始皇所立的言过其实的刻石纪功以及司马迁对其实际统治的描述，或者汉武帝的术士所做的承诺和实际上获得的结果之间存在的明显差异。同样，主要借这些历史人物或同时代的人物之口，以及根据不同历史事件参与者的视角，把人物分为不同的类型来记录，《史记》就能表现出公允性，立论就显得更为普遍。倘若只有司马迁本人的话语，这些都会变得缺乏。[17]

司马迁在他的历史结构中写上了自己的判断，把自己置于一位在世孔子的地位。但是，随着作为国家正统学说的经学取得了胜利，《史记》因其所持的道家倾向而成为批判的对象。公元1世纪，班彪、班固父子担负起撰写汉代历史的任务，他们采纳了司马迁作品的结构，视之为一种模式，但是他们抛弃了他的宇宙观，批评他没能坚持儒家的道德观。[18]

虽然司马迁声称他写历史是为了赞颂汉朝，但实际上他在撰写汉代统治者——著名的汉代开创者汉高祖以及当朝的汉武帝——的传记时，都进行了激烈的批判。与此相反，班固在他的诗歌中，认为东汉的前三位皇帝即便谈不上圣人，也算得上是聪明的统治者，因为他们使国家前进成为一个儒家的政府。对东汉的褒扬，就必须对西汉进行批评，司马迁对西汉统治者也是轻视的，因此班固就能够大量地使用司马迁提供的材料，同时诽谤司马迁对皇室持有敌意。

但是，班固还批评司马迁，认为"其是非颇缪于圣人"，尽管司马迁把孔子和《春秋》作为他的样板，自己还模仿一些相对次要的经典作家，比如说战国时期的诗人屈原。更重要的是，在司马迁之父所写的论文中，其结论实际上是提倡道家的优越性，这导致人们指责司马迁自己实际上也是一个道家哲学的狂热分子。结果，司马迁在其《史记》中对几个部分的分类——视汉代创者和项羽均为统治者，视抗秦起义的领袖陈胜为"世家"——以及某些时候还颂扬刺客、侠士以及商人，这些都被视为明确的道德偏向。

班固《汉书》的成书标志着史学编撰性质的一种制度化的转

移。《史记》是司马谈和司马迁父子的家庭努力,班彪本人虽然也私撰了史学作品,但班固和他父亲一样,刚开始时是单独撰述,也同样因"私修国史"而被捕入狱,但他很快就被汉明帝启用,去写一部汉代历史。[19]这标志着官修史学的起源,官修史学也成为整个中华帝国各王朝的标准特点。

朝廷任命史官编撰皇帝实录和个人的传记,这些记录最后就形成"国史"的内容。东汉史官位于洛阳东观,有一部分由官方发起所撰的传记资料流传至今,名为《东观汉纪》。史学撰述的官修化在唐朝时达到顶峰,表明王朝官修史学的编撰质量下降得极为严重。

诗 赋

除了司马迁之外,汉武帝时期的另外一位大作家是司马相如(约前180—前117年),他发展出一种诗歌般的语言,来表达其包罗万象的理想。他的"赋"整合了《楚辞》的元素——最令人瞩目的是,在神灵的陪伴下漫天飞舞,或者和女神发生一场浪漫的艳遇。他利用幻化多变的词藻来描述域外的生命、矿物和植物,把他的诗赋和颂扬的主题联系在一起——把奇珍异宝献给统治者,作为其权力的象征。司马相如的诗赋和散文强调语词的力量,使读者陷入迷幻之中,或者深入事物之本性。这种力量和宗教化的语言联系在一起,华丽的辞藻和狂想从这些语言中产生出来。[20]

在西汉的大多数时间里,诗赋被视为朝廷最重要的作品,司马相如被认为是最伟大的作家——诗人眼中的典范。然而,随着儒家经学地位的上升,其艺术风格中的很多方面都被抛弃了,一种以扬雄(前53—18年)为代表的流行趋势开始出现。在扬雄年轻时,他曾经在所写的诗赋里采用了司马相如的风格和主题。然而,后来他抛弃了这种形式的诗歌,因为它缺少一种道德的严肃性,而且其梦幻般的人物形象和浪漫语言不符合儒家的写作理念，儒家认为，写作应该语言平实，直接表达情节和角色。[21]

在扬雄所著《太玄经》一文中，他认为诗歌应该成为道德教化的工具。他推崇那些作品保留在《诗经》中的周代作家，视之为自己敬仰的楷模。自战国时期以来的儒家作品——比如《孟子》《荀子》和《毛诗序》——都证明了一个道理：这些史诗都直接而诚挚地表达了作者的道德目的，这些作者要么是周代早期的"圣""王"，要么就是受其影响的史学家。[22] 因为诗句意味着直接的道德说教，语言也应该是明确和清楚易懂的，应当避免任何可能使它的意义变得模糊不清的华丽辞藻和修饰。过分的修饰或者人工斧凿的语言是司马相如及其模仿者这类"辞人"最大的缺点。虽然他们感情四溢的词藻可能令读者着迷，但他们不能够引导人们产生良好的言行举止。因此，扬雄总结说，这类作品"文丽用寡"。班固在他的诗歌中也采用了这一观点，他批评司马相如以及欣赏此种文风的西汉朝廷。

尽管在西汉历史阶段，史诗是特别讲求文辞的典范，但有文学抱负的人不从事史诗创作（至少留传后世的不多）。名垂青史的汉代著名诗歌作者往往是统治者、嫔妃或将军。作者吟唱着，或者对某个社会现状——通常是某种人性悲剧——充满感情地予以回应，这些诗歌都是明证。大多数诗歌都描写自杀或永别，另有一些则简单地描述自己的处境或者毫无隐讳地表露自己的情感。其中一个例子是汉朝创建人刘邦最大的对手项羽唱给其爱妾虞姬的一首歌，据说作于其最后一战和自刎之前：

力拔山兮气盖世，时不利兮骓不逝。
骓不逝兮可奈何，虞兮虞兮奈若何！[23]

汉代的大多数诗歌都不是知名作家所写，而只是以"乐府诗"或者"古诗十九首"命名。"乐府诗"的得名，是由于汉皇帝建立（或恢复了古代)"乐府"这种政府机构来为国家祭祀、宴饮、朝廷招待、行军创作歌曲。这些歌曲都由级别较低的专业音乐人所写,和庙祭的颂不同,它们反映了一种到处都能看到的口语、民谣风格,可能还与中国早期的流行创作有关。它们的特点是客观,不夹杂主观评论,内容和形式不落俗套,缺少反观内省,历史感淡漠,过渡突然,语言比较大众化,语句反复重叠,多用俗语。但倘若说这些作品是民歌则是不恰当的。它们被创作出来,是为了在朝廷进行表演的,它们表现为一种经典文学和方言白话的混合物。因为它们是用来表演,要使观众不求助文字就能理解,于是这些诗歌的语言简练,多重复句,而且它们经常由受皇帝或者宫廷喜欢的、更为流行的作品改编而来。这就是它们和真正的民歌之间的重叠相似之处。[24]

最简单的宫廷作品类似于劳动号子,比如《江南曲》:

> 江南可采莲,
> 莲叶何田田。
> 鱼戏莲叶间,
> 鱼戏莲叶东,
> 鱼戏莲叶西,
> 鱼戏莲叶南,
> 鱼戏莲叶北。[25]

这个片段似乎是劳动号子的一个翻版,为劳动者提供一个劳动节奏,使他们保持重复劳动的节拍,并起到缓解疲劳的作用。其他一些乐府音乐则更加精致和富有戏剧性,但是它们仍然在观点、内容快速过渡、转折过程中,向流行音乐学习,在讲述故事的过程中缺乏一种明确的时间先后次序,用来表达独唱和合唱二者之间相互转接的复杂结构,以及对某些句子或者词语的反复、高频率使用。[26]

还有其他一些乐府歌曲证明其目光瞄准的是宫廷观众中文化素质较高的一部分人。经常提及历史人物或文学人物,意味着对作者及其目标受众有过文本的学习。还有一些讲到了灵魂和神仙一起飞舞、逢会，则是完全不同的精英们的关注点。除了在描述主题方面不同之外，这类诗歌更改了民歌的复杂结构和转折方式，采用一种、有时是两种观点的更连续的叙述方式。一个典型的例子是下面这首诗：

> 青青河边草，绵绵思远道。
> 远道不可思，宿昔梦见之。
> 梦见在我傍，忽觉在他乡。
> 他乡各异县，展转不可见。
> 枯桑知天风，海水知天寒。
> 入门各自媚，谁肯相为言。
> 客从远方来，遗我双鲤鱼。
> 呼儿烹鲤鱼，中有尺素书。
> 长跪读素书，书中竟何如。
> 上有加餐食，下有长相忆。[27]

在这首诗里，吟唱者是一位妇女，她的丈夫在戍守边关（已在诗名中提到）。整首诗叙述了这位妇女的心理感受，在诗的最后，丈夫的书信中出现了第二个声音。在诗的开头几行，每句诗都用上一句的最后一个词语开头，通过这种诗化的语言，使第一种声音里充满了深深的悲怨，和诗中富有韵味却令人肝肠寸断的内容相比，形成了极为强烈的反差。

在这种比较简明的诗句中，作者深思着自己的经历，或者在想象中把自己置入"他者的声音"。这种风格在东汉所谓"古诗"中得到进一步的发展。[28] 这些诗的特点是两位常见对话者：一位是闺妇，另一位是她的丈夫——一位希望博得功名的年轻人。希望逐渐破灭为绝望，这些人物悲叹着时光流逝，他们逐渐老去，直至死亡。诗歌的语调不断变化，忧郁的深思，直接的哀叹，沉溺于美酒与音乐，"及时行乐"。诗人专注于自身的内在体验，玄思着人类的长生之道，他们把叙述因素减少到了最低限度。与此相反，诗人记叙了以下这些情景：比如，亲历过的某个场景，然后是抒发由此引起的情感。这些诗被标注为以备阅读的文本，系之以视觉印象。这些印象是由语法、语义并列句来描绘，或者用对偶句来完成的，这取代了乐府诗中常见的重复句。

乐府有时会受到儒家学者的谴责，因为它们采用了战国晚期才形成的俗乐"郑卫之音"，而这类俗乐曾经被孔子谴责为"淫声"。随着经典思想的影响日益提高，礼仪制度进行改革，国家实行节俭政策，于是，乐府在西汉晚期被废除了。然而，既然儒家诗歌理论家也强调说，周代诸王们搜集民歌以观民风，乐府诗仍然是一种合法的形式，而且变成了"诗"的一个标准种类。尽管"古诗"对长生和物质愉悦的痴迷不符合儒家的道德理论，但它们简洁的语言、诗人直抒胸臆的风格、雄心壮志的主题等都符合东汉文学所倡导的理念。到汉代末期，曹氏家族及其追随者们修改了这些"古诗""乐府诗"的技巧和主题，形成了由著名文人所撰的第一首诗歌。

儒家著作

经学对汉代文学产生影响的最明确的证据或许是儒家著作，它们是国家图书馆目录的一个种类，由刘向、刘歆父子二人于西汉末期和王莽统治期间父死子继、共同完成。班固将其修改后收入到了《汉书·艺文志》中。图书目录的分类系统为我们打开了一扇窗，使我们能够一窥当时知识领域的结构，因为它们向我们揭示了社会对各知识领域的组织方式。刘氏父子对书目的安排建立在以下假设之上：经学是正式写作的模范，也是其他各类文章的源头。他们认为这个是圣王所作，而且他们把每类文本都追溯到周朝时期的某个政府机构。

由于图书目录把知识的统一视为一个理想，它就把其他所有不同的学科或交叉学科的文本视为需要予以纠正的错误。刘向解释了在学术辩论中的花言巧语就是"便辞巧说，破坏形体"：

> 昔仲尼没而微言绝，七十子丧而大义乖。故《春秋》分为五，《诗》分为四，《易》有数家之传。战国纵衡，真伪分争，诸子之言，纷然淆乱。至秦患之，乃燔灭文章，以愚黔首。汉兴，改秦之败，大收篇籍，广开献书之路。[29]

刘氏父子列举了一些发起搜集整理文献的汉代皇帝，他们召集学者，编撰了最后的目录。他们对创设国家图书目录进行的描述，正和《吕氏春秋》《淮南子》相呼应，因为后两者之所以能够完成，正得益于当时的君主。他们召集学者，为的是编成一部集大成的作品，并且恢复散失的部分。[30]

刘氏父子赋予经学以核心的地位，以为它们是其他所有作品的基础，这一点也通过目录的名称表达出来。目录分为经典技艺"艺"和其他作品"文"。"经"直接由"圣王"创立，而其他各类的文献则来自于想象中的早期国家的一些机构。正如官员从统治者中得到他们的权威，那些次要作品所具有的局部真理都来源于圣人的著作。全部非经典的知识种类都是通过"经"或者孔子作品中的某一句话而变得合理合法，这也证明战国时期出现的哲学思想或作品都是经学的细枝末节。"今异家者各推所长，穷知究虑，以明其指，虽有蔽短，合其要归，亦《六经》之支与流裔。"[31]

按照刘氏父子的看法，尽管战国时期的思想家都只代表了对部分权力的字面表达，他们也都保留了经学所具有的真理因素。在汉代，当一位真正的君主到达这个世界时，他将把这些失散了的经典重新汇聚为最原初时的整体。同样的模式也适用于诗歌：

> 古者诸侯卿大夫交接邻国，以微言相感，当揖让之时，必称《诗》以谕其志，盖以别贤不肖而观盛衰焉。故孔子曰"不学《诗》，无以言"也。春秋之后，周道浸坏，聘问歌咏不行于列国，学《诗》之士逸在布衣，而贤人失志之赋作矣。[32]

于是"诗赋"引用了扬雄的赞叹:"诗人之赋"远比"辞人之赋"要好,他还呼吁恢复汉朝皇帝所提倡的道德严肃的正统理念。

在这些段落中,文本著作和政府相对应的关系是非常明确的。"经"就如同早期的"圣王","诸子"及新诗的出现被认为是政治混乱的表征。汉代政治的崛起,通过恢复早期的经典原理——如果不是早期的文艺形式的话——推动了文艺的进步。刘氏父子通过把不同的文献种类追溯到周代的政治机构,发展了著作和政府的这种对应关系。于是,儒家思想来源于负责民众和教育的"司徒之官",道家思想出自"史官—天官",阴阳家出自"羲和之官",法家出自"理官",名家出自"礼官",墨家出自"清庙之守",纵横家则出自"行人之官",等等。[33]

把学术与政治机构相联系,既反映出学术权威和政治权威的平衡,也反映出将破裂的世界修复为一个整体的理想。书目强调各派学术著作都由某个官僚群体共同写就,其中每一个人都拥有某种形式、有限的专长。只有当他们在统治者的组织下联合起来,才可能就某个知识领域编写出一部完整的、有注解的记录。于是,在目录中,知识的最高统一性就类似于君主统治之于帝国。

然而,除了这个统一的理念,书目没有列举各派学术的全部缺点。经学文献尤其如此,因为它们都是以多种形式存在的。《易经》保留得最完善,因为秦朝没有压制它,但即使是《易经》在汉代都有十多种版本。其他的经典通常是专注于某个特定的版本,因此都分裂成了相互竞争的学派。诸子思想家都是片面和局部的,诗歌失去了和政府之间的联系,变成一个特殊种类。在诗歌里,作者用精心设计的语言、飞舞的想象力,表达了普通人的悲哀和绝望。兵家的著作专注于将帅运兵策略和诡诈之道,方技转到了不能掌握星相的技术型专家之手。长生久视之术被那些专家演变为延长寿命的欺骗把戏,从而将长生久视之术彻底毁灭。[34]

对专门学派的抨击表明了目录的最终主题，即包罗万象的技巧，相对于有限的、技术性的技巧的优越性。这种观点产生于各哲学学派的自我评判，这在目录创作中有所显现。所有著作都被分为七类，即"七略"。前四"略"——"辑略""六经略""诸子略""诗赋略"——是由刘向、刘歆父子完成的；后三"略"——"兵书略""数术略""方技略"各由一位该领域的专家编成：一位步兵校尉、一位太史令，以及一位皇帝的御医。于是，文学和总体性的技巧，包括无所不包的六经，都是由负责此项事务的文书官来操办，而技术类学科就由技术专家负责。学术分类按照等级排列，在每个技术种类之前都有一个总的序言。另外，哲学著作和诗歌都被视为经学的派生物，而技术类的作品则没被归结到以"经"为模型。

技术类文献的衰败形式也表现得异常不同，诸子因为其局限性，诗歌也由于缺少政治目标，迷恋于词藻，它们二者都降低了六经。但它们都是经典遗产的成分，如果遇到一个智慧贤明的政府，它们就能得到修复。相反，技艺的存在会破坏儒家原则，而且其著作并没有可能弥补自身。

在书目提要中，对版本特色的记述和等级的划分与战国时期所采用的方式不同。在那个较早的历史时期，思想家们把自身和那些方技学派区分开来，他们声称拥有了一套整体智慧，不但包罗万象，而且能够指导具体的技艺。借此，他们将其学术地位等同于君主的统治。然而，在转向撰写综合性文本的过程中，以及再解读当前通用文本时，这些哲人们都自动降级为经学所体现的全面知识体系中的一部分。

在这个新的知识秩序中，经学与时俱进地表达了一个统一的世界，它本身就代表着君主体制和一种统一的智慧，与之相比，其他任何知识都是不完整的。由哲人们所表达的、旧的战国等级制度，在"知识"艺术凌驾于技术知识的这种序列中得以保留，但在此时，在由"经"和"注"所定义的一个更大的等级秩序中,哲人们都被置于屈尊、附属的地位。同样,诗歌和历史,实际上所有形式的创作,都只能置于由国家经典所建立的这个知识世界中进行解读,这种经典也就是人们所理解的汉代帝国的文本形式。

第 10 章

法　律

在古代中国，法律是一个多变的词汇，与生活的很多方面联系在一起。它是和宗教信仰、宗教行为紧密相连的一套权威主张，是国家借此把自己的标准强加给社会的一系列法则，是确保长者权威的一套延伸的家族结构，是一种语言形式，是一种职业类型，是一种把某些不利的人口因素驱赶到边疆前线的方式，也是一种招募劳力为国家服役的渠道。

成文法最早出现在战国时期，当时诸侯国将征税和征役对象扩大到城市中的社会低层和内陆的农民。那些负责落实这些任务的地方官需要一套成文的法律和规则来保留记录，处罚罪犯，以及用于其他行政管理方面。但这些法律并非仅仅是理性的行政管理的工具或野蛮的实用政治需要，而是深深根植于这个社会所赖以产生的宗教信仰和礼仪制度。

法律和宗教信仰

《左传》中的历史故事发生在公元前 7 世纪到前 5 世纪之间，它们描绘了周代贵族通过血祭仪式来唤醒那些强有力的神灵，召集这些神灵来推动实现他们的誓言。这类"盟誓"通过在参加者的嘴唇上涂抹祭物（牺牲）的鲜血或者坑埋"牺牲"的方式把它们送到神灵的世界，被广泛运用于城邦或者宗族之间的结盟。他们还规定这种建立在协商基础上的制度应该让所有加入同盟的人见证。近年来在山西侯马、河南温县和沁县发现了这类"盟誓"坑，通过对这些遗址中出土文献的辨读，显示这些资料是怎样为一个建立在书写基础之上的政治权威提供宗教信仰基础的。[1]

除了盟誓之外，把早期法律神化的第二种写作形式是商周时期在宗教崇拜仪式中使用的青铜器上的刻划符。这类刻划符除了其他一些功能之外，还具有和祖先联系的作用，并且使任何君主所赐的礼物或者政治权威的赏赐变成永恒。到了西周晚期和春秋时代，一些刻划符都记录了法律判决，多是关于土地争议的。陕西歧山董家村窖藏中发现了一个青铜器具，记载了一位受到刑罚的牧人，他被处以鞭打和"（黥）墨"之刑。到了公元前6世纪，根据《左传》记载，郑国和晋国铸了"刑鼎"来保存他们新施行的法律。于是，在祭器上铸以纹饰或刻划符具有一定的权力，在周代具有其特权，它们都被加以调整和改造，来使新兴地方权威合法化。[2]

通过盟誓或者铸造青铜器"刑鼎"来使法律神圣化，这并未因后来出现了简牍文书这种更为精致的书写方式而终结。汉代文献中保留了好几个资料，记录了秦汉之际到汉代早期用歃血仪式来郑重发布新的法令。当然这个时候的重点转移到了作为约束力量的誓言文本——一种对神圣的文字内容的认识和理解。[3]

近年来在云梦（古属秦国）和包山（楚地）官吏墓中出土的战国法律文书是典型的例子，也显示出这种早期法典与宗教的联系，说明法律文书在葬礼中也具有某种形象。现在还不清楚这些文书被置于墓中是因为它们是力量强大的神圣语言，能够保护墓主死后的生活，还是因为它们是墓室建筑设计中的一个部分，墓中的所有材料都是为了墓主人能够在地下世界保持生前的生活方式。在这两种情况下，在静静的、层层叠加的丧葬礼仪和政治权威的空间里，这些法律文书起着类似周代青铜器的纪念作用。墓主人通过君主赠予而获得这些文书，表明对其下属拥有权力，也是行使其特权的工具。既作为约束，又作为授权，这些文书被带到死后的世界，以保持死者生前所拥有的地位。云梦和包山发现的法律文书不仅仅是对周代青铜礼器的继承，也是对周代盟约的继承。和这些礼仪盟誓一样，法律文书被埋入地下，是为了把它传递到魂魄的世界。但更重要的是，它把皇帝的政策直接传递到执行政策的领袖之手，这些执行者反过来又把它们传递到其下属或者亲戚那里，通过这样的方式，法律文书在构造这个国家的过程中起到了枢轴作用。

地下契约文书上的人名都是地方权势家族的首领，他们和正在崛起的统治者同属一个时代，并且向后者及其亲族表示效忠。这些誓言不但约束着家族首领，而且也约束着他们家族一些次要的成员。同样，战国时期的法律也被刻在礼仪资料上，赐予这些政策执行人，这些人接受了这些神圣的物品，也就和统治者站在了一起，统治者由此向他们发号施令。在任命仪式之前举行实际的法律文书授权仪式，对日后法律发生作用而言是中心事务，因此司法礼仪在葬礼上也被实施。

从云梦秦简可以很明显地看出，法律集中在皇帝对官吏的控制方面，普通人则居于次要的地位。在这些文书中，被当时《秦律十八种》的编者集中使用最早、最长的部分几乎都是关于官吏行为的法律，记录档案的准则，考核官员的方法。第二部分是《仓律》，指出了官仓的维护和档案记录等。第三部分是《杂律》，与前二者紧密相关。第四部分《法律答问》界定秦律的条文，规定其诉讼程序，以便于官吏能够按照朝廷的意图来解释和执行律文。第五部分是《封诊式》，指导官员在调查和审讯过程中，要有合适得体的行为，以确保精确的结果，并把它们上报朝廷。[4]

对控制地方官吏的强调还出现在同一个墓中出土的《为吏之道》这种法律文书上。官吏必须服从上级，抑制私念，并且修建道路，以便中央可以迅速直接、不费周折地到达本地。它赞扬忠诚、无私无偏、正视现实的品质，视其为最高的道德。它抨击个人欲望、断于己见、抵制上级、专注于私务的品质，视其为最大的错误。简而言之，它提倡一种新思想：官员就像导管一样，他向朝廷传送他的忠诚，把朝廷的决策传输到边境，丝毫不夹杂自己的意愿或想法。[5] 这个墓里所葬之人正是这种通过法律文书的指令造就出来的官员。

早期法律隐含的原则与该时期的仪式行为也联系在一起。两个特殊意义包括在契约交易中的刑罚思想，和冠名、正名的重要性。[6]

在公元前4世纪的包山楚墓中出土的不但有法律文书，还有方术材料，它给我们披露了一个通过自商代沿用下来的祭祀模式来进行诅咒/厌胜的体系。法师/占卜人确定那些可能带来病魔的鬼魂的存在，确定它们和病人之间的关系，以及用以抚慰鬼魂所必需的祭物种类和数量。宗教仪式是一个和无道德维度的世界进行交换的操作过程。有一个类似的确认鬼神，驱除鬼魂或者取悦神灵的宗教仪式——"鬼魂学"——在云梦秦墓中也有发现。这篇文献的名字叫作"诘"，这是一个技术术语，在法律文书中的意思是"审讯"，但同时也指通过书写文字的作用来命令神灵；在周代的文献中，这个术语意味着"通过书写内容来把自己祭献在神灵之前"；在这里，一个表示和神灵的文字联系的术语被运用到法律实践中，通过证人提供的证据来制作书写文件。信仰和法律语言之间的这种紧密关系在云梦出土文献中随处可见。[7]

控制鬼魂的文书和法律文书的共同之处不只是具有相同的词汇，还表现为共同的行为模式。在两个领域——信仰和法律——命令和控制都始终贯穿以下整个过程：对不吉的事物进行确认，并根据其不同的严重程度，采取足以对抗威胁或者能够弥补损失的反制措施。法律刑罚具有微小而明确的级别层次，如同商代以来用不同的祭祀来对付作祟的鬼神。驱邪和刑罚之间的这种对等关系在秦或者汉代早期成书的政治哲学著作《韩非子》中的有关章节中也被提到："鬼祟也疾人之谓鬼伤人，人逐除之谓人伤鬼也。民犯法令之谓民伤上，上刑戮民之谓上伤民。"[8]

云梦秦简包括了《日书》——这种文书旨在帮助人们判断日期的吉凶，即某一个具体日期是有利于做某事，还是不利于做某事——里面还包括了一个通过占卜来对抓贼（这是一项法律关注的事务）的指导。它描述说，当贼实施犯罪时，可以通过日期来判断其外形特征。其他的简牍则教人怎样择日就任官职，并且指出在每天不同的时间段接待客人，将会产生何种结果。由于这些占卜文书和法律文书埋在一起，很有可能墓主人（死去的官吏）或者他的下属在其日常行政管理活动中都在运用这些原理，这进一步模糊了法律活动和宗教行为的界限。[9]

早期中华帝国法律和宗教的联系造成了政府行为和天地、自然的一致。比如，法律规定死刑只能在秋季进行，因为这个季节是腐败和死亡的时间。如果一个被判死刑的人由于司法程序延期，或者因故拖延而侥幸活过了冬天，那他就很有可能不再会被处决。有一个故事说，在汉武帝时期有一个酷吏叫王温舒，当时处决了地方豪族中的数千人，"会春，温舒顿足叹曰：'嗟乎，令冬月益展一月，足吾事矣！'"[10]

一个相关的常规做法是对重犯之外的所有轻罪进行大赦。这类大赦通常是在一些与皇室有关的庆典场合作为恩赐之举而进行，比如皇子出生或者立太子。发生自然灾害时，朝廷会认为它们可能是由政府苛政造成的，在这样的情况下，也会举行大赦。皇帝的角色决定了他操纵着人的生杀大权，因此他的大赦是在模仿上天的好生之德，在模仿他的精神之父以及其他相关神灵。[11]

认为人类的不端行为会影响自然秩序，这种思想导致了一种确切的与刑罚有关的法律观念的形成。刑罚会被施加"报"，暗示着将被犯罪扰乱的自然平衡恢复正常。为了起到预期效果，一项刑罚既不能太严酷，也不能太仁慈；如果刑罚和真实的犯罪不能平衡，自然秩序就无法再恢复了。以这个理论为基础，学者们在某些情况下会争论由于不合适的刑罚或者根本没有给予刑罚而造成的特别自然灾害，或非正常现象。[12]

法律和行政管理

虽然战国及早期帝国时代的法律仍然与该时期的宗教行为和理念紧紧联结在一起，但它仍然是确保社会秩序的行政管理工具。从它的这个角色而言，法律远远超过了单纯地禁止某种行为、讯问他人，然后行刑或者处以罚金。整个社会结构被建成一个由法律规定的赏与罚的过程。这个时期的司法行为把一个正常发生作用的社会归因于它的面貌能够被皇帝及其代理人很好地理解。

最清楚明白的一个例子是奖惩的区别建立在被卷入的这些人的身份地位之上。皇帝拥有半人半神的地位，它把处置冒犯皇帝及其财产行为的法律称为滔天大罪。比如，对皇宫或者皇陵做出破坏之举的人将被处以死刑。如果某位匠人不小心造成皇帝所乘车马的轮轴破裂，匠人将被处死。即使是意外地打碎了皇帝所赐的礼品，比如一只鸠杖，也可能导致一位官员被斩首。

这种对过失和刑罚划分等级的做法还被运用到普通人家。被亲戚告发的犯罪行为要比被陌生人检举揭发的罪行严重得多，年轻人对年长者犯罪，其罪行要比年长者对年轻人犯罪严重得多。由于秦律给父母的权威以法律认可，因此，一位人子如果告发他的父亲，他的话不能够作为证据，告发者反而可能因为这次检举而受到处罚。父亲能够免除孩子给予他的伤害，但是如果孙子打了他的祖父，他将被处以黥刑，并发配服劳役。父亲能够利用法律体系来给予他自己的家庭某种处罚，甚至是鞭打或者处死他们。通常而言，父亲以法律的名义对孩子施加的低级别的暴力行为似乎就是标准情况。公元 1 世纪的王充在传记中强调说，他的父亲从来不鞭打他，这件事对他来说是难以忘怀的。后期的著作显示，2000 年以来，这类鞭打在中国的教育过程中是家常便饭。

沿用到汉代的秦律中最令人瞩目的一个特征是"连坐"。针对某些特点的犯罪，刑罚并不止于罪犯本人，而且还会牵连到其家庭、邻居，对于官员犯罪而言，还可能把其上级、下级，甚至他的举荐人都卷入其中。但联系最紧密的是他的亲属，而且集体性刑罚涉及的范围为我们提供了亲属关系的范围限制的重要证据。在当时的帝国，这种限制在社会和法律方面都具有重要意义。

对亲戚处以集体性刑罚有一个专门术语叫作"灭族"。在春秋时代，"灭族"一般是指一种政治事件，即一个贵族家族消灭掉另一个贵族家族，通常是屠杀对方所有的家族成员，或者把对方家庭成千上万的人变成奴隶。到了战国时代，这个词语的内容发生了变化，如同埋入地下的法律文书中所指出的，这个词语在当时指违背了盟誓的个体家庭的毁灭。在那不久以后，它开始包括对那些在战场上失败的人的家属处以刑罚。于是，在秦汉时期，"灭族"开始变成一个法律工具，有助于政府在消灭、征募或控制个体家庭时发挥作用，因为这些家庭是帝国权力的基础。[13]

如同经典著作中描述的，这种扩大的对犯罪行为负责的家庭义务，和血亲复仇这种道德义务具有类似的重要性。首先，复仇之举要求的是集体负责。东汉早期写就的一部回忆录描述了相互仇视的人是怎样导致整个家庭的毁灭的。在一些例子中，复仇者没能杀掉真正的仇家，而是杀掉了对方的妻子、孩子或者其他一些亲戚。有时候，被复仇者的一位亲人会主动跑去见复仇者，希望通过自己的献身来换取这位亲人的性命。由于复仇的义务建立在亲缘纽带之上，复仇者和牺牲者的角色总是表现为以集体亲缘为单位，而非以独立的个人为单位。

国家采用的"灭族"政策，反映了或者激励了这种社会行为，法律条文要处罚的对象是那些地方上的世仇斗殴。[14] 因而，集体所负的法律义务在某种程度上就成为国家干预以血亲复仇为内容的社会的一种方式。在一个人们的亲戚被迫要为其复仇的世界里，任何杀人者都毁灭了一个家庭，甚至国家也不能把自己从杀或被杀这种规则中解脱出来。在很多案例中，复仇的目标是那些执行过司法处决的官吏。

集体连带负责制不但是政府用大规模的刑罚来恐吓人民的手段，也是保证人民相互监督的方法。如果一个亲戚或邻居告发与他们有某种联系的人的犯罪行为[15]，他们不但能够免于刑罚，而且还能得到奖励。早期帝国政府寻求方法，希望用为数不多的官吏来治理大量人民。因此，正如秦国首相商鞅在其变法中所说，统治一个国家需要全民的参与，如本书第48页（见页边码）中所引段落。[16]

通过集体连带责任制和互相监控，国家希望塑造它的人民，使之能够主动地执行上级下达的法律指令。在这样的一个社会体系中，人民将裁决他的同伴；或者更精确地说，他们将裁决那些和自己捆绑在一起的亲戚或者构成集体责任纽带的同伴。在商鞅所提倡的法治国度里，一个人如同生活在古典世界里，将面对那些他被迫去复仇的人对他的审判。

法律文书中的刑罚还意味着存在着一种社会等级，它是通过彼此负有恩惠和债务的关系而建成的。法律没有简单地规定某种具体的刑罚，而是指出每一宗犯罪都将产生一种义务，它将以某种具体的行动，或者特定的赔偿方式来偿还。作奸犯科但社会地位不同的人，都具有不同偿还责任的方式。个人不同的社会地位决定了其应得的刑

234

罚，正如他所犯的罪行性质一样。在秦律和包山楚简材料中，决定性因素是罪犯与掌握刑罚形式的官吏的私谊。这种关系可以用被卷入相互交易的官吏所出具的礼品收据来证明，被写入了刑法。[17]

最清楚的例子是授予爵位头衔。这些爵位头衔是通过为君主效忠而被其授予的，最早是通过兵役获得爵位，其次是因为向国家捐助一定数量的报效而得到爵位头衔。爵位头衔是普通人可能获得的主要报偿，而它能使获得者减少受到的处罚。[18]这意味着任何拥有爵位头衔的人所犯的罪行都可能被降低受罚的程度——或者更精确地说，爵位头衔能够被归还给君主，以换取减轻某个普通处罚。在秦朝的法律秩序中，这种为了减轻处罚而进行的地位交换，是通过一种高度复杂的形式来操作的。

在秦律中，官吏犯罪通常是处以罚金，衡量单位是一定数量的铠甲。[19]这些个人拥有爵位头衔，借其保护，因而享有附加的权力，能够赦免任何不端行为，只被要求对军队做出贡献。多数学者认为这是一种经济处罚，因为金钱只能上交来购买铠甲。因此不只是那些从君主那里获得头衔的人能够用头衔来赎罪，那些从君主那里领取薪金的人也能够通过把钱返还给皇帝，来避免被没身为奴的命运。然而，这个原则不是绝对的，没有担任公职的人如果犯了与金钱有关的罪行，或者没能履行军事义务，也必须以"纳甲"的形式上交罚金。既没官阶又没公职的人员，则只能服一定时间的劳役，或者以国家奴役的方式来为自己赎罪。另外，刑罚反映了个人和君主之间的关系，因为劳役是农民最基本的义务。[20]

肉刑可以追溯到商周时代，超出了建立在地位之上的互惠原则，不能够通过"纳赀"来逃避刑罚。但即便是这些古老刑罚，也会根据罪犯的地位和特权来灵活实施不同等级的肉刑。肉刑分为黥、髡、刖、劓，以及宫刑或死刑，实施刑罚的幅度有轻微的调整，以此和犯罪前此人所做的贡献相对应。

获得爵位头衔标志着把自己和国家结为了一体，除此之外，普通人也能被赐予姓。在周代，姓是一种贵族特权，但是在战国时期，姓被扩大到普通家庭。于是，"百姓"这个过去用来指代"贵族"的术语，开始意指"普通人"。按照法律要求，社会成员需要在一个家族或者家庭内进行登记。云梦秦简法律文书中的《封诊式》指出，任何诉讼证据都应该从姓名、地位（爵）以及法定证人的居住地开始。包山楚简中更早的案例则提供了很多这种行为的例子。[21]

自从普通民众被授予爵位，或赐给此前贵族专有的姓，这些赏赐的性质就发生了改变。如同兵役制的全民化把一项贵族的特权转变为奴役的象征，姓、头衔、登记的普及化也剥去了它们作为权威的这些特性。当周代贵族从周王那里接受头衔或封号时，他们把这些头衔、封号刻在礼器上，向祖宗们汇报，因为祖宗们也赋予后人权力和地位，它们并不完全依仗于周王。与此相反，虽然战国时期农民的赐姓或者封号显示其地位是政治秩序中、法律意义上的一名自由人，却被刻写在最终上交给君主的登记簿上。把一个人的姓名和头衔进行登记，意味着他只是国家法律统治下的一介臣民。

人口登记以及与人口相关的地图，证明国家政权开始把自己的权力升华到法律档案这种表现方式。这些东西神奇地体现着人民和他们所代表的地域。比如，荆轲为了刺杀秦王，假托举行正式的献礼——包括相关的人口登记和地图——向秦王"献地"，以此谋取机会前往朝廷。这类档案在法律上的力量可以从公元前309年的一个墓中出土的"更修田律"得到反映。[22]

到了战国晚期，人口登记已经变成了一种宗教行为的因素。最直接的例子见于放马滩秦墓出土的秦简。该墓的大概年代是公元前1/3个世纪时期，墓中的文书讲述说，一个男子遭受了不公正判决，为了避免羞辱，他选择了自尽。有人求助于"司命史"，在一位神灵的命令下，死者尸体被挖了出来，并且逐渐活转过来。[23]这个故事描述了

第10章 法律　239

一个地下世界的官僚制度，它登记着地方法律文书中那些凡人，并与其保持着联系。还有一个令人瞩目的地方是，地下司命被唤醒，以纠正一桩由于人世的司法错误而引起的死亡。

掌握人生寿命的"鬼录"也出现在战国时期的《墨子》和《国语》以及汉代早期的哲学总集《淮南子》等书中。公元前4世纪的楚国帛书也同样包含了一个类似官僚机构的仙班。[24] 在汉墓简牍中还出现了一个通过法令来操作的、更为精细的阴曹地府的官僚体系，来操纵魂灵世界。

秦的文书还讨论对案牍的处理方式，谷仓及仓储的管理，以及贷种、贷牛给农民。从西北地区的敦煌和居延遗址中出土的汉代简牍为我们提供了有关生产管理的细节，包括保留记录，做汇报，保养工具，每年测试士兵箭术（表现好的有奖励），旅行获得通行证明，批准兵士请假回家为父母营葬，交税，颁发通告抓捕罪犯，等等。[25] 所有这些文书显示出，在早期帝国的行政管理中，法律是颇具说服力的。

法律和语言

正如詹姆斯·博伊德·怀特（James Boyd White）详细论述的那样，法律不只是一个规则和刑罚的体系，还是一种特殊形式的语言和修辞。法律体系产生了它们自己的技术词汇和语法，精于此道是参与法律事务的关键。[26] 在秦汉时期，地方官也通常就是他们管辖区的最高法官，他们必须学习有关法令的不同语法应用。朝廷中枢也是如此，那些负责签发法令、法规的官员也不得不成为法律语言的专家。然而，在早期中华帝国，法律和语言之间的联系不只是简单掌握技术语言，更是一个通过语言的调节来控制社会的过程。

关于法律、行政管理和语言之间的关系，正如秦国文献《韩非子》所讨论的那样，最详细的论述来自于"刑名"学派的遗产。[27]君主被建议保持镇静，允许丞相来汇报他们将完成的行政管理任务（即"自命"），这些汇报应该被记下来，提供一个"符"或者"契"，通过它们来衡量其日后表现。然后，如果"符""契"和表现两者相当，那么官员就应该受到奖励；如果不当，他将受到刑罚。[28]《韩非子》所提议的使用"符""契"和每年检验的方法，和关于实际行政管理做法的描述是一致的。

在理论和现实操作中，条令、刑罚措施的使用是建立在语言和现实相一致的基础之上的。有成效的法律和行政管理都根植于词语的正确使用，这样才能确保它们和行动相匹配。在早期的理论中，有一个相关的理念得益于孔子的规则。那就是孔子的"正名"思想。当时有人向孔子提问，他对魏国有什么政策方面的建议？他回答说，他将从"正名"开始。"名不正则言不顺，言不顺则事不成，事不成则礼仪不兴，礼仪不兴则百姓手足无措。"这个顺序明显是相递进的，正确地使用名，是礼仪体系的基础，这种礼仪反过来能够使法律刑罚和社会秩序的充足性成为可能。[29]

这个理念在几个方面得到发展，但是联系最紧密的一个法律理论是由《春秋公羊传》精心组织的。它把《春秋》视为一种类似密码的文本，在文中，用来命名某人的某种头衔或者提到某人名字的方式都表明了和某位统治者的奖惩相当的判断。在这种阐释中，文本是鲁国理想国的蓝图：这个国家由"素王"孔子统治，他所依靠的是一套完全由"正名"所组成的法律体系。[30]这种对文本的解读模式明确地确认了法律判决和正确的语言所具有的力量。在传统的注释中，法律是语言所具有的社会权力的精炼表达。

在汉朝统治的第一个世纪，朝廷的多数学者都接受了这种观点：《春秋》是一种完美的语言，同时也是法律的一种文本表述。有人问史学家司马迁：孔子为什么要著《春秋》一书？他引用了汉代大儒董仲舒说的话："周道衰废，孔子为鲁司寇……孔子知言之不用，道之不行也，是非二百四十二年之中（《春秋》一书的内容跨越的年代），以为天下仪表。贬天子，退诸侯，讨大夫，以达王事而已矣。"到了东汉，一篇假托董氏所著的文章教导人们如何利用《春秋》来"决狱"。这种类似的文本被广泛使用到如此地步，以至于《春秋》作为法律的纯洁化语言的文本形式，最终变成一种政治现实。[31]

把《春秋》一书和"孔子是一位法官"的这种设想联系在一起，其意味是颇为深长的。法律、宗教信仰和政府都是这样一类空间：语言在其中是一种表演性的成分。法官的判决和官吏或祭司的语言一样，产生了社会的现实。他所做出的犯罪判决，制造了犯罪的事实，而日常百姓的语言是不可能有这种效果的。当《春秋》断决有罪或无辜时，或者做出授权或撤销一个特定的状况时，它就起着法律的作用。公元前4世纪《春秋左氏传》中的寓言故事同样视历史学家为法官。在西汉，由历史学家对过去做出判决是一种极为普遍的观念，但《春秋公羊传》及其信徒就认为这些语言形象只是纯粹的文学存在。把孔子设想为一位法官，从事刑罚裁决，这在汉代早期以他为中心的神话故事中是最为核心的部分。[32]

法律作为一种净化过的语言，不只出现在哲学、传注和历史中，还出现在司法文本中。这方面最明确的例子是云梦简牍中的秦国法律文书。这些简牍上的很多语句段落都由技术层面的法律术语的定义所构成。在把家庭作为一种法律实体进行讨论时，罗列了很多指代家庭的术语："户"意指"同居"的人。他们意味着不独立（隶、役或奴隶），但不独立并不意味着"户"。"室人"是指什么？"同居"是指什么？"同居"是指那些只有户口统计过的成员。"室人"指整个家庭成员，所有可能被互相牵连到一桩罪案中的人。[33]

从汉代的其他一些材料中我们也可以知道，这些术语都曾是习惯语的一部分。汉惠帝（前195—前188年在位）下达过一道旨令，在语义上把"同居"和"家庭"一词相提并论。这表明这些术语是同义词，从某种宽泛的意义上讲，它们都是指"家庭"。[34] 同样，汉代文献中的"户"也有"同居"或"家庭"的意思。法律文书的作用就是给那些在习惯语中具有很多含义的字词、短语做一个技术上的定义。在上面的例子中，对秦国政府而言，共同的居住地而非血缘纽带决定了法律意义上的"家庭"，而无关它在当时的惯常用法。简牍上类似的语句、段落对其他的一些字词也给予了技术性的意义，或者规定某个特定的人、某种特定的情况是否适合一种特殊的法律种类。他们是法律的哲学观的一种现实表达，是一种施加于社会秩序的正确语言形式。

司马迁关于朝廷中法学家的篇章指出了这种观点的局限性。在谈到利用法律把政府权威施加给豪强大族的那些"酷吏"时，他引用了描述法治缺陷的文章段落，指出了依赖法律可能带来的反作用的性质。他援引以往那些反对暴秦统治的流行观点，提到残酷无情的法律正是导致秦朝崩溃的原因。[35]（他对滥用法律充满敌视，这并非与他自己的遭遇没有联系。由于他认为不应该把法律施加于一位投降匈奴的将军而被处以宫刑。）

因此，司马迁给人们勾画了一位滥用刑罚的官僚，作为一个反面角色。其中一个多次出现的情形是，他把他们描述为"行法不避贵戚"，其他的则是"用法益刻"，"所憎者，曲法诛灭之"。[36] 总之，司马迁的批判基础之一，就是法律是一种野蛮的语言，它给那些人以权力，他们掌握了它的变化和微妙之处，但就像他或者其他人看到的那样，它并没有总是取得正义。如同上引所述，司马迁消极负面的态度，无论如何都把法律定义为一种不同寻常的、技术规范化的事物，因而具有威严的语言形式。

司马迁著作中的中心人物是张汤。此人曾经把持了武帝时期的朝政，是一位精于草拟法律条规的专家。和对待其他章节中的人一样，司马迁谴责他在量刑时滥用刑罚，玩弄法律技术语言，获取自己想要的结果。然而，他的传记也描述了其不同的性格，首先包括了一种孩子气。司马迁视张汤为一个使用法律语言和程序的天才。

> 其父为长安丞，出，汤为儿守舍。还而鼠盗肉，其父怒，笞汤。汤掘窟得盗鼠及余肉，劾鼠掠治，传爰书，讯鞫论报，并取鼠与肉，具狱磔堂下。其父见之，视其文辞如老狱吏，大惊，遂使书狱。[37]

孩童的行为暗示着他的性格以及未来的职业生涯，这种特点在早期中国的传记中并不鲜见，最著名者莫过于孔子，他年幼时就喜欢摆弄礼仪用品，用来演示礼仪。儿童张汤的故事读起来几乎就是这类叙述的一种模仿，但是它还把法律视为一种特殊的、生杀予夺的活动，尤其是准备案卷，使用正式、正确的语言，都是其特殊之处。另外，它给我们展现了一种标准的调查和审判方式，这和秦国法律文书中记录的一样（处理老鼠偷窃在秦律中也有类似的情形）。

张汤传记中的第二个醒目特征是，当他注意到皇帝对古典文献的喜好时就开始引用经典来支持他的决谳。他甚至聘请了精通《尚书》和《春秋》的学者来做自己的秘书，这样他就可以引经据典，求得最大的效果。司马迁提示说，很多掌握这类经典的学者都在张汤残酷的决谳中充当了他凌厉的"爪牙"。[38] 在这里，儒家经典理论是一种法律判决的模式，法律的原理则是政府集中化的技术语言。同样的模式在其他人的传记中也有出现，比如汉武帝时期的经典学者公孙弘。它表明在法律的技术语言和在汉代以来发展形成的经学传注之间存在着紧密的联系。

另外一篇文献从相反的角度说明了法律语言的重要性，它就是东汉历史学家、诗人班固对历经几个世纪才形成的冗长而繁琐的汉律所发的怨言。汉律通常被认为是将公元前200年的秦律极大地简化之后而形成的，到了公元1世纪晚期，它却膨胀到多达成千上万个条款,超过700万字的内容。班固强调说:"文书盈于几阁,典者不能遍睹。是以郡国承用者驳,或罪同而论异。"[39] 班固坚决认为,如同其他一些发展出成熟法律体系的文明,用一种严格粗暴的语言来涵盖所有的案件,这种想法不可避免地要破产,因为存在着数不清的可能性。

法律和刑罚

从狭义上讲,早期帝国的法律就是一套针对某些越规行为而制定的规则和刑罚措施。无论是中国学者还是西方学者都早就注意到,早期中国的史家们都把刑罚视为法律决定性的一面。班固《汉书》中关于法律的专论称为"刑法志",它的上半部分集中论述军事的历史,视其为刑罚的最高形式。

早期的法律很大程度上是一个刑法体系,但是这个阶段也存在财产和继承方面的法律纠纷。在今江苏省出土的汉墓中发现了汉代的遗嘱,其内容显示政府官员介入了财产继承事务,而墓中随葬的"买地券"早就证明了这个事实。尽管这些只是宗教信仰类文书,旨在确保死者在阴间的地位,但我们现在能确信它们是以当时的现实生活为依据的。法律条款还处理以下问题:对已婚犯罪女性的嫁妆的处理,奴隶结婚的权利,以及父母与子女之间的关系问题。然而,对法律连篇累牍的讨论以及我们拥有的大量证据,针对的都是刑法及其刑罚。[40]

早期帝国主要使用三种刑罚措施:死刑、肉刑,以及劳役。监禁本身不是一种刑罚,而是一种在司法过程中扣留嫌犯和保留证据的方式。然而,如果司法过程有拖延,那么监禁期就可能很长,司马迁至少记录过一位法律专家,假若他猜测皇帝还不想让嫌犯死,就会想方设法把嫌犯无限期地投入监牢。班固还认为,如果官吏发现某个案子存在问题,因而不能做出结论,他们也会把嫌犯无限期地关入监牢。[41]没有任何法律依据，延长拘禁是人生的一种现实状况。

最高的刑罚是死刑，其中最为常见的是斩首。紧随其后的通常就是悬首示众、曝尸或弃市。最少用的做法是用辘轳悬着的铡刀将犯人腰斩，对特别十恶不赦的重罪，包括"诛三族"或者"诛九族"（表明总体概念的奇特数字），主犯要承受所有的刑罚：首先是黥面，其次是削鼻（"劓"），然后是刖脚（"刖"或"腓"），再就是鞭笞致死，最后是"弃市"，他的头将被悬挂于市，他的尸体也将在同一个地方"寸磔"。在汉代可以被处以死刑的罪名数量非常多，尽管死刑犯也时常会被大赦，或者被流放到前线充军。[42]

第二类刑罚措施是残裂肢体的肉刑，这也是汉代统治的几个世纪里争论、修改最多的内容。起初这些刑罚措施包括黥面、割鼻，砍去一只脚或双脚，然后是宫刑（阉割）。公元前167年，除宫刑之外的所有肉刑都被正式废除，代之以不再会给被指控者留下终生印记或残害的刑罚。黥面被髡首、带枷以及服役取代。劓刑或刖刑被鞭刑取代，就是按照一定数量规定，鞭打罪犯脊背，或者用杖打击臀部（"笞"），然而，杖或者鞭打的力度和数量通常都太大，结果导致罪犯失血过多而死，所以，此前声称的仁慈举措，实际上却明显增加了刑罚的严厉程度。

公元前156年，政府减少了鞭打的数量和笞刑的力道，公元前151年又进一步减少。但由于这些刑罚变得越来越能够被人承受，因此官吏们抱怨他们不能够阻止违法行为的发生。于是，按律应当处以死刑的犯罪名目增加了，到了汉代末期，死罪已经多达千种以上。可能在其他肉刑被取消之前或者在取消后不久，宫刑作为一种独立的刑罚也被废止了，但它作为一种特殊的死罪减刑方式，在后来仍然偶尔被使用（通常以此惩罚在边关服兵役的罪犯）。在公元2世纪20年代，宫刑再次被废止，自此以后再也没有出现。[43]

早期中华帝国最常见的刑罚是为期一到五年的苦役。每个期间都有特定的任务，比如"城旦舂""鬼薪""白粲"，这些古老的刑罚种类并没有说明真正要完成的苦役内容，然而，它包括筑路修桥、为政府做工、修渠、运粮，以及冶铁。其间所有的工作都伴随着鞭打杖责，较严重的就包括了短暂的肉刑。被判五年苦役的男子将会髡首（剃头），戴铁项圈，而判四年的则只剃去络腮胡和鬓毛。[44]

另外一类最常用到的刑罚是流放，它通常只在秦朝时被使用。这种刑罚被启用很可能是因为秦国有大量新近征服却又人口不足的地区，帝国可以通过把人口输送到这些地区居住而受益。一个突出例子出现在《封诊式》中："某里士五（伍）甲告曰：'谒鋈亲子同里士五（伍）丙足，（迁）蜀边县，令终身毋得去。'"官吏批准了请求，提供了详细的指示来说明这位人子是如何被流放的。到了汉代，流放开始不再像以前那样普遍，除非是那些死罪被赦免后发配充军的人。[45]

除了大赦之外，秦汉时期的刑罚都可以赎罪，这是一种中国人提及奴隶赎身时所用的术语和做法。秦国法律文书频繁地提到流放、苦役或肉刑、宫刑，甚至死刑等罪行获得赎罪的可能性。[46]在很多情况下，赎罪采取以爵赎罪或者交纳赎金的方式。如果无力交纳赎金，赎罪可以通过一段时间的劳役来实现。严格来讲，赎金主要是从那些渎职的官员身上抽取，如同我们所知，交纳的赎金以能够购买的铠甲数量来计算。在汉代，赎金通常用黄金来支付。

很难总结这个时期的刑罚。一方面，死刑、肉刑甚至是那些替代了肉刑的对须发、衣服的规定，都是一种有力证明，展示出国家权力对人民的强势，同时也是将那些罪大恶极的罪犯从其所生活的人类群落中隔离开来。另一方面，一些刑罚措施采取了用服役、货币或爵位来做交换的方式，针对不同关系做出了认真说明。用劳役当作刑罚，以及把刑徒流放到边关或新征服的区域，都显示出刑罚措施也向政府提供了人力资源。这和近代欧洲及美国早期使用船奴和被铁链锁在一起的苦工并无不同。尽管汉代史家坚持秦国苛刑峻法所带来的灾难性后果，他们自己所处时期的文献记录并不能证明，汉代政府在他们控制的区域曾做出过任何明显的改进。

法律和调查

早期中华帝国司法程序中的基本因素都被很好地记录了下来。行政管理和法律权威之间并非截然不同，总体来说，一个地区的主要行政长官同时也是主要法官：地区治安官吏就是其辖区的法官，同时也是他所在行政区的军事领袖。一位将军有权力处罚他的军队，甚至是将士兵处死。石刻文献记录说，在地方一级，地方官员有法律专家为其参谋，但它们没有提供细节。

在中央政府，有几位官员处理司法事务。护陵监是负责与皇陵相连的乡镇的主要长官，也是都城附近的最高司法长官。然而，最主要的司法官员是廷尉，他主要裁决事关皇室、封建诸侯王以及高级官员的案件，还对地方提交的疑案做裁断。最后，皇帝本人是最高的司法官裁判、最高的仲裁者以及所有法律的来源。尽管多数皇帝都很乐意指令法律官员行使判断权力，他们有时也会私人介入或者授权某位特定的官员（比如上文提到的"酷吏"）来代他们执行。[47]

中央政府也监督地方官员的司法活动。一种方法是允许被指控方或者他们的家庭成员诉诸司法，虽然这方面我们还没有发现具体过程的记录。公元前106年，中央政府设置了巡游地方的刺史。在这些刺史所检查的内容中有一点是在每一件行政管理中的司法是否适度和不失偏颇。他们特别被授命去勘察某地区、行政区的地方官员和豪强大族间的冲突或纠纷。大多数法律专家都被要求去打击这些家庭，压制他们对地方的影响。朝廷对它自己的代理人和地方权势家族之间的勾结、联合充满忧虑，这不是毫无根据的。在城市里，性质相似的腐化和勾结的案件都涉及不法之徒。汉代史学家讲述了地方官员和不法之徒的长期勾结,以及这些不法联盟被中央来的官员摧毁。[48]

在散见的零星材料中,最富有故事情节的例子是张汤对老鼠的审判,通过这些材料,学者们重建了一幅粗略的有关司法调查和审判的画卷。更详细的材料来自秦国法律文书,尤其是《封诊式》,其中包括一些程式化的公文形式,展示了地方官吏如何书写上交给中央政府的案件调查、审判汇报材料。虽然这些模式可能建立在具体的案件之上,但它们被用来指导地方官吏的司法程序。

一些范例支持对一个犯罪、受害人的事发现场进行法医鉴定,来详细说明待查的细节。有一个上吊死亡的案例提供了房屋的细节描述、尸体的所在位置、绳索的种类和粗细、尸身各部位的摆布和状况以及受害人所穿的衣服、悬挂的房梁长度,甚至还有阻碍了留下脚印的泥土的状况。在这之后是一个调查方法的总体训诫:

> 诊必先谨审视其迹,当独抵死(尸)所,即视索终,终所党有通,乃视舌出不出,头足去终所及地各几可(何),遗矢弱(溺)不医殳(也)?乃解索,视口鼻渭(喟)然不医殳(也)?及视索迹郁之状。道索终所试脱头;能脱,乃□其衣,尽视其身、头发及篡。舌不出,口鼻不渭(喟)然,索不郁,索终急不能脱,□死难审医殳(也)。节(即)死久,口鼻或不能渭(喟)然者。自杀者必先有故,问其同居,以合(答)其故。[49]

其他的记录包括对一条通向房屋内的隧道进行检查,当斗殴引起流产时,对胎儿和孕妇身体的检查,以及咨询一位医药专家,由他来确定何种疾病会导致某种特定的身体状况。

除了调查一宗犯罪的涉案工具和身体痕迹之外,很多案例涉及了来自邻居或家庭成员的指控。很多嫌疑人被驿站的驿长或者从军队退役后服务于地方政府的校尉抓捕。于是地方行政官员审问了证人,并且谴责道:

> 凡讯狱,必先尽听其言而书之,各展其辞,虽智(知)其

第10章 法律

诡，勿庸辄诘。其辞已尽书而毋（无）解，乃以诘者诘之。诘之有（又）尽听书其解辞，有（又）视其它毋（无）解者以复诘之。诘之极而数诡，更言不服，其律当治（笞）谅（掠）者，乃治（笞）谅（掠）。治（笞）谅（掠）之必书曰：爰书："以某数更言，毋（无）解辞，治（笞）讯某。"[50]

　　实物证据和证明最后汇集成涉案各方和司法官吏之间的一个巨大冲突。每方都会给出一种陈述，负责调查的官吏把它们和实物证据结合起来考察，就能复原一个连贯、完整的案情。当陈述或者实物痕迹相抵触时，官吏会提出更多的疑问。证据的变化，或者内在有矛盾，将为进一步的审查提供线索。最后，必须有被告认罪伏法。如果面对证据，被告仍然顽固地拒绝招认，那么就会招致痛打或者其他形式的折磨。然而，痛打只是最后一招，使用此法必须写入报告中。在这个过程中，官吏保持着沉默，只是如实客观地记录证人证言，然后将记录进行比对，寻找其中的一致性，以及它们和实物证据的联系。这和皇帝用"形名"来控制他的官员是一致的。在这里，地方官吏站在皇帝的立场上，证据则类似于皇帝手下的官员。证据给自己命名，给出有关自己行为的描述，这个描述转化为记录，如同急切的官员在皇帝面前表现的那样。此时此刻，地方官员静静地坐在那里，打量着一切和他所了解的事实不相一致的方面。处境各异的人当堂对质，案件由地方逐级上报，直达朝廷，这是早期帝国政府的基本行政模式。

　　这些文献还显示出中国法律理论和实际操作中的指导思想，即法官也应该是一位侦探。理想中的法官能够利用自己的能力，解读出掩藏在实在迹象和人的谈话背后的含义，透过迷惑和谎言的面纱，形成对事件的真实说明，以及对涉案方的公平处理。视法官为一位能够解读暗号的智者，这种观念在张家山汉墓中出土的文献中也有出现，在该材料中，一位官吏被安排追查污染食物的嫌犯，结果他推断出整个居住场所都存在问题。[51] 在后代中国的戏曲舞台和小说中，法官同时也身兼侦探的这种人物形象尤其醒目，比如狄仁杰、包公都变成渴望获得真相和正义的故事的材料来源。正如新发现的秦汉时期文献资料所披露的那样，把正义的实现归因于解读蛛丝马迹的智慧和能力，这种模式早在帝国时代早期就已经出现了。

法律和劳役

在秦朝统治下，几种犯罪群体以及其他一些社会违法乱纪者——比如商人阶层——都被无情地发配到了边关。到了汉朝统治时，由于边关要塞日益被死刑犯填满，为了边关军事需要而开展的物资转输活动开始和流放刑徒合二为一。前线的军事活动也因此变为一种手段，驱走内部的暴力因素，确保内部的安全。军队不但用来镇压帝国边关的外来之敌，而且把社会上的破坏分子驱逐到汉代文化想象中的化外之地。[52]

有很多资料都提供了这方面的证据。在公元前109年，汉武帝征募了死囚，利用他们组织了一支远征军，之后又分别于公元前105年、前104年、前100年和前97年再次用刑徒组建远征军，在后代其他皇帝统治期间也同样如此。汉武帝于公元前100年发布了一道法令，强调刑徒们将被送去五原建立一个基地。汉代木牍文献还显示，从汉武帝开始，刑徒就被安置在前沿哨所，其数量增长到整个西汉军队人数的1%。[53]

到了东汉，随着普遍兵役制度的废除，对刑徒的使用大幅提高。这不单是数量的增长，也伴随着军事组织方面的质的变化。在公元32年，亦即废除兵役制的翌年，东汉建立者光武帝创设了戴黑巾的左校。好几种传记资料说明，这个职位的官员及其手下负责主持刑罚事务。头衔表明了一种军事角色，在公元91年，这个头衔的获得者实际上被派遣远征。有一份请愿书提到了一位在将军手下效力的缓刑犯,这是适用于被送往边关服兵役的罪犯的模式。同样,有一份备忘录请求获得几位前官员的原谅,把他们称为"输作左校",这说明,那些安置在这个部门之下的人都是刑徒,他们设法赎罪,使自己的死刑获得减刑,然后就被送上前线,"徙边"守关。因此,除了那些在法令中缓刑的人,刑徒按惯例都由这个部门被送往前线。[54]

除了设立专门的部门来遣送刑徒到边塞地区这个证据之外,文书资料证明,边防驻军也主要由刑徒来掌控。公元45年,光武帝在边塞建立了三个彼此相连的大营,并且命令这三营都"刑谪徒以充实之"。公元102年,班超在出使中亚地区31年后返回国内,他的一位朋友表示遗憾,因为这位资深的领导者没有获得一个较高的职位。在答复中,班超谦称自己并不适合朝廷的职位,并说:"塞外吏士,本非孝子顺孙,皆以罪过徙补边屯。"[55]

公元76年杨终所写的一篇文章指出了这种"谪徒徙边"的程度。他写到,自公元58年汉明帝统治时期起,官员们穷拷罪犯,甚至殃及无辜,只是为了征募前往边塞的人,被遣送发配边疆的人数成千上万。"纪"和"列传"中的内容表明,到公元154年这一段时间里,平均每五年朝廷就有一道命令,要求把被赦罪的刑徒输往边塞。虽然没有列出公元154年后的相关法令,仍有传记资料提到,在此之后,某某人作为刑徒被发配到边塞。[56]

我们无法统计出具体有多少人被输往边塞,但人们可以从《汉书·刑法志》中的数据得出一个概念:"今郡国被刑死者岁以万计,天下狱二千余所,其冤死者多少相覆。"[57] "岁以万计"这句话是一个文学修辞,尽管它呼应了杨终的说法。然而,两千所监狱这个数字看来像是一个精确的数字。如果它是正确的,并且假设能够知道依汉律被处以死刑的最高人数,那么官员们就能够容易得出输往边塞的罪犯有上万人。公元87年,一位名叫郭躬的官员质疑,那些在大赦之前犯了死罪却没被抓获的罪犯，在被抓获之后也应当被送往边塞。他认为，这一类人数以万计。他还清楚地解释了这个理论的合理性，认为它"以全人命，有益于边"[58]。班超曾经评论说，驻军戍卒全都是遣送到边塞的刑徒，这一点恐怕不是夸张。

强迫劳役是秦汉帝国的基础。纪念性的公共建筑诸如宫殿、庙祠以及皇陵——还有更多数量的诸如河渠、道路等实用工程——都需要各式各样的技艺。没技术要求的多属重体力活，主要表现为平整土地、开山、积土，诸如此类。有些任务极其危险，酿成了大量伤亡事故，尤其是在某些特定时期由国家垄断的冶铁铸币场所。对于这类工作来说，刑徒劳动对国家来说就是必要的。[59]

早期帝国使用四类体力劳动者：农民徭役、雇佣、刑徒，以及奴隶。任何一种都具有不同的法律和社会特征，因而也就适合于不同种类的工作。每个自由民家庭的成年男丁每年必须服役一个月。这类工作任务内容广泛，法律文书提到修缮政府建筑围墙、修桥补路、挖掘池塘以及疏浚河道。徭役的征发多用在地方工程方面，诸如防洪、灌溉或筑路，也被用来修筑皇家陵墓、修建都城城墙或修复黄河溃坝。然而，这类小规模工作队伍每个月都在变化，而且农民在农忙时期也不易得到。如果农民被迫远离故土去服役，国家就负责提供食物和工具。正因为如此，利用农民徭役可能导致大工程工期的延误。

由于以上这些缺陷，刑徒劳动力对国家是至关重要的。这些男女能够终年劳作，直到工程结束。他们能够被遣送到需要几周时间的长途跋涉才能到达的施工地点，因为一旦到达那里，他们就能够无限期地留下来。最重要的是，他们能够完成最艰苦、最危险的任务，而这些任务可能导致成千上万的劳动力死亡。罪名繁多，加上整个帝国都需要使用劳动力，因此犯罪人口就提供了无限的、可使用的劳动力。好几座汉代墓葬出土了城砖，刻画了戴有铁项圈、木制脚镣,以及铁手铐的刑徒。有一个场景还刻画了一群被髡首剃发的刑徒。

刑徒的劳役种类和农民劳役一样广泛,在某些情况下,这两个群体在一起劳作,尽管刑徒通常可以从他们髡首、红色帽子或者对肢体的制约状况加以辨别。许多刑徒被发配去修建皇陵,这项任务通常需要数以万计的人历经多年辛苦劳作才能完成。碑文资料还说明,秦国征召的刑徒中有一部分是触犯法律的熟练手艺人,他们在生产兵器的作坊里干活。到了汉代,需要熟练手艺的工作大多数由有偿手工艺人来完成,同时大多数刑徒劳动力被投入国家铁矿、铜矿等金属铸造设备行业。建立在散见文献和考古资料之上的估算也说明,大约有1万到5万名刑徒在国家垄断经营的铁器作坊中劳作。这类工作包括采矿,在工地上熔炼成锭,以利于加快运输到帝国各地。这些活动极端危险,死亡事故频繁发生。

刑徒的生活非常艰苦。为了应付高强度体力劳动,他们每天能得到一份充足的食物,包含大约3400卡路里热量,但几乎全是由谷物组成的。如果刑徒因受鞭打而在20天之内死亡的话,官吏会被处以罚金,但即便如此,他们仍会因为哪怕最微小的违规而受鞭打。刑徒倘若有任何进一步的越规犯法行为,则必被处以死刑。有三个时期——大约从秦朝开始,经汉景帝(前156—前141年在位),到东汉晚期(约公元86—170年)时期的墓地,通过对墓中出土的骨骸进行研究,我们可以使这些男女刑徒们的身体状况得到部分重现。三个墓地似乎都利用了几十年,大多数是为了掩埋那些在修筑皇宫和皇陵时死去的死者遗骸。在三个墓地中,90%以上的死者都是年轻人。7%的人死于突发性的外伤,而且几乎总是出现在颅骨。东汉墓地中的下颌骨和牙齿显示当时曾流行严重的牙周病和牙龈脓肿,而且频率很高,很可能是营养不良造成的。一些骨架上依旧穿戴着他们的铁项圈和脚镣。西汉的铁项圈重量大约在2.5到3.5

磅之间，并且带有一个长穗状齿，它使得刑徒一旦大幅度地俯身，就会刺伤自己。据估计，在特定的工作状况下，这个长穗状齿会被去掉。

大多数骨骸都伴随出土了刻在砖块或其他材料上的符号，内容包括他们的名字，有时候还刻有关于其出生地、所犯罪行、等级、死亡日期等比较全面的信息。这些说明来自帝国各地的刑徒都被遣送到这些帝国工程从事劳作。在帝国一个主要的建筑工地上，每天都有1—6人死去。这似乎被视为一种可以接受的死亡率，因为只有一处材料记载了某位皇帝曾经抱怨在修建他的陵墓时死了太多的人。[60]

除了自由农民和刑徒之外，国家还通过对犯罪分子的家庭成员进行奴役的手段来获得这种人力资源。考古发现的秦国文书表明，被判处三年苦役或者判刑更重的刑徒，包括因强奸而判处腐刑的刑徒，政府经常将其妻子、孩子没身为奴。国家奴隶的孩子从出生之日起就是奴隶。最终，成千上万的战争刑徒都被国家奴役。然而，这个时期的奴隶大多数都在家庭内服务，比如打扫卫生、做饭、修补、跑腿，以及照料家畜。文献中提到在农业或者手工业中使用奴隶的情况极其稀少。[61]

虽然没有证据表明奴隶在国家所有的土地上耕作，但从凤凰山的一座汉墓中出土的资料表明，有大约12位奴隶，其中多数为女性，受墓主人的支配，在其私人耕地里劳作。另外也有一些文献提到，在大规模手工作坊里存在奴隶劳动力的使用。但是，没有任何一种现存的秦朝或汉代皇室制作的文物上提到过某个奴隶是其生产制作者；另外，除了秦始皇之外，没有任何资料证明有其他皇帝征用奴隶为自己修建皇陵。这表明对于那些接触不到刑徒劳动力的富有私人而言，在某些特定的工作中利用奴隶劳动可能比雇用劳动力更有效率。然而，对于国家来说，尽管奴隶是不会轻易被放弃的稳定财富，刑徒仍旧是能够稳定供给的廉价劳动力。

第 10 章 法　律

在帝国最大的建筑工程和关键性垄断行业优先使用刑徒，这表明尽管奴隶在法律上是人格最低的群体，但是，早期帝国是建立在刑徒们源源不断的背扛肩挑之上的。

结　语

公元88年,一位名叫宋意的官员上了一道疏文,当时汉帝国正处于鼎盛时期:

> 夫戎狄之隔远中国,幽处北极,界以沙漠,简贱礼义,无有上下,强者为雄,弱即屈服。自汉兴以来,征伐数矣,其所克获,曾不补害。光武皇帝躬服金革之难,深昭天地之明,故因其来降,羁縻畜养,边人得生,劳役休息,于兹四十余年矣。今鲜卑奉顺,斩获万数,中国坐享大功,而百姓不知其劳,汉兴功烈,于斯为盛。所以然者,夷虏相攻,无损汉兵者也。[1]

这段文字颂扬了公元1世纪末期东汉军队取得的胜利。关键的政策是让游牧民族彼此斗争,利用他们作为骑兵。在后来的10多年里,这种做法能够打击北匈奴,永远结束汉朝最大的外部威胁。宋意没提到大范围地使用刑徒和募兵,但这同样也没让农民受到干扰。在这个时期,班固正在创作他的赋,赞颂在一个威严的都城建立了一个符合礼仪的政权,王充则颂扬汉代是最伟大的王朝,因为它的影响力远远超出了古代周朝的范围。

但是到了下一个世纪，整个体系解体了，由东汉创建者光武帝实行的政策在王朝崩溃过程中起了关键作用，主要的问题是依靠了并不忠于汉朝的外族军队。游牧民族加入到汉朝的军队，但是因为他们的部落纽带并没有解体，他们从来没有充分地整合到军事领导层中来。相反，汉朝政府依靠边关统帅来控制他们。随着越来越多的部落内迁到边塞，它对规模相对较小的边塞军队就造成了太大的负担。在囚犯刑徒和职业军人之间的忠诚度也很低，这些职业军人终生在边塞度过，只是经由其军事领袖和汉朝政府产生联系。

公元2世纪，东汉军事失败的另一个原因正是它在第一个世纪取得胜利的原因。与战国和西汉早期一样，军队被安排去攻打汉族人的对手，所以东汉政府军队的目标是北匈奴。随着东汉的失败，很多公元1世纪曾经帮助过汉朝的"内附胡人"掉过头来反对它。南匈奴、乌桓，以及鲜卑失去了他们臣服于汉朝的主要动机，同时也失去了他们提供军事服务获得佣金的来源。因此，乌桓和南匈奴为了获得收入，越来越多地深入到内地来抢劫，同时鲜卑取代匈奴构成外部的主要威胁。在西边，问题更为严重，因为这个地区正遭受着灾难性的羌族战争。[2]

任何军队都是用来打一场特定种类的战争，或者用来反击某种特定种类的威胁。整个东汉的军事防务都针对北方，形成一个用来抵抗小规模劫掠的屏障，为预防入侵提供警戒。它的大型骑兵被用来开展攻击性的远征，抵抗结成联盟的、拥有大型军事力量的敌人。这样的军事安排对诸羌来说毫无用处，它远远处在汉代边防线的西边地带。这些游牧民不存在任何重要的政治秩序，也没有结成大的同盟。因此，任何失败所产生的后果都是有限的；即使取得很小的胜利，分散的群体只要一位成功领袖的号召就能马上引发一场大规模的反叛。基于同样的理由，和诸羌达成的和平协约不可能持续太久。另外，分散居住的诸羌族部落生活在整个西部和西北地区,以及边塞之外。在诸羌和汉朝之间没有明确的地理分界,在东汉时期,诸羌被安置在旧都城区域。唯一能够对付这样一位对手的就是迁徙汉人农民和士兵到达这些地方,这样的话就没有定居区暴露在低等级的侵略威胁之下,诸羌也能够被融入汉朝经济和政治之中。

但是无论何时汉朝政府尝试这样一种政策,都以失败而告终。公元前61年,赵充国提议在西部地区戍军殖民。然而,一旦殖民使该地区获得了和平,他们就被允许返回老家。若干年过去,又出现了另外一种尝试,在该地区建立一支持久的农业人口,另一些尝试则在公元101年和103年之间。[3]当诸羌战争于公元110年大规模爆发后,政府把军队收回长安。内地的地方官员被派遣过去,却缺乏该地区的所有知识。他们命令撤销三个郡,征用粮草,毁弃田舍,确保没人能够再返回家乡。公元111年,关中前都城地区的总人口激增。公元129年到132年,政府尝试着恢复被废弃的三个郡,计划进行军事殖民。但在公元137年,诸羌骚乱再次出现,自此没再发生过有影响的人口增殖。[4]

贯穿东汉历史,特别是在公元2世纪,在羌族大屠杀的持续压力下,关中人口以及旧都地区的人口大幅度下降(地图15和地图16)。即使是公元1世纪的前10年,西北边疆地区都人烟稀少。[5]政府把胡人安置在中国内部,而把囚犯送到边疆,这些政策都是增殖这些地区人口的一种努力,但丝毫没能阻止边关地区的人口衰落。统计证据显示,西部和西北地区除了一个郡之外,其他所有郡都遭受了显著的人口折损,其中很多郡的折损超过80%到90%。尽管这些数字不可靠,但这个数量的变化,尤其是将之和人口相对稳定甚至有所增长的内陆省份相比时,很可能表明了汉代边疆地区人口确实在下降的事实。[6]

同期的观察支持这些统计。王符说:"今边郡千里,地各有两县,户财置数百,而太守周回万里,空无人民,美田弃而莫垦发;中

地图 15

地图 16

州内郡，规地拓境，不能半边，而口户百万，田亩一全，人众地荒，无所容足。"几十年后，崔寔所描述的情况与王符所说也极为一致。[7]

东汉政府设法阻止人们离开边区，并且鼓励那些离开的人返回边区，但所有尝试都归于无用。《后汉书》上说"旧制，边人不得内移"。公元62年，汉明帝规定，凡是逃回老家的流民，只要返回边疆地区的，政府发给每人二万钱。有一条明确的材料可以证实这种内迁禁令。公元167年，当张奂从遥远的西北地区敦煌返回时，他被允许迁到内地的郡邑，而这只是对他做出的特殊贡献的一种奖励。[8]

但是这些稳定边区人口的努力都归于失败。公元92到94年，汉和帝发布了地域配额，各地举荐的"孝廉方正"（政府官员的基本信条）数量应该和本地区的人口相适应。各郡每两万在籍人口，可以举荐一名。那些人口数量介于一万和两万之间的郡，允许每三年举荐一名。但到了公元101年，凡边郡人口在一万到两万之间的，每郡可以隔年举荐一名[9]，那些人口在五千到一万的边郡，每隔一年就可以举荐一名，不到五千人的郡可以每三年举荐一名。这个政策变化说明边区人口数量很低，而且还在下降。朝廷即使降低了要求，这些要求对很多边郡来说仍然过高。王符考察后说，由于人口太少，他所生活地区的郡甚至十多年没能举荐一名"孝廉"。《后汉书》记载的一次对"孝廉"举荐地的检查以及石刻文献都证实了王符这个怨言。[10]

东汉政府在对羌战争中的表现暴露了这个政权最基本的弱点：它一心关注关东地区。诸羌战争带来的灾难和西部、西北部地区汉代文明的崩溃，是东汉政府断然选择远离不设防的边郡并且迁民入关政策的直接结果。对西部和西北地区安全利益缺乏兴趣，贯穿整个东汉历史，根源于国家权力向东部地区新都城的转移。

当西汉在关中地区建都之后，朝廷的政策是强有力地把人口安置在为维护皇陵而建的村镇里。通过重新安置人口，各地的豪强大族就失去了他们发挥影响力的地域基础,只能服从于帝国朝廷的安排。谷物和其他粮食最终都是从更高产的关东地区运来,以维持关中地区的人口和经济福利。

西汉政府把"关东"地区视为监控区。贾谊提醒皇帝:"所谓建武关、函谷、临晋关者,大抵为备山东诸侯也。"[11] 在《盐铁论》中,桑弘羊(于公元前 80 年被处死)评论说:"世人有言:'鄙儒不如都士。'文学皆出山东,希涉大论。"[12] 虽然在汉武帝死后,关东人士在西汉政府中的作用越来越大,但也只是当都城迁往洛阳后,形势才真正发生变化。

东汉创立者光武帝和他的大多数追随者都来自洛阳以南,他的其他一些最紧密的拥护者也都来自关东大族。从关中迁都关东,就把政治权力转移到了他们的区域。这种与过去的决裂是自觉和深思远虑的,无关战略性的考虑,尤其是这个事实:新近再次结交的同盟——匈奴正在逼近洛阳。

贯穿整个东汉史,朝廷满足于一些放弃北方或西部地区的提议,使得西都长安地区的防卫非常薄弱。公元 35 年,有官员鼓动说甘肃河西走廊西部的所有一切都可以放弃,但是这个提议被来自西北地区的马援阻止。[13] 公元 110 年,西羌叛乱震惊朝廷,一项提议要求放弃整个凉州地区(西至甘肃河西走廊的敦煌,东至都城长安周围地区),甚至一些旧皇陵附近地区。这个提议的反对者反驳说,西部地区人民的尚武精神对于帝国的安全来说非常重要,把他们迁到内地将会引发反叛。

他们建议说,一个较好的计划是在那些关中以外地区的重要家族中,挑选其儿子或者年轻弟兄,任命其为政府官员,充作闲官。这将"外以劝厉,答其功勤,内以拘致,防其邪计"[14]。简言之,那些北方和西部地区被任命选拔出的官员,可以基于对他们长辈的信任,把他们押为人质。另外有其他几种放弃西部地区的提议,还有两种情况下政府会强迫关闭边关诸郡。随着朝中来自中东部地区的官员失去了对与西部地区有联系的军事专家的主宰地位，朝廷也失去了它和边郡军事长官的联系。[15]

王符在他关于对羌作战的记载中，用很长篇幅描述了东部人对西部的漠不关心。他的论文集《潜夫论》记述了在西部边郡任职的东部官员，对其懦弱和漠视态度进行了强烈谴责。除了批判他们放弃边地的建议之外，他还痛斥了他们消极抵御诸羌的态度。根据王符的介绍，这些来自内郡的官员对战争一无所知，只顾逃命自活。他们来自朝廷，所关注的只是驻扎一支军队所产生的费用，却无视那些受自己劫掠的百姓们所遭受的损失。据称他们所造成的损失比诸羌所带来的损失还要大。

在驳斥放弃边郡的提议时，王符争辩道："是故失凉州，则三辅为边；三辅内入，则弘农为边；弘农内入，则洛阳为边。推此以相况，虽尽东海犹有边也。"[16] 在东汉末期，这个预言被证实。

东汉内部的崩溃不比前线的衰落更为剧烈，但其毁灭性并不逊色。东汉政权希望利用废除普遍兵役制的方式实现非军事化，以此获得内部的安定。结果以下三个方面的发展填补了这个真空：地方统治者被重新军事化，长期存在的建立在军队和将领之间私人纽带基础之上的半私人武装在本阶段又有了新的发展，以及豪强大族控制的私兵的表现。这些发展的长期后果是军阀专制的出现。

西汉末期，各州郡统治者从以前单纯的监察官变成手握实权的地方长官。到了东汉，地方官的权力增大，他们不需要经过朝廷批准，就能够在其州郡内任命官员，或者将其撤职。政府任职官员由此变成了有自主权的地方领主，虽然他们还面临着被解职的可能，但在他们的权力范围内行使着任免权。他们的权力包括兵役，在公元 2 世纪，当戎狄盗贼横行时，政府替换了地方最高长官，代之以掌握国家紧急募兵权的人（图 22），由于国内秩序腐败，地方军事力量在疆场上的

图 22 汉朝政府军激战并擒获了匪徒/蛮族敌人

时间花得越来越多，他们具有了半私人独立武装的性质。

这个发展是汉代地方行政管理方面一个重要的变化，也是东汉走向衰落的重要一步。汉朝的行政管理建立在州和郡的基础之上——一种两级结构，它把地方势力分化成小的单位，防止它发展太快，以致威胁到中央政府。然而，地方政府变为第三个层面，它们掌控着大量人口、庞大的财富，以及更为重要的武装力量——这是能够挑战帝国政府权威的力量。公元2世纪的下半叶，州牧变成了半独立的军阀。当刘焉取得益州牧一职后，他屠杀了重要的地方家族，任命其子担任重要职务，从难民中招募追随者，拒绝中央的指命。刘虞作为幽州牧，几乎以同样的手法，在那里建立了他自己的小王国。他对少数民族采取怀柔政策，安抚难民，鼓励手工业，并招募军队。荆州的刘表也有同样的追求。[17]

到了东汉晚期，州牧获得了按照自己的需要招募军队的权力。这实际上认可了他们掌握私兵的权利。公元178年，交趾郡和南海郡（广东南部和越南）发生叛乱，朝廷任朱俊为刺史，授权他招募"家兵"（历史上最早出现此术语）来组建一支军队。时人视其军队为他的仆役和奴隶。公元189年，何进派遣鲍信到他的老家泰山附近地区招募英雄豪杰，密谋清洗专权的宦官。当鲍信返回时，何进已经被宦官集团谋害了。鲍信又折返泰山，招募了二万人，并成为军阀曹操的麾下。曹操最终征服了黄河流域，他的儿子则正式终结了东汉王朝。[18]让地方权贵作为代理人去故乡招募私人军队这个事实说明，当时中央政府已经失去了它统治百姓的能力，国家只能让显贵家族运用他们在家乡的个人社会网络来动员军队。

郡县征兵使得负责征兵的人和被征的军人之形成强有力的联系。公元88年，邓训招募匈奴士兵来防守西羌。和常规做法完全相反，他允许这些部落民和他们的家人住在他自己的城中，甚至允许他们进入自己的庭院。受此感召，匈奴人都向邓训宣誓效忠，而且允许他来抚养他们的几百名孩子,作为他的义从。[19]这个例子在当时是一个例外,但是到了王朝末年,这类应征者和他们的领袖之间的联系很普遍。

公元189年,董卓拒绝离开他的军队,也因此拒绝了去朝廷任职。当时他写道:"所将湟中义从及秦胡兵皆诣臣曰:'牢直不毕,禀赐断绝,妻子饥冻。'牵挽臣车,使不得行。"朝廷对此深为忌讳,试图让他把军队交与皇甫嵩,董卓说道:"臣既无老谋,又无壮事,天恩误加,掌戎十年。士卒大小相狎弥久,恋臣畜养之恩,为臣奋一旦之命。乞将之北州、效力边垂。"[20]

这第二段文字指出了东汉崩溃的另一个原因:边将长期拥兵自重的情况频繁出现。在西汉时期,将军被任命统帅军队、进行远征,完成任务之后,军队被遣散,将军本人也将返回他的日常岗位。《后汉书》中的"百官志"中说:"将军,不常置。"[21]然而,东汉建立了长期的军队,驻扎在固定的军营。虽然在公元1世纪,军队规模都比较小,而且军事领袖也经常转任,但持续的边疆危机需要将军们率军常年驻守在那里。这些军队——目前由胡人、刑徒和长期招募的兵士组成——变成了只效忠于他们头领的人。

这些人在汉代社会里没有自己的位置,他们多数无家可归。但是,他们在边疆建立了自己的家庭,如同董卓所观察到的那样,他们的生命以给他们提供生活来源的人为中心。东汉朝廷从来没有认识到这个变化。董卓的传记表明,在公元189年之前的10年时间里他的头衔频繁地发生着变化,但是照他自己所言,整个时期他都和自己的部下在一起。

我们还能从一位名叫公业[22]的官员那里读到这样一段记述:"关西诸郡,颇习兵事,自顷以来,数与羌战,妇女犹戴戟操矛,挟弓负矢,况其壮勇之士,以当妄战之人乎!……且天下强勇,百姓所畏者,有并、凉之人,及匈奴、屠各、湟中义从、西羌八种,而明公拥之,以为爪牙,譬驱虎兕以赴犬羊。"[23]边关将士不但忠于他们的领袖,和朝廷没有任何关系,而且已经和停滞的中华文明的价值观隔离开来。

另外一条导致私兵出现的途径是徒附的发展。把旧有的"附庸"吸收到这一支新的奴仆团体,意味着劳役或者兵役在很大程度上从国家政府转移到了豪强大族。[24]在东汉早期,马援率领了几百个依附于他的家庭,这些人成为他的宾客、徒附。[25]兵役很可能也包括在这类义务之中。利用这些提供劳役的依附农民,豪强大族就能够组建成百上千人规模的军队。

这类由徒附组建的军队在西汉末期推翻了王莽统治,依附人口的武装力量的存在,作为一种潜在的可能性,直接引发了东汉王朝的崩溃。如同政府州郡武装一样,在紧急关头他们就可能被发动。随着内部秩序的衰败和内战的爆发,过去构成家兵的依附民此时开始形成职业私兵。与此同时,豪强大族的居住建筑也开始构筑配有望楼和高墙的坞堡(图23)。

东汉政府放弃了一切限制依附佃农增长的努力,这样做的同时也就放弃了对农村地区的直接管辖。另外,随着权力转移到内廷的外戚和宦官集团之手,皇室开始和控制外廷的豪强大族隔离开来。皇权的持续剧减撕裂了朝廷和农村借以维系的纽带。公元2世纪,随着社会秩序持续恶化,朝廷最后发现,它已经失去了调动军队和推行自己政策的能力。

为了对付"内附胡人"的反叛以及"太平道"形成的威胁,帝国政府亟需调动只有那些形成了个人纽带关系的人——郡守、州牧、边将、内迁安置的部落酋长或者大地主,在其他某些情况下,还包括宗教起义领袖——才能够支配的武装力量。尽管这些领袖获取支持的方式有所不同,但有一点他们是共同的:在一个社会全面崩溃的年代,他们能够召集自己的武装力量,来获取自身的安全。在汉朝瓦解

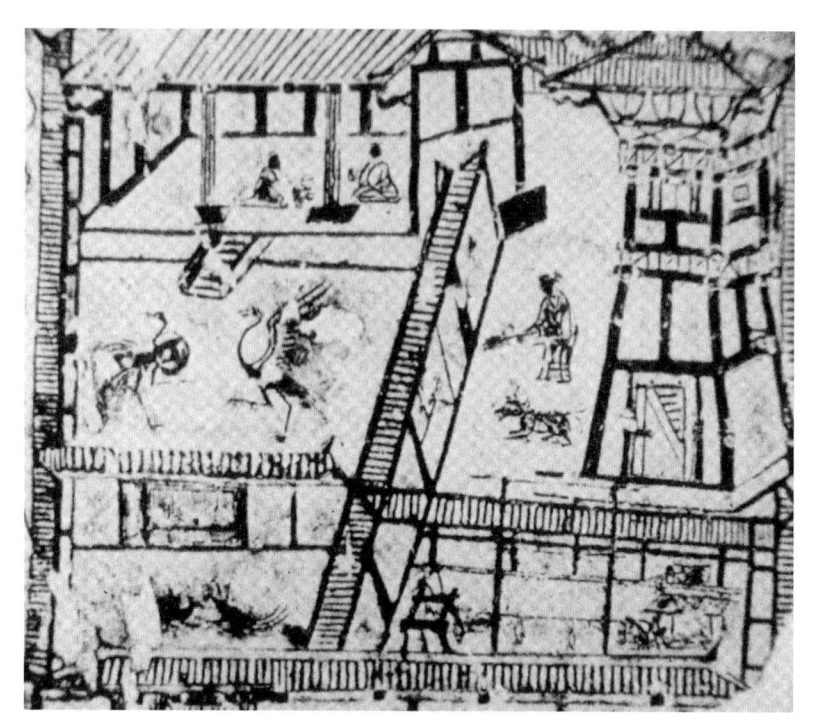

图23 东汉一座豪强大族的坞堡,构筑有高墙和望楼。吉祥鸟在墙上翩翩起舞,一只狗站在庭院中,右下方能看到农用器具

后长达数个世纪的分裂割据时代,这些形形色色的军阀都是当时重要的政治人物。

致 谢

本书吸收了诸多学者的研究成果,我要在此向他们致以崇高的敬意。他们的名字在注释和参考文献中都已列出。我还希望向哈佛大学出版社的匿名审稿人卜正民先生以及苏珊·华莱士·伯默尔(Susan Wallace Boehmer)表示我的感激之情,他们为提高本书质量提出了大量建议。最后,我还要感谢我的妻子克里斯汀·弗里克隆(Kristin Ingrid Fryklund)为准备此书手稿所做的工作。书中仍然存在的错误或不当之处都是本人之责。书中的翻译除非特别注明均由本人完成。

年代及说明

注释

参考文献

索引

年代及说明

在本书中，秦朝的历史分为："前帝国时代的秦"，指公元前221年秦国完成征服和实现统一之前的阶段；"秦帝国"，指公元前221年到秦朝灭亡阶段。文中有时会用到"战国时期的秦"，特指"公元前418年到公元前221年"的阶段。"汉"这个名称指存在于公元前206年到公元221年的帝国，其间王莽垄断朝政，建立"新朝"，时间为公元9年到公元25年。汉朝由此被分为"西汉"（亦称"前汉"），统治时期为公元前202年到公元9年，以及"东汉"（亦称"后汉"），统治时期为公元25年到公元220年。"西"和"东"又分别指这两个阶段国家的都城"长安"和"洛阳"的相对位置。

公元前

897 年	秦国建立
770 年	周迁都洛邑
672 年	前帝国时代的秦首次侵入到周核心地区
481 年	战国时期开始
359 年	商鞅开始变法，咸阳开始兴建
350 年	秦国法律承认土地私有
338 年	商鞅被处死
316 年	秦克巴蜀（今四川中部）
312 年	秦楚丹阳之战，楚国败，秦将其南部征服地区变为一个郡
310 年	秦国营建四川成都
266 年	秦国朝廷内建立起王权的绝对权威
246 年	秦国腹地修建郑国渠
210 年	秦始皇驾崩
207 年	秦朝最后一位统治者放弃"皇帝"称号
206 年	项羽劫掠秦都咸阳
202 年	汉朝建立
200 年	汉高祖刘邦败于匈奴，开始"和亲"政策；首次施行汉律
162 年	汉与匈奴签订条约，划分界线
154 年	七国之乱

138 年　　张骞赴中亚寻找月氏
134 年　　开始对匈奴的战争
120 年　　匈奴属王首次投降汉朝
108 年　　汉朝首次大规模反击中亚草原诸国
106 年　　首次分置刺史以打击豪强
104 年　　汉武帝历法改革
101 年　　征服大宛
90 年　　远征吐鲁番
57 年　　匈奴内战开始
51 年　　首次匈奴单于降汉
3 年　　席卷全国的崇拜西王母运动

公元后

9 年　　王莽代汉，建立"新"朝
25 年　　汉朝恢复
32 年　　废除全民兵役制
48 年　　匈奴再次内战
65 年　　文献中首次出现佛教
89 年　　汉朝最后击败匈奴
91 年　　汉朝军事力量在中亚再次崛起
106 年　　汉朝官员首次被高句丽驱逐出境
110 年　　诸羌叛乱
137 年　　南方地区叛乱；第二次诸羌叛乱
168 年　　失去黄河河套平原的鄂尔多斯地区
169 年　　开始"党锢"，迫害反宦官集团
184 年　　黄巾起义爆发
189 年　　董卓控制洛阳
197 年　　袁术称帝
215 年　　曹操击败四川五斗米教
216 年　　曹操自称魏王
220 年　　汉朝末代皇帝宣布退位，魏国建立

注 释

（注释中的页码皆为原书页码）

导 言

[1] 关于它所使用的中国文字和语言，参见裘锡圭，《文字学概要》（*Chinese Writing*）；德范克（John De Francis），《中国语言：真实与想象》（*The Chinese Language: Fact and Fantasy*）；罗杰瑞（Jerry Norman），《中国人》（*Chinese*）；罗伯特·拉姆齐（S. Robert Ramsey），《中国的语言》（*The Languages of China*）。

第 1 章 帝国版图

[1] "真正的中国历史，与其说是伟大王朝的兴衰史，不如说是中国土地被无数代农业人口逐渐开拓的历史。"见凯斯·布查（Keith Buchanan），《中国大地的转变》（*Transformation of the Chinese Earth*），第 5—6 页；唐纳德·沃斯特（Donald Worster），《帝国的河流》（*Rivers of Empire*），第 2 章《历史中的权力流动》（"The Flow of Power in History"）。

[2] 施坚雅（G. William Skinner），《中国乡村的市场与社会结构》（"Marketing and Social Structures in Rural China"），共三部分，见《亚洲研究学刊》24 卷 1（1964）：第 3—44 页，24 卷 2（1964）：第 195—228 页，24 卷 3（1965）：第 363—399 页；《中国 19 世纪的地区城市化》（*Regional Urbanization in Nineteenth-Century China*）；《城市和地方制度的等级》（*Cities and the Hierarchy of Local Systems*）。对帝国早期阶段的地区的讨论，参见陆威仪（Mark Edward Lewis），《早期中国的建筑空间》（*The Construction of Space in Early China*），第 4 章。

[3] 陆威仪，《战国政治史》（"Warring States Political History"），见鲁惟一和夏含夷编，《剑桥中国先秦史》，剑桥：剑桥大学出版社，1999 年，第 593—597 页。

[4] 关于这方面的细节，请参见李安敦（Anthony Barbieri-Low），《中华帝国早期的工匠》（*Artisans in Early Imperial China*），第 6 章。

[5] 长期以来，在中国古代朝代分野和重要事件的时间界定等问题上，中西史学界存在诸多分歧，不同学者之间也多有争议。这些分歧和争议在本书中也有所体现。诸多分歧，追其原因，是由对于具体事件的判定标准不同而产生的分歧，代表了不同历史学者对于同一事件的不同观点。本书在翻译及编辑过程中，为了最大程度地呈现作者的学术观点和作品原貌，决定尊重作者关于朝代和事件的时间界定。特此说明。——编者注

[6] 《尚书正义》，卷六，《禹贡》。

[7] 《吴子直解》，卷二，《料敌》，第 17a—20a 页。

[8] 《荀子集解》，卷一〇，《议兵》，第 181 页。

[9] 王充，《论衡集解》，卷二三，第 457 页；《史记》卷一〇八，第 2823 页；何四维（A. F. P. Hulsewé），《秦法残简：公元前 3 世纪秦律法与行政规章译注》（*Remnants of Ch'in Law: An Annotated Translation of the Ch'in Legal and Administrative Rules of the 3rd Century b.c.*），第 206 页。

[10] 《荀子集解》，卷五，《王制》，第 102—103 页；卷一五，《解蔽》，第 260 页；卷一二，《正论》，第 219—220 页。

[11] 《史记》，卷一二九，第 3261—3270 页，特别是第 3264、3266 页；参见《汉书》，卷二八下，第 1640—1671 页中的相关内容。
[12] 《史记》，卷六，第 281 页；卷一二九，第 3267 页；参见《汉书》，卷二八下，第 1663 页；《后汉书》，卷四，第 167 页；卷三，第 155 页。
[13] 《荀子集解》，卷四，《儒效》，第 91—92 页。
[14] 陆威仪，《早期中国的建筑空间》，第 192—199 页。从《吕氏春秋》所引内容见第 199 页。关于秦始皇刻石中视察和清洗地方风俗的内容，参见柯马丁（Martin Kern），《秦始皇碑铭：早期中华帝国表达中的文本和礼仪》（*The Stele Inscriptions of Ch'in Shih-huang: Text and Ritual in Early Chinese Imperial Representation*），第 44、48 页。
[15] 关于秦汉史的细节内容参见鲁惟一（Michael Loewe）编，《剑桥中国秦汉史》，第 1 卷：《秦汉帝国》（"The Ch'in and Han Empires, 221 b.c.–a.d. 220"），第 1—5 章。
[16] 《史记》，卷七，第 315 页；托马斯·劳顿（Thomas Lawton）编，《东周时期楚文化新论》（*New Perspectives on Chu Culture During the Eastern Zhou Period*）；柯鹤立（Constance Cook）和梅杰（John Major），《释楚：古代中国的形象和现实》（*Defining Chu: Image and Reality in Ancient China*）；康达维（David Knechtges），《皇帝与文学：汉武帝》（"The Emperor and Literature: Emperor Wu of the Han"），见白保罗和黄俊杰编，《传统中国的帝国统治者的地位与文化变迁》，西雅图：华盛顿大学出版社，1994 年。
[17] 《史记》，卷六，第 277 页。
[18] 阿瑟·科特雷尔（Arthur Cottrell），《中国第一位皇帝》（*The First Emperor of China*），第 3—4 章。
[19] 斯蒂芬·萨基（Steven F. Sage），《古代四川与中国的统一》（*Ancient Sichuan and the Unification of China*）；《史记》，卷二九，第 1408 页。
[20] 许倬云，《变化中的前汉地方社会与中央政权关系：公元前 206—公元 8 年》（"The Changing Relationship between Local Society and Central Political Power in Former Han: 206 b.c.–8 a.d."），《社会与历史比较研究》，卷 7（1965 年 7 月）：第 345—370 页。
[21] 《汉书》，卷二四上，第 1137 页。
[22] 《汉书》，卷三〇，第 3024 页。
[23] 《全后汉文》，卷四六，第 12 页上。
[24] 《先秦汉魏晋南北朝诗》，第 347 页。

第 2 章　一个备战中的国家

[1] 《史记》，卷六八，第 2230、2232 页；其他相关现存文献见《荀子集解》，卷一〇，第 181 页；《韩非子集释》，卷一七，第 907 页；《汉书》，卷二三，第 1096 页；卷二四，第 1126 页；卷二八下，第 1641 页。
[2] 陆威仪，《中国古代法定的暴力》（*Sanctioned Violence in Early China*），第 54—61 页。
[3] 同上书，第 62—64 页。
[4] 陆威仪，《战国政治史》，第 634—635 页。
[5] 同上书，第 607—608 页。
[6] 同上书，第 621 页。
[7] 同上书，第 639—641 页。
[8] 以下主要吸收了尤锐（Yuri Pines），《阐释之疑：新出铭文材料中所见秦史》（"The Question of Interpretation: Qin History in the Light of New Epigraphic Sources"），见《古代中国》（*Ancient China*）。

[9] 陆威仪,《中国古代的世俗人情》("Custom and Human Nature in Early China"),见《东西方哲学》,53卷3(2003年7月):第308—322页;参见,例如罗泰(Lothar von Falkenhausen),《中国先秦时期殓葬行为:一种宗教解释》("Mortuary Behavior in Pre-Imperial China: A Religious Interpretation"),见劳格文(John Lagerwey)编,《中国上古和中古的宗教》(*Religion in Ancient and Medieval China*),香港:香港中文大学出版社,2004年;裘锡圭,《文字学概要》,第78—89页;罗泰,《悬吊着的音乐:中国青铜时代的钟鼎乐器》(*Suspended Music: Chime-Bells in the Culture of Bronze Age China*),第189—190页。

[10]《春秋公羊传注疏》,卷二二,昭公五年,第11a页;卷一四,文公十二年,第3b页;卷二二,昭公一年,第3b页。

[11]《战国策》,篇二四,第869页;与此紧密相关的文献见于马王堆出土的资料中:《战国纵横家书》,见《马王堆汉墓帛书》,卷三,第52页。汉对秦的风俗的批判参见陆威仪,《早期中国的建筑空间》,第201—210页;关于秦朝缺少仁慈、礼仪和责任的说法,还见于《荀子集解》,卷一〇,第186页;卷一七,第295页;《战国策》,篇二〇,第696页;篇一四,第503页;其他将秦视为野蛮的论述,参见篇二,第50页;篇二〇,第696页;其他一些不具有明确的批判意味,视秦为天下共同的敌人的思想,在《韩非子集释》中也有反映,见该书篇一,第1—3页;关于这个思想,参见尤锐,《先秦著作中的天下观的变化》("Changing Views of Tianxia in Pre-Imperial Discourse"),《远东研究》,43卷1—2(2002):第101—116页。

[12] 此处指苏秦,见《战国策》卷一十四。——译者注

[13]《淮南子》,卷二一,第376页。

[14]《史记》,卷一五,第685页;在同一页,司马迁解释道:"秦始小国僻远,诸夏宾之,比于戎翟。"他还注意到秦国地势所具有的安全性;另见《史记》,卷一二二,第3149页。

[15]《史记》,卷六八,第2234页。关于冀阙宫和商鞅在秦国新都咸阳的建立中所起的作用,见巫鸿,《中国古代艺术与建筑中的"纪念碑性"》(*Monumentality in Early Chinese Art and Atchitecture*),第105—108页。

[16]《史记》卷六,第277—278页。

[17]《贾子新书校释》,第303、315、317页。这篇文章经重新编排过的另一个版本,见《汉书》,卷四八,第2244页。

[18] 另外一位汉代学者吸取了对秦国风俗和法律进行批判的方式,用来批判汉代的法律习惯,或者汉行政管理的其他方面,极易觉察的一个方面,比如不能虚心纳谏,见《汉书》,卷四八,第2251页;卷五一,第2351、2362、2369—2370页。

[19]《春秋谷梁传注疏》,卷九,僖公三十三年,第16b—17a页。

[20]《韩非子集释》,篇一,第1—4页。

[21]《史记》,卷八七,第2543—2544页,《韩非子集释》,篇三,第187页。这个故事描述了公元7世纪,秦以拥有"中原之音",并且引诱一位本民族没有此类音乐的戎王沉溺于此。《史记》,卷八一,第2442页则把"击瓮叩缶"这种"真秦之声"视为一种侮辱。

[22]《睡虎地秦墓竹简》,第15页。

[23]《汉书》,卷六四下,第2821页。

[24]《云梦睡虎地秦墓》,第25—26页;夏含夷(Edward L. Shaughnessy),《中国古代军事史评论》("Military Histories of Early China: A Review Article"),《古代中国》,21卷(1996),第181页;《史记》,卷七,第300页。关于大范围的全面抗秦,当时韩国也有类似情况,另见《战国策》,篇五,第204—205页。

[25]《云梦睡虎地秦墓》,第135页;见尤锐,《阐释之疑:新出铭文材料中所见秦史》;关于这些联盟,以及"连横"的国家之间的不平等,见陆威仪,《战国政治史》,第623—624页。

[26] 这是许倬云的中心论点,见许氏著,《古代中国的转变》;吴小强编,《秦简日书集释》,第291—311页。

[27] 陆威仪，《战国政治史》，第 629—630 页；《云梦睡虎地秦墓》，第 203 页。
[28] 《商君书注译》，篇一五，第 323 页；《史记》，卷八七，第 2541 页；李斯的反驳见于第 2541—2545 页；《史记》，卷六三，第 2155 页。
[29] 尤锐，《友或敌：先秦时期君臣观和忠诚概念的变化》("Friends or Foes: Changing Concepts of Ruler-Minister Relations and the Notion of Loyalty in Pre-Imperial China")，《华裔学志》，50 卷 50（2002）：第 35—74 页。
[30] 陆威仪，《战国政治史》，第 630 页。
[31] 对《商君书》的反思最为精彩的是丁荷生（Kenneth Dean）与布莱恩·马苏米（Brian Massumi）所著的《第一位和最后一位皇帝：专制国家与暴君之体》(First and Last Emperors: The Absolute State and the Body of the Despot) 中第一部分，尽管该著作在理论上过于大胆，也有很多历史错误。
[32] 《商君书注译》，篇三，第 56 页。采取多种多样的形式来普遍发动农民的事实，在该书思想中有所反映。见陆威仪，《中国古代法定的暴力》，第 64—67 页。
[33] 《商君书注译》，篇一三，第 285—286 页；篇二〇，第 443 页；篇五，第 135 页；人们痛恨的那一类战争，见篇一八，第 378 页。
[34] 即"一空""靳令"。——译者注
[35] 《商君书注译》，篇三，第 61 页；篇一八，第 378 页。
[36] 《商君书注译》，篇四，第 93 页；篇一三，第 276、281 页；篇二〇，第 445 页。
[37] 《商君书注译》，篇二，第 20、21—22、23、25、27 页；《商君书注译》，篇二四，第 497—498 页；另见篇二五，第 509 页。
[38] 《商君书注译》，篇五，第 140—141 页；篇二四，第 498 页；另见陆威仪，《中国古代法定的暴力》，第 92—94 页。
[39] 《商君书注译》，篇一，第 10 页。统治者是由他所能拥有的掌握变化的能力所界定的，特别是他变化法令的能力，对于这个观点，见陆威仪，《中国早期的写作与权威》(Writing and Authority in Early China)，第 39—40 页。
[40] 《商君书注译》，篇二六，第 527—528，533、536—537 页；何四维，《秦法残简：公元前 3 世纪秦律法与行政规章译注》，第 120—182 页。
[41] 《商君书注译》，篇四，第 93 页；《商君书注译》，篇八，第 210 页；篇一三，第 276 页；篇二〇，第 434、436 页。
[42] 丁荷生与布莱恩·马苏米，《第一位和最后一位皇帝：专制国家与暴君之体》，第 19、42 页。

第 3 章　矛盾重重的帝国

[1] 以下著作讨论了这些改革：德克·卜德（Derk Bodde），《第一位统一中国的人：从李斯的生平来看秦朝》[China's First Unifier: A Study of the Ch'in Dynasty as Seen in the Life of Li Ssu (280? - 208 b.c.)]；德克·卜德，《秦国与秦帝国》("The State and Empire of Ch'in")，见鲁惟一编，《剑桥中国秦汉史》，第 1 卷，剑桥：剑桥大学出版社，1986 年，第 52—57 页。阿瑟·科特雷尔，《中国第一位皇帝》，第 6—7 章。
[2] 柯马丁，《秦始皇碑铭：早期中华帝国表达中的文本和礼仪》；《史记》，卷六，第 261—262 页。
[3] 何四维，《秦法残简：公元前 3 世纪秦律法与行政规章译注》，第 19，42—43、57—58、88—89、93—94、161 页。
[4] 《汉书》，卷二四下，第 1152 页。
[5] 《史记》，卷一一〇，第 2886 页；卷六，第 241 页。

注释　277

[6] 何四维,《秦法残简:公元前3世纪秦律法与行政规章译注》,第44—45、54—55、83—86、178页;鲁惟一,《汉代的行政记录》(*Records of Han Administration*),第110—114页;《汉书》,卷四,第123页;卷五,第143页;卷八,第245页;《史记》,卷四九,第1973页;卷一〇六,第2833页;卷一〇七,第2850页;卷一二二,第3135页。

[7] 《史记》,卷八八,第2565—2566页;卷六,第280页。

[8] 《史记》,卷八,第379页、380—381页。

[9] 《史记》,卷八,第341—348、391页。

[10] 瞿同祖,《汉代社会结构》(*Han Social Structure*),第66—75页;王毓铨,《前汉中央政府概述》("An Outline of the Central Government of the Former Han Dynasty"),《哈佛亚洲研究学刊》,12卷(1949),第137—143页。

[11] 西屿定生(Sadao Nishijima),《前汉的社会经济史》("The Economic and Social History of Former Han"),见《剑桥中国秦汉史》,剑桥:剑桥大学出版社,1986年,第598—601页。

[12] 陆威仪,《汉代普遍兵役制的废除》("The Han Abolition of Universal Military Service"),见汉斯·范·德·温(Hans van de Ven)编,《中国历史上的战争》(*Warfare in Chinese History*),莱顿:博睿学术出版社,2000年。

[13] 陆威仪,《中国早期的写作与权威》,第8章。

[14] 《史记》,卷六,第283页。

[15] 《史记》,卷六,第280—281页;《贾子新书校释》,第15—19页。

[16] 《史记》,卷六,第242、248、256、263页。

[17] 《史记》,卷六,第245、250、252页。

[18] 雪莱的诗作《奥西曼德斯》(*Ozymandias*)中有这样的句子:"我是奥西曼德斯,万王之王。强悍者啊,谁能与我的业绩相比!"(译文取自查良铮译本)。——编者注

[19] 《吴录》,见《太平御览》,卷一五六,第3a页;《三国志》,卷五三,第1246页,注释2;《晋书》,卷六,第157页;卷五三,第1457页;《梁江文通文集》,第一章,第5页;《李白集校注》,卷一,第97页。

[20] 《史记》,卷一一七,第3056—3060页;卷二九,第1413页。

第4章 帝国的城市

[1] 夏南悉(Nancy S. Steinhardt),《中华帝国的城市规划》(*Chinese Imperial City Planning*),第46—53页;巫鸿,《战国时期的艺术与建筑》("The Art and Architecture of the Warring States Period"),第653—665页。有关早期中华帝国城市更为详细的讨论,以及更充分的材料,见陆威仪,《早期中国的建筑空间》,第3章。

[2] 《史记》,卷三,第1418、1430页。

[3] 陆威仪,《中国早期的写作与权威》,第79—83、287—336、358、495页,注60—62。

[4] 巫鸿,《中国古代艺术与建筑中的"纪念碑性"》,第102—110页;从本注释一直到注释12中所用的材料都在陆威仪的著作中进行了讨论,见陆威仪,《早期中国的建筑空间》,第153—159页;王充,《论衡集解》,卷一三,第273页。

[5] 见陆威仪,《早期中国的建筑空间》所引,第3章,注69。

[6] 见陆威仪,《早期中国的建筑空间》所引,第3章,注73;《礼记注疏》,卷10,第25b页;凯特·芬斯特布(Kate Finsterbusch),《汉代贸易研究的书目与主题索引》(*Verzeichnis und Motivindex der Han-Darstellungen*),第34、103、128、141、151、155、164、179、198、223、240、459、625、639、652、1016、1017、1018页。

[7] 巫鸿,《中国古代艺术与建筑中的"纪念碑性"》,第106页。
[8] 见陆威仪,《早期中国的建筑空间》所引,第3章,注80。
[9] 《史记》,卷六,第239、241(评论提到带有围墙的御道,始皇可以从中行走而不被外人看到)、251、256、257—264页。
[10] 《文选》,卷一,《西都赋》,第10、11页;卷二,《西京赋》,第30页。"禁"这个术语在汉代早就成为皇家苑林的代名词。见《文选》,卷一,《西都赋》,第6、12页;卷二,《西京赋》,第35页;卷六,《魏都赋》,第121、123页。
[11] 陆威仪,《早期中国的建筑空间》,第159—160页。
[12] 李安敦,《中华帝国早期的工匠》,第3章。
[13] 毕汉斯(Hans Bielenstein),《后汉时代的洛阳》("Lo-yang in Later Han times"),《远东博物院学报》,48卷(1976),第58—59页;《文选》,卷二,《西京赋》,第34页;露西·利姆(Lucy Lim)编,《中国古代故事选:从中华人民共和国四川省所见汉代浮雕画像与考古文物》(*Stories from China's Past: Han Dynasty Pictorial Reliefs and Archaeological Objects from Sichuan Province, People's Republic of China*),第101页。
[14] 李安敦,《中华帝国早期的工匠》,第3章。
[15] 陆威仪,《早期中国的建筑空间》,第160—161页。
[16] 《史记》卷八五,第2510页;卷六八,第2231页。
[17] 陆威仪,《早期中国的建筑空间》,第161—162页。
[18] 同上书,第162—163页。
[19] 《史记》卷一二四和《汉书》卷九二;陆威仪,《中国古代法定的暴力》,第80、88—91页,第281页,注137;刘若愚(James J. Y. Liu),《中国侠客》(*The Chinese Knight Errant*);瞿同祖,《汉代社会结构》,第161、188—198、232、245—247页;《文选》,卷一,《西都赋》,第5页;卷二,《西京赋》,第34—35页;《史记》卷八六,第2522、2523、2525、2528页;卷九五,第2651、2673页;卷一二四,第3181、3183—3184页;卷一二九,第3271页;《汉书》卷九四,第3698、3699页;《韩非子集释》,篇一九,第1057、1058、1091、1095(2)页;《后汉书》,卷二八下,第958页;卷六七,第2184页;"游侠"这个词汇后来专指虚张声势的武术大师,是中国文学作品中引人注目的人物形象,在这些文献中这个词汇有时被称为"侠客",如同刘若愚其书中所提到的。在汉代,用这个词汇来指代这些人物形象是一种时代错误。另外,要注意到我们自己的大众文化中,"暴徒"一词也有浪漫的意味,而且能够在某种程度上认可那些司马迁所塑造的类似于"罗宾汉"一类的人物形象。
[20] 陆威仪,《中国古代法定的暴力》,第147、154、155、224、321页,注释49;陆威仪,《早期中国的建筑空间》,第164—165页;林巳奈夫(Minao Hayashi),《中国古代生活史》(中国古代の生活史),第110—111页。
[21] 夏德安(Donald Harper),《战国时期的自然哲学和神秘思想》("Warring States Natural Philosophy and Occult Thought"),见鲁惟一和夏含夷编,《剑桥中国先秦史》,剑桥:剑桥大学出版社,1999年,第874—875页;夏德安,《早期中国医学文献:马王堆医书》(*Early Chinese Medical Literature: The Mawangdui Medical Manuscripts*),第43—44、152—153、155—159、166、168页;王符,《潜夫论笺》,卷三,《浮侈》,第125页;关于一位潜夫的探讨,见司马安(Anne Behnke Kinney),《汉代散文艺术:王符的〈潜夫论〉》(*The Art of the Han Essay: Wang Fu's Ch'ien-fu Lun*)。
[22] 《史记》卷六,第241页;卷二七,第1289—1290页。
[23] 《史记》卷六,第256页;《三辅黄图》,第4—7页。
[24] 《史记》卷六,第239,《文选》,卷二,《西京赋》,第27、28、29(2)、31页。
[25] 《史记》卷六,第239、244、256页。
[26] 《史记》卷六,第239页;卷二八,第1396、1397、1399、1403页;《三辅黄图》,第5页。

注释 279

[27] 《吕氏春秋校释》，卷一〇，第535—536页；巫鸿，《战国时期的艺术与建筑》，第709—717页；《史记》，卷六，第265页。

[28] 《史记》卷二八，第1358—1360、1364、1375—1377页。

[29] 《史记》卷二八，第1367—1638、1371—1374、1377页；《文选》，卷一，《东都赋》，第22页。

[30] 英语方面的论著见夏南悉，《中华帝国的城市规划》，第3章；巫鸿，《中国古代艺术与建筑中的"纪念碑性"》，第3章；王仲殊，《汉文明》(Han Civilization)，第1—2章；熊存瑞（Victor Cunrui Xiong），《隋唐长安：中国中古城市史研究》(Sui-Tang Chang'an: A Study in the Urban History of Medieval China)，第1章；修中诚（E. R. Hughes），《两位中国诗人：汉代生活与思想小景》(Two Chinese Poets: Vignettes of Han Life and Thought)；毕汉斯，《后汉时代的洛阳》；斯蒂芬·霍塔陵（Stephen Hotaling），《汉代长安城墙》("The City Walls of Han Ch'ang-an")，《通报》，第64卷（1978），第1—36页；《史记》，卷九九，第2723页；《汉书》，卷四三，第2126—2128页。

[31] 康达维（David Knechtges），《皇帝与文学：汉武帝》；戈帕尔·苏库（Gopal Sukhu），《猿、巫、帝和诗人：汉代楚辞与楚的形象》("Monkeys, Shamans, Emperors, and Poets: The Chuci and Images of Chu during the Han Dynasty")，见柯鹤立（Constance Cook）和马绎（John Major）编，《释楚》(Defining Chu)，火奴鲁鲁：夏威夷大学出版社，1999年。

[32] 《史记》，卷七，第311、322、327—328页；卷八，第341、342、347、350、358、371、372、381、382、386—387页；卷五〇，第1987页；关于战国时期和汉代的神话中，圣人们的父系神性的内容，见陆威仪，《中国早期的写作与权威》，第219、447页，注117。

[33] 《史记》，卷七，第315页。司马迁把项羽"背关怀楚"视为他失败的第一个原因。见《史记》，卷七，第359页。

[34] 《史记》，卷八，第385—386页；《释名书证补》，卷二，第10b页；《春秋左传注》，庄公二十八年，第242页。

[35] 《周礼注疏》，卷四一，第24b—25a页；夏南悉，《中华帝国的城市规划》，第33—36页；许亦农（音），《空间和时间中的中国城市：苏州城市类型的发展》(The Chinese City in Space and Time: The Development of Urban Form in Suzhou)，第31—39页；保罗·惠特利（Paul Wheatley），《四门之轴》(The Pivot of the Four Quarters)，第411—419页。

[36] 巫鸿，《中国古代艺术与建筑中的"纪念碑性"》，第157—162页。

[37] 《史记》，卷二八，第1378—1380页。

[38] 《史记》，卷二八，第1382、1384、1386、1387、1388、1389、1393—1395、1397—398、1402—1404页。

[39] 包华石（Martin J. Powers），《古代中国的艺术与政治表达》(Art and Political Expression in Early China)，第160—161、171—180页。

[40] 《文选》，卷一，《西都赋》，第16页；卷二，《西京赋》，第28页。

[41] 《文选》，卷三，《东京赋》，第67页；《汉书》，卷九九下，第4131页。

[42] 《先秦汉魏晋南北朝诗》，卷一，第454页。汉朝都城在后代缺少有形的遗迹，关于这一点，见杨炫之，《洛阳伽蓝记》，第133页。把消失的都城作为一个文学主题进行的思考，见宇文所安，《追忆：中国古典文学中的往事再现》(Remembrances: The Experience of the Past in Classical Literature)，第58—65页。

第5章 农村社会

[1] 《淮南子》，卷一一，第185页。关于神农学说流派，见葛瑞汉（A. C. Graham），《道家辩士：中国古代的哲学论争》(Disputers of the Tao: Philosophical Argument in Ancient China)，

第 64—74 页；葛瑞汉，《农家学派和中国农民乌托邦的起源》("The Nung-chia School of the Tillers and the Origins of Peasant Utopianism in China")，《伦敦大学亚非院院刊》，第 42 卷（1971），第 66—100 页。

[2] 德克·卜德，《中国古代的节庆：汉代的元旦及年节》（Festivals in Classical China: New Year and Other Annual Observances During the Han Dynasty），第 223—241、263—272 页。

[3] 《吕氏春秋校释》，卷二六，第 1731—1732、1756 页；许倬云，《汉代农业：早期中国农业经济的形成》，第 7—9、109—128、298—299、300、307 页。

[4] 许倬云，《汉代农业：早期中国农业经济的形成》，第 297—298、300 页。

[5] 陆威仪，《早期中国的建筑空间》，第 101—104 页。

[6] 关于秦汉时期的劳役问题的考察，建立在最新发现的资料之上的是李安敦，《中华帝国早期的工匠》，第 5 章，第 1 部分，《征募的工匠》。

[7] 陆威仪，《汉代普遍兵役制的废除》，第 34—39 页。

[8] 关于郡县尉及其下属的职责，见毕汉斯，《汉代官僚制度》（The Bureaucracy of Han Times），第 99—104 页。

[9] 高文，《汉碑集释》，第 489 页。

[10] 何四维，《秦法残简》，第 26—27 页。

[11] 同前书，第 162—163 页。

[12] 西屿定生，《前汉的社会经济史》，第 552—553 页；鲁惟一，《政府的结构与活动》("The Structure and Practice of Government")，见《剑桥中国秦汉史》，剑桥：剑桥大学出版社，1986 年，第 484—486 页；鲁惟一，《汉代贵族等爵制》("The Orders of Aristocratic Ranks of Han China")，《通报》，第 48 卷 1—3（1960），第 97—174 页。

[13] 《汉书》，卷二四上，第 1132 页；许倬云，《汉代农业：早期中国农业经济的形成》，第 160—163 页。

[14] 《后汉书》，卷四九，第 1644 页；许倬云，《汉代农业：早期中国农业经济的形成》，第 214 页。

[15] 何四维，《秦法残简》，第 52—53 页；《史记》，卷三〇，第 1441 页。

[16] 《毛诗正义》卷一之二，《葛覃》，第 2b 页；卷二之一，《绿衣》，第 4b 页；卷四之二，《缁衣》，第 4b 页；卷五之三，《葛屦》，第 2b 页；卷八之一，《七月》，第 11b—14a 页；卷八之二，《东山》，第 7a 页；卷一五之二，《采绿》，第 6a—6b 页；陆威仪，《早期中国的建筑空间》，第 104—105 页。关于汉墓艺术中妇女采桑、纺织的研究，见露西·利姆编，《中国古代故事选：从中华人民共和国四川省所见汉代浮雕画像与考古文物》，第 95—98、152、155 页；凯特·芬斯特布施（Kate Finsterbusch），《汉代贸易研究的书目与主题索引》，第 2 卷，插图 33、594，附录 5；林巳奈夫，《中国古代生活史》，第 75—78 页；巫鸿，《中国古代艺术与建筑中的"纪念碑性"》，第 233 页。虽然妇女从事织布的角色已经变成了陈词滥调，她们还在农业以及其他类型的手工艺作坊辛勤劳作。见李安敦，《中华帝国早期的工匠》，第 2 章，第 8 节《女性手工艺人》。

[17] 《荀子集解》，卷一八，第 316—317 页。

[18] 《论衡集解》，卷二七，第 543 页；对汉代时期豪强大族细节的讨论，以及更多的档案文献，见陆威仪，《早期中国的建筑空间》，第 4 章，第 3 节《地方和豪强大族》。

[19] 《盐铁论》，第 118 页。

[20] 陆威仪，《早期中国的建筑空间》，第 215—216 页。

[21] 此处应为刘伯宗。刘伯宗和刘伯升系二人，刘伯升即齐武王刘縯。——译者注

[22] 《后汉书》，卷四三，第 1467—1468 页，注 1；参见《论衡集解》卷二七，第 537 页；《后汉书》卷四三，第 1474—1475 页，注 2。

[23] 陆威仪，《早期中国的建筑空间》，第 217—218 页。

[24] 大卫·维克非尔德（David Wakefield），《分家：清代及民国时期家庭财产的分割继承》(*Fenjia: Household Division and Inheritance in Qing and Republican China*)；阎云翔，《礼物的流动——一个中国村庄中的互惠原则与社会网络》(*The Flow of Gifts: Reciprocity and Social Networks in a Chinese Village*)，第39—42、109、115—119、178—209页，尤其是第196页；任柯安（Andrew B. Kipnis），《生产"关系"：一个华北村落中的情感、自我与亚文化》(*Producing Guanxi: Sentiment, Self, and Subculture in a North China Village*)，第87—90、99、138页；马继兴，《马王堆古医书考释》，第1008页；夏德安，《早期中国医学文献：马王堆医书》，第423页；在贾谊谈论秦的段落中，也提到了婆媳之间的争吵；伊佩霞（Patricia Ebrey），《宗祧群体发展的早期阶段》("The Early Stages in the Development of Descent Group Organization")，见伊佩霞和华琛（James L. Watson）编，《中华帝国晚期的家族组织：1000—1940年》(*Kinship Organization in Late Imperial China: 1000 - 1940*)，伯克利：加州大学出版社，1986年，第18—29页；侯思孟（Donald Holzman），《中国中古早期的寒食节》("The Cold Food Festival in Early Medieval China")，《哈佛亚洲研究学刊》，第46卷：1（1986），第51—79页。第51—79页；巫鸿，《武梁祠：中国古代画像艺术的思考性》(*The Wu Liang Shrine: The Ideology of Early Chinese Pictorial Art*)，第30—37页。

[25] 《后汉书》，卷三二，第1119—1120页。

[26] 原文中作"Nantang"，应作"Nanyang"（南阳）。——译者注

[27] 陆威仪，《中国古代法定的暴力》，第2章。

[28] 《后汉书》，卷八，第330页；卷四八，第1598—1599页；卷六七，第2189页。卷一〇，第3221页；《汉书》，卷六〇，第2660页。

[29] 陆威仪，《早期中国的建筑空间》，第219—220页。

[30] 《汉书》，卷九〇，第3647页；卷九二，第3700页；《史记》，卷一二二，第3133页。

[31] 《后汉书》，卷三一，第1114页；卷三三，第1155页，注2提到了谢承的历史；卷七〇，第2281页；《三国志》，卷二，第343页；卷三六，第947页。

[32] 陆威仪，《早期中国的建筑空间》，第221—222页；伊佩霞，《后汉经济社会史》("The Economic and Social History of Later Han")，见《剑桥中国秦汉史》，剑桥：剑桥大学出版社，1986年，第637—640页；伊佩霞，《后汉石刻》("Later Han Stone Inscriptions")，《哈佛亚洲研究学刊》，40卷2（1980），第325—353页。

[33] 陆威仪，《早期中国的建筑空间》，第220—221页。

[34] 同上书，第222—223页。

[35] 关于秦国的"父老"，见《睡虎地秦墓竹简》，第143、193、230页；关于汉，见《史记》，卷八，第362页；《汉书》，卷二四上，第1139页；卷七一，第3046页；卷八九，第3629页；关于女性，见《汉书》，卷四五，第2166页；《后汉书》，卷四三，第1457页。

[36] 《论衡集解》，卷七，第164页。

[37] 《汉书》，卷七一，第3040页；参见《东观汉记校注》，卷一五，第598—599页；《后汉书》，卷八二上，第2720—2721页；有时会把村民和父老作为一个群体（有时还包括宾客）列在一起，见《汉书》，卷二一，第792页；《后汉书》，卷四一，第1395页；卷八一，第2690、2696页；《三国志》，卷二，第341页。

[38] 《史记》，卷一二九，第3271—3272页；詹姆斯·斯科特（James Scott），《农民的道义经济学》(*The Moral Economy of the Peasant*)，第6章。

[39] 原著作"Wu Zhongshan"，概指《搜神记》（卷一一）所载"杨伯雍"在"无终山"的故事。——译者注

[40] 陆威仪，《早期中国的建筑空间》，第225—226页；露西·利姆编，《中国古代故事选：从中华人民共和国四川省所见汉代浮雕画像与考古文物》，第110—111页，插图25；汉王朝历史中的"基本年表"充斥着皇帝对其官员，或者穷人的赏赐与恩惠。

[41] 此故事出自《搜神记》卷九"何比干"条，应该为八十岁的一位老妪。——译者注
[42] 陆威仪，《早期中国的建筑空间》，第226—227页。
[43] 《隶释》，卷七，第5b—7b页；卷一一，第4a—6a页；《隶续》，卷一二，第5b—18b页。
[44] 陆威仪，《早期中国的建筑空间》，第228页。
[45] 《礼记注疏》，卷一二，第16a—16b页。汉代末年，地方信仰对这条原则的运用，见应劭，《风俗通义》，第325页。

第6章 外部世界

[1] 托马斯·巴菲尔德（Thomas J. Barfield），《危险的边疆：游牧帝国与中国》（*The Perilous Frontier: Nomadic Empires and China*），第1章；欧文·拉铁摩尔（Owen Lattimore），《中国的内陆亚洲边疆》（*Inner Asian Frontiers of China*），第15—16章；希罗德·威恩斯（Herold Wiens），《中国向热带的拓进》（*China's March to the Tropics*）。
[2] 狄宇宙（Nicola Di Cosmo），《先秦时期的北方边疆》（"The Northern Frontier in Pre-Imperial China"），见鲁惟一和夏含夷编，《剑桥中国先秦史》，剑桥：剑桥大学出版社，1986年；狄宇宙，《古代中国与其强邻：东亚历史上游牧力量的兴起》（*Ancient China and Its Enemies: The Rise of Nomadic Power in East Asian History*），第1章。
[3] 狄宇宙，《古代中国与其强邻：东亚历史上游牧力量的兴起》，第2章。
[4] 同上书，第131—138页。
[5] 陆威仪，《战国政治史》，第629—630页；狄宇宙，《古代中国与其强邻：东亚历史上游牧力量的兴起》，第138—158页；亚瑟·瓦尔德隆（Arthur Waldron），《中国的长城：从历史到神话》（*The Great Wall of China: From History to Myth*），第2章。
[6] 有关这种模式的最有说服力的著作是托马斯·巴菲尔德，《危险的边疆：游牧帝国与中国》。
[7] 狄宇宙对此有讨论，见狄氏著，《古代中国与其强邻：东亚历史上游牧力量的兴起》，第167—174页。
[8] 《史记》，卷六，第252页；卷八八，第2565—2566页；卷一一〇，2886、2888页。
[9] 《史记》，卷一一〇，第2890—2891页。
[10] 关于塔里木盆地的人口及其与周边地区的关系，见马洛里（J. P. Mallory）和梅维恒（Victor Mair），《塔里木干尸：古代中国与最早西来的神秘人群》（*The Tarim Mummies: Ancient China and the Mystery of the Earliest*），第1—2、8—9页；伊丽莎白·维兰·巴尔贝（Elizabeth Wayland Barber），《乌鲁木齐的干尸》（*The Mummies of ürümchi*），第6—10章。
[11] 关于"和亲"政策，见狄宇宙，《古代中国与其强邻：东亚历史上游牧力量的兴起》，第190—227页；托马斯·巴菲尔德，《危险的边疆：游牧帝国与中国》，第45—67页；余英时，《汉朝的对外关系》（"Han Foreign Relations"），见《剑桥中国秦汉史》，剑桥：剑桥大学出版社，1986年，第386—389、394—398页；《汉书》卷四八，第2265页，注3；《贾子新书校释》，卷四，第433—478页。
[12] 《汉书》，卷九四上，第3762—3763页。
[13] 《史记》，卷一一〇，第2896、2902页；《汉书》，卷九四上，第3756—3757、3762—3763页。
[14] 《汉书》，卷四九，第2281—2293页；陆威仪，《汉代普遍兵役制的废除》，第45—48页。
[15] 《史记》，卷一一〇，第2879、2892页；卷一一二，第2954；狄宇宙，《古代中国与其强邻：东亚历史上游牧力量的兴起》，第267—281页。对于秦朝以前北方民族之间缺少尊重的记录，见《左传注》，僖公八年，第322页。
[16] 《史记》，卷一一〇，第2879页；狄宇宙，《古代中国与其强邻：东亚历史上游牧力量的兴

起》，第 274—276 页。
[17] 狄宇宙，《古代中国与其强邻：东亚历史上游牧力量的兴起》，第 304—311 页；《汉书》，卷四九，第 2284 页。
[18] 《史记》，卷二七，第 1305—1306、1326、1328 页。
[19] 狄宇宙，《古代中国与其强邻：东亚历史上游牧力量的兴起》，第 216—227 页。
[20] 托马斯·巴菲尔德，《危险的边疆：游牧帝国与中国》，第 56—60 页。
[21] 《后汉书》，卷八九，第 2952 页。
[22] 之后所发生的事的有关细节，见陆威仪，《汉代普遍兵役制的废除》。
[23] 《史记》，卷一二三，第 3157 页；《汉书》，卷六一，第 2687 页。
[24] 《汉书》，卷六一，第 2692 页。
[25] 曼弗雷德·拉什克（Manfred B. Rashke），《罗马与东方贸易新探》（"New Studies in Roman Commerce with the East"），见希尔德加德·特姆波里尼（Hildegard Temporini）和沃尔夫冈·哈泽（Wolfgang Haase）编，《罗马世界的兴衰，罗马的历史与文化研究近况 II, 9》（*Aufstieg und Niedergang der Romischen Welt, Geschichte und Kultur Roms im Spiegel der Neuren Forschung II, 9*），伯林：瓦尔特·德·格鲁伊特出版社，1978 年。
[26] 《史记》，卷一二三，第 3172 页。
[27] 《汉书》，卷二二，第 1060—1061 页。
[28] 余英时，《汉朝的对外关系》，第 381—383、394—398 页。
[29] 《后汉书》，卷八八，第 2931 页。
[30] 《汉书》，卷九六上，第 3886、3893 页。
[31] 可以参阅诸如以下著作：《汉书》，卷九六下，第 3928 页；余英时，《汉朝的对外关系》，第 417—418 页；《汉书》，卷九六下，第 3908—3909 页；《后汉书》，卷八八，第 2931 页。《晋书》，卷一二二，第 3055 页。
[32] 《汉书》，卷六九，第 2979、2986 页；卷八七，第 2883 页。
[33] 《后汉书》，卷八七，第 2869 页；《汉书》，卷六九，第 2972 页。
[34] 《后汉书》，卷八七，第 2876、2878—2879 页；《晋书》，卷五六，第 1533 页。
[35] 《汉书》，卷九四下，第 3804 页；《后汉书》，卷八七，第 3878 页。
[36] 余英时，《汉朝的对外关系》，第 427—428 页；陆威仪，《汉代普遍兵役制的废除》，第 59、63—64 页；《后汉书》，卷八七，第 2876—2878 页。《汉书》，卷六九，第 2985 页。
[37] 陆威仪，《汉代普遍兵役制的废除》，第 57—61 页。
[38] 余英时，《汉朝的对外关系》，第 428—430 页；《后汉书》，卷四，第 185 页；卷八七，第 2880、2898 页。
[39] 《后汉书》，卷五六，第 2138 页。
[40] 《后汉书》，卷八七，第 2898—2899 页；卷四，第 170 页；卷五，第 206、211、237 页；志二三，第 3514、3515、3521 页。
[41] 《后汉书》，卷九〇，第 2981—2982 页。
[42] 余英时，《汉朝的对外关系》，第 439—440 页。
[43] 《后汉书》，卷七，第 310、315 页；卷三八，第 1286 页；卷七三，第 2353 页。
[44] 《后汉书》，卷八，第 354、356 页；卷七三，第 2353—2354 页；卷九〇，第 2984 页。
[45] 余英时，《汉朝的对外关系》，第 446—460 页。
[46] 《史记》，卷一一七，第 3025 页；华兹生（Burton Watson）英译，《中国的韵律散文：汉代、六朝以赋形式存在的诗》（*Chinese Rhyme-Prose: Poems in the Fu Form from the Han and Six Dynasties Periods*），第 41 页。
[47] 王充：《论衡集解》，卷一九，第 387—398 页。
[48] 《全后汉文》，卷二五，第 4a 页；《后汉书》，志一三，第 3272 页。

第 7 章 宗 族

[1] 《礼记注疏》，卷三七，《乐记》，第 11b—12a 页。《史记》，卷二四，第 1187 页；并见《礼记注疏》，卷三七，第 14a、19a 页。对于早期中华帝国的亲戚系统的详细讨论，以及更多的文献资料，见陆威仪，《早期中国的建筑空间》，第 2 章，以及第 105—106 页。

[2] 《列女传》，卷一，第 10a—11b 页。对于"三从"，见《礼记注疏》，卷二六，第 19b 页；《大戴礼记解诂》，卷一三，第 254 页。

[3] 韩献博（Hinsch Bret），《汉代遗嘱所见女性、宗族和财产》（Woman, kinship, and Property as Seen in a Han Dynasty Will），第 1—21 页；《隶释》，卷一五，第 10b—11b 页；对韩献博的文章中遗嘱的描述的某些细节，是经过修正之后的解读。

[4] 《先秦汉魏晋南北朝诗》，第 256、283—286、270—271 页。

[5] 《颜氏家训汇注》，第 8b—10a 页；巫鸿，《私爱与公义：中国古代艺术中的儿童图象》("Private Love and Public Duty: Images of Children in Early Chinese Art")，见安妮·金尼编，《中国人的儿童观》，火奴鲁鲁：夏威夷大学出版社，1995 年，第 79—110 页；巫鸿，《武梁祠：中国古代画像艺术的思考性》，第 256—258、264—266、278—280、291—292 页。

[6] 《列女传》，卷五，第 6a—6b 页。

[7] 《列女传》，卷五，第 5a，9a—9b 页。

[8] 《史记》，卷六，第 262 页。

[9] 《礼记注疏》，卷二六，第 18b—19a 页。

[10] 《列女传》，卷四，第 9a 页。

[11] 《颜氏家训汇注》，卷四，第 9a—9b 页；《礼记注疏》，卷六三，第 12b 页；《大戴礼记解诂》，卷一三，第 253 页；《列女传》，卷五，第 5a 页。

[12] 巫鸿，《私爱与公义：中国古代艺术中的儿童图象》，第 86、90—91、94 页；陆威仪，《中国古代法定的暴力》，第 70—78 页。

[13] 《汉书》，卷四〇，第 2038 页；《后汉书》，卷八一，第 2684、2685—2686 页；《颜氏家训汇注》，卷三，第 6b—7b 页；卷三，第 6b—7b 页。

[14] 瞿同祖，《汉代社会结构》，第 57—62、77—83、168—174、210—229、237—240 页。

[15] 王毓铨，《前汉中央政府概述》，第 166—173 页；瞿同祖，《汉代社会结构》，第 171—179、216—217、234—235 页。

[16] 安德鲁·博伊德（Andrew Boyd）：《中国的建筑与市镇规划：公元前 1500—公元 1911 年》(Chinese Architecture and Town Planning: 1500 b.c. - a.d. 1911)，第 48 页；白馥兰（Francesca Bray），《技术与性别：中华帝国晚期的权力架构》(Technology and Gender: Fabrics of Power in Late Imperial China)，第 52—53 页。

[17] 罗伯特·L. 索普（Robert L. Thorp），《中国建筑风格的起源：最初的规划与建筑类型》(Origins of Chinese Architectural Style: The Earliest Plans and Building Types)，第 26—31 页；许倬云和林嘉琳（Katheryn M. Linduff），《西周文明》(Western Zhou Civilization)，第 289—296 页；张光直，《古代中国考古学》(The Archaeology of Ancient China)，第 353—357 页；罗森（Jessica Rawson），《西周考古》("Western Zhou Archaeology")，见鲁惟一和夏含夷编，《剑桥中国先秦史》，剑桥：剑桥大学出版社，1999 年，第 390—393 页；那仲良（Ronald G. Knapp），《中国老宅》(China's Old Dwellings)，第 30—32 页。

[18] 巫鸿，《中国古代艺术与建筑中的"纪念碑性"》，第 84—88 页；罗泰（Lothar von Falkenhausen），《西周问题研究：一个评论》("Issues in Western Zhou Studies: A Review Article")，第 148—150、157—158、162、166、170—171 页。

[19] 凯特·芬斯特布施，《汉代贸易研究的书目与主题索引》，第 2 卷，插图第 34、311、508s—t、593、594 页；露西·利姆编，《中国古代故事选：从中华人民共和国四川省所见汉代浮雕

画像与考古文物》，第 104—105 页；陆威仪，《早期中国的建筑空间》，第 116—117 页；《礼记注疏》，卷 24，第 12a、17b 页；卷 26，第 22a 页；《论语正义》，卷 22，第 409 页；夏德安，《战国时期的自然哲学和神秘思想》，第 841、847—852 页；马克·凯琳诺斯基，《马王堆的"刑德"》（The Xingde Text from Mawangdui），第 125—202 页；叶山（Robin Yates），《银雀山汉简中的阴阳书：对其在与道家黄老思想关系中地位的释读和部分重构及导论》（"The Yin-Yang Texts from Yinqueshan: An Introduction and Partial Reconstruction with Notes on their Significance in Relation to Huang-Lao Taoism"），《古代中国》，19 卷（1994）：75—144 页，第 82—84、88—90、93 页；马绎，《刑德之意》["The Meaning of Hsing-te（Xingde）"]，见白光华（Charles Le Blanc）和白瑞德（Susan Blader）编，《中国人的自然与社会观》（Chinese Ideas about Nature and Society），香港：香港大学出版社，1987 年，第 281—291 页；马绎，《汉初思想中的天地：淮南子的三、四、五篇》（Heaven and Earth in Early Han Thought: Chapters Three, Four, and Five of the Huainanzi），第 86—88 页。《淮南子》，卷三，第 40 页。

[20] 《论语正义》，卷二〇，第 363—364 页。

[21] 陆威仪，《早期中国的建筑空间》，第 114—115 页。

[22] 司马安，《中国古代儿童和青年的图象》，第 1 章；司马安，《染丝：汉代的儿童道德发展观念》（"Dyed Silk: Han Notions of the Moral Development of Children"），见安妮·金尼（Anne Behnke Kinney）编，《中国人的儿童观》（Chinese Views of Childhood），火奴鲁鲁：夏威夷大学出版社，1995 年，第 17—44 页。

[23] 肯尼斯·德·沃斯金（Kenneth J. De Woskin），《中国名人的童年》（"Famous Chinese Childhoods"），见司马安编，《中国童年观》（Chinese Views of Childhood），火奴鲁鲁：夏威夷大学出版社，1995 年，第 57—76 页。

[24] 司马安，《中国古代儿童和青年的图象》，第 2 章。

[25] 《论衡集解》，卷三〇，第 579—580 页；司马安，《染丝：汉代的儿童道德发展观念》，第 37—38 页。

[26] 《汉书》，卷二四上，第 1122 页；《白虎通》，卷四，第 16b 页。

[27] 何四维，《秦法残简》，第 139 页；《后汉书》，卷七，第 301、319 页。高文，《汉碑集释》，第 227 页；罗伯特·贺兹（Robert Hertz），《死亡与右手》（Death and the Right Hand），第 84 页。

[28] 121《仪礼注疏》，卷三一，第 14a—14b 页；《礼记注疏》，卷一九，第 14b—20b 页；卷三二，第 9b 页；卷四三，第 2b 页；巫鸿，《私爱与公义：中国古代艺术中的儿童图象》，第 80 页。

[29] 《孝经注疏》，卷五，第 4b—6a 页；司马安，《中国古代儿童和青年的图象》，第 15、25 页；《汉书》，卷七，第 223 页；卷一二，第 299 页；卷七一，第 3039 页；《后汉书》，卷三二，第 11225—11226 页。

[30] 《隶释》，卷一二，第 16a 页。

[31] 蔡邕，《蔡中郎文集》，卷四，第 11b 页。

[32] 何四维，《秦法残简》，第 125、141、147、148—149、195—197 页。

[33] 《春秋谷梁传注疏》，卷八，僖公十五年，第 12b 页；《汉书》，卷二二，第 1050 页；伊佩霞，《后汉经济社会史》，第 633—635 页。

[34] 王符：《潜夫论笺》，卷一二，第 120、130、133—134 页；《汉书》，卷六七，第 2908 页；《后汉书》，卷三九，第 1314 页；《管子校证》，卷一七，第 290 页；蒲慕州，《汉以前的丧葬观》（"Ideas Concerning Death and Burial in Pre-Han China"），《泰东》第三辑，第 3 & 2（1990），第 25—62 页；戴梅可（Michael Nylan），《中国汉代儒家的孝与个人主义》（"Confucian Piety and Individualism in Han China"），《美国东方学会会刊》，第 116 卷 1（1996），第 1—27 页；包华石，《古代中国的艺术与政治表达》，第 136—141 页；鲁惟一，《政府行为和利害攸关

的问题》("The Conduct of Government and the Issues at Stake, a.d.57‐167"),见《剑桥中国秦汉史》,剑桥:剑桥大学出版社,1986年,第300—301页;陈启云,《后汉的儒家、法家和道家思想》("Confucian, Legalist, and Taoist Thought in Later Han"),见《剑桥中国秦汉史》剑桥:剑桥大学出版社,1986年,第802—804页;关于建设墓葬纪念建筑的花费和具体技术,以及匠人及建筑材料所来自的遥远距离,见李安敦,《中华帝国早期的工匠》,第2章第5节《石质墓葬作坊》,以及第3章第2节《交易区》。

[35] 伊佩霞,《后汉经济社会史》,第633—635页。
[36] 《论语正义》,卷六,第127页。
[37] 《孟子正义》,卷一,第33—35页。
[38] 德克·卜德,《中国古代的节庆:汉代的元旦及年节》,第361—380页;鲁惟一,《甘肃磨嘴子所出简牍》[The Wooden and Bamboo Strips Found at Mo-chü-tzu(Kansu)],第13—26页;《白虎通疏证》,第208、314、520页;何四维,《汉法残简》(Remnants of Han Law),第298—302页。
[39] 焦延寿,《焦氏易林》,卷一,第38页。关于老年人体形的衰败,参见王充,《论衡集解》,卷二,第32页。
[40] 《先秦汉魏晋南北朝诗》,第331—332页。
[41] 指"五服"制度。——译者注
[42] 《礼记注疏》,卷八,第21a—21b页。
[43] 《汉书》,卷二二,第1043页;《老子道德经注》,卷一,第33节,第19页;《孝经注疏》,卷八,第2a页;余英时,《汉代中国思想中的生命与不朽》("Life and Immortality in the Mind of Han China"),《哈佛亚洲研究学刊》,第25卷(1964—1965),第83、87、111、121—122页;白瑞旭(K. E. Brashier),《寿如金石:汉墓中铜镜的作用》("Longevity like Metal and Stone: The Role of the Mirror in Han Burials"),《通报》,第81卷4—5(1995),第214—217页。
[44] 此段话当为韦贤之子韦玄成(元帝时丞相)所奏。——译者注
[45] 《汉书》,卷七三,第3118页;吉德炜(David N. Keightley),《古代中国对来世的探寻:死者、祭器、谥号》(The Quest for Eternity in Ancient China: The Dead, Their Gifts, Their Names),第18—21页。
[46] 《汉书》,卷七三,第3126页;反对的观点见《汉书》,卷七五,第3156—3157页。
[47] 《后汉书》,志九,第3197页;蔡邕,《蔡中郎文集》,卷八,第5a—5b页。
[48] 《隶释》,卷七,第16b页。

第8章 宗 教

[1] 太史文(Stephen Teiser),《导论:中国宗教的精神》("Introduction: The Spirits of Chinese Religion"),见小唐纳德·S.洛佩兹(Donald S. Lopez, Jr.)编,《中国的宗教实际》(Religions of China in Practice),普林斯顿:普林斯顿大学出版社,1996年,第21—36页,特别是第32—36页。
[2] 《汉书》,卷二二,第1046页。《先秦汉魏晋南北朝诗》,第145页。
[3] 《毛诗正义》,卷一六之三,第6a—10b页;卷一七之二,第1a—8a、15a—20b页。
[4] 阿瑟·韦利(Arthur Waley)英译,《九歌:中国古代巫研究》(The Nine Songs: A Study of Shamanism in Ancient China),《序言》;戴维·霍克斯(David Hawkes),《南方之歌:屈原及其他中国古代诗人诗选》(The Songs of the South: An Anthology of Ancient Chinese Poems

　　　　　by Qu Yuan and Other Poets），第 8、42—51、95—101 页；陆威仪，《中国早期的写作与权威》，第 184—185 页。

[5]　《史记》，卷二八，第 1384—1391、1399—1400 页。

[6]　鲁惟一，《中国生死观：汉代的信仰、神话和理性》（*Chinese Ideas of Life and Death: Faith, Myth and Reason in the Han Period*），第 10 章；瞿同祖，《汉代社会结构》，第 55、375 页；蒲慕州，《寻求个人福祉：古代中国人的宗教观》（*In Search of Personal Welfare: A View of Ancient Chinese Religion*），第 185—200 页；《汉书》，卷六，第 2003 页；《后汉书》，卷一，第 479、480 页；卷四一，第 1379、1413 页；卷四七，第 1573 页；卷五七，第 1841 页；《东观汉记校注》，卷二一，第 863 页；应劭：《风俗通义校释》，第 338—339 页；《礼记注疏》，卷九，第 18b 页。

[7]　苏珊·埃里克森（Susan N. Erickson），《东汉的摇钱树》（"Money Trees of the Eastern Han Dynasty"），《远东博物院学报》，第 11 卷（1994），第 1—116 页；陆威仪，《早期中国的建筑空间》，第 157—158 页；马绛，《汉初思想中的天地：淮南子的三、四、五篇》，第 102、158、196、204 页。其图像见丹尼尔·艾利西夫（Danielle Elisseeff），《中国的新发现：通过考古探求历史》（*New Discoveries in China: Encountering History through Archaeology*），第 91 页；罗森编，《神秘的古代中国：早期王朝的新发现》（*Mysteries of Ancient China: New Discoveries from the Early Dynasties*），第 177—178、190、192 页；巫鸿，《图绘早期道教艺术：五斗米道的视觉文化》（"Mapping Early Taoist Art: The Visual Culture of Wudoumi Dao"），见斯蒂芬·利特尔（Stephen Little）编，《中国道教与艺术》，芝加哥：芝加哥艺术学院，2000 年，第 84—88 页；罗伯特·巴格利（Robert Bagley），《古代四川：一个失落文明的瑰宝》（*Ancient Sichuan: Treasures from a Lost Civilization*），第 272—277 页。

[8]　鲁惟一，《中国汉代的预言、神话与君主统治》（*Divination, Mythology and Monarchy in Han China*），第 8 章、10 章；夏德安，《战国时期的自然哲学和神秘思想》，第 843—866 页；蒲慕州，《寻求个人福祉：古代中国人的宗教观》，第 44—52、69—101 页；鲁惟一，《中国生死观：汉代的信仰、神话和理性》，第 9 章；陆威仪，《中国古代的掷骰和预言》（"Dicing and Divination in Early China"），《中国黑海论文》，第 121 卷（2002 年 7 月）。

[9]　夏德安，《战国时期的自然哲学和神秘思想》，第 839—843 页；鲁惟一，《中国生死观：汉代的信仰、神话和理性》，第 3 章、第 9 章；《史记》，卷二七。

[10]　齐思敏（Mark Csikszentmihalyi），《万物有德：古代中国的伦理和身体》（*Material Virtue: Ethics and the Body in Early China*），第 130—141 页；陆威仪，《早期中国的建筑空间》，第 63—65 页；约翰·诺布洛克（John Knoblock），《荀子全译与研究》（*Tr. Xunzi: A Translation and Study of the Complete Works*），第 1 卷，第 1 部分，第 196—200 页；胡司德（Roel Sterckx），《早期中国的动物和魔怪》（*The Animal and the Daemon in Early China*），第 155 页。

[11]　关于早期中国对梦及其解释的英文研究著作，见罗伯特·K.王（Roberto K. Ong）：《中国古代对梦的解释》（*The Interpretation of Dreams in Ancient China*）；卡罗琳·T.布朗编：《心理学—汉学：中国文化中的梦境》；尤其是罗伯特·K.王（Roberto K. Ong），《形象和意义：传统解梦的诠释研究》（"Image and Meaning: The Hermeneutics of Traditional Dream Interpretation"），见《心理学—汉学：中国文化中的梦境》，兰厄姆：美国大学出版社，1988 年；司马虚（Michel Strickmann），《心理学—汉学家的梦想：医生、道士、和尚》（"Dreamwork of Psycho-Sinologists: Doctors, Taoists, Monks"），见《心理学—汉学：中国文化的梦境》；J. C. P. 莫非特（J. C. P. Moffeu），《〈左传〉中的预言》，该书包含了很多《左传》中的梦的叙述，《左传》是早期中国的记载有关梦境内容最为丰富的著作；让-皮埃尔·狄埃尼（Jean-Pierre Diény），《至人无梦：从庄子到米歇尔·儒弗》（*Le saint ne rêve pas: De Zhuangzi à Michel Jouvet*），《中国研究》，第 20 卷 1—2，第 127—128 页，注 2，列举了中国和法国关于这方面内容的最主要的著作。

[12]　《汉书》，卷二七上，第 1331—1332 页。

[13] 《汉书》，卷二七上—卷下之后；桂思卓（Sarah Queen），《从编年史到经典：董仲舒对〈春秋〉的阐释》（*From Chronicle to Canon: The Hermeneutics of the Spring and Autumn According to Tung Chung-shu*），第5章、第9章。
[14] 列斯特·比尔斯基（Lester Bilsky），《中国古代的国家宗教》（*The State Religion of Ancient China*），第14—16、58—60、66、126—127、162—169、183—190、135—146、274—276、296—308、318—324页。
[15] 陆威仪，《汉武帝的封禅》（"The Feng and Shan Sacrifices of Emperor Wu of the Han"），见周绍明（Joseph McDermott）编，《中国的国家与朝廷礼仪》（*State and Court Ritual in China*），剑桥：剑桥大学出版社，1999年。
[16] 《史记》卷二八，第1358、1360、1364、1365、1378页；《汉书》，卷二五上，第1196、1199页；陆威仪，《汉武帝的封禅》，第55页。
[17] 李零，《楚简（占卜类）格式研究》，第84页；李零，《"太一"崇拜的考古学研究》，第1—39页；《淮南子》，卷三，第39页；卷七，第111页；卷八，第119页；卷九，第127页；卷一四，第235（2）页；卷二一，第369页；《庄子集释》，卷三二，第435页；卷三三，第437页；《荀子集解》，卷一三，第236页。
[18] 《汉书》，卷二五下，第1254—1259页；陆威仪，《汉武帝的封禅》，第67页；鲁惟一，《君权的概念》（"The Concept of Sovereignty"），见《剑桥中国秦汉史》，剑桥：剑桥大学出版社，1986年，第735—737页。
[19] 鲁惟一，《中国生死观：汉代的信仰、神话和理性》，第140—141页。
[20] 蒲慕州，《寻求个人福祉：古代中国人的宗教观》，第165—167页；王仲殊，《汉文明》，第8—9卷；巫鸿，《战国时期的艺术与建筑》，第707—744页；巫鸿，《中国古代艺术与建筑中的"纪念碑性"》，第110—121页；罗泰，《道教的来源：对东周时期宗教变迁的考古学证据的几点思考》（"Sources of Taoism: Reflections on Archaeological Indicators of Religious Change in Eastern Zhou China"），《道教资料》，第5卷2（1994），第1—12页；更详细的讨论见陆威仪，《早期中国的建筑空间》，第4章，第5部分《家居和坟墓》。《荀子集释》，卷一三，第243—246页。
[21] 王充，《论衡集解》，卷二三，第467页。
[22] 露西·利姆编，《中国古代故事选：从中华人民共和国四川省所见汉代浮雕画像与考古文物》，第109页，插图3、126—131、138、139（页下端中央的照片）、141、143、144、189、190页；包华石，《古代中国的艺术与政治表达》，第51、288、291、293、306页；金·詹姆斯（Jean James），《汉代墓葬与祭坛艺术指南》（*A Guide to the Tomb and Shrine Art of the Han Dynasty*），第163、202、226—230页；凯特·芬斯特布施，《汉代贸易研究的书目与主题索引》，第2卷，第191、192、212、261、268、277、310、338、363、508a、508q、508s、508t、538、552、594、641、786、793节。
[23] 巫鸿，《超越"大限"：苍山墓的墓葬叙事》（*Beyond the "Great Boundary": Funerary Narrative in the Cangshan Tomb*），第90、101页；巫鸿，《武梁祠：中国古代画像艺术的思考性》，246—247页；陆威仪，《中国早期的写作与权威》，第197—209页；万志英（Richard von Glahn），《不祥之道：中国宗教文化中的神魔》（*The Sinister Way: The Divine and the Demonic in Chinese Religious Culture*），第58—59页；后者讨论了在一些流派中西王母作为魔鬼的一面。
[24] 罗泰，《道教的来源：对东周时期宗教变迁的考古学证据的几点思考》，第3—5页；罗森，《西周考古》，第364—375、433—440页。
[25] 王仲殊，《汉文明》，第206—210页。
[26] 《礼记注疏》，卷9，第18b页；安娜·赛代尔（Anna Seidel），《死而不朽——或道教的还魂》（"Post-mortem Immortality—or the Taoist Resurrection of the Body"），见《宗教史中

注释　289

的演变、革命和永恒》(*Gilgul: Essays on Transformation, Revolution and Permanence in the History of Religions*)，莱顿：博睿学术出版社，1987年，第223—237页；安娜·赛代尔，《墓葬出土葬书中的汉代宗教遗迹》("Traces of Han Religion in Funeral Texts Found in Tombs")，见秋月观暎编，《道教与宗教文化》(道教と宗教文化)，东京：平河出版社，1987年，第21—57页。

[27] 出土原文即缺字，以"□"代替，后同。——编者注

[28] 池田温（On Ikeda），《中国历代墓券略考》("A Brief Examination of Chinese Grave Contracts Through Successive Dynasties")，《东洋文化研究所纪要》，第86卷6（1981），第273页，注7。关于这方面的讨论和相关文献，以及他们揭示的汉代关于死后观念的哪些方面，见万志英，《不祥之道：中国宗教文化中的神魔》，第49—57页；《江苏高邮邵家沟汉代遗址的清理》，第20—21页；《隶释》，卷一二，第16b—17a页。

[29] 巫鸿，《超越"大限"：苍山墓的墓葬叙事》，第93—98页。

[30] 《汉书》，卷五三，第2428—2430页；参见《经法》，第61页；王充：《论衡集解》，卷四，第83—84页；卷一〇，第214页；卷二一，第434页。

[31] 《墨子间诂》，卷八，第139—141、142—143、143—144页；王充，《论衡集解》，卷二二，第449—450页；卷二三，第461（3）、464（4）页；卷二五，第505页；阿尔文·科恩（Alvin Cohen），《中国古代史学中的复仇之鬼与道德判断：〈史记〉三例》("Avenging Ghosts and Moral Judgment in the Ancient Chinese Historiography: Three Examples from Shi-chi")，见艾兰（Sarah Allan）和阿尔文·科恩编，《中国的传说、学统与宗教：艾伯华先生七十寿辰纪念文集》(*Legend, Lore, and Religions in China: Essays in Honor of Wolfram Eberhard on His Seventieth Birthday*)，旧金山：中国资料中心，1979年，第97—108页。

[32] 《吕氏春秋校释》，卷一〇，第535—536页。

[33] 巫鸿，《礼仪中的美术——马王堆再思考》("Art in Ritual Context: Rethinking Mawangdui")，《古代中国》，第17卷（1992），第111—144页。

[34] 金·詹姆斯，《汉代墓葬与祭坛艺术指南》，第4—13、23—27页处处可见；凯特·芬斯特布施，《汉代贸易研究的书目与主题索引》，图32a、45、101—102、106、127、137、150、158、161、167、172，河北附3—4；巫鸿，《超越"大限"：苍山墓的墓葬叙事》，第88—90页；露西·利姆编，《中国古代故事选：从中华人民共和国四川省所见汉代浮雕画像与考古文物》，第20—21、34—35、155—156、158—181页；鲁惟一，《升天之道：中国人对长生的探寻》(*Ways to Paradise: The Chinese Quest for Immortality*)，第2、4、5卷；巫鸿，《武梁祠：中国古代画像艺术的思考性》，第3—4卷；关于从墓中通往天堂之旅，见柯鹤立，《中国古代的死亡：一个男人亡魂之旅的传说》(*Death in Ancient China: The Tale of One Man's Journey*)。

[35] 蒲慕州，《寻求个人福祉：古代中国人的宗教观》，第167—170页；安娜·赛代尔，《墓葬出土葬书中的汉代宗教遗迹》，第28—30页；夏德安，《战国大众宗教的复兴》("Resurrection in Warring States Popular Religion")，《道教资料》，第5卷2（1994年11月），第13—28页。

[36] 白瑞旭，《汉代的死亡观与灵魂分离说》("Han Thanatology and the Division of 'Souls'")，《古代中国》，第21卷（1996），第152—153页，注100。《后汉书》，卷四，第167页；卷五，第205页；卷六，第250页；卷七，第288页；卷六一，第2029—2030页；志九，第3197页；蔡邕，《独断》，卷二，第5a—5b页；《东观汉记校注》，第165—166页；蔡邕，《蔡中郎文集》，卷八，第4a—5a页。

[37] 崔寔，《四民月令辑释》，第1、3、5、25、53、68（2）、84、98、104、109页。

[38] 《后汉书》，志九，第3197页；参见《独断》，卷二，第7a页。

[39] 巫鸿，《武梁祠：中国古代画像艺术的思考性》，第30—37页。

[40] 蔡邕，《独断》，卷二，第5a—b页；王充，《论衡集解》，卷二三，第467页。
[41] 《淮南子》，卷九，第127页。
[42] 《墨子间诂》，卷六，第106页。
[43] 《荀子集解》，卷一九，第231、233—234、237—238、239—241、246、247—248页；《吕氏春秋校释》，卷一〇，第536页。
[44] 王仲殊，《汉文明》，第181—182页；鲁惟一，《升天之道：中国人对长生的探寻》，第13—14页；《后汉书》，卷一一，第483—484页；参见《汉书》，卷九九下，第4194页。
[45] 巫鸿，《武梁祠：中国古代画像艺术的思考性》；刘怡玮、戴梅可和李安敦，《重塑中国历史：武梁祠的艺术、考古和建筑》(*Recarving China's Past: Art, Archaeology, and Architecture of the "Wu Family Shrines"*)。
[46] 即"巫觋"。——译者注
[47] 应劭，《风俗通义校释》，第333—334、339、350页。
[48] 白瑞旭，《白石山神君：宴享神祇还是顺应阴阳》("The Spirit Lord of Baishi Mountain: Feeding the Deities or Heeding the Yinyang")，《古代中国》，第26—27卷（2001-2002），第159—231页；《隶释》，卷三，第9b—11a页。
[49] 史蒂芬·里特尔（Stephen Little）和绍恩·艾曲曼（Shawn Eichman），《道教与中国艺术》(*Taoism and the Arts of China*)，第150—151页；《列仙传》，卷一，第6、8、10、11、13、14、14—15、17、18页；卷二，第4、5、6—7、8、10、12、13、15页；常璩《华阳国志校注》中描述了四川省类似的信仰崇拜，比如该书第64、77、96—97、124、145、181、182、200、201、242、244、279页等。
[50] 《史记》，卷二八，第1349页。
[51] 夏德安，《公元前3世纪的中国魔怪学》("A Chinese Demonography of the Third Century b.c.")，《哈佛亚洲研究学刊》，第45卷2期（1985），第459—498页；万志英，《不祥之道：中国宗教文化中的神魔》，第2—4章。
[52] 李安敦，《中华帝国早期的工匠》，第2章，第6节《工匠作坊的劳动环境》；第7节《手工艺人的宗教信仰》。
[53] 《汉书》，卷一一，第342页；卷二六，第1311—1312页；卷二七，第1476—1477页；卷八四，第3432页；鲁惟一，《升天之道：中国人对长生的探寻》，第4章。
[54] 祁泰履（Terry Kleeman），《大成：一个中国千年王国的宗教与种族》(*Great Perfection: Religion and Ethnicity in a Chinese Millennial Kingdom*)，第2章；顾浩华（Howard L. Goodman），《曹丕登基：汉末改朝换代的政治文化》(*Ts'ao P'i Transcendent: The Political Culture of Dynasty Founding in China at the End of the Han*)，第74—86页。
[55] 戴密微（Paul Demiéville），《汉隋时期的哲学与宗教》("Philosophy and Religion from Han to Sui")，见《剑桥中国秦汉史》，剑桥：剑桥大学出版社，1986年，第820—826页。
[56] 《先秦汉魏晋南北朝诗》，第332页。

第9章 文 学

[1] 关于"儒"的含义，见尼古拉斯·祖弗里（Nicolas Zufferey），《儒家的起源：先秦时代和汉代初期的儒》(*To the Origins of Confucianism: The Ru in Pre-Qin Times and during the Early Han Dynasty*)。程艾蓝（Anne Cheng），《在汉代做一个儒者意味着什么？》("What Did It Mean to Be a Ru in Han Times?")，《泰东》，第3辑，第14卷（2001）。罗伯特·艾诺（Robert Eno），《儒家创造的天：哲学与礼仪之师的辩护》，戴梅可，《汉代"正统性"质疑》，("A Problematic Model: The Han 'Orthodox Synthesis' Then and Now")，见周启荣、伍安祖和约翰·B.亨德

森（John B. Henderson）编，《想象的边界：变化中的儒家学说、文本和诠释》（*Imagining Boundaries: Changing Confucian Doctrines, Texts, and Hermeneutics*），奥尔巴尼：纽约州立出版社，1999年，第18—19页。关于汉代"儒家"和早期的学派之间的区别，见戴梅可和席文（Nathan Sivin），《第一位新儒家：扬雄〈太玄经〉导论》["The First Neo-Confucianism: An Introduction to Yang Hsiung's 'Canon of Supreme Mystery' (T'ai hsüan ching,4b.c.)"]，见《中国人的自然与社会观：德克·卜德教授纪念论文集》（*Chinese Ideas about Nature and Society: Studies in Honour of Derk Bodde*），香港：香港大学出版社，1987年。席文，《中国古代的医学、哲学与宗教：研究与反思》，第6页。本杰明·E.瓦拉可（Benjamin E. Wallacker），《汉代的孔子与儒学》("Han Confucianism and Confucius in Han")，见芮效卫（David T. Roy）和钱存训编，《古代中国：早期文明研究》（*Ancient China: Studies in Early Civilization*），香港：香港中文大学出版社，1978年。关于正统性的缺失，除了以上提及的著作之外，见柯马丁，《秦始皇碑铭：早期中华帝国表达中的文本和礼仪》，第9页。戴梅可，《汉代经学家关于其学术传统及著作的对话》("Han Classicists Writing in Dialogue about their Own Tradition")，《东西方哲学》，第47卷2（1997年4月），第133—188页。戴梅可，《汉代今古文之争》("The Chin-wen/Ku-wen Controversy in Han Times")，《通报》，第80卷（1994），第82—144页。

[2] 《史记》，卷一三〇，第3290页；《汉书》，卷三〇，第1701、1716—1717、1728页。

[3] 《荀子集解》，卷一五，第258、261—263页。参见《韩非子集释》，卷一九，第1067页。

[4] 《史记》，卷八七，第2546—2547页。

[5] 《史记》，卷一三〇，第3288—3293页。

[6] 陆威仪，《中国早期的写作与权威》，第297—299页。

[7] 《庄子集释》，卷三三，第467页；《管子校正》，第1—47页[另见李又安（Allyn W. Rickett），《〈管子〉译注》（*GuanZi*），第1卷，第4页]；《韩非子集释》，卷一八，第996—1039页；葛瑞汉，《后期墨家的逻辑、伦理与科学》（*Later Mohist Logic, Ethics and Science*），第22—24、243—244页。

[8] 《韩非子集释》，卷九至卷一四。关于"经"的原则，见第526、576、621、676、715、761页。《说文解字注》，卷八上，第25a页；《释名书证补》，卷五，第13b页；卷六，第7b、13a页。

[9] 作者此处所指大概为"傅"（太傅）字，而非"传"字。——译者注

[10] 戴梅可，《儒学五经》。

[11] 陆威仪，《中国早期的写作与权威》，第77—79页；《史记》，卷八五，第2510页；《汉书》，卷四四，第2145页；《淮南子》，第1页。

[12] 《吕氏春秋校释》，第648页。

[13] 《吕氏春秋校释》，卷一七，第1123—1124、1132页。

[14] 《汉书》卷六二，第2735页。关于这段文字的某些方面，见杜润德（Stephen W. Durrant），《模糊的镜子：司马迁著作中的张力与冲突》（*The Cloudy Mirror: Tension and Conflict in the Writings of Sima Qian*），第124—129页；《史记》，卷一三〇，第3285页。《国语》，卷一八，第559—564页。关于《史记》是一个全面的世界模式，另见侯格睿（Grant Hardy），《青铜与竹子的世界：司马迁对历史的探索》（*Worlds of Bronze and Bamboo: Sima Qian's Conquest of History*）；陆威仪，《中国早期的写作与权威》，第308—317页。

[15] 《史记》，卷一三〇，第3319页。

[16] 戴梅可，《儒学五经》，卷六；《史记》，卷一四，第509—510页。

[17] 杜润德，《司马迁对秦始皇的描述》("Ssu'ma Ch'ien's Portrayal of the First Ch'in Emperor")，见白保罗（Frederick P. Brandauer）和黄俊杰（Chun-chieh Huang）编，《传统中国的帝国统治者的地位与文化变迁》（*Imperial Rulership and Cultural Change in Traditional China*），西雅图：华盛顿大学出版社，1994年，第35—46页。

[18] 《汉书》，卷六二，第2737—2738页；《后汉书》，卷四〇上，第1325—1327页。

[19] 《后汉书》，卷四〇上，第 1333—1334 页。

[20] 陆威仪，《中国早期的写作与权威》，第 317—325 页。康达维，《汉赋：扬雄赋的研究》(*The Han Rhapsody: A Study of the Fu of Yang Hsiung*)，第 2 章；保罗·劳泽（Paul Rouzer），《被束缚的女子：中国古代文献中的性别和男性社会》(*Articulated Ladies: Gender and the Male Community in Early Chinese Texts*)，第 45—52、121—122 页；康达维，《司马相如的〈长门赋〉》，第 47—64 页；夏德安，《王延寿的〈梦赋〉》，第 239—283 页。

[21] 扬雄，《扬子法言》，卷二，第 4—5 页。关于这些段落及其内容，见康达维，《汉赋：扬雄赋的研究》，第 5 章。

[22] 范佐仑，《诗与个性：传统中国的阅读、注解与诠释》(*Poetry and Personality: Reading, Exegesis, and Hermeneutics in Traditional China*)，第 1—4 章；陆威仪，《中国早期的写作与权威》，第 155—176 页。

[23] 《史记》，卷七，第 333 页。至少有一例由一位文人所写的"赋"，见《汉书》，卷七三，第 3110—3114 页。

[24] 蔡宗齐，《五言诗之演变》(*The Matrix of Lyric Transformation: Poetic Modes and Self-Presentation in Early Chinese Pentasyllabic Poetry*)，第 2 章；安·比雷尔（Anne Birrell），《汉代的民歌和民谣》(*Popular Songs and Ballads of Han China*)，《导言》；傅汉思（Hans Frankel），《作为一种高雅文学体裁的汉魏乐府诗的发展》("The Development of Han and Wei Yüeh-fu as a High Literary Genre")，见宇文所安和林顺夫编，《声韵的生命力：后汉到唐的诗》(*The Vitality of the Lyric Voice: Shih Poetry from the Late Han to the T'ang*)，普林斯顿：普林斯顿大学出版社，1986 年；《乐府诗》。关于对这些是民歌的思想的最彻底的批判，见易彻理（Charles H. Egan），《乐府诗曾是民歌？口头文学理论与民谣类比的相关性之再思考》("Were Yüeh-fu Ever Folk Songs? Reconsidering the Relevance of Oral Theory and Balladry Analogies")，见《中国文学》，第 22 卷（2000 年 11 月），第 31—66 页。我对乐府诗歌的风格特点的讨论主要是从本条注释最前面提及的蔡氏著作中归纳而来。关于后代诗人和理论家把这些想像的汉代诗歌划定为一些种类，并且置入中国文学史中的方式，见宇文所安，《中国古代古典诗歌的创作》(*The Making of Early Chinese Classical Poetry*)。

[25] 《先秦汉魏晋南北朝诗》，第 256 页。

[26] 同上书，第 257—258 页。

[27] 同上书，第 192 页。关于这首诗的特质的争议，见安·比雷尔，《汉代的民歌和民谣》，第 125 页。

[28] 把"他者的声音"视为乐府诗的一种特性，关于这个方面的著作，见周文龙（Joseph R. Allen），《他者的声音：中国乐府诗》(*In the Voice of Others: Chinese Music Bureau Poetry*)。关于"古诗"如何树立成为一个种类并且追溯到汉朝，见宇文所安，《中国古代古典诗歌的创作》，第 33—41 页。

[29] 《汉书》，卷三〇，1701 页。

[30] 陆威仪，《中国早期的写作与权威》，第 325—332 页。

[31] 《汉书》，卷三〇，第 1728、1732、1737、1738、1740、1743、1745、1746、1755—1756、1762、1765、1769、1771、1773、1775、1780 页。

[32] 《汉书》，卷三〇，第 1756 页。

[33] 《汉书》，卷三〇，第 1728、1732、1734、1736、1737、1738、1740、1742、1743、1745、1755、1762、1775、1780 页。

[34] 《汉书》，卷三〇，第 1704、1706、1708、1710、1715、1717、1719、1728、1732、1734—1735、1736、1737、1738、1740、1742、1743、1745、1756、1762—1763、1765、1767、1769、1771、1773、1776、1778、1779、1780 页。

第 10 章 法　律

[1] 陆威仪,《中国古代法定的暴力》,第 43—50 页；刘永平（音）,《中国法律的起源》(*Origins Of Chinese Law*),第 5 章。

[2] 陆威仪,《中国早期的写作与权威》,第 20 页。

[3] 陆威仪,《中国古代法定的暴力》,第 67—80 页。

[4] 见何四维,《秦法残简》。

[5] 《睡虎地秦墓竹简》,第 281—293 页。

[6] 同前书,第 26—27、181、182、183、261—262、263 页。

[7] 夏德安,《战国时期的自然哲学和神秘思想》,第 854—856 页；夏德安,《公元前 3 世纪的中国魔怪学》,第 470—498 页；卡特里那·迈克列奥德（Katrina McLeod）和叶山,《秦律的形式》("Forms of Ch'in Law"),《哈佛亚洲研究学刊》,第 41 卷 1（1981）,注 57；《左传注》,成公五年,第 822—823 页；《国语》,第 405—406 页。

[8] 《韩非子集释》,卷六,第 357 页。

[9] 《云梦睡虎地秦墓》,第 827 号简反面—814 号简反面,第 886—895 号；何四维,《秦汉律法中"盗"的广泛范畴》("The Wide Scope of Tao 'Theft' in Ch'in-Han Law"),《古代中国》,第 13 卷（1988）,第 182—183 页；叶山,《对秦律的若干释读》("Some Notes on Ch'in Law"),《古代中国》,第 11—12 卷（1985—1987）,第 243—275 页。

[10] 《史记》,卷一二二,第 3148 页。

[11] 马伯良（Brian McKnight）,《以仁为本：大赦与传统中国的司法》(*The Quality of Mercy: Amnesties and Traditional Chinese Justice*),第 2 章。

[12] 《汉书》,卷五六,第 2500—2502 页；何四维,《秦汉法律》,第 522—523 页。

[13] 何四维,《汉法残简》,第 271—272 页；陆威仪,《中国古代法定的暴力》,第 80—94 页。

[14] 陆威仪,《中国古代法定的暴力》,第 49—50、91—94 页。

[15] 即"连坐"和"告奸"。——译者注

[16] 《商君书注译》,卷五,第 140—141 页。

[17] 它所引起的后果,见陆威仪,《中国早期的写作与权威》,第 23—26 页。

[18] 《睡虎地秦墓竹简》,第 92、93—94、101—102、102—103、103、136—147 页；陆威仪,《中国古代法定的暴力》,第 61—64 页。

[19] 即"纳赀"和"纳甲"。——译者注

[20] 《睡虎地秦墓竹简》,第 97、113—148 页；何四维,《秦法残简》,第 14—18 页。

[21] 《睡虎地秦墓竹简》,第 247—249 页；《包山楚简》,第 17—39 页。

[22] 何四维,《秦法残简》,第 211—215 页；斯蒂芬·萨基,《古代四川与中国的统一》,第 131—133 页。

[23] 夏德安,《战国大众宗教的复兴》,第 13—28 页。

[24] 王安国（Jeffrey K. Riegel）,《"勾芒"和"祝融"》("Kou-mang and Ju-shou"),《远东—亚洲杂志》道教研究特刊,第 II 辑 5（1989—1990）,第 57—66 页；巴纳（Noel Barnard）,《楚帛书》(The Ch'u Silk Manuscript),第 207—210 页；《淮南子》,卷八。

[25] 鲁惟一,《汉代的行政记录》。

[26] 詹姆斯·博伊德·怀特（James Boyd White）,《赫拉克勒斯之弓：法律的修辞与诗学》(*Heracles' Bow: Essays on the Rhetoric and Poetics of Law*),《法律的想象》（删节本）[The Legal Imagination (abridged ed.)],《翻译正义：论文化和法律批评》《翻译正义：论文化和法律批评》(*Justice as Translation: An Essay in Cultural and Legal Criticism*)。

[27] 叶山,《中国古代兵书的新亮点：对战国时期军事专业化的发展、性质及其演变的几个解释》("New Light on Ancient Chinese Military Texts: Notes on Their Nature and Evolution, and the Development

of Military Specialization in Warring States China"),《通报》,第74卷(1988),第220—222页;王晓波和利奥·S·常(Leo S. Chang),《韩非政治理论的哲学基础》(The Philosophical Foundation of Hen Fei's Political Theory),第59—60页;梅约翰(John Makeham),《中国古代思想中的名与实》,第69—75页。

[28] 陆威仪,《中国早期的写作与权威》,第33页。
[29] 《论语正义》,卷七,第129页;卷一五,第271页;卷一六,第280—293页;卷二十,第364页。梅约翰(John Makeham),《中国古代思想中的名与实》(Name and Actuality in Early Chinese Thought),第2—4章。
[30] 陆威仪,《中国早期的写作与权威》,第139—144页。
[31] 《史记》,卷一三〇,第3297页;《汉书》,卷三〇,第1741页;《史记》,卷一二二,第3139页;桂思卓,《从编年史到经典:董仲舒对〈春秋〉的阐释》,第6—7章。
[32] 《春秋左传注》,宣公二年,第662—663;襄公二十五年,第1099页;陆威仪,《中国早期的写作与权威》,第130—131、222—224页。
[33] 《睡虎地秦墓竹简》,第160、238页。
[34] 《汉书》,卷二,第85页;卷五〇,第1307页;《后汉书》,卷二五,第886页;卷五二,第1722页;卷六〇下,第1980页。
[35] 《史记》,卷一二二,第3131页。
[36] 《史记》,卷一二二,第3133、3135、3136、3139、3140、3141、3145、3150、3151、3152页。
[37] 《史记》,卷一二二,第3137页。
[38] 《史记》,卷一二二,第3139、3143页。
[39] 《汉书》,卷二四,第1101页。(有误,当为卷二三。——译者注)
[40] 祁泰履(Terry Kleeman),《地契及相关文书》("Land Contracts and Related Documents"),见《中国的宗教思想和科学》(中国の宗教思想と科学),东京:国书刊行会,1984年,第1—34页;《睡虎地秦墓竹简》,第224页;韦慕庭(C. Martin Wilbur),《西汉初期的奴隶制》(Slavery in China during the Former Han Dynasty, 206 b.c.-a.d. 25),第158—164页。
[41] 《史记》,卷一二二,第3150、3153页;《汉书》,卷二三,第1106页。
[42] 何四维,《秦汉法律》,第532—533页。
[43] 《汉书》,卷四,第125页;卷二三,第1097、1099—1101页。
[44] 何四维,《秦法残简》,第14—18页;何四维,《秦汉法律》,第533页。
[45] 《睡虎地秦墓竹简》,第91、92、143、150、177、178、204、261、276页;何四维,《秦法残简》,第195页。
[46] 《睡虎地秦墓竹简》,第84—85、91、143、152、164、178、179、200、231页。关于汉,见何四维,《汉法残简》,第205—214页。
[47] 何四维,《秦汉法律》,第528—530页。
[48] 《汉书》,卷九〇,第3673—3674页;卷九二,第3705—3706、3706—3707页;《潜夫论笺》,卷五,第173—179页;陆威仪,《中国古代法定的暴力》,第90—91页。
[49] 何四维,《秦法残简》,第200—201页。
[50] 《睡虎地秦墓竹简》,第246—247页。
[51] 《张家山汉墓竹简》,第225—226页。这个事例的历史真实性令人生疑,因为它很类似《韩非子集释》中所描述的一个故事,具体见《韩非子集释》,卷一〇,第595—596页。
[52] 《史记》,卷六,第253页;《汉书》,卷六,第205页;瞿同祖,《汉代社会结构》,第328—329页,注21;德克·卜德,《秦国与秦帝国》,第29、38、59、65—66、88页。
[53] 《汉书》,卷六,第193、198、200、203、205页;卷七〇,第3010、3017页;卷七六,第3208、3214页;陆威仪,《汉代普遍兵役制的废除》,第54页。
[54] 《后汉书》,卷四,第171页;卷四三,第1470—1471页;卷五八,第1871页;卷五六,第

2147 页；卷六七，第 2192 页。

[55] 《后汉书》，卷二三，第 3533 页；卷四七，第 1586 页。
[56] 《后汉书》，卷四八，第 1597—1598 页；《后汉书》，卷二，第 111 页；卷一八，第 681 页；卷二〇，第 737 页；卷四七，第 1576 页。
[57] 《汉书》，卷二三，第 1109 页。
[58] 《后汉书》，卷四六，第 1544—1545 页。
[59] 见李安敦著《中华帝国早期的工匠》的最后一章。
[60] 同上注。
[61] 韦慕庭，《西汉初期的奴隶制》，第 121—126 页。

结　语

[1] 《后汉书》，卷四一，第 1415—1416 页。
[2] 拉夫・德・克雷斯皮尼（Rafe de Crespigny），《北部边疆：后汉帝国的政策与战略》（*Northern Frontier: The Policies and Strategy of the Later Han Empire*），第 2—4、7 章。
[3] 《汉书》，卷六九，第 2985—2992 页；《后汉书》，卷九七，第 2877、2885 页。
[4] 《后汉书》，卷八七，第 2887—2888、2894；王符，《潜夫论笺》，卷二四
[5] 《后汉书》，卷九四下，第 3826 页；《后汉书》，卷一下，第 64 页；卷七六，第 2460—2461 页；志一〇，第 3221 页。
[6] 陆威仪，《汉代普遍兵役制的废除》，第 64—65 页。
[7] 王符，《潜夫论笺》，第 285 页
[8] 《后汉书》，卷二，第 109 页；卷五六，第 2140 页
[9] 这几个数字与原书记载有误，见《后汉书》卷 189，第 1268 页。——译者注
[10] 《后汉书》，卷四，第 189 页；卷三七，第 1268 页；王符，《潜夫论笺》，第 288 页。
[11] 《贾子新书校释》，卷三，第 357 页。
[12] 此处应为郑太，字公业。——译者注
[13] 《盐铁论》，第 63 页。
[14] 《后汉书》，卷一四，第 835 页。
[15] 《后汉书》，卷五八，第 1866 页。
[16] 拉夫・德・克雷斯皮尼，《北部边疆：后汉帝国的政策与战略》，第 324—326、425—426 页
[17] 王符，《潜夫论笺》，第 257、258 页。
[18] 《后汉书》，卷七三，第 2354—2356 页；卷七四下，第 2419-2421 页；卷七五，第 2432—2433 页。
[19] 《后汉书》，卷七一，第 2308 页；《三国志》，卷一二，第 384 页。
[20] 《后汉书》，卷一六，第 609—610 页。
[21] 《后汉书》，卷七二，第 2322 页。
[22] 《后汉书》，卷二四，第 3563 页。
[23] 《后汉书》，卷七〇，第 2258 页。
[24] 瞿同祖，《汉代社会结构》，第 133—134 页。
[25] 《后汉书》，卷二四，第 828 页。

参考文献

Allen, Joseph R. *In the Voice of Others: Chinese Music Bureau Poetry.* Ann Arbor: University of Michigan Press, 1992.
Bagley, Robert, ed. *Ancient Sichuan: Treasures from a Lost Civilization.* Seattle: Seattle Art Museum, 2001.
Baopuzi nei pian jiao shi (Annotated Elucidations of the "Inner Chapters of the Master Who Embraces Simplicity"). Annotated by Wang Ming. Beijing: Zhonghua, 1980.
Baoshan Chu jian (The Chu State Strips from Baoshan). Beijing: Wenwu, 1991.
Barber, Elizabeth Wayland. *The Mummies of Ürümchi.* New York: W. W. Norton, 1999.
Barbieri-Low, Anthony. *Artisans in Early Imperial China.* Seattle: University of Washington, 2007.
Barfield, Thomas J. *The Perilous Frontier: Nomadic Empires and China.* Cambridge: Basil Blackwell, 1989.
Barnard, Noel. *The Ch'u Silk Manuscript.* Canberra: Australian National University Press, 1973.
Bielenstein, Hans. *The Bureaucracy of Han Times.* Cambridge: Cambridge University Press, 1980.
——— "Lo-yang in Later Han times." *Bulletin of the Museum of Far Eastern Antiquities* 48 (1976): 1–142.
Bilsky, Lester. *The State Religion of Ancient China.* Taipei: The Chinese Association for Folklore, 1975.
Birrell, Anne. *Popular Songs and Ballads of Han China.* London: Unwin Hyman, 1988.
Bo hu tong shu zheng (Correct Subcommentaries on the "Comprehensive Discourses of the White Tiger Hall"). Annotated by Wu Zeyu. Beijing: Zhonghua, 1994.

Bodde, Derk. *China's First Unifier: A Study of the Ch'in Dynasty as Seen in the Life of Li Ssu (280?–208 B.C.)*. Leiden: E. J. Brill, 1938.

——— *Festivals in Classical China: New Year and Other Annual Observances During the Han Dynasty*. Princeton: Princeton University Press, 1975.

——— "The State and Empire of Ch'in." In *The Cambridge History of China, Vol. 1: The Ch'in and Han Empires, 221 B.C.–A.D. 220*. Ed. Michael Loewe. Cambridge: Cambridge University Press, 1986.

Boyd, Andrew. *Chinese Architecture and Town Planning: 1500 B.C.–A.D. 1911*. Chicago: University of Chicago Press, 1962.

Brashier, K. E. "Han Thanatology and the Division of 'Souls.'" *Early China* 21 (1996): 125–158.

——— "Longevity like Metal and Stone: The Role of the Mirror in Han Burials." *T'oung Pao* 81.4–5 (1995): 201–229.

——— "The Spirit Lord of Baishi Mountain: Feeding the Deities or Heeding the Yinyang." *Early China* 26–27 (2001–2002): 159–231.

Bray, Francesca. *Technology and Gender: Fabrics of Power in Late Imperial China*. Berkeley: University of California Press, 1997.

Brown, Carolyn T., ed. *Psycho-Sinology: The Universe of Dreams in Chinese Culture*. Lanham, MD: University Press of America, 1988.

Buchanan, Keith. *The Transformation of the Chinese Earth: Perspectives on Modern China*. London: G. Bell & Sons, 1970.

Cai, Yong. *Cai Zhonglang wen ji* (Collected Literary Works of Cai Yong). Si bu cong kan ed.

——— *Du duan* (Solitary Judgments). In *Han Wei cong shu*, Vol. 1. Taipei: Xin Xing, 1977.

Cai, Zongqi. *The Matrix of Lyric Transformation: Poetic Modes and Self-Presentation in Early Chinese Pentasyllabic Poetry*. Ann Arbor: University of Michigan Press, 1996.

Chang, Kwang-chih. *The Archaeology of Ancient China*. 4th ed., revised and enlarged. New Haven: Yale University, 1986.

Chang, Qu. *Huayang guo zhi jiao zhu* (Annotated Commentary to the "Record of the States South of Mt. Hua"). Chengdu: Ba Shu Shu She, 1984.

Ch'en, Ch'i-yun. "Confucian, Legalist, and Taoist Thought in Later Han." In *The Cambridge History of China, Vol. 1: The Ch'in and Han Empires*.

Cheng, Anne. "What Did It Mean to Be a *Ru* in Han Times?" *Asia Major*, Third Series 14:2 (2001): 101–118.

Ch'ü, T'ung-tsu. *Han Social Structure*. Seattle: University of Washington Press, 1972.

Chun qiu fan lu yi zheng (Proving the Meaning of the "Abundant Dew on the Spring and Autumn Annals"). Annotated by Su Yu. Beijing: Zhonghua, 1992.

Cohen, Alvin. "Avenging Ghosts and Moral Judgment in the Ancient Chinese

Historiography: Three Examples from *Shi-chi*." In *Legend, Lore, and Religions in China: Essays in Honor of Wolfram Eberhard on His Seventieth Birthday*. Ed. Sarah Allan and Alvin P. Cohen. San Francisco: Chinese Materials Center, 1979.

Cook, Constance A. *Death in Ancient China: The Tale of One Man's Journey*. Leiden: E. J. Brill, 2006.

Cook, Constance A., and John S. Major, eds. *Defining Chu: Image and Reality in Ancient China*. Honolulu: University of Hawaii Press, 1999.

Cottrell, Arthur. *The First Emperor of China*. New York: Holt, Rinehart, and Winston, 1981.

Csikszentmihalyi, Mark. *Material Virtue: Ethics and the Body in Early China*. Leiden: E. J. Brill, 2004.

Cui, Shi. *Si min yue ling ji shi* (Collected Elucidations of the "Monthly Ordinances of the Four Categories of People"). Annotated by Miao Qiyu and Wan Guoding. Beijing: Nongye, 1981.

Da Dai li ji jie gu (Analytic Exegesis of the "Elder Dai's Record of Ritual"). Beijing: Zhonghua, 1983.

de Crespigny, Rafe. *Northern Frontier: The Policies and Strategy of the Later Han Empire*. Canberra: Australian National University Press, 1984.

De Francis, John. *The Chinese Language: Fact and Fantasy*. Rep. ed. Honolulu: University of Hawaii Press, 1986.

Dean, Kenneth, and Brian Massumi. *First and Last Emperors: The Absolute State and the Body of the Despot*. Brooklyn: Autonomedia, 1992.

Demiéville, Paul. "Philosophy and Religion from Han to Sui." In *The Cambridge History of China, Vol. 1: The Ch'in and Han Empires, 221 B.C.–A.D. 220*. Cambridge: Cambridge University Press, 1986.

DeWoskin, Kenneth J. "Famous Chinese Childhoods." In *Chinese Views of Childhood*. Ed. Anne Behnke Kinney. Honolulu: University of Hawaii Press, 1995.

Di Cosmo, Nicola. *Ancient China and Its Enemies: The Rise of Nomadic Power in East Asian History*. Cambridge: Cambridge University Press, 2002.

——— "The Northern Frontier in Pre-Imperial China." In *The Cambridge History of Ancient China: From the Origins of Civilization to 221 B.C.* Ed. Michael Loewe and Edward Shaughnessy. Cambridge: Cambridge University Press, 1999.

Diény, Jean-Pierre. "Le saint ne rêve pas: De Zhuangzi à Michel Jouvet." *Études Chinoises* 20:1–2 (Printemps-Automne 2001): 127–200.

Dong guan Han ji jiao zhu (Annotated Commentary on the "Han Records from the Eastern Tower"). Annotated by Wu Shuping. Zhongzhou: Guji, 1987.

Durrant, Stephen W. *The Cloudy Mirror: Tension and Conflict in the Writings of Sima Qian*. Albany: State University of New York Press, 1995.

——— "Ssu'ma Ch'ien's Portrayal of the First Ch'in Emperor." In *Imperial Rulership and Cultural Change in Traditional China*. Ed. Frederick P. Brandauer and Chun-chieh Huang. Seattle: University of Washington Press, 1994.

Ebrey, Patricia. "The Early Stages in the Development of Descent Group Organization." In *Kinship Organization in Late Imperial China: 1000–1940*. Ed. Patricia Ebrey and James L. Watson. Berkeley: University of California Press, 1986.

——— "The Economic and Social History of Later Han." In *The Cambridge History of China, Vol. 1: The Ch'in and Han Empires, 221 B.C.–A.D. 220*. Cambridge: Cambridge University Press, 1986.

——— "Later Han Stone Inscriptions." *Harvard Journal of Asiatic Studies* 40:2 (1980): 325–353.

Egan, Charles H. "Reconsidering the Role of Folk Songs in pre-T'ang *Yüeh-fu* Development." *T'oung Pao* 86 (2000): 47–99.

——— "Were *Yüeh-fu* Ever Folk Songs? Reconsidering the Relevance of Oral Theory and Balladry Analogies." *CLEAR* 22 (Dec. 2000): 31–66.

Elisseeff, Danielle. *New Discoveries in China: Encountering History through Archaeology*. Secaucus, NJ: Chartwell Books, 1983.

Eno, Robert. *The Confucian Creation of Heaven: Philosophy and the Defense of Ritual Mastery*. Albany: State University of New York Press, 1990.

Erickson, Susan N. "Money Trees of the Eastern Han Dynasty." *Bulletin of the Museum of Far Eastern Antiquities* 11 (1994): 1–116.

Finsterbusch, Käte. *Verzeichnis und Motivindex der Han-Darstellungen*. 2 vols. Wiesbaden: Otto Harrasowitz, 1971.

Frankel, Hans. "The Development of Han and Wei *Yüeh-fu* as a High Literary Genre." In *The Vitality of the Lyric Voice: Shih Poetry from the Late Han to the T'ang*. Ed. Stephen Owen and Shuen-fu Lin. Princeton: Princeton University Press, 1986.

——— "*Yüeh-fu* Poetry." In *Studies in Chinese Literary Genres*. Ed. Cyril Birch. Berkeley: University of California Press, 1977.

Gao, Wen. *Han bei ji shi* (Collected Explanations of Han Inscriptions). Kaifeng: Henan University Press, 1985.

[*Chun qiu*] *Gongyang zhuan zhu shu* (Commentaries and Subcommentaries to the "Gongyang Commentary to the *Spring-and-Autumn Annals*"). In *Shisan jing zhu shu* (The Thirteen Classics with Commentaries and Subcommentaries), Vol. 7. Taipei: Yiwen, 1976.

Goodman, Howard L. *Ts'ao P'i Transcendent: The Political Culture of Dynasty-Founding in China at the End of the Han*. Seattle: Scripta Serica, 1998.

Graham, A. C. *Disputers of the Tao: Philosophical Argument in Ancient China*. La Salle, IL: Open Court, 1989.

——— *Later Mohist Logic, Ethics and Science*. Hong Kong: Chinese University of Hong Kong, 1978.

———. "The *Nung-chia* School of the Tillers and the Origins of Peasant Utopianism in China." *Bulletin of the School of Oriental and African Studies* 42 (1971): 66–100.
Guanzhong cong shu (Collecteana of Guanzhong). Compiled by Song Liankui. Reprint of 1934 edition. Taipei: Yiwen, 1970.
Guanzi jiao zheng (Annotated and Corrected "Master Guan"). In *Xin bian zhu zi ji cheng* (New Compilation of the Comprehensive Collection of the Various Masters), Vol. 5. Taipei: Shijie, 1974.
[*Chun qiu*] *Guliang zhuan zhu shu* (Commentaries and Subcommentaries to the "Guliang Commentary to the *Spring and Autumn Annals*"). In *Shisan jing zhu shu* (The Thirteen Classics with Commentaries and Subcommentaries), Vol. 7. Taipei: Yiwen, 1976.
Guo yu (Words of the States). Shanghai: Guji, 1978.
Han Feizi ji shi (Collected Elucidations of the "Master Han Fei"). Annotated by Chen Qiyou. Shanghai: Renmin, 1974.
Han shi wai zhuan ji shi (Exoteric Transmission of "Han Ying's Commentary on the *Odes*"). Annotated by Xu Weiyu. Beijing: Zhonghua, 1980.
Han shu (The Book of the Han). Beijing: Zhonghua, 1962.
Hardy, Grant. *Worlds of Bronze and Bamboo: Sima Qian's Conquest of History*. New York: Columbia University Press, 1999.
Harper, Donald. "A Chinese Demonography of the Third Century B.C." *Harvard Journal of Asiatic Studies* 45:2 (1985): 459–498.
———. *Early Chinese Medical Literature: The Mawangdui Medical Manuscripts*. London: Kegan Paul, 1998.
———. "Resurrection in Warring States Popular Religion." *Taoist Resources* 5:2 (December 1994): 13–28.
———. "Wang Yen-shou's Nightmare Poem." *Harvard Journal of Asiatic Studies* 47:1 (1987): 239–283.
———. "Warring States Natural Philosophy and Occult Thought." In *The Cambridge History of Ancient China*. Ed. Michael Loewe and Edward L. Shaughnessy. Cambridge: Cambridge University Press, 1999.
Hawkes, David. *The Songs of the South: An Anthology of Ancient Chinese Poems by Qu Yuan and Other Poets*. New York: Penguin Books, 1985.
Hayashi, Minao. *Chūgoku kodai no seikatsu shi* (History of Daily Life in Ancient China). Tokyo: Yoshikawa Bunkan, 1992.
Heng, Chye Kiang. *Cities of Aristocrats and Bureaucrats: The Development of Medieval Chinese Cityscapes*. Honolulu: University of Hawaii Press, 1999.
Hertz, Robert. *Death and the Right Hand*. Tr. Rodney Needham and Claudia Needham. Aberdeen: Cohen & West, 1960.
Holzman, Donald. "The Cold Food Festival in Early Medieval China." *Harvard Journal of Asiatic Studies* 46:1 (1986): 51–79.
Hotaling, Stephen. "The City Walls of Han Ch'ang-an." *T'oung Pao* 64 (1978): 1–36.

Hou Han shu (Book of the Later Han). Beijing: Zhonghua, 1965.

Hsu, Cho-yun. *Ancient China in Transition: An Analysis of Social Mobility, 722–222 B.C.* Stanford: Stanford University Press, 1965.

——— "The Changing Relationship between Local Society and Central Political Power in Former Han: 206 B.C.–8 A.D." *Comparative Studies in Society and History* 7 (July 1965): 345–370.

——— *Han Agriculture: The Formation of Early Chinese Agrarian Economy.* Seattle: University of Washington Press, 1980.

Hsu, Cho-yun, and Katheryn M. Linduff. *Western Zhou Civilization.* New Haven: Yale University, 1988.

Huainanzi (The Master of Huainan). In *Xin bian zhu zi ji cheng* (New Compilation of the Comprehensive Collection of the Various Masters), Vol. 7. Taipei: Shijie, 1974.

Huang Di nei jing ling shu jiao zhu yu yi (Annotation, Commentary, and Translation of the "Numinous Pivot of the Internal Classic of the Yellow Emperor"). Annotated by Guo Aichun. Tianjin: Tianjin Kexue Jishu, 1989.

Hughes, E. R. *Two Chinese Poets: Vignettes of Han Life and Thought.* Princeton: Princeton University Press, 1960.

Hulsewé, A. F. P. "Ch'in and Han Law." In *The Cambridge History of China, Vol. 1: The Ch'in and Han Empires, 221 B.C.–A.D. 220.* Cambridge: Cambridge University Press, 1986.

——— *Remnants of Ch'in Law: An Annotated Translation of the Ch'in Legal and Administrative Rules of the 3rd Century B.C.* Leiden: E. J. Brill, 1985.

——— *Remnants of Han Law,* Vol. 1. Leiden: E. J. Brill, 1955.

——— "The Wide Scope of *Tao* 'Theft' in Ch'in-Han Law." *Early China* 13 (1988): 166–200.

Ikeda, On. "Chūgoku rekidai boken ryakkō." (A Brief Examination of Chinese Grave Contracts Through Successive Dynasties). *Tōyō bunka kenkyûsho kiyō* 86:6 (1981): 193–278.

James, Jean. *A Guide to the Tomb and Shrine Art of the Han Dynasty.* Lewiston, NY: Edwin Mellen, 1996.

"Jiangsu Gaoyou Shaojiagou Han dai yizhi de qingli" (The Han Site at Shaojiagou in Gaoyou in Jiangsu Province). *Kaogu* 10 (1960): 18–23.

Jiao, Yanshou. *Jiao shi yi lin* (Master Jiao's Forest of the Changes). Cong shu ji cheng ed. Changsha: Shangwu, 1937.

Jiazi xin shu jiao shi (Annotated Elucidations of "Master Jia's New Writings"). Annotated by Qi Yuzhang. Taipei: Qi Yuzhang, 1974.

Jin shu (Book of the Jin). Beijing: Zhonghua, 1974.

Jing fa (Canonical Model). Beijing: Wenwu, 1976.

Juyan xin jian (New Wooden Strips from Juyan). Beijing: Zhonghua, 1994.

Kalinowski, Marc. "The *Xingde* Text from Mawangdui." *Early China* 23–24 (1998–1999): 125–202.

Keightley, David N. "The Quest for Eternity in Ancient China: The Dead, Their

Gifts, Their Names." *Ancient Mortuary Traditions of China*. Ed. George Kuwayama. Los Angeles: Far Eastern Art Council—Los Angeles County Museum of Art, 1991, pp. 12–24.

Kern, Martin. *The Stele Inscriptions of Ch'in Shih-huang: Text and Ritual in Early Chinese Imperial Representation*. New Haven, CT: American Oriental Society, 2000.

Kinney, Anne Behnke. *The Art of the Han Essay: Wang Fu's Ch'ien-fu Lun*. Tempe: Center for Asian Studies, Arizona State University, 1990.

——— "Dyed Silk: Han Notions of the Moral Development of Children." In *Chinese Views of Childhood*. Ed. Anne Behnke Kinney. Honolulu: University of Hawaii Press, 1995.

——— *Representations of Childhood and Youth in Early China*. Stanford: Stanford University Press, 2004.

Kipnis, Andrew B. *Producing Guanxi: Sentiment, Self, and Subculture in a North China Village*. Durham: Duke University Press, 1997.

Kleeman, Terry. *Great Perfection: Religion and Ethnicity in a Chinese Millennial Kingdom*. Honolulu: University of Hawaii Press, 1998.

——— "Land Contracts and Related Documents." In *Chûgoku no Shûkyô Shisô to Kagaku*. Tokyo: Kokusho Kankôkai, 1984.

Knapp, Ronald G. *China's Old Dwellings*. Honolulu: University of Hawaii Press, 2001.

Knechtges, David. "The Emperor and Literature: Emperor Wu of the Han." In *Imperial Rulership and Cultural Change*. Ed. Frederick P. Brandauer and Chun-chieh Huang. Seattle: University of Washington Press, 1994.

——— *The Han Rhapsody: A Study of the Fu of Yang Hsiung*. Cambridge: Cambridge University Press. 1976.

——— "Ssu-ma Hsiang-ju's 'Tall Gate Palace Rhapsody'." *Harvard Journal of Asiatic Studies* 41:1 (1991): 47–64.

Knoblock John, tr. *Xunzi: A Translation and Study of the Complete Works*, Vol. 1. Stanford: Stanford University Press, 1988.

Ko, Dorothy. "Pursuing Talent and Virtue: Education and Women's Culture in Seventeenth- and Eighteenth-Century China." *Late Imperial China* 13:1 (June 1992): 9–39.

Laozi dao de jing zhu (Commentary on Laozi's "Canon of the Way and its Power"). Annotated by Wang Bi. In *Xin bian zhu zi ji cheng* (New Compilation of the Comprehensive Collection of the Various Masters), Vol. 3. Taipei: Shijie, 1974.

Lattimore, Owen. *Inner Asian Frontiers of China*. New York: American Geographical Society, 1940.

Lawton, Thomas, ed. *New Perspectives on Chu Culture During the Eastern Zhou Period*. Washington, DC: Smithsonian Institution, 1991.

Lewis, Mark Edward. *The Construction of Space in Early China*. Albany: State University of New York Press, 2006.

———. "Custom and Human Nature in Early China." *Philosophy East and West* 53:3 (July 2003): 308–322.
———. "Dicing and Divination in Early China." *Sino-Platonic Papers* 121 (July 2002).
———. "The *Feng* and *Shan* Sacrifices of Emperor Wu of the Han." In *State and Court Ritual in China*. Ed. Joseph McDermott. Cambridge: Cambridge University Press, 1999.
———. "The Han Abolition of Universal Military Service." In *Warfare in Chinese History*. Ed. Hans van de Ven. Leiden: E. J. Brill, 2000.
———. *Sanctioned Violence in Early China*. Albany: State University of New York Press, 1990.
———. "Warring States Political History." In *The Cambridge History of Ancient China: From the Origins of Civilization to 221 B.C.* Ed. Michael Loewe and Edward Shaughnessy. Cambridge: Cambridge University Press, 1999.
———. *Writing and Authority in Early China*. Albany: State University of New York Press, 1999.
Li, Daoyuan. *Shui jing zhu* (Commentary to the "Water Classic"). Taipei: Shijie, 1974.
Li, Ling. "An Archaeological Study of Taiyi (Grand One) Worship." *Early Medieval China* 2 (1995–1996): 1–39.
———. "Formulaic Structure in Chu Divinatory Bamboo Slips." Tr. William Boltz. *Early China* 15 (1990): 71–86.
Li, Xueqin. *Eastern Zhou and Qin Civilizations*. Tr. K. C. Chang. New Haven: Yale University Press, 1985.
Li Bo ji jiaozhu (Annotated Commentary to the "Collected Poems of Li Bo"). Shanghai: Guji, 1980.
Li He shi ji (Collected Poems of Li He). Beijing: Renmin Wenxue, 1984.
Li ji zhu shu (Commentaries and Subcommentaries to the "Records of Ritual"). In *Shisan jing zhu shu* (The Thirteen Classics with Commentaries and Subcommentaries), Vol. 5. Taipei: Yiwen, 1976.
Li shi (Elucidation of Clerical Graph Inscriptions). Compiled by Hong Gua. In *Shike shiliao congshu* (Collecteana of Historical Resources Carved on Stone). Vols. 1–3. Taipei: Yiwen, 1966.
Li xu (Sequel to the Elucidation of Clerical Graph Inscriptions). In *Shike shiliao congshu*. Vol. 3. Taipei: Yiwen, 1966.
Liang Han jin shi ji (Records on Metal and Stone from the Two Han Dynasties). In *Shike shiliao congshu*. Vols. 4–5. Taipei: Yiwen, 1966.
Liang Jiang Wentong wenji (Collected Writings of the Two Jiangs). Si bu cong kan ed.
Lie nü zhuan jiao zhu (Annotated Commentary to the "Arrayed Biographies of Women"). Si bu bei yao ed.
Lie xian zhuan (Arrayed Biographies of Immortals). In *Zheng tong Dao zang*

(Daoist Canon from the Zhengtong Reign Period). Shanghai: Shangwu, 1923–1926.

Lim, Lucy, ed. *Stories from China's Past: Han Dynasty Pictorial Reliefs and Archaeological Objects from Sichuan Province, People's Republic of China.* San Francisco: Chinese Culture Foundation, 1987.

Little, Stephen and Shawn, Eichman. *Taoism and the Arts of China.* Chicago: Art Institute of Chicago, 2000.

Liu, Cary, Michael Nylan and Anthony Barbieri-Low. *Recarving China's Past: Art, Archaeology, and Architecture of the "Wu Family Shrines."* New Haven: Yale University Press, 2005.

Liu, James J. Y. *The Chinese Knight Errant.* London: Routledge & Kegan Paul, 1967.

Loewe, Michael. *Chinese Ideas of Life and Death: Faith, Myth and Reason in the Han Period.* London: George Allen & Unwin, 1982.

——— "The Concept of Sovereignty." In *The Cambridge History of China, Vol. 1: The Ch'in and Han Empires, 221 B.C.–A.D. 220.* Cambridge: Cambridge University Press, 1986.

——— "The Conduct of Government and the Issues at Stake, A.D. 57–167." In *The Cambridge History of China, Vol. 1: The Ch'in and Han Empires, 221 B.C.–A.D. 220.* Cambridge: Cambridge University Press, 1986.

——— *Divination, Mythology and Monarchy in Han China.* Cambridge: Cambridge University Press, 1994.

——— "The Orders of Aristocratic Ranks of Han China." *T'oung Pao* 48:1–3 (1960): 97–174.

——— *Records of Han Administration.* 2 vols. Cambridge: Cambridge University Press, 1967.

——— "The Structure and Practice of Government." In *The Cambridge History of China, Vol. 1: The Ch'in and Han Empires, 221 B.C.–A.D. 220.* Cambridge: Cambridge University Press, 1986.

——— *Ways to Paradise: The Chinese Quest for Immortality.* London: George Allen & Unwin, 1979.

Loewe, Michael, ed. *The Cambridge History of China, Vol. 1: The Ch'in and Han Empires, 221 B.C.–A.D. 220.* Cambridge: Cambridge University Press, 1986.

Lu, Jia. *Xin yu jiaozhu* (Annotated Commentary to the "New Words"). Annotated by Wang Liqi. Beijing: Zhonghua, 1986.

Lü shi chun qiu jiao shi (Annotated Elucidation of the "Springs and Autumns of Master Lü"). Annotated by Chen Qiyou. Shanghai: Xuelin, 1984.

Lun yu zheng yi (True Meaning of the "Analects"). In *Xin bian zhu zi ji cheng* (New Compilation of the Comprehensive Collection of the Various Masters), Vol. 1. Taipei: Shijie, 1974.

Ma, Jixing. *Mawangdui gu yi shu kaoshi* (Critical Elucidation of the Ancient Medical Texts from Mawangdui). Changsha: Hunan Kexue Jishu, 1992.

Major, John. *Heaven and Earth in Early Han Thought: Chapters Three, Four, and Five of the Huainanzi*. Albany: State University of New York Press, 1993.

——— "The Meaning of *Hsing-te* [*Xingde*]." In *Chinese Ideas about Nature and Society*. Ed. Charles Le Blanc and Susan Blader. Hong Kong: Hong Kong University, 1987.

Makeham, John. *Name and Actuality in Early Chinese Thought*. Albany: State University of New York Press, 1994.

Mallory, J. P., and Victor Mair. *The Tarim Mummies: Ancient China and the Mystery of the Earliest People from the West*. London: Thames and Hudson: 2000.

Mao shi zheng yi (The Correct Meaning of the "Mao Commentary to the *Odes*"). In *Shisan jing zhu shu* (The Thirteen Classics with Commentaries and Subcommentaries), Vol. 2. Taipei: Yiwen, 1976.

McKnight, Brian. *The Quality of Mercy: Amnesties and Traditional Chinese Justice*. Honolulu: University of Hawaii Press, 1981.

McLeod, Katrina, and Robin Yates. "Forms of Ch'in Law." *Harvard Journal of Asiatic Studies* 41:1 (1981): 111–163.

Mengzi zheng yi (True Meaning of the "Mencius"). In *Xin bian zhu zi ji cheng* (New Compilation of the Comprehensive Collection of the Various Masters), Vol. 1. Taipei: Shijie, 1974.

Moffett, J. C. P. "Prediction in the *Zuo-zhuan*." Ph.D. diss. Edinburgh University, 1991.

Mozi jian gu (Itemized Exegesis on the "Master Mo"). Annotated by Sun Yirang. In *Xin bian zhu zi ji cheng* (New Compilation of the Comprehensive Collection of the Various Masters), Vol. 6. Taipei: Shijie, 1974.

Nishijima, Sadao. "The Economic and Social History of Former Han." In *The Cambridge History of China, Vol. 1: The Ch'in and Han Empires, 221 B.C.–A.D. 220*. Cambridge: Cambridge University Press, 1986.

Norman, Jerry. *Chinese*. Cambridge: Cambridge University Press, 1988.

Nylan, Michael. "The *Chin-wen/Ku-wen* Controversy in Han Times." *T'oung Pao* 80 (1994): 82–144.

——— "Confucian Piety and Individualism in Han China." *Journal of the American Oriental Society* 116:1 (1996): 1–27.

——— *The Five "Confucian" Classics*. New Haven: Yale University Press, 2001.

——— "Han Classicists Writing in Dialogue about their Own Tradition." *Philosophy East and West* 47:2 (April 1997): 133–188.

——— "A Problematic Model: The Han 'Orthodox Synthesis' Then and Now." In *Imagining Boundaries: Changing Confucian Doctrines, Texts, and Hermeneutics*. Ed. Chow Kai-wing, Ng On-cho, and John B. Henderson. Albany: State University of New York Press, 1999.

Nylan, Michael, and Nathan Sivin. "The First Neo-Confucianism: An Introduction to Yang Hsiung's 'Canon of Supreme Mystery' (*T'ai hsüan ching*, 4

B.C.)." In *Chinese Ideas about Nature and Society: Studies in Honour of Derk Bodde*. Hong Kong: Hong Kong University Press, 1987.

Ong, Roberto K. "Image and Meaning: The Hermeneutics of Traditional Dream Interpretation." In *Psycho-Sinology: The Universe of Dreams in Chinese Culture*. Ed. Carolyn T. Brown. Lanham, MD: University Press of America, 1988.

——— *The Interpretation of Dreams in Ancient China*. Bochum: Studienverlag Brochmeyer, 1985.

Owen, Stephen. *The Making of Early Chinese Classical Poetry*. Cambridge: Harvard University Press, 2006.

——— *Remembrances: The Experience of the Past in Classical Literature*. Cambridge: Harvard University Press, 1986.

Pines, Yuri. "Changing Views of *Tianxia* in Pre-Imperial Discourse." *Oriens Extremus* 43:1–2 (2002): 101–116.

——— "Friends or Foes: Changing Concepts of Ruler-Minister Relations and the Notion of Loyalty in Pre-Imperial China." *Monumenta Serica* 50 (2002): 35–74.

——— "The Question of Interpretation: Qin History in the Light of New Epigraphic Sources." *Early China* (forthcoming).

Poo, Mu-Chou. "Ideas Concerning Death and Burial in Pre-Han China." *Asia Major*, 3rd ser., 3:2 (1990): 25–62.

——— *In Search of Personal Welfare: A View of Ancient Chinese Religion*. Albany: State University of New York Press, 1998.

Powers, Martin J. *Art and Political Expression in Early China*. New Haven: Yale University Press, 1991.

Qiu, Xigui. *Chinese Writing*. Tr. Gilbert Mattos and Jerry Norman. Berkeley: The Society for the Study of Early China, 2000.

Quan Hou Han wen (Complete Writings of the Later Han). In *Quan shanggu Sandai Qin Han Sanguo Liuchao Wen* (Complete Writings of High Antiquity, the Three Dynasties, Qin, Han, Three Kingdoms, and the Six Dynasties). Compiled by Yan Kejun (1762–1843 A.D.). Beijing: Zhonghua, 1958.

Queen, Sarah. *From Chronicle to Canon: The Hermeneutics of the Spring and Autumn According to Tung Chung-shu*. Cambridge: Cambridge University Press, 1996.

Qun shu zhi yao (Ordered Essentials of the Collected Texts). Si bu cong kan ed.

Ramsey, S. Robert. *The Languages of China*. Rep. ed. Princeton: Princeton University Press, 1989.

Rashke, Manfred B. "New Studies in Roman Commerce with the East." In *Aufstieg und Niedergang der Römischen Welt, Geshichte und Kultur Roms im Spiegel der Neuren Forschung* II, 9. Ed. Hildegard Temporini and Wolfgang Haase. Berlin: Walter de Gruyter, 1978.

Rawson, Jessica. "Western Zhou Archaeology." In *The Cambridge History of Ancient China: From the Origins of Civilization to 221 B.C.* Ed. Michael Loewe and Edward Shaughnessy. Cambridge: Cambridge University Press, 1999.

Rawson, Jessica, ed. *Mysteries of Ancient China: New Discoveries from the Early Dynasties.* London: British Museum Press, 1996.

Riegel, Jeffrey K. "Kou-mang and Ju-shou." *Cahiers d'Extrême-Asie: Special Issue, Taoist Studies II* 5 (1989–1990): 55–83.

Rouzer, Paul. *Articulated Ladies: Gender and the Male Community in Early Chinese Texts.* Cambridge: Harvard University Press, 2001.

Sage, Steven F. *Ancient Sichuan and the Unification of China.* Albany: State University of New York Press, 1992.

[*Jiao zheng*] *Sanfu huang tu* ([Annotated and Corrected] Yellow Map of the Capital Region). Taipei: Shijie, 1974.

San Guo zhi (Record of the Three Kingdoms). Beijing: Zhonghua, 1959.

Schelach, Gideon, and Yuri Pines. "Power, Identity and Ideology: Reflections on the Formation of the State of Qin." In *Asian Archaeology.* Ed. Miriam Stark. London: Blackwell, 2005.

Scott, James. *The Moral Economy of the Peasant.* New Haven: Yale University Press, 1976.

Seidel, Anna. "Post-mortem Immortality—or the Taoist Resurrection of the Body." In *Gilgul: Essays on Transformation, Revolution and Permanence in the History of Religions.* Leiden: E. J. Brill, 1987.

———. "Traces of Han Religion in Funeral Texts Found in Tombs." in *Dōkyō to shûkyō bunka.* Ed. Akizuki Kan'ei. Tokyo: Hirakawa, 1987.

Shang Jun shu zhu yi (Commentary and Vernacular Translation of the "Book of Lord Shang"). Annotated by Gao Heng. Beijing: Zhonghua, 1974.

Shang shu zheng yi (The Correct Meaning of the "Canon of Documents"). In *Shisan jing zhu shu* (The Thirteen Classics with Commentaries and Subcommentaries), Vol. 1. Taipei: Yiwen, 1976.

Shaughnessy, Edward L. "Military Histories of Early China: A Review Article." *Early China* 21 (1996): 159–182.

Shi ji (Records of the Grand Historian/Astrologer). Beijing: Zhonghua, 1959.

Shi ming shu zheng bu (Corrected and Supplemented Subcommentary to "Explaining Names"). Annotated by Wang Xianqian. Shanghai: Guji, 1984.

Shui yuan (Garden of Persuasions). In *Han Wei cong shu* (Collecteana of the Han and Wei Dynasties), Vol. 1. Taipei: Xin Xing, 1977.

Shuihudi Qin mu zhu jian (Bamboo Strips from the Qin Tomb at Shuihudi). Beijing: Wenwu, 1978.

Shuo wen jie zi zhu (Commentary on "Explanations of Simple and Compound Graphs"). Compiled by Xu Shen. Annotated by Duan Yucai. Taipei: Yiwen, 1974.

Sima fa zhi jie (Direct Explanations of the "Methods of the Commander"). Annotated by Liu Yin. In *Ming ben wu jing qi shu zhi jie* (Ming Edition of the Direct Explanations of the Seven Military Classics), Vol. 1. Taipei: Shi Di Jiaoyu, 1972.

Sivin, Nathan. *Medicine, Philosophy and Religion in Ancient China: Researches and Reflections*. Aldershot, Ashgate: Variorum Series, 1995.

Skinner, G. William. "Cities and the Hierarchy of Local Systems." In *The City in Late Imperial China*. Ed. G. William Skinner. Stanford: Stanford University, 1977, pp. 275–351.

——— "Marketing and Social Structures in Rural China," 3 parts. *Journal of Asian Studies* 24.1 (1964): 3–44; 24.2 (1964): 195–228; 24.3 (1965): 363–399.

——— "Regional Urbanization in Nineteenth-Century China." In *The City in Late Imperial China*. Ed. G. William Skinner. Stanford: Stanford University Press, 1977, pp. 211–252.

Sou shen ji (Record of Collected Spirits). Beijing: Zhonghua, 1979.

Steinhardt, Nancy S. *Chinese Imperial City Planning*. Honolulu: University of Hawaii Press, 1990.

Strickmann, Michel. "Dreamwork of Psycho-Sinologists: Doctors, Taoists, Monks." In *Psycho-Sinology: The Universe of Dreams in Chinese Culture*. Ed. Carolyn T. Brown. Washington, D.C., Woodrow Wilson International Center for Scholars, 1988.

Sukhu, Gopal. "Monkeys, Shamans, Emperors, and Poets: The *Chuci* and Images of Chu during the Han Dynasty." In Constance Cook and John Major, eds., *Defining Chu*. Honolulu: University of Hawaii Press, 1999.

[Shi yi jia zhu] Sunzi ([Ten Schools of Commentary on] Master Sun). Shanghai: Guji, 1978.

Taiping huan yu ji (Record of the World from the Taiping Reign Period). Hongxing Shan Fang, 1803.

Taiping yu lan ([Florilegium for] Imperial Inspection in the Taiping Reign Period). Taipei: Shangwu, 1935.

Teiser, Stephen. "Introduction: The Spirits of Chinese Religion." In *Religions of China in Practice*. Ed. Donald S. Lopez, Jr. Princeton: Princeton University Press, 1996.

Thorp, Robert L. "Origins of Chinese Architectural Style: The Earliest Plans and Building Types." *Archives of Asian Art* 36 (1983): 22–39.

Twitchett, Denis. "The T'ang Market System." *Asia Major* 12:2 (1966): 202–248.

Van Zoeren, Steven. *Poetry and Personality: Reading, Exegesis, and Hermeneutics in Traditional China*. Stanford: Stanford University Press, 1991.

von Falkenhausen, Lothar. "Issues in Western Zhou Studies: A Review Article." *Early China* 18 (1993): 145–171.

——— "Mortuary Behavior in Pre-Imperial China: A Religious Interpretation." In *Religion in Ancient and Medieval China*. Ed. John Lagerwey. Hong Kong: Chinese University of Hong Kong Press, 2004.
——— "Sources of Taoism: Reflections on Archaeological Indicators of Religious Change in Eastern Zhou China." *Taoist Resources* 5:2 (1994): 1–12.
——— *Suspended Music: Chime-Bells in the Culture of Bronze Age China*. Berkeley: University of California Press, 1993.
von Glahn, Richard. *The Sinister Way: The Divine and the Demonic in Chinese Religious Culture*. Berkeley: University of California Press, 2004.
Wakefield, David. *Fenjia: Household Division and Inheritance in Qing and Republican China*. Honolulu: University of Hawaii Press, 1998.
Waldron, Arthur. *The Great Wall of China: From History to Myth*. Cambridge: Cambridge University Press, 1990.
Waley, Arthur, tr. *The Nine Songs: A Study of Shamanism in Ancient China*. London: George Allen & Unwin, 1955.
Wallacker, Benjamin E. "Han Confucianism and Confucius in Han." In *Ancient China: Studies in Early Civilization*. Ed. David T. Roy and Tsien Tsuen-hsuin. Hong Kong: The Chinese University Press, 1978.
Wang, Chong. *Lun heng ji jie* (Collected Explanations of the Balanced Discourses). Annotated by Liu Pansui. Beijing: Guji, 1957.
Wang, Fu. *Qian fu lun jian* (Interpretation of the Discourses of the Hidden Man). Annotated by Wang Jipei. Beijing: Zhonghua, 1979.
Wang, Yü-ch'üan. "An Outline of the Central Government of the Former Han Dynasty." *Harvard Journal of Asiatic Studies* 12 (1949): 134–187.
Wang, Zhongshu. *Han Civilization*. New Haven: Yale University, 1982.
Watson, Burton, tr. *Chinese Rhyme-Prose: Poems in the Fu Form from the Han and Six Dynasties Periods*. New York: Columbia University Press, 1971.
Wen xuan (Selections of Refined Literature). Hong Kong: Shangwu, 1978.
Wheatley, Paul. *The Pivot of the Four Quarters*. Edinburgh: Aldine, 1971.
White, James Boyd. *Heracles' Bow: Essays on the Rhetoric and Poetics of Law*. Madison: University of Wisconsin Press, 1985.
——— *Justice as Translation: An Essay in Cultural and Legal Criticism*. Chicago: University of Chicago Press, 1990.
——— *The Legal Imagination* (abridged ed.). Chicago: University of Chicago Press, 1973.
Wiens, Herold. *China's March to the Tropics*. Washington, D.C.: Office of Naval Research, U.S. Navy, 1952.
Wilbur, C. Martin. *Slavery in China during the Former Han Dynasty, 206 B.C.–A.D. 25*. New York: Russell and Russell, 1943.
Worster, Donald. *Rivers of Empire: Water, Aridity, and the Growth of the American West*. New York: Oxford University Press, 1985.
Wright, Arthur F. "The Cosmology of the Chinese City." In *The City in Late Im-

perial China. Ed. G. William Skinner. Stanford: Stanford University Press, 1977, pp. 33–74.
Wu, Hung. "The Art and Architecture of the Warring States Period." In *The Cambridge History of Ancient China*. Ed. M. Loewe and E. L. Shaughnessy. Cambridge: Cambridge University Press, 1999.
——— "Art in Ritual Context: Rethinking Mawangdui." *Early China* 17 (1992): 111–144.
——— "Beyond the 'Great Boundary': Funerary Narrative in the Cangshan Tomb." In *Boundaries in China*. Ed. John Hay. London: Reaktion Books, 1994.
——— "Mapping Early Taoist Art: The Visual Culture of Wudoumi Dao." In *Taoism and the Arts of China*. Ed. Stephen Little. Chicago: The Art Institute of Chicago, 2000.
——— *Monumentality in Early Chinese Art and Architecture*. Stanford: Stanford University Press, 1995.
——— "Private Love and Public Duty: Images of Children in Early Chinese Art." In *Chinese Views of Childhood*. Ed. Anne Behnke Kinney. Honolulu: University of Hawaii Press, 1995.
——— *The Wu Liang Shrine: The Ideology of Early Chinese Pictorial Art*. Stanford: Stanford University Press, 1989.
Wu, Xiaoqing, ed. *Qin jian Ri shu ji shi* (Collected Elucidations of "Almanacs" from Qin Strips). Changsha: Yuelu, 2000.
Wu yue chun qiu (Spring and Autumn Annals of Wu and Yue). Si bu bei yao ed.
Wuzi zhi jie (Direct Explanations of the "Master Wu"). Annotated by Liu Yin. In *Ming ben wu jing qi shu zhi jie* (Ming Edition of the Direct Explanations of the Seven Military Classics), Vol. 1. Taipei: Shi Di Jiaoyu, 1972.
Xian Qin Han Wei Jin Nanbeichao shi (Poems of the Pre-Qin, Han, Wei, Jin, and Northern and Southern Dynasties). Annotated by Lu Qianli. Taipei: Xuehai, 1993.
Xiao jing zhu shu (Commentaries and Subcommentaries on the "Canon of Filial Piety"). In *Shi san jing zhu shu* (The Thirteen Classics with Commentaries and Subcommentaries), Vol. 8. Taipei: Yiwen, 1976.
Xiong, Victor Cunrui. *Sui-Tang Chang'an: A Study in the Urban History of Medieval China*. Ann Arbor: Center for Chinese Studies, University of Michigan, 2000.
Xu, Yinong. *The Chinese City in Space and Time: The Development of Urban Form in Suzhou*. Honolulu: University of Hawaii Press, 2000.
Xunzi ji jie (Collected Explanations of the "Master Xun"). In *Xin bian zhu zi ji cheng* (New Compilation of the Comprehensive Collection of the Various Masters), Vol. 2. Taipei: Shijie, 1974.
Yan, Yunxiang. *The Flow of Gifts: Reciprocity and Social Networks in a Chinese Village*. Stanford: Stanford University Press, 1996.

Yan, Zhitui. *Yan shi jia xun hui zhu* (Collected Commentaries on the "Family Instruction of the Yan Clan"). Annotated by Zhou Fagao. Taipei: Zhongyang Yanjiuyuan Lishi Yuyan Yanjiusuo, 1960.

Yan tie lun (Discourse on Salt and Iron). Shanghai: Renmin, 1974.

Yang, Hsüan-chih. *A Record of the Buddhist Monasteries in Lo-yang*. Tr. Yi-t'ung Wang. Princeton: Princeton University Press, 1984.

Yang, Xiong. *Yangzi fa yan* (The Model Words of Master Yang). In *Xin bian zhu zi ji cheng* (New Compilation of the Comprehensive Collection of the Various Masters), Vol. 2. Taipei: Shijie, 1974.

Yanzi chun qiu ji shi (Collected Explanations of the "Springs and Autumns of Master Yan"). Annotated by Wu Zeyu. Beijing: Zhonghua, 1962.

Yates, Robin. "New Light on Ancient Chinese Military Texts: Notes on Their Nature and Evolution, and the Development of Military Specialization in Warring States China." *T'oung Pao* 74 (1988): 212–248.

——— "Some Notes on Ch'in Law." *Early China* 11-12 (1985–87): 243–275.

——— "The Yin-Yang Texts from Yinqueshan: An Introduction and Partial Reconstruction with Notes on their Significance in Relation to Huang-Lao Taoism." *Early China* 19 (1994): 75–144.

Yi li zhu shu (Commentaries and Subcommentaries on the "Ceremonies and Rituals"). In *Shi san jing zhu shu* (The Thirteen Classics with Commentaries and Subcommentaries), Vol. 3. Taipei: Yiwen, 1976.

Ying, Shao. *Feng su tong yi jiaoshi* (Annotated Explanations of the "Comprehensive Meaning of Customs"). Annotated by Wu Shuping. Tianjin: Tianjin Renmin, 1980.

Yü, Ying-shih. "Han Foreign Relations." In *The Cambridge History of China, Vol. 1: The Ch'in and Han Empires, 221 B.C.–A.D. 220*. Cambridge: Cambridge University Press, 1986.

——— "Life and Immortality in the Mind of Han China." *Harvard Journal of Asiatic Studies* 25 (1964–65): 80–122.

——— *Trade and Expansion in Han China: A Study in the Structure of Sino-Barbarian Economic Relations*. Berkeley: University of California Press, 1967.

Yue jue shu (Book on the Destruction of Yue). Shanghai: Shangwu, 1956.

Yunmeng Shuihudi Qin mu (The Qin Tomb from Shuihudi at Yunmeng). Beijing: Wenwu, 1981.

Zhangjiashan Han mu zhu jian (The Bamboo Strips from the Han Tomb at Zhangjiashan). Beijing: Wenwu, 2001.

Zhanguo ce (Stratagems of the Warring States). Shanghai: Guji, 1985.

Zhanguo zong heng jia shu (Book of the Warring States Vertical and Horizontal Alliances). In *Mawangdui Han mu boshu* (Silk Texts from a Han Tomb at Mawangdui), Vol. 3. Beijing: Wenwu, 1983.

Zhou li zhu shu (Commentaries and Subcommentaries on the "Rituals of

Zhou"). In *Shisan jing zhu shu* (The Thirteen Classics with Commentaries and Subcommentaries), Vol. 3. Taipei: Yiwen, 1976.

Zhuangzi ji shi (Collected Explanations of the "Master Zhuang"). In *Xin bian zhu zi ji cheng* (New Compilation of the Comprehensive Collection of the Various Masters), Vol. 3. Taipei: Shijie, 1974.

[*Chun qiu*] *Zuo zhuan zhu* (Commentary on the "Transmissions of Master Zuo on the *Spring and Autumn Annals*"). Annotated by Yang Bojun. Beijing: Zhonghua, 1981.

Zufferey, Nicolas. *To the Origins of Confucianism: The Ru in Pre-Qin Times and during the Early Han Dynasty*. Bern: Peter Lang, 2003.

索 引

（以下页码为英文原版页码，即本书边码）

A

Administration: 行政管理: adoption of Chinese 采用中国方式, 151; of conquered rulers 关于征服者, 146—147; Eastern Han 东汉, 26—27, 261, 263; and law 和法律, 227, 231, 232—237, 248; and legal language 和法律语言, 237—238; local 地方, 109、261, 263; military districts (xian) in 军事区（县）, 33—34; Qin 秦, 18, 19, 30—50, 54, 71; and Qin reforms 和秦改革, 32—33, 38—39; regional 地方性的, 12; urban 城市, 75; of Xiongnu 关于匈奴, 131—132。See also Bureaucracy; Statethe Affinesimperial 另见官僚制；国家、皇族、外戚, 63, 64, 121, 162, 169—173, 263

Afghanistan 阿富汗, 143

Agriculture 农业, 6, 17, 102—129, 202, 252; alternating fields method of 代田法, 103—105; Book of Lord Shang on 《商君书》上的, 49—50; economies of scale in 其中的规模经济, 104, 105; Han 汉, 21, 22, 102, 105, 110—115; vs. nomads 和游牧民相比, 128, 129; products of 的产品, 103, 106, 113—115; of Qiang 羌, 147; Qin 秦, 18, 33—34, 59—60; in Sichuan 四川地区, 35; and technology 和技术, 103—109, 105; and warfare 福利, 46—47; in Yangzi River valley 长江流域的, 9, 105—106

Ai Emperor 哀帝, 23, 96

Almanacs (Ri shu; Books of Days)《日书》, 45, 231

Analects (Lun yu)《论语》, 39, 163—164, 216

Ancestors 祖先, 202, 228, 236; cult of 关于崇拜, 175—177 185; and great families 关于豪强大族, 196, 197—198, 200

Ancestral shrines 祖庙, 196—199, 200; imperial 帝国的, 25, 93, 95, 99, 176—177, 198; and cult of Heave 对天的崇拜, 188—189

Animal style 动物风格, 129

Apocryphal texts 谶纬、预言, 184—185

Architecture 建筑, 1, 53, 74, 77—79, 98, 162—165

Arrayed Biographies of Immortals (Lie xian zhuan)《列仙传》, 201

Astronomy 星相, 88, 135, 182, 200

B

Bastate of 巴国, 35

Bactria 大夏, 142, 152

Ban Biao 班彪, 188, 217

Ban Chao 班超, 145, 154, 249, 250

Ban Gu 班固, 25, 98, 121, 145, 154, 184, 253; on law 关于法律, 241, 242; and literature 和文学, 217, 219, 222

Baoshan documents 包山竹简, 145

Ban Yong 班勇, 228—229, 230, 234, 236

Bao Xin 鲍信, 261

Ba peoples 巴人, 18

Barbarian cultures 蛮族文化, 39, 40—41, 59, *See also* Nomads 参见游牧民族

BenthamJeremy 边沁, 79

Bo Empress 薄皇后, 96

Bo hu tong (*Comprehensive Discourses of the White Tiger Hall*)《白虎通》, 174

Book of Han (*Han shu*)《汉书》, 55, 120—121, 184, 194, 217, 242, 249—250; "Monograph on Arts and Letters" in 中的《艺文志》, 222—226

Book of Lord Shang (*Shang Jun shu*)《商君书》, 45, 46—50

Book of the Later Han (*Hou Han shu*)《后汉书》, 124, 145—146, 257, 262

Books of Days (*Ri shu*; *Almanacs*)《日书》, 45, 231

Bronze inscriptions 青铜刻符, 228

Buddhism 佛教, 154, 203, 204

Bureaucracy 官僚制, 22, 119, 151; *Book of Lord Shang* on《商君书》关于此, 47—50; and great families 以及豪强大族, 3—4, 120; Han 汉, 63—64, 69—70; and historiography 历史编纂, 217—218; vs. inner court, 相比于内廷, 27, 162, 170; and merchants 和商人, 76, 84; Qin 秦, 18, 45; of underworld 关于地下世界, 193, 196, 236—237; *See also* Officials 另见官员

C

Cai Yong 蔡邕, 117, 197, 198

Calendar 历法, 52, 65—66, 176, 182, 212—213, 215

Canals 河渠, 35, 36, 57

Cangshan 苍山, 193

Canon literary 经典，文学，4，98，206，207，210，223，241；in Han 在汉代，67，69；and the state 和国家，1，2—3，226；in Warring States period 在战国时期，209，211，226

Canon of Change (*Yi jing*)《易经》，165，182，185，206，211，223，224

Canon of Documents (*Shang shu*)《尚书》，54，206，208，211，241

Canon of Filial Piety (*Xiao jing*)《孝经》，168—169，176

Canon of Music《乐经》，206

Canon of Odes (*Shi jing*)《诗经》，53—54，113，179，206，208，211，218，223—224

Canon of Supreme Mystery (*Tai xuan jing*; Yang Xiong)《太玄经》(杨雄)，218—219

Canon of the Mountains and Seas (*Shan hai jing*)《山海经》，210

Canon of the Way and Its Power (*Dao de jing*)《道德经》，79，176，208—209，212

Canon of the Way (*Dao jing*)《道经》，210

Canon of Virtuous Power (*De jing*)《德经》，210

Cao Can 曹参，86

Cao Cao 曹操，28—29，150，204，261

Cao Pi 曹丕，29

Cao Quan 曹全，108

Cao Zhi 曹植，101

Castration 宫刑（阉割，腐刑），240，243，252

Cavalry 骑军（骑士），25，136，139，253，254

Central Asia 中亚，86，129，132；and Qin state 和秦国，10；Silk Road through 丝绸之路通过，115，143；trade with 与之贸易，141—143，154；Western Han relations with 西汉的对外关系，21，94，141—147，148；Xiongnu in 匈奴，140，141，143，145

Chang'an 长安，8，19，24，28，78，91—97，147，197；destruction of 毁灭，101；imperial shrines in 皇帝祠庙，93，97；imperial tombs near 皇陵附近，63，94—96；markets in 市场，81，83，92，93，95

Changes, See *Canon of Change*《易》，见《易经》

Chao Cuo 晁错，110—111，115，133—134，135

Cheng Emperor 汉成帝，23，96，162，188

Chengdu 成都，11，17，35，81，82

Chen Kang 陈亢，164

Chen Sheng 陈胜，217

Chen Tang 陈汤，23

Children 儿童，165—169；death of 死于，167—168，198；father's power over 父亲的权力，

171—172；punishment of 惩罚，232

Chi You（god）蚩尤，97

Chu state of 楚国，10，12，13，15，92，228；and Liu lineage 和刘氏，17，61，91；and Qin 和秦，17，19，35，43—44；religion of 的宗教信仰，187，188

Chu ci（Songs of Chu）《楚辞》，179，218；See Chun qiu（Spring and Autumn Annals），参见《春秋》

Chu silk manuscript 楚国帛书，236

Cities 城 市，1，10，75—101；architecture of 的 建 筑，77—79；culture of 的 文 化，88；districts in 的区域，80—82；divisions within 内部区别，76—77，87；Eastern Han 东汉的，76—77；grid structure of 方格结构，80—82，87，98，100；markets in 内部的市场，81—88，92，93，95；in Warring States period 战国时代，75—88，See also Chang'an; Imperial capital; Luoyang; Xianyang 另见长安；帝国都城；洛阳；咸阳

City-states 城邦，32，34，75，130，141

Classics（jing）经，206，207，223，241；commentaries（zhuan）on 传，209，210—211。See also Canon literary 另见经典；文学

Commentaries（zhuan）传，209，210—211，225；in Shi ji 在《诗经》中，215—216；on Spring and Autumn Annals 关于《春秋》，39，42，211，216，239

Commoners: 普通人：in Qin 在秦代，44，45；ranks and names for 爵位，235—236；religion of 的信仰，202—205；in Warring States period 在战国时代，215，235；in Zhou 在周代，235

Comprehensive Discourses of the White Tiger Hall（Bo hu tong）《白虎通》，174

Comprehensive Meaning of Customs（Feng su tong yi）《风俗通义》，201

Concubines 妾，170—171

Confucianism 儒学，23，117，199，213，218，224；Han 汉，62，67，69，206；and Qin state 秦国，47，54；and rival schools 竞争对手，207—209；and ru 和儒，206—207；and Shi ji 和《诗经》，216—217；triumph of 胜出，25，206

Confucius 孔子，173，174，216，222，241；on inner vs. outer 关于内部和外部，163—164；and legal language 和法律语言，238—239；and the Way 和道，207—208

Constant Model（Jing fa）《经法》，210

Covenant（meng）texts 盟誓，227—228，229，233

Crafts 工艺品，17，76，82，93，202—203

Craftsmen 工匠，33，81，87

Criminals 刑徒，85—87，88，116，119，121，138

Cui Shi 崔寔，27，119—120，123，197，257

Culture: 文化：artificial imperial 精心雕饰的帝国的，91；barbarian 胡人的，39，40—

索引 317

41，59；central-plain 中原朴素的，42—43；Chinese vs. barbarian 中国的和胡人相比较，128—129，133—136，151；elite 精英的，39，44；of imperial capital 帝国都城的，96；literary 文学，3，4；Qin national 秦民族的，39—46；and unification 统一的，45—46；urban 城市的，88。See also Regions 参见地区

Currency：货币：Han 汉，65；Qin standardization of 秦国统一货币，54—55；textiles as 纺织业作为，113，115

D

DaiLadytomb of 轪夫人墓的，200

Dao de jing《道德经》，See Canon of the Way and Its Power 参见《道德经》

Daoism 道家，199，202，210，224；and Five Pecks of Grain movement，五斗米道运动，28，204；and *Huainanzi* 和《淮南子》，213—214；and *Shi ji* 和《诗经》，215，216，217；Sima Tan on 司马谈关于，208—209；Demilitarization 非军事化，1，3，24，60，67，138，248—249，259

Deng Xun 邓训，262

Dianstate of 滇国，152

Discourse on Salt and Iron (*Yan tie lun*)《盐铁论》，87，116，258

Discourses of a Hidden Man (*Qian fu lun*)《潜夫论》87，259

Di tribe 狄部落，40—41

Divination 神启，86—87，182，185，225；和法律，230，231

Documents《尚书》，See Canon of Documents 参见《尚书》

Dongjia village 董家村，228

Dong Zhongshu 董仲舒，21—22，165，184，187—188，238

Dong Zhuo 董卓，28，101，262，263

Dujiangyan 都江堰，35，36

Dunhuang 敦煌，144，145，237

E

Eastern Han dynasty 东汉，24—29；administration in 的行政管理，26—27，261，263；ancestral shrines in 的祖庙，176—177，198；ancient songs of 的古代歌曲，221—222；and apocryphal texts 的谶纬，184—185；children in 的儿童，165—169；cities in 的城市，76—77；and cult of Heaven 对天的崇拜，187—188；demilitarization in 去军事化，24，60，67，138，248—249，259；and exotic goods 异域奇珍，154；fall of 的衰落，27—29，127，203，253—264；frontier of 的前线，25，26，253—254；great families in 的豪强大族，24，121；Guandong region in 的广东地区, 24, 257—258; History Bureau in 的史学机关, 217—218; imperial capital of 的帝国都城, 24—25, 81; internal collapse of 的内部崩溃, 26—27, 259—264; kinship in 的亲缘关系, 155; landlordism in 的地主所有制, 24, 29, 69—70, 111; law in 的法律, 238, 241; military in 的军事, 25, 26, 29, 253—254; and nomads 和游牧民族, 25, 26, 139, 147, 253—254, 257, 258; population of 的人口, 254—256; and Qiang 和羌, 147—148, 149, 254, 257, 258; religion in 的宗教信仰, 199; succession in 的胜利, 170; tombs of 的坟墓, 189, 190; and warlordism 和军阀主义, 259—264; vs. Western Han 和西汉相比, 217; and Xiongnu 和匈奴, 25, 26, 254, 258, See also Guangwu Emperor; Luoyang 另见光武帝;洛阳; Economy 经济, 24—25, 65, 156, 202—203, 213; moral 道德的, 123; of nomads 游牧民族的, 130—131, 132, See also Agriculture; Markets; Merchants; Trade 另见农业, 市场; 商人; 贸易

Education 教育, 3, 70, 166, 213, 232; fetal 胎儿的, 165; vs. lineage 与宗族相比较, 172—173; Qin standardization of 秦的标准化, 53—54, See also Imperial academy 另见帝国的学术

Elite: children of 精英: 儿童的, 165; and cities 和城市, 75, 76, 77; culture of 文化的, 39, 44; and exotic goods 异域奇珍, 154; and fashion 和时尚, 85; Han 汉, 69—70; military 军事, 107—108; mortuary practices of 的丧葬行为, 189, 191, 199, 200; nomad 游牧民, 130, 131; and poetry 和诗歌, 220—221; Qin 秦, 32—33, 34; vs. regions 和地区的比较, 11, 45; resettlement of 再定居, 69, 120; and the state 和国家, 3—4, 70; Warring States 战国, 44, 119, 120; Zhou 周, 227。See also Great families; Literati 另见豪强大族;学者

Emperor: 皇帝: and architecture of cities 和城市建筑, 77—79; Book of Lord Shang on《商君书》关于, 48—49; charity from 所予的恩惠, 123; cult of 崇拜, 23, 62, 176, 178—179, 188; Han 汉, 61—64; imperial progresses of 的帝国巡幸, 57; and inner court, 和内廷, 162, 163, 263—264; invisibility of 不能被人看到, 49, 79—80, 88; and law 和法律, 62—63, 231, 232, 245; and literary canon 和文学经典, 3, 226; and nature 和自然, 73—74, 213; and omens 和预兆, 183—184; Qin 秦, 32, 35, 37—39, 55, 73—74; ritual sovereignty of 的仪式上的主权, 4, 21, 52; as the state 作为国家, 2, 62—63; and trade 和贸易, 14, 152—154; unification under 在其之下联合, 1, 4, 23, 28, 39, 51—60, 214; as universal ruler 作为天下的统治者, 128, 215; and Xiongnu 和匈奴, 133; See also Heaven cult of; Tombs: imperial; particular individuals 参见对上天的信仰崇拜;墓葬: 皇家的,尤其是个人的

Empire 帝国, 1, 3; and imperial capital 和帝国都城, 89, 93; and Qin Shihuang's tomb 和秦始皇陵, 89—90; unified 统一的, 19, 28, 37, 51—74

Empress dowagers 太后, 23, 37, 162, 169—173, See also Affinesimperial 参见外戚,帝国的

Empress Earth 社稷神, 62, 97, 187, 188

Encyclopedias 百科全书, 211—214

Equal-supply system 均输法, 113

Eunuchs 宦官，27，28，63—64，162，165，170，261，263

Europe 欧洲，55，80，115，118

Explaining Words (*Shi ming*)《释名》，93，210

Explanations of Simple and Compound Graphs (*Shuo wen jie zi*)《说文解字》，210

F

Family 家庭，42，52，60，92，191，239；natal 生育的，156，170；nuclear vs. extended 核心的和展延的相比，155—156，*See also* Households; Kinship 参见家居；宗族

Fan clan (Nantang) 南阳樊氏，118—119，120

Fangmatan documents 放马滩文献，45，236

Fan Kuai 樊哙，86

Fan Sui 范雎，37，38，39

Fan Zhen 范缜，126

Fashion 时尚，85，100

Feng and shan sacrifices 封禅，21，52，54，185—188；Han 汉，62，65，97；Qin 秦，90

Fengchu 凤雏，163

Fenghuangshan 凤凰山，252

Feng su tong yi (*Comprehensive Meaning of Customs*)《风俗通义》，201

Ferghana 大宛，142，143，144

Feudatory statesHan: 诸侯国汉：power of 的权力，96—97；rebellion of (154 BC) 的反叛（公元前154年），20，67，94，97，138

Fiefs 诸侯，18，19—20，37—38，53，92，215；and religion 和宗教信仰，185—186，187；in Western Han 在西汉，60，66—67

Fifty-two Recipes to Cure Disease (*Wushier bing fang*)《五十二病方》，203

Filial piety: 孝道：and ancestral shrines 祖庙，176，189；and children 和儿童，168—169；and gender 和性别，156；in Han 在汉代，64，92，155；and imperial shrines 和皇家祠庙，23，99—100；and inner vs. outer 和内部与外部的比较，164；and Qin law 和秦律，171—172；and the state 和国家，47，66

Five Canons 五经，211

Five Pecks of Grain movement 五斗米运动，28，203

Five phases 五德，52，62，65，199

Flood control 防洪，7，9

Forms and names (xing ming) 形名，237，247—248

Foucault, Michel 米歇尔·福柯，79

Frontier 前线，128—154；abandonment of 放弃了，257—259；banishment to 禁止了，243，244，248—250；colonies on 殖民，26，29，145，254—255；depopulation of 清除人口，254—257；Eastern Han 东汉，25，26，253—254；independent commanders on 独立的边将郡守，264；and law 和法律，227；migration from 迁来的移民，25；militarization of 军事化，1，3，108，138—140，149；peoples of 的人民，1，20，151—154；Qin 秦，40—41，58，128；southern region as 南部地区的，7，9，11，25；walls on 城墙，45，46，130，145，*See also* Nomads 并见游牧民族

Fujian 福建，5，151

Fu Xi 伏羲，190，191，195，196，197

Fuyu 扶余，8

G

Gansu 甘肃，7，147，148

Gansu corridor 甘肃走廊（河西走廊），10

Gao Emperor 高祖，96

Gao Xing of Liang 梁高行，159—160，161

Gao You 高诱，212

Gaozu Emperor（Liu Bang），高祖（刘邦），19，24，169，217，219；background of 的背景，60—61，62，86；cult of 的崇拜，176，178—179，188；and cult of di 对"帝"的崇拜，186；and imperial capital 和帝国都城，91—93；marriage of 的婚姻，117；and resettlement 和迁置，22，95；universal character of 的普世的性格，91—92；widow of 的遗孀，162，169；and Xiongnu 和匈奴，132

Geography 地理，5—29；and character 和个性，12—14，15；and culture 和文化，11—16；Eastern Han 东汉，24—27；and Qin unification 和秦的统一，16—21；regional 地域的，5—11，21—24，27—29

Geomancy 风水，182—183

Ge You 葛由，201

Ghosts 幽灵，194，230—231

Gongsun Hong 公孙弘，241

Gongyang Commentary to the Spring and Autumn Annals《春秋公羊传》，39，42，216，238，239

Gong Ye 公业，263

Governorsprovincial 郡守，259，261—262，264

Grand Unity (Tai Yi) 太一，62，97，187，188

Great families 豪强大族，106，115—127，258；ancestral cults of 祖宗崇拜，196，

197—198, 200; armies of 的武装, 27, 259, 262; and bureaucracy 和官僚机构, 3—4, 120; charity from 的慈善之举, 118, 122, 123—125; children in 的儿童, 166; and corruption 和腐败, 125, 245; Eastern Han 东汉, 24, 121; and emperor 和皇帝, 263—264; Han 汉, 69—70; households of 的居所, 115—116; and land 和土地, 115, 120, 127; landlordism of 的地主所有制, 3, 115, 127; and law 和法律, 229, 240; and patriline 和父系, 155—156; and peasants 和农民, 108, 138, 263; Qin 秦, 44; and religion 和宗教信仰, 126; resettlement of 和迁置, 14, 22—23, 89, 120, 121; social networks of 的社会网络, 115—120, 122—123; and the state 和国家, 3—4, 70, 120, 121; and trade 和贸易, 3, 115, 120; in villages 在村庄, 2, 121—122

Great Proscription (169) 党锢 (公元169年), 27, 119

Great Wall 长城, 8, 130, 140, 144; Qin 秦, 55, 56, 58, 59, 71

Greece ancient 古希腊, 1, 59, 101

Guandong region 广东地区, 16—17, 24, 257—258

Guangdong province 广东省, 5, 11, 151

Guangwu Emperor 光武帝, 24, 170, 188, 249, 258; ancestors of 的祖先, 25, 172; and nomads 和游牧民族, 147, 253

Guangxi 广西, 5, 151

Guan Zhong (god) 管仲 (神), 125

Guanzhong region 关中地区, 20, 57, 61, 148; in Eastern Han 在东汉, 24, 258; population of 的人口, 96, 254—256; and Qin unification 和秦的统一, 16—17, 35; in Western Han 在西汉, 66—67

Guanzi (*Master Guan*)《管子》, 210

Guitoushan 鬼头山, 195

Guizhou 贵州, 5, 151

Guliang Commentary to the Spring and Autumn Annals《春秋谷梁传》, 42

Guo Geng 郭躬, 250

Guo yu (*Words of the States*) 国语, 39, 165, 236

H

Han state of 汉国, 10, 19

Han dynasty 汉朝, 1; agriculture in 的农业, 21, 22, 102, 105, 110—115; bureaucracy in 的官僚机构, 63—64, 69—70; children in 的儿童, 165—169; commoners in 的普通人, 215; Confucianism in 的儒家, 62, 67, 69, 206; dependent states in 的独立侯国, 148—149, 150—151; elite in 的精英, 69—70; emperor in 的帝王, 57, 61—64; and exotic goods 的异域奇珍, 152—154; extent of 的范围, 5—6; filial piety in 的孝道, 64, 92, 155; imperial capital in 的都城, 24—25, 80, 81, 83, 91; inner vs. outer in 内部

与外部, 148, 150, 163; labor service in 的劳役, 65, 107; law in 的法律, 19, 62—63, 64, 228, 237, 238, 242; and literary canon 的文学经典, 222—226; mutual implication (lian zuo) 连坐, 232—233; vs. Qin 和秦比较, 12, 13, 19, 40—42, 54, 60—74, 244; and regions 和各地区, 14, 15, 19—24; religion in 的宗教信仰, 21, 62, 65, 91, 97, 186—187, 199; in southern regions 在南方地区, 151; tombs in 的墓葬, 189, 190, 192, 237; tribute to 的贡献, 145—146; unifying policies of 的统一政策, 64—66; *See also* Eastern Han dynasty; Western Han dynasty 另见东汉王朝, 西汉王朝

Han Fei 韩非, 45

Han Fei Zi, *See Master Han Fei* 《韩非子》

Han Records from the Eastern Lodge (*Dong guan Han ji*) 《东观汉记》, 218

Han River 汉代河流, 19

Han Rong 韩融, 120

Han shu, *See Book of Han* 见《汉书》

Han Xin 韩信, 61

Hanzhong region 汉中地区, 35

He Emperor 和帝, 26, 257

Heaven cult of 上天崇拜, 62, 99, 126, 169, 183, 186—189, 207, 231; and Wang Mang 和王莽, 69, 100, 187, 188

Hebei 河北, 7

He Bigan 何比干, 124

Hejian state of 河间, 96

He Jin 何进, 261

Helü King of Wu 吴王阖闾, 38

Henan 河南, 7

He qin system 和亲体系, 132—133, 136

Herodotus 希罗多德, 129

Hidden Tally of Duke Tai 《太公阴符》, 117

Histories 历史, 214—218; official 官方的, 217—218; *See also* Records of the Historian/Astrologer 并见历史学家/星相家的记录

Hou Ji (god) 后稷神, 97, 176

Houma texts 侯马盟书, 228

Households: 家庭: division of 的区别, 60, 118, 155; and law 和法律, 233, 239; nuclear 核心的, 115—116; vs. patrilines 和父系相比, 156—162, 189, 198; and Qin state 和秦国, 34—35, 60, 155; and tombs 和墓葬, 189—190

Huainan state of 淮南, 20, 96

Huainanzi 《淮南子》, *See Master of Huainan* 参见《淮南子》

huangdi (emperor), 黄帝, 186

Huangfu Song 皇甫嵩, 262

Huayang guo zhi (*Record of the Lands South of Mount Hua*)《华阳国志》, 203

Hui Emperor 汉惠帝, 93, 96, 239

Huizi 惠子, 207

Hujie people 呼揭人, 133

Hu people 胡人, 129

Hypocritization 伪善, 72

I

Immortality 长生, 21, 94, 186, 202, 205; and Qin Shihuang 和秦始皇, 73, 80, 89, 181

Immortals 神仙, 181, 182, 195, 201—202, 204

Imperial academy 帝国学术, 53, 64, 67, 69, 70

Imperial capital 帝国都城, 75—101; artificiality of 人工的, 100; divisions within 内部区别, 83, 87; Eastern Han 东汉, 24—25, 81, 98—101; great families moved to 豪强大族迁往, 22—23, 69, 89, 120, 121; and Han Gaozu 和汉高祖, 91—93; invention of 的发明, 88—101; and literature 和文学, 98, 100, 101; Qin 秦, 10, 35, 53, 55, 78, 84, 88—91, 101; and Qin Shihuang 和秦始皇, 74, 88—89; and ritual 和仪式, 91, 98—100; transience of 短暂的, 100—101; and unification 和统一, 2, 53, 100; Western Han 西汉, 61, 92—98, 258

Imperial court 帝国朝廷, 23—24; inner vs. outer 内与外, 27, 63, 162, 163, 170, 263—264

India 印度, 80, 143, 152

Infanticide 杀婴, 66

Inheritancepartible 部分继承, 115, 120, 126; vs. primogeniture 与长子继承相比较, 70, 127

Inner Mongolia 内蒙古, 5, 149

Inner vs. outer 内部与外部相比, 148, 150, 163—165, *See also* Imperial court, 参见帝国朝廷

Iron 铁, 104, 105, 129

Irrigation systems 灌溉系统, 9, 18, 22, 35, 36, 103, 105

J

Japan 日本, 2

Jiangling 江陵, 11

Jiang Yan 江淹, 73

Jia Yi 贾谊, 15, 165, 216, 258; on Qin 关于秦, 17, 41—42, 51, 71; on Qin Shihuang 关于秦始皇, 72, 73

Jin state of 晋国, 10, 30

Jing Emperor 汉景帝, 20, 24, 96, 121, 133

Jing fa (*Constant Model*)《经法》, 210

Jing Fang 京房, 184

Jing Ke 荆轲, 122, 236

Juyan texts 居延汉简, 145, 182, 23

K

KafkaFranz 弗兰兹·卡夫卡, 80

Kao gong ji (*Records for the Scrutiny of Crafts*)《考工记》, 82, 93

Kashmir 克什米尔, 144, 146

Kinship 宗族, 155—177; and collective responsibility 集体负责, 122, 232—234; and destruction of lineage (mie zu), 和灭族, 233; vs. education 和教育比较, 172—173; vs. immortality 和永生相比, 202; and law 和法律, 227, 232—233, 239; patrilineal 父系的, 155—156; patriline vs. household in 父系和家庭相比, 118, 156—162, 189, 198; and Qin state 和秦国, 34—35, 42; and remarriage 和再婚, 157, 159—160, 161; and stepmothers 和继母, 157—159; and unification 和统一, 1, 92; in villages 在村庄, 122—123。*See also* Ancestors; Family; Households, 参见祖先；家庭；家庭

Koguryo 高句丽, 151, 152

Kong Zhou 孔宙, 126

Korea 朝鲜, 2, 21, 128, 151, 152

Kou Xian 寇先, 202

Kuang Heng 匡衡, 176, 188

Kucha 库车, 146

Kushan Empire 贵霜王国, 142

L

Labor service: 劳役: convict, 刑徒, 250—252; and elderly 和老人, 174; Han 汉, 65, 107; and health 和死亡, 251—252; and household division 和家庭区

别,155;and law 和法律,227,235,242,243,244,248—252;peasant,农民,109,111,250;Qin 秦,59—60,71,107;in state monopolies 在国家垄断,250,251,252;and tenantry 佃农,263

Land: 封地: concentration of 的集中,21—22,69;in Eastern Han 在东汉,24;and gender 和性别,156—157;and great families 和豪强大族,115,120,127;inheritance of 的继承,3,110,115,120;legal disputes over 法律争端,228;and merchants 和商人,22,70,76,84,107;in Qin 在秦朝,21,32;rectangular grid on 长方形的,33—34;redistribution of 的再分配,32;and reforms 和改革,18,23,30;and the state 和国家,5,63,103;taxes on 课税,22,30,105,107;and technology 和技术,22,105

Landlordism: 地主制: and decentralized control 和分散控制,27;Eastern Han 东汉,24,29,69—70,111;of great families 关于豪强大族,3,115,127;and military 和军队,69—70;and regionalism 和地方主义,21—24;and taxes 和税收,66,107;and technology 和技术,105;in Yangzi River valley 在长江流域,106

Languagelegal 法定语言,227,230,237—241;and rectification of names 和正名,237—238

Laozi 老子,204,208,210,*See also* Daoism 参见道教

Law 法律,227—252;and administration 和行政管理,227,231,232—237,248;*Book of Lord Shang on*《商君书》,48—49;and criminals 和犯罪,86;and divination 和占卜,230,231;Eastern Han 东汉,238,241;and emperor 和帝王,62—63,231,232,245;and filial piety 和孝道,171—172;and great families 和豪强大族,229,240;Han 汉,19,62—63,64,228,237,238,242;and imprisonment,和被关入狱,242;and investigation 和调查,245—248;and kinship 和宗族,227,232—233,239;and labor service 和劳役,227,235,242,243,244,248—252;and language 和语言,237—241;and merchants 和商人,76,85;mutual liability in 相互依赖的,30—31,83,119,122,232—234;property 财产,242;Qin 秦,12,33,41—42,46,48,55,71,72,81,82,83,171—172,208;reforms in 改革,12,33;and religion 和宗教信仰,227—232;of sage kings 关于圣王,43—44;and status 和地位,232,234—235,244;and unification 和统一,100;and vengeance 和复仇,233;Warring States 战国诸侯国,227,228,229,233,236;Xiongnu 匈奴,135;Zhou 周,227—228,*See also* Punishment 并见刑罚

Legalism 法制主义,84,208,209,212,213,224

Liangstate of 梁国,97

Lianlou (Hanoi) 连螺,11

Li Bo 李白,73

Libraryimperial 图书馆,皇家的,222—226

Li ji《礼记》,*See Records of Ritual* 参见《礼记》

Ling Emperor 汉灵帝,154,177

Lingnan region 岭南地区,11

Linzi (Qi capital) 临淄（齐国都城），11

Li Si 李斯，18，20，43，45，53，208

Literacy 文学，1，3

Literati 文人，46，47，156，188，222；and agriculture 和农业，106；*Book of Lord Shang* on《商君书》中，48，49；on imperial shrines 关于皇家祠庙，97—98；and religious associations 和宗教的联系，27；social networks of 社会网络的，117，119，126

Literature 文学，206—226；Han 汉，67，69；hierarchy within 内部的等级，225—226；and imperial capital 帝国都城，24—25，98，100，101；and imperial library catalogue 帝国图书目录，222—226；poetry 诗，218—224；popular 流行的，3，219—220，222；Qin standardization of 秦的统一化，53—54，55；regions vs.center in 地方和中央的对比，1，2，17；Yangzi River in 在长江流域，9，*See also* Canon literary 并见经典，文学

Li Tong 李通，120

Liu lineage 刘氏家族，20，25，28，169，187，189；and affinal relatives 和姻戚，170；and Chu 和楚，17，61，91；revival of 的复活，172

Liu An 刘安，212

Liu Bang, *See* Han Gaozu 刘邦，见汉高祖

Liu Bei 刘备，29

Liu Biao 刘表，261

Liu Bosheng 刘伯升，117，120

Liu Kuan 刘宽，126

Liu Xiang 刘向，165，174，184，222，225

Liu Xin 刘歆，222，225

Liu Xiu 刘秀，120

Liu Yan 刘焉，261

Liu Yu 刘豫，261

Loess 黄土，9

Longevity 寿命，173—176，225

Loulan people 楼兰人，133，143，144

Lü Dowager Empress 吕后，96

Lu state of 鲁国，14

Luan Da 栾大，181

Lü Buwei 吕不韦，52，84，212

Lun yu《论语》，*See* Analects 见《论语》

Luoyang 洛阳，19；destruction of 的毁灭，28，101；as Eastern Han capital 作为东

索引 327

汉都城，24，81，98—101，258；as Western Han capital 作为西汉都城，61

Lüshi chun qiu《吕氏春秋》，*See* Springs and Autumns of Master Lü 见《吕氏春秋》

M

Mancheng tomb 满城墓，200

Manchuria 中国东北三省，5，128

Mandate of Heaven 天命，62，188

Mao Preface《毛诗》序，218

Markets 市场，81—88；in Chang'an 在长安的，81，83，92，93，95；in Chengdu 在成都的，81，82；criminals in 里面的犯罪，87—88；grid structure of 方形结构的，81—83；public punishments in 在里面举行公开惩罚，83—84

Ma Rong 马融，125，126

Marriage 婚姻，117—118，126，127；Xiongnu 匈奴，132，134，143，*See also* Affinesimperial；Remarriage 参见外戚，皇家的；再婚

Master Guan（*Guanzi*）《管子》，210

Master Han Fei（*Han Feizi*）《韩非子》，43，48，79，210，230—231，237

Master Mo（*Mozi*）《墨子》，39，194，236

Master of Huainan（*Huainanzi*）《淮南子》，40，102，187，199，223，236；as encyclopedia 作为百科全书的，211，212；organization of 的组织，213—214

Master Wu（*Wuzi*）《吴子》，12，13

Master Xun（*Xunzi*）《荀子》，12—15，38，199，207，211，218；on sericulture 关于养蚕，113，115；on tombs 关于墓葬，189，192

Master Zhuang（*Zhuangzi*）《庄子》，187，199，209，212，213

Mawangdui: 马王堆：texts from 的文本，118，165，182，187，203，210，212；tombs at，195，196，200

Ma Yuan 马援，258，263

Medicine 药，87，246

Mencius（*Mengzi*）《孟子》，22，39，173，216，218

Meng (covenant) texts 盟，227—228，229，233

Meng Tian 蒙恬，59

Merchants 商人，14；and bureaucracy 和官僚制度，76，84；and cities 和城市，76，81，87；Eastern Han 东汉，24；and elite 和精英，69，115；and land 和土地，22，70，76，84，107；and law 和法律，76，85，248；and local cults 和地方信仰，201；and Qin reforms 和秦国改革，33，54；regulation of 的规范化，84，85；and the state 和国家，47，48，87，121；taxes on 收税，66，81，106—107

Methods of the Commandant（*Sima fa*），司马法，84

Migration 移民, 25, 106, 128, 131。See also Resettlement, 另见迁置

Militarization: of frontier 军事化: 前线的, 1, 3, 108, 138—140, 149; of nomads 游牧民族的, 130, 131; and Xiongnu vs. China 匈奴和中国的对抗, 130—131, 132

Military 军事, 1; and administration 和行政管理, 33—34; cavalry in 中的骑军, 25, 136, 139, 253, 254; convicts in 中的刑徒, 248—250, 253, 254, 256, 262; Eastern Han 东汉, 25, 26, 29, 253—254, 259; elite 精英, 107—108; infantry 步兵, 31—32; and landlordism 和地主所有制, 69—70; literature on 文学作品, 213, 225; loyalty to commanders in 效忠于地方上的, 262—263; nomads in 中的游牧民, 138, 139; peasants in 中的农民, 46—47, 67, 70, 107—108, 138, 253; private 私人的, 27, 259, 261—262; professional 职业的, 38, 138, 139; and punishment 和刑罚, 242; Qin 秦, 16—17, 30—50; and regions 和地方, 11—12; Shang 商, 13; and technology 和技术, 31—32, 136, 138; Warring States 战国, 34, 108, 138; Zhou 周, 13

Military colonies 军事殖民, 26, 29, 145, 148, 254—255

Military service: 兵役: abolition of universal 全面兵役制度的废除, 3, 24, 67, 138, 248—249, 259; and landlordism 和地主所有制, 70, 263; as punishment, 作为刑罚, 248—250; in Qin 在秦国, 18, 30, 32, 44, 45, 60, 107; universalization of 全民化, 30, 32, 44, 236; in Western Han 在西汉, 65, 107

Ming Emperor 汉明帝, 217, 257

Ming dynasty 明代, 130

Min River 岷江, 7, 10, 11, 35, 36

Modun (Xiongnu ruler) 冒顿, 131, 132, 141, 149

Mohism 墨家, 199, 208, 209, 213, 224。See also Mozi 参见《墨子》

Monopoliesstate 垄断, 国家, 60, 63, 87; convict labor in 中的刑徒劳役, 250, 251, 252

Monthly Ordinances for the Four Classes of People (Cui Shi)《四民月令》(崔寔), 120, 123, 197

Morality 道德, 47, 117, 123, 165, 217; and poetry 和诗歌, 218—219; and Qin failure 和秦的败亡, 71, 72; Xiongnu 匈奴, 134—135

Mortuary practices 丧葬习俗, 172, 175, 189—200, 228, 229; elaborate vs. frugal 精心准备的和节俭的相比较, 199—200; elite 精英, 189, 191, 199, 200; and kinship 和宗族, 189, 198; Qin 秦, 45; and separation of living and dead 生者与亡人的分离, 191—195

Mothers-in-law 公婆, 118, 157

Mountain cults 高山崇拜, 181—182, 185, 186, 200, 201

Mount Kunlun 昆仑山, 181

Mount Tai 泰山, 21, 52, 90, 97, 98, 185

Mozi 墨子, 207

Mozi (Master Mo) 墨子, 39, 194, 236

Mu King（Zhou）周穆王，181

Mu Lord 穆公，42

Music 音乐，21，43，47，154，186，206，215，222

Music bureau songs 乐府诗，219—220，222

Mutual implication（lian zuo）连坐，232—233，239

Mutual responsibility system 互相担保体系，30—31，83，119，122，232—234

Mutual surveillance 告奸，48，49，109，234

Myanmar 缅甸，152

N

Namesschool of 名家，学派，208，209，224

Nanjing 南京，73

Nan Yue 南越，151

Nature: cults of 自然：崇拜，97，185；and emperor 和帝王，73—74，213；and law 和法律，231—232；omens in 其中的预兆，183—184；sacrifice to 向其献祭，90—91

Nineteen Old Poems《古诗十九首》，174，205，219

Ningcheng 宁城，150

Nomadismtranshumant 游牧民族，随季节迁徙，58—59，129

Nomads 游牧民，128，129—138；bounties to 对其慷慨，138，139，150；as cavalry 作为骑兵，25，68，136，139，253，254；vs. Chinese 相较于中国人，133—135；and Eastern Han 和东汉，25，139，253—254，257，258；exotic goods from 异域奇珍，154；in Han military 在汉代军事中，138，139，254；loyalty of 忠心于，253—254；and Qin 和秦，58—59；resettlement of 定居，25，26，137，139，147，149，254，256，264；titles given to 授予其封号，146—147，149；trade with 与其贸易，129，130—131，150；tribute from 得到贡品，94，130，145—146，150；and unification 和统一，130，135—136；and Western Han 和西汉，20，67，68；in Western Regions 在西部地区，141—147；See also Frontier; Qiang; Xiongnu 并见前线；羌；匈奴

Nü Gua 女娲，190，191，195，196，197

O

Odes《诗经》，See Canon of Odes 见《诗经》

Officials 官员，47—48，125，150，160；and agriculture 和农业，106；in cities 在城市里，81，96；as judges 作为判决法官，245—248；laws for 的法律，229—230；and legal language 以及法律语言，237，240—241；and merchants 和商人，85；

and mutual responsibility system 和相互担保体系，233，234；and peasants 和农民，108，109—110；and punishments 和刑罚，235，244；and ranking system 和等爵制，110

Omens 征兆，183—185

Oracle bones 甲骨，182

Ordos region 鄂尔多斯地区，26

Oriental despotism 东方专制主义，63

P

Panyu（Canton）番禺，11

"Peach Blossom Spring"（Tao Yuanming）"桃花源"（陶渊明），27

Peasants 农民，102—129；charity to 给予慈善，123，124；demilitarization of 非军事化，3，24，67，138，248—249，259；division of property by 因财产分化，116；and great families 和豪强大族，108，138，263；labor service of 服役，109，111，250；in military 在军队中，46—47，67，70，71，107—108，138，253；and officials 和官僚，108，109—110；and ranking system 和等爵制，62，110；religion of 的宗教信仰，202—205；and religious associations 和宗教团体，27—28；taxes on 收税，59—60，66，109，111

Persia 波斯，130，143

Physiognomy 相术，182

Ping Emperor 汉平帝，23，96

Pliny the Elder 老普林尼，115

Poetry 诗歌，218—224；and imperial library catalogue 和皇家图书馆目录，223—224；popular 流行的，219—220，222。See also Canon of Odes 并见《诗经》

Population 人口，6，96，254—257

Population registration 人口登记，236

Primogeniture 长子继承制，70，127

Prostitution 妓女，87，88

Punishment 刑罚，230—232，242—244；and collective responsibility 和集体负责制，232—233；and by legal language 和法律语言，237—238，239；and military service 和兵役制度，248—250；mutilation 处以肉刑，235，242—243；public 公共，83—84；Qin 秦，234—235，244；and status 和地位，232，234—235，244

Q

Qi state of 秦国，10，12，20，30，37

Qian fu lun（Discourses of a Hidden Man）《潜夫论》，87，259

Qiang 羌, 26; and Eastern Han 和东汉, 147—148, 149, 254, 257, 258; rebellions by 反叛, 147—148, 258, 259, 262, 263

QinFirst Emperor of (Qin Shihuang) 秦始皇, 22, 43, 198; and capital city 和都城, 74, 88—89; centralization under 在其治下的中央集权, 51—60; demonization of 妖魔化, 41, 72—74; and immortality 和长生不老, 73, 80, 89, 181; imperial progresses of 帝国化进程, 57—58; and invisibility 不被外人所见, 164; and literature 和文学, 208; mother of 起源, 162; and religion 和宗教信仰, 91, 185—186; Sima Qian on 司马迁关于, 72—73, 216; terracotta army of 兵马俑, 38; tomb of 的墓葬, 71, 89—90, 96, 195

Qinstate of (pre-unification) 秦国 (统一之前), 228; vs. central plain culture 相比于中央的朴素的文化, 42—43; character of 的性格, 12—13, 39—40; expansion of 的扩张, 10, 16, 17—18, 37; reforms in 的改革, 46—50; social mobility in 的社会动员, 44—45

Qin dynasty 秦朝, 1; administration of 的行政管理, 30—50, 54, 71; and agriculture 和农业, 18, 33—34, 59—60, 102; centralization under 在其之下的中央集权, 51—60; and Chu 和楚, 17, 19, 35, 43—44; commoners in 的普通人, 44, 45, 215; criticism of 的批评, 12, 13, 40—42, 54, 70—74, 240, 244; elite culture in 的精英文化, 32, 33, 34, 44; extent of 的程度, 5—6; fall of 的崩溃, 50, 60, 70—71; family in 的家庭, 42, 52, 60, 155; and filial piety 和孝道, 171—172; frontier in 的前线, 40—41, 58, 128, 131, 151; vs. Han 和汉相比, 12, 13, 19, 25, 40—42, 54, 60—74, 244; imperial capital of 帝国的都城, 10, 25, 35, 53, 55, 78, 84, 88—91, 101; labor service in 劳役, 59—60, 71, 107; land in 的土地, 21, 32; law in 的法律, 12, 33, 41—42, 46, 48, 55, 71, 72, 81—83, 171—172, 208, 229—230, 232, 234, 237, 241, 246; markets in 的市场, 82; militarization of 的军事化, 30—50; military service in 的兵役, 18, 30, 32, 44, 45, 60, 107, 108, 138; as model 作为模范, 70—74; and mortuary ritual 和丧葬仪式, 198—199; mythology of 的神话学, 70—74; national culture of 民族文化, 39—46; punishment in 的刑罚, 234—235, 244; reforms of 的改革, 18, 30—35, 38—39, 54, 60; and regions 的地区, 11, 14, 39; religion in 的宗教信仰, 52, 90, 91, 185—186, 188; role of emperor in 皇帝的角色, 32, 35, 37—39, 55, 73—74; slavery in 的奴役制, 252; taxes in 税赋, 18, 32, 37, 38, 55, 59—60; transformation under 在其之下的转型, 51—74; unification by 由其统一, 2, 16—20, 214; villages in 的村庄, 109; walls of 的长城, 130; and Warring States elite 和战国时期的精英, 120

Qing dynasty 秦朝, 128

Qinyang texts 沁阳盟书, 228

Queen Mother of the West 西王母, 153—154, 180, 181, 182, 192, 203, 204; in tombs 在墓中, 190—191, 195, 196

Qu Yuan 屈原, 216, 217

R

Ranking systems 等爵制, 32—33, 62, 110, 173, 234—236, 244

Rebellions: 起义: of feudatory kingdoms（154BC）分封诸侯国的起义（公元前154年），20, 67, 94, 97, 138; and markets 和市场, 86; millenarian 千年太平, 27—28, 264; peasant 农民, 67; Qiang 羌, 147—148, 258, 259, 262, 263; and religion 和宗教信仰, 27—28, 203—204; of resettled nomads 迁置的游牧民的, 26; against Wang Mang 反抗王莽, 24, 67, 86, 117, 118, 120, 138, 263

Record of the Lands South of Mount Hua (Huayang guo zhi)《华阳国志》, 203

Records for the Scrutiny of Crafts (Kao gong ji)《考工记》, 82, 93

Records of Ritual (Li ji)《礼记》, 84, 126, 163, 175, 192—193, 199, 206, 211

Records of the Historian/Astrologer (Shi ji; Sima Qian)《史记》(司马迁), 59, 86, 88, 182, 194, 208; composition of 创作, 214—217; criticism of 批评, 216—217; on emperor 关于皇帝, 61, 91—92; on great families 关于豪强大族, 120—121; on Qin reforms 关于秦的改革, 30—31; on regions 关于各地域, 14—15; on Xiongnu 关于匈奴, 131—132, 134

Red Cliff battle of 赤壁之战, 29

Red Eyebrows 赤眉军, 118, 200

Regions 地域, 1, 5—16, 21—24, 27—29; and agriculture 和农业, 103; characters of 的特点, 12—14; and end of Eastern Han 和东汉的灭亡, 27—29; geography of 的地理特征, 5—11; in Han 在汉代, 14, 15, 19—24; inferiority of 的劣势, 15—16; and landlordism 和地主所有制, 21—24; and literature 和文学, 1, 2, 17; and military 和军队, 11—12; products of 的产品, 12, 14, 15, 146; in Qin 在秦朝, 11, 14, 39; religion in 的信仰, 2, 90—91, 200—202; resurgence of 的复苏, 21—24; Sima Qian on 司马迁就此, 10, 11, 92, 121; and social structure 和社会结构, 15—16; suppression of 的镇压, 20—21; and unification 和统一, 11, 14—16, 46, 51—52, 135—136; vs. universal empire 和大一统的帝国相比, 2, 19, 91—92, 96, 100, 135—136; in Warring States period 在战国时期, 9—11, 14, 15, 16, 45—46, 135

Religion 宗教信仰, 1, 178—205; and ancestors 和祖宗, 75—177, 185; Chu 楚, 187, 188; of commoners 普通人的, 202—205; cult of di 对"帝"的崇拜, 186—188; and emperor 和皇帝, 4, 21, 23, 52, 62, 63, 176, 178—179, 188; and exotic goods 和异域奇珍, 153—154; and fiefs 和领地, 185—186, 187; Han 汉, 21, 62, 65, 91, 94, 97, 186—187, 199; and law 和法律, 227—232; and patriline vs. household 和父系制相对于家庭, 156; and population registration 和人口登记, 236; Qin 秦, 52, 90, 91, 185—186, 188; and rebellions 和起义, 27—28, 203—204; regional 地方的, 2, 14, 90—91, 200—202; and social networks 和社会网络, 126; and spirit world contacts 和灵魂世界的联系, 178—185; state 国家, 185—189; Warring States 战国诸国, 185, 207

Remarriage 再婚, 157, 159—160, 161

Ren An 任安, 214

Resettlement: 迁置: of elite 对精英的, 14, 22—23, 69, 89, 120, 121; and Han Gaozu 和汉高祖, 22, 95; near imperial tombs 在皇陵附近, 22—23, 95—96, 258; of nomads 关于游牧民族, 25, 26, 137, 139, 147, 149, 254, 256, 264;

and Qin Shihuang 和秦始皇, 22

Ri shu《日书》, *See* Almanacs 见《日书》

Ritual: 仪式: and agriculture 和农业, 102; in Chang'an 在长安, 94—95, 97; elaborate vs. frugal 奢侈的和朴素的, 199—200; and imperial capital 和帝国都城, 90—91, 94, 98—100; and imperial tombs 和皇陵, 95—96; and law 和法律, 228—229, 238; and unified empire 和统一的帝国, 100, 186, 187, 215。*See also* Mortuary practices; *Records of Ritual* 参见葬俗;《礼记》

Rituals of Zhou (*Zhou li*)《周礼》, 23, 82

Rivers 江河, 6—7, 57

Roman Empire 罗马帝国, 1, 6, 80, 101, 115, 142, 143

Rong tribe 戎族, 35, 40—41

S

Sage kings 圣王, 13, 15—16, 43—44, 222, 224

Sang Hongyang 桑弘羊, 258

Scholars. *See* Literati 学者, 见文人

Script, Chinese 书体, 中国人的, 1, 39, 64, 228; adoption of 采用的, 128, 151; standardization of 标准化的, 2, 53, 55, 208

Scythian triad 斯基泰"三合一"组合, 129

Sericulture 养蚕的, 14, 102, 113—115

Shamanism 萨满, 巫觋 84, 87, 97, 179—181, 185, 201

Shandong 山东, 7, 11

Shang dynasty 商朝, 13, 52, 129, 147, 176, 185; inscriptions of 的书体, 182, 228

Shang Jun shu《商君书》, *See* Book of Documents

Shanglin park 上林苑, 88, 94—95, 98

Shang shu《尚书》, *See* Canon of Documents

Shang Yang 商鞅, 84, 234; and capital city 和都城, 78, 88; Han criticism of 汉代的批评, 40—42; reforms of 的改革, 18, 30—35, 38—39, 46—50, 54, 60

Shan hai jing《山海经》, *See* Canon of the Mountains and Seas

Shanxi 山西, 7, 19

Shen Buhai 申不害, 207

Shen Dao 慎到, 207

Shen Nong 神农, 102, 113

Shi ji《史记》, See Records of the Historian/Astrologer

Shi jing《诗经》, See Canon of Odes

Shi ming (*Explaining Words*)《释名》, 93, 210 Shouchun 寿春, 11

Shu kingdom of (Three Kingdoms period) 蜀国（三国时期）, 29

Shu state of 蜀国, 35

Shu Guang 疏广, 122, 123

Shuihudi documents 睡虎地秦简, 30, 43, 45, 48, 55, 109

Shuo wen jie zi (*Explanations of Simple and Compound Graphs*)《说文解字》, 210

Shu peoples 蜀人, 18

Shusun Tong 叔孙通, 91, 93

Sichuan 四川, 7, 148, 152; Five Pecks of Grain movement in 五斗米运动中的, 28, 203—204; kingdom of Shu in 在蜀国, 29; and Qin 和秦, 10, 11, 16, 18, 35

Silk 丝绸, 113—115

Silk Road 丝绸之路, 115, 143

Sima Biao 司马彪, 196, 198

Sima Qian 司马迁, 59, 88, 123, 182, 214—217, 240; on Han Gaozu 关于高祖, 62, 92; on law 关于法律, 86, 242; and legal language 和法律语言, 238, 239—240; on Qin 关于秦, 30—31, 40—41, 72—73, 195; on regions 关于地区, 10, 11, 14—15, 92, 121; on shamans 关于萨满, 179, 181; and unification of thought, 和统一的思想, 208; on Xiongnu 关于匈奴, 134—135 See also Records of the Historian/Astrologer 另见《史记》

Sima Tan 司马谈, 208, 209, 214

Sima Xiangru 司马相如, 74, 98, 151—152, 153, 216, 218, 219

Six classics 六经, 206, 207, 223

Sixteen Canons (*Shi liu jing*)《十六经》, 210

Slavery 奴隶制, 23, 32, 69, 111, 171, 235, 250, 252

Social mobility 社会流动, 44—45

Social networks: 社会网络: criminal 犯罪, 116; geographic range of 地理范围, 125—126, 127; of great families 关于豪强大族, 115—120, 122—123; of literati 关于知识分子, 117, 119, 126

Social structure: 社会结构: and law 和法律, 232, 234—235, 244; and regional culture 和地域文化, 15—16。See also Commoners; Elite; Great families; Literati; Merchants; Peasants; Ranking systems 参见普通人; 精英; 豪强大族; 知识分子; 商人; 农民; 等爵制。

Sogdiana 粟特, 142, 144

Solitary Judgments (*Du duan*; Cai Yong)《独断》(蔡邕), 198

Song dynasty 宋朝, 206

索引 335

Songs of Chu (*Chu ci*)《楚辞》179, 218

Song Xing 宋子, 207

Song Yi 宋意, 253

Soul (hun/po) 魂魄, 199

Southeast Asia 东南亚, 128, 204

Spirit registers 司命（鬼录）, 236

Spring and Autumn Annals (*Chun qiu*)《春秋》, 116, 184, 206; commentaries on 评论, 39, 42, 211, 216, 239; and intellectual unification 和知识的统一, 223; and law 和法律, 241; and legal language 和法律语言, 238, 239; and Shi ji 和《史记》, 215, 217

Spring and Autumn period 春秋时期, 228, 233

Springs and Autumns of Master Lü (*Lü shi chun qiu*)《吕氏春秋》, 16, 52, 54, 84, 103, 214, 223; as encyclopedia 作为百科全书, 211, 212; on mortuary practices 关于葬俗, 89, 195, 199, 200; organization of 的组织化, 212—213

State the: 国家: and agriculture 和农业, 9, 106; *Book of Lord Shang* on 关于《商君书》, 46—50; and elite 和精英, 3—4, 70; emperor as 作为皇帝, 2, 62—63; and filial piety 和孝道, 47, 66; and great families 和豪强大族, 3—4, 70, 120, 121; and land 和土地, 5, 63, 103; and legal texts 和法律文书, 229; and literary canon 和文学经典, 1, 2—3, 224, 226; and markets 和市场, 85; and merchants 和商人, 47, 48, 87, 121; monopolies of 垄断, 60, 63, 87, 250, 251, 252; problems of unified 统一的问题, 51—74; and Qin reforms 和秦的改革, 30—31, 32, 34—35; vs. regions 和地方相比, 14—16; and religion 和地方, 185—189; and religious movements 和宗教运动, 202—205

Stratagems of the Warring States (*Zhan guo ce*)《战国策》, 40, 43, 216

Suimo 澫貊, 152

Sumptuary regulations 夸张的规定, 2, 63, 84, 85

Sun Quan 孙权, 29

T

Tai xuan jing《太玄经》, See Canon of Supreme Mystery 见《太玄经》

Tai Yi 太一, See Grand Unity 见太一

Tang Gongfang 唐公房, 201, 202

Tao Yuanming 陶渊明, 27

Taxes 赋税: in cash 现钱, 22, 66; on children 167; Han 汉, 65, 66, 69; on land 对土地, 22, 30, 105, 107; and law 和法律, 227; and merchants 和商人, 66, 81, 106—107; on peasants 对农民, 59—60, 66, 109, 111; and Qiang 和羌, 149; Qin 秦,

18，32，37，38，55，59—60

Technology：技术：and agriculture 和农业，103—109；and land 和土地，22；military 军队，31—32，136，138；and tenantry 和佃农，111，112

Tenantry 佃农，23，69，111，112，263；and great families 和豪强大族，115，127。See also Landlordism 参见地主所有制

Textiles 纺织，113—115

Theater 戏剧，3

Three Kingdoms period 三国时代，29，139

Tibet 西藏，5

Tombs：墓葬：as cosmos 作为宇宙，194—195，196；Eastern Han 东汉，189，190；as households 作为家庭，189—190；imperial 帝国的，22—23，63，94—96，258；Mawangdui 马王堆，195，196，200；Qin 秦，43；of Qin Shihuang 关于秦始皇，71，89—90，96，195；Queen Mother of the West 在西边的西王母，190—191，195，196；Warring States 战国诸国，89，189，191，192；Zhou 周，191，192

Tomb towns 以皇陵为中心的镇，22—23，95

Towers 塔，77—79

Trade：and Buddhism 贸易：和佛教，204；with Central Asia 和中亚，141—143，154；and cities 和城市，75，76；criminal 罪犯，88；and emperor 和皇帝，14，152—154；and great families 和豪强大族，3，115，120；luxury 奢侈，7，115；with nomads 和游牧民族，129，130—131，150；and Qin standardization 和秦的标准化，54—55；regulation of 规则，81，107；and rivers 和江河，6—7；with southern regions 和南方地区，151—152；surplus in 超出的，49—50；and tribute 和朝贡，146；and unification 和统一，46

Transmission of Master Zuo（Zuo zhuan）《左传》，39，93，163，194，216；on law 和法律，227，228；and legal language 和法律语言，239

Transportation 交通，55—57

Travel documents 出行文书（通行证），20，55，57

Tribute 进贡，149，218；of exotic goods 关于异域奇珍，151—154；from nomads 从游牧民那里，94，130，145—146，150；from regions 从地方，14—15；to Xiongnu 给匈奴，115，132—133，137

Tribute of Yu（Yu gong）《禹贡》，11—12，14

Turfan 吐鲁番，145

U

Unification：统一：and concept of empire 和帝国的概念，19，28，37，51—74；and culture 和文化，45—46；geography of 地理的，16—21；and imperial capital 和帝国都城，2，53，100；and imperial library catalogue 和皇家图书馆目录，222—223，

224；intellectual 知识分子，208，211—214，223；and literature 和文学，53—54，55，206，226；and nomads 和游牧民族，130，135—136；problems of 的问题，51—74；and regions 和地域，11，14—16，46，51—52，135—136；and ritual 和仪式，100，186，187，215；and role of emperor 和皇帝的角色，1，4，23，28，38—39，51—60，214；and standardization 和标准化，2，53—55，208

V

Vietnam 越南，2，11，151

Villages 村庄，1，27，34，109—115；great families in 其中的豪强大族，2，121—122；and patrilines 和父系，122—123

W

Wang Chong 王充，78，122，153，167，173，190，211，232，253

Wang Dan 王丹，116

Wang Fu 王符，87，173，256—257，259

Wang Mang 王莽，23—24，98，147，172，184，222；and cult of Heaven 和对天的崇拜，69，100，187，188；and imperial affines 皇亲，169；rebellion against 反抗起义，24，67，86，117，118，120，138，263

Wang Wenshu 王温舒，231

Wang Zhengjun 王政君，23

Warlordism 军阀，27—29，64，259—264

Warring States period：战国时期：cities in 其中的城市，75—88；commoners in 其中的普通人，215，235；elite in 其中的精英，44，119，120；frontiers in 其中的前线，130；law of 的法律，227，228，229，233，236；literature of 的文学，209，211，226；military in 的军事，34，108，138；mortuary practices in 的葬俗，194；and Qin 和秦，38，60，71；regions in 其中的地区，9—11，14，15，16，45—46，135；religion in 其中的信仰，185，207；tombs of 的墓葬，89，189，191，192；wall-building in 所修的长城，130

Water control 对水的控制，5，7，9，19。See also Irrigation systems 参见灌溉系统

Way 的道，207—209

Wei kingdom of (Three Kingdoms period) 魏 (三国时期)，29

Wei state of 魏国，10，12，35，38

Weights and measures 度量衡，100，208；Han 汉，64—65；Qin standardization of 秦的标准化，54—55

Wei Ran 魏冉，37

Wei River valley 渭河平原，9—10，18—19

Well-field grid system 井田制，22

Wen Emperor 汉文帝，20，96，97，133，188 WenKing（Zhou），周文王，176

Wenxian texts 温县盟书，228

Western Han dynasty：西汉王朝：and Central Asia 和中亚，21，94，140，141—147，148；and Chu 和楚，17；and cult of Heaven 和对天的崇拜，187—188；vs. Eastern Han 和东汉相比，217；emperor's role in 皇帝在其中的角色，61—64；end of 的结束，23；extent of 的幅度，8；fiefs in 的封地，60，66—67；founding of 的建立，19；imperial capital of 的都城，61，92—98，258；military service in 的兵役，65，107；and mortuary ritual 和葬仪，199；vs. Qin 和秦相比，25，54，60—70；religion in 其信仰，62，97，176，187；tombs in 其墓葬，189—190；and Xiongnu 和匈奴，132—133，137—138；See also Wu Emperor 并见汉武帝

Western Zhou dynasty 西周，228

Wey state of 魏国，30

White James Boyd 詹姆斯·博伊德·怀特，237

Woju 沃沮，8，152

Women：女性：and architecture 和建筑，162—165；as concubines 作为妾，170—171；and inner vs. outer 内外相比，164—165；and labor service 和劳役，107；mortuary rites for 葬仪，198；and patriline vs. household 和父系及家庭，156—162；in Qin 在朝秦，42；and shamanism 和巫觋，87；as stepmothers 作为继母，157—158，160；suspicion of 受怀疑，158—159，160；taxes on 赋税，66；and textiles 和纺织，113，114；and tombs 和墓葬，190—191；wills of 遗嘱，156—157

Words of the States（Guo yu）《国语》，39，165，236

Wu Emperor：汉武帝：and affinal relatives 和亲戚，170；and calendar 历法，65；and Chang'an 和长安，93—94；and control of nature 和性格的控制，74；cult of 崇拜，176；and elites 和精英，69，120，121；equal-supply system of 均输法，113；on immortality 关于长生，202；and land policy 和土地政策，22；military of 的军队，138，248；mother of 的母亲，162；and outer vs. inner court 内廷和外廷，63；and poetry 和诗歌，219；and regions 和地区，20—21；and religion 和信仰，62，97，186，187，188；and shamans 和巫觋，179，181；and Sima Qian 和司马迁，214，215，217；tomb of 的陵墓 95，96；and unification of thought 和大一统的思想，208；and iongnu 和匈奴，20—21，136—137；and Zhang Tang 张汤，240，241

Wu kingdom of（Three Kingdoms period）吴王（三国时期），29

Wu King（Zhou）周武王，176

Wu state of 吴国，10，20，31

Wu（city）吴（城）11

Wuhuan 乌桓，8，76，134，137，139，149—151，152，254

Wu Qi 吴起, 12

Wusun 乌孙, 133, 134, 141, 143, 146

Wu Zhongshan 无终山, 123

Wuzi (Master Wu) 吴子, 12, 13

Wu Zixu 伍子胥, 87

X

Xianbei 鲜卑, 8, 26, 134, 138, 139, 149, 150, 152, 253, 254

Xiang Yu 项羽, 17, 19, 54, 61, 92, 217, 219; destruction of Xianyang by 毁掉咸阳, 91, 101

Xianyang (Qin capital) 咸阳 (秦都), 10, 35, 55, 78, 84, 88—91; construction of 建设, 88—89; destruction of 毁坏, 91, 101

Xiao He 萧何, 61, 86, 92

Xiao jing《孝经》, See Canon of Filial Piety 见《孝经》

Xin dynasty 新朝, 23—24

Xing ming (forms and names) 形名, 237, 247—248

Xinjiang 新疆, 5, 21, 137, 141

Xin Palace (Xianyang) 信宫 (咸阳), 88

Xiongnu 匈奴, 8, 67, 129—138, 144, 176, 253; assimilation of 融入, 132; and Central Asia 和中亚, 140, 141, 143, 145; vs. Chinese culture 和中国文化相比, 133—135; defeat of 被击败, 138, 146; divisions within 内部分化, 136, 137, 138—139; and Eastern Han 和东汉, 25, 26, 254, 258; and he qin system 和和亲体系, 132—133, 136; marriages with 通婚, 132, 134, 143; morality of 的道德, 134—135; and Qiang 和羌, 147; and Qin 和秦, 59; recruitment of 招募, 262; rise of 崛起, 130, 131—133; tribute to 进贡, 115, 132—133, 137; and Western Han 和西汉, 20—21, 132—133, 136—138, 140; and Wuhuan 和乌桓, 149—150

Xuan Emperor 汉宣帝, 25, 95, 96

Xun Kuang (Xunzi) 荀况 (荀子) 207, 208

Xunzi《荀子》, See Master Xun 见《荀子》

Y

Yang Xiong 扬雄, 174, 218—219, 224

Yang Zhong 杨终, 249, 250

Yangzi River 长江, 6, 7

Yangzi River valley 长江平原, 17, 29; agriculture in 的农业, 9, 105—106; as frontier 作为前线, 7, 9, 25; Han fiefs in 其中的汉代封国, 19—20

Yan tie lun《盐铁论》, See *Discourse on Salt and Iron* 见《盐铁论》

Yelang state of 夜郎国, 151, 152

Yellow Emperor 黄帝, 186, 187, 196, 202, 210, 215

Yellow River 黄河, 6, 7, 9, 11, 16, 74, 105

Yellow River valley 黄河平原, 7, 11, 29

Yellow Turbans 黄巾军, 28, 150, 203

Yen state of 燕国, 10

Yi jing《易经》, See *Canon of Change* 见《易经》

Yinwan tomb 尹湾墓, 182

Yin/yang 阴/阳, 13, 208, 209, 224

You xia (wandering swordsmen gangsters) 游侠, 85

Yuan Emperor 汉元帝, 25, 96

Yuan dynasty 元朝, 206

Yuan Shu 袁术, 28

Yue state of 越国, 10, 13, 31

Yuezhi people 月氏人, 21, 133, 134, 141, 144

Yu gong (*Tribute of Yu*)《禹贡》, 11—12, 14

Yunmeng documents 云梦楚简, 44, 228—229, 230, 231, 235—236; and legal language 和法律语言, 239

Yunnan 云南, 5, 147, 151

Yu Rang 豫让, 87

Z

Zhang Ba 张霸, 166

Zhang Huan 张奂, 149, 257

Zhangjiashan 张家山, 248

Zhang Jue 张角, 27, 203

Zhang Liang 张良, 61

Zhang Lu 张鲁, 203, 204

Zhang Qian 张骞, 21, 141, 152

Zhang Tang 张汤, 240—241, 245

Zhan guo ce《战国策》, See *Stratagems of the Warring States*

Zhao Emperor 汉昭帝, 96

Zhao state of 赵国, 10, 37, 38, 129

Zhao Chongguo 赵充国, 147, 254

Zhao Guo 赵过, 103, 105

Zhejiang 浙江, 7

Zheng Guo 郑国, 18

Zheng Xuan 郑玄, 126, 168

Zhonghang Yue 中行说, 135

Zhongshan king of 中山国王, 89

Zhou dynasty 周朝, 9, 11, 13, 23, 53, 155, 199; ancestors in 的祖宗, 176, 185; and cult of Heaven 和对天的崇拜, 187, 188; vs. Han 相比于汉代, 153, 253; and imperial library catalogue 和皇家图书馆目录, 222, 224; inner vs. outer in 内部和外部的比较, 163; inscriptions from 刻符, 228, 229; law in 的法律, 227–228; and literary canon 和文学经典, 67, 206–207; and Qin 和秦, 30, 39, 41; status in 其地位, 44, 235, 236; tombs of 的墓葬, 191, 192, See also Spring and Autumn period; Warring States period 并见春秋时代；战国时代

Zhou li (Rituals of Zhou)《周礼》, 23, 82

Zhou Xie 周燮, 166

Zhuang Zhou 庄周, 80, 207

Zhuangzi (Master Zhuang)《庄子》, 187, 199, 209, 212, 213

Zhu Jun 朱俊, 261

Zhu Mu 朱穆, 117

Ziying Emperor 子婴帝, 41

Zou state of 邹国, 14

Zuo zhuan《左传》, See Transmission of Master Zuo 见《左传》